D1692852

clv

James G. McCarthy

DAS EVANGELIUM NACH ROM

Eine Gegenüberstellung der katholischen Lehre und der Heiligen Schrift

clv
Christliche
Literatur-Verbreitung e.V.
Postfach 110135 · 33661 Bielefeld

Bibelzitate sind, sofern nicht anders angegeben, der

- Elberfelder Bibel, revidierte Fassung, entnommen. Weitere benutzte Übersetzungen und ihre Abkürzungen sind:

- Elberfelder Bibel, nichtrevidierte Fassung (UElb)
- Schlachter-Übersetzung (Schl)
- Einheitsübersetzung, ökumenischer Text (Einh)
- Pattloch-Bibel, katholisch (Pattl)
- verschiedene englische Bibelausgaben, hier wörtlich ins Deutsche übersetzt

1. Auflage 1996

Originaltitel: The Gospel According to Rome
© 1995 by James G. McCarthy
Herausgegeben von Harvest House Publishers Eugene, Oregon 97402
© der deutschen Ausgabe 1996
by CLV · Christliche Literatur-Verbreitung
Postfach 11 01 35 · 33661 Bielefeld
Übersetzung: Hans-Werner Deppe
Umschlaggestaltung: Dieter Otten, Bergneustadt
Satz: Enns Schrift & Bild, Bielefeld
Druck und Bindung: Druckhaus Gummersbach

ISBN 3-89397-366-4

Querverweise zum *Katechismus der Katholischen Kirche*

Das Evangelium nach Rom ist mit Querverweisen zum 2.865 Paragraphen umfassenden *Katechismus der Katholischen Kirche* versehen. Beispielsweise bedeutet [26], daß im *Katechismus* unter Paragraph 26 nähere Information zum erörterten Thema eingesehen werden kann. Eine hochgestellte Zahl in eckigen Klammern nach einem Zitat ist die Quellenangabe aus dem *Katechismus*, zum Beispiel: „Wenn wir unseren Glauben bekennen, sagen wir zu Beginn ..."[26] Wir empfehlen, den *Katechismus der Katholischen Kirche* beim Studium dieses Buches zur Hand zu nehmen, um bei Bedarf über weitergehende Erklärungen zur römisch-katholischen Lehre verfügen zu können.

Inhalt

Vorwort 9
Prolog: Der Blickpunkt 13

TEIL 1: ERRETTUNG 23
  1. Rechtfertigung bei Unmündigen 25
  2. Rechtfertigung bei Erwachsenen 39
  3. Vermehren und Bewahren der Rechtfertigung 59
  4. Wiederrechtfertigung 79
  5. Das letzte Schicksal 99

TEIL 2: DIE MESSE 135
  6. Der Leib Christi 137
  7. Das Blut Christi 159

TEIL 3: MARIA 195
  8. Die Mutter Gottes 197
  9. Die Königin des Himmels und der Erde 219

TEIL 4: AUTORITÄT 253
  10. Der Papst und die Bischöfe 255
  11. Das Lehramt 289
  12. Bibel und Überlieferung 309

Epilog: Die Weggabelung 341

ANHÄNGE 353
  A: Rechtfertigung durch die Säuglingstaufe ... 355
  B: Die sieben römisch-katholischen Sakramente 367
  C: Die römisch-katholische Bibel 371
  D: Neutestamentliche Aussagen zur Überlieferung ... 375
  E: Sola scriptura 379

Anmerkungen 391
Bibelstellenverzeichnis 429
Stichwortverzeichnis 441

Vorwort

Was ist das wahre Evangelium? Diese Frage trennt seit nunmehr fast 500 Jahren Katholiken und Protestanten.

Heute schließen sich Katholiken und evangelikale Protestanten zusammen, um gemeinsam auf dem Schlachtfeld der Politik gegen Abtreibung, Homosexualität und andere Bedrohungen des gesellschaftlichen Sittengefüges zu kämpfen. Auf beiden Seiten vertreten etliche Führungspersönlichkeiten die Meinung, die sittlichen Fragestellungen, in denen wir übereinstimmen, seien wichtiger als die uns trennenden lehrmäßigen Unterschiede. Sie sagen, Protestanten und Katholiken sollten sich nicht weiter um die Lehrfragen streiten, sondern sich vielmehr gegenseitig als Brüder und Schwestern in Christus annehmen.

Aber wie edel die Motive für ein solches Bestreben auch sein mögen – wir müssen zu der harten Wirklichkeit zurückkommen, daß das trennende Element zwischen Katholiken und Protestanten eine unterschiedliche Ansicht darüber ist, was *das wahre Evangelium* ausmacht. Das kann einfach nicht als nebensächlich betrachtet werden. Der Apostel Paulus schrieb an die Gemeinde in Galatien:

> Ich wundere mich, daß ihr euch so schnell von dem, der euch durch die Gnade Christi berufen hat, abwendet zu einem anderen Evangelium, wo es doch kein anderes gibt; einige verwirren euch nur und wollen das Evangelium des Christus umkehren. Wenn aber *auch wir oder ein Engel aus dem Himmel euch etwas als Evangelium entgegen dem verkündigten, was wir euch als Evangelium verkündigt haben: er sei verflucht!* Wie wir früher gesagt haben, so sage ich auch jetzt wieder: Wenn jemand euch etwas als Evangelium verkündigt entgegen dem, was ihr empfangen habt: er sei verflucht! (Galater 1,6-9; Hervorhebungen zugefügt).

Bevor wir Katholiken und Protestanten allesamt als Brüder

und Schwestern in Christus bezeichnen, müssen wir ehrlich und sorgfältig die Frage klären, welche der beiden Seiten denn nun „ein anderes Evangelium" verkündigt. Wer immer dessen schuldig ist, der ist verflucht – verdammt durch das wahre Wort Gottes. Das ist keine Nebensächlichkeit, die man beiseite stellen und ignorieren kann.

Sowohl Katholiken als auch Protestanten haben, geschichtlich betrachtet, die Tragweite des Unterschieds zwischen ihren jeweiligen Glaubenssystemen verstanden. Da er die wesentliche Kernaussage des Evangeliums betrifft, ist dieser Unterschied so gewaltig, daß daraus zwei gänzlich verschiedene Religionen erwachsen sind. Wenn eine davon das wahre Christentum ist, dann kann die andere es nicht sein. Das ist seit dem Anbruch der Reformation die fast einmütige Ansicht von Katholiken *und* Protestanten gewesen.

Wir müssen akzeptieren, daß die den Katholiken und Evangelikalen gemeinsamen sittlichen Meinungen *nicht* wichtiger sind als die uns trennenden Lehrfragen. Das Evangelium ist eine Angelegenheit von allerhöchster Tragweite – in Anbetracht der Ewigkeit sicherlich weit schwerwiegender als selbst die momentan wichtigsten sittlichen und politischen Belange.

Wer meint, die katholisch-protestantischen Auseinandersetzungen sollten ins finstere Mittelalter verbannt werden, dem mag eine solche Haltung schockierend oder antiquiert erscheinen. Schließlich leben wir doch in einer aufgeklärten Zeit – oder etwa nicht?

Aber von einer aufgeklärten Zeit sind wir weit entfernt; vielmehr leben wir in einer Zeit von noch nie dagewesener geistlicher Ignoranz. Viele „Protestanten" haben keine Ahnung, worin die Botschaft des Evangeliums überhaupt besteht. Eine aktuelle Umfrage in den USA ergab, daß die Hälfte der Personen, die sich als „wiedergeboren" bezeichneten, noch nicht einmal Johannes 3,16 kennt. Viele von den Befragten hielten das Wort *gospel*, die englische Bezeichnung für *Evangelium*, für eine Musikrichtung.[1]

Gleichzeitig haben viele Katholiken keine Vorstellung davon, was die römisch-katholische Kirche lehrt. Ich rede des öfteren mit Katholiken, die mir sagen, die Lehre der Kirche hätte sich seit dem 16. Jahrhundert auf dramatische Weise geändert. Sowohl Katholiken als auch Protestanten haben in diesem Punkt oftmals verworrene Vorstellungen. Viele meinen, es gäbe zwischen offizieller römisch-katholischer Lehre und dem Glauben evangelikaler Protestanten keinen grundlegenden Unterschied mehr.

Doch die das Gegenteil beweisenden Fakten sind eindeutig und äußerst gut dokumentiert. Die katholische Kirche hat ihre Unterschiede zur protestantischen Reformation zum ersten Mal im 16. Jahrhundert auf dem Konzil zu Trient formuliert. Jedes folgende Kirchenkonzil bestätigte und bekräftigte dann die Lehrsätze und Dekrete dieses sogenannten Tridentinums. Diese Verkündigungen stellen auch heute noch die offizielle Position der Kirche dar. Und das von ihnen beschriebene Evangelium – das Evangelium nach Rom – ist dem Evangelium, das die historische evangelikale Bewegung verkündet, völlig entgegengesetzt.

Dieses Buch bietet ein vertrauenswürdiges Gegenmittel für eine Zeit der geistlichen Ignoranz. Sowohl Katholiken als auch Evangelikale werden die klare und systematische Weise, auf die es die römisch-katholische Lehre vorstellt, zu schätzen wissen. Die betreffenden Schriftstellen werden neben den Lehren der katholischen Kirche dargestellt, so daß der Leser einen Vergleich ziehen kann.

Die Verteidiger des katholischen Glaubens beklagen gewöhnlich – und das oft zu Recht – daß protestantische Abhandlungen über Kirchenlehre zu Polemik, Unfairneß und Ungenauigkeit neigen. Dieses Buch vermeidet derartige Fehler mit aller Vorsicht. Es legt eine umfassende Darstellung des römisch-katholischen Glaubens vor, basierend auf katholischen Quellen, gut dokumentiert, objektiv und ohne jede Verbitterung. Die katholischen Lehren werden sorgfältig im Licht der Bibel untersucht, wobei die Schrift für sich selbst spricht.

James McCarthy hat die Gabe, schwierige Sachverhalte einfach darzustellen. Seine Ausarbeitung liegt in einer Form vor, die dem Leser ein leichtes Folgen ermöglicht. Eine zu technische Vorgehensweise wird verhindert, was das Buch insbesondere für den Laien hilfreich macht. Und nicht zuletzt schreibt McCarthy mit einer tiefen Liebe sowohl zum Herrn, zur Wahrheit als auch zu den Katholiken. Das macht sich das gesamte Buch hindurch bemerkbar.

Ob Ihr Hintergrund nun der Katholizismus oder der Protestantismus ist, dieses Buch wird Ihr Verständnis der Bibel wie auch der römisch-katholischen Lehre erweitern. Das Beste von allem ist jedoch, daß es das klare Licht der Bibel auf den schmalen Weg der Wahrheit wirft.

John MacArthur Jr.
Sun Valley, Kalifornien

PROLOG
Der Blickpunkt

WESHALB DIESES BUCH?

Meine Familie ist katholisch, irisch katholisch, und das schon so lange, wie irgend jemand sich zurückerinnern kann. Meine Eltern stammen beide von der Insel Emerald, aus frommen religiösen Familien mit acht Kindern. Drei meiner Onkel sind Priester geworden, und zwei Tanten gingen ins Kloster.

Meine Eltern immigrierten nach dem 2. Weltkrieg unabhängig voneinander in die USA. Dort haben sie sich kennengelernt, geheiratet und acht Kinder großgezogen. Alle sind getauft worden. Alle wurden gefirmt.

Sonntags füllte die McCarthy-Familie eine komplette Kirchenbank. In der Woche war in jeder Klasse der örtlichen Schule der Pfarrei jemand von uns vertreten. Anschließend folgte selbstverständlich das katholische Gymnasium. Gleiches galt für die Hochzeiten, die üblicherweise einer unserer Onkel ausführte. An meiner eigenen Hochzeit waren vier Priester beteiligt – meine drei Onkel und der örtliche Pastor.

Ich danke Gott für die wunderbare Familie, die er mir gegeben hat. Ich schätze die Unterweisungen, die ich von wirklich fürsorglichen Lehrern bekam – ganz besonders den Schwestern vom Heiligen Namen. Sie haben mir ein Bewußtsein von Gott und von der Wichtigkeit geistlicher Prioritäten verliehen. Doch ihren besten Bemühungen zum Trotz lernte ich weder Gott noch den biblischen Weg der Errettung kennen.

Ein Wendepunkt kam, als ein Freund mich zu einem Hausbibelkreis einlud, der von einer kleinen christlichen Gemeinde veranstaltet wurde. Dort erfuhr ich vom vollendeten Werk Christi und von Gottes kostenfreiem Errettungsangebot. Nachdem ich daraufhin einige Monate lang die Bibel gelesen hatte, vertraute ich mich Christus als meinen Erretter, meinen Heiland, an.

Zwei Jahre später verließ ich die römisch-katholische Kirche. Das war die schmerzlichste Entscheidung, die ich je zu treffen hatte. Aber als ich mehr und mehr erkannte, daß die Lehren der katholischen Kirche nicht mit dem Christentum, wie es das Neue Testament lehrt, vereinbar sind, wurde mir klar, daß es für mich keine Alternative gab.

Ich habe dieses Buch geschrieben, weil ich noch eine Schuld zu begleichen habe – eine Schuld der Liebe zu meiner katholischen Familie, meinen katholischen Freunden und den Millionen aufrichtiger Katholiken, die sie repräsentieren. Mein Anlaß zum Schreiben ist das gleiche Verlangen, das auch Paulus für seine Verwandten hatte:

> Brüder! Das Wohlgefallen meines Herzens und mein Flehen für sie zu Gott ist, daß sie errettet werden. Denn ich gebe ihnen Zeugnis, daß sie Eifer für Gott haben, aber nicht mit rechter Erkenntnis.
>
> Römer 10,1.2

AN DEN KATHOLISCHEN LESER

Weshalb sollten Sie dieses Buch lesen? Weil es wichtige Informationen aus der Bibel über die römisch-katholische Kirche enthält, die Sie kennen sollten. Woche für Woche sollen Sie ja bei der Messe zusammen mit dem Priester bekunden: „Wir glauben an die *eine*, heilige, katholische und apostolische Kirche" [811]. Als Katholik ist Ihnen beigebracht worden, daß allein die römisch-katholische Kirche diese vier göttlichen Kennzeichen aufweist [811-870]. Die Kirche ist darin *eins*, daß alle ihre Mitglieder denselben Glauben bekennen, sich der Autorität des Papstes und der Bischöfe unterwerfen und an derselben Liturgie und denselben Sakramenten teilnehmen [813-822]. Sie ist *heilig* in ihrer Berufung, ihren Zielen, Sakramenten, in ihren Opfern und ihrer Frucht

[823-829]. Sie ist *katholisch*, weil sie zeitlich bis auf die Zeit Christi zurückgeht und räumlich die ganze Erde umspannt [830-856]. Schließlich ist die Kirche *apostolisch*, weil sie durch die Apostel gegründet wurde, weil sie lehrt, was die Apostel lehrten, weil ihre Bischöfe die Nachfolger der Apostel sind und ihr Papst der Nachfolger des Apostels Petrus ist [857-865]. Da nur die römisch-katholische Kirche diese vier Merkmale aufweist, ist allein sie die wahre, von Christus gegründete Kirche. So oder ähnlich ist es Ihnen beigebracht worden, und, wenn Sie es den meisten Katholiken gleichtun, haben Sie es auch so geglaubt.

Aber ist all dieses tatsächlich der Fall? Haben Sie die Behauptungen der römisch-katholischen Kirche jemals ernsthaft nachgeprüft? Bevor Sie Ihre unsterbliche Seele der Kirche anvertrauen, sollten Sie sicher gehen, ob Sie die folgenden Fragen beantworten können:

- Ist der römische Katholizismus der durch Christus gegebene Glaube?
- Geht die römisch-katholische Kirche wirklich bis auf die Zeit Christi zurück?
- Hat die Kirche einen rechtmäßigen Anspruch auf die Autorität in der Lehre, Gesetzgebung und Weihe wie Petrus und die Apostel?
- Haben die Sakramente der Kirche die Fähigkeit, einen Menschen heilig und von Gott annehmbar zu machen?
- Führt der römisch-katholische Heilsweg in den Himmel?

Dieses Buch beantwortet diese Fragen, indem es aufzeigt, was die römisch-katholische Kirche über wichtige Fragestellungen bezüglich Errettung, Gottesdienst, Hingabe und Autorität lehrt. Diese Lehren werden dann analysiert, bevor von der Bibel her gezeigt wird, weshalb die römisch-katholische Kirche nicht die eine, heilige, katholische und apostolische von Christus gegründete Kirche ist.

Mein Hoffen ist, daß Sie dieses Buch unter Gebet lesen und sorgfältig die Behauptungen und Lehren Ihrer Kirche sowie Ihre persönliche Beziehung zu Gott überdenken.

An den nichtkatholischen christlichen Leser

Seit dem Zweiten Vatikanischen Konzil ist die Leiterschaft der römisch-katholischen Kirche zunehmend mit einem immer breiter werdenden Spektrum religiöser Glaubensüberzeugungen und Praktiken konfrontiert worden, welche von Geistlichen und Laien gleicherweise angenommen werden. Um diesem Problem entgegenzutreten, tagte 1985 in Rom eine außerordentliche Bischofssynode, die dann die Verfassung eines einzigen Katechismus für die weltweite römisch-katholische Kirche vorschlug, den ursprünglich sogenannten *Universalkatechismus* [10]. Ziel war dabei die Bereitstellung einer Zusammenfassung aller wesentlichen und grundlegenden Lehren der Kirche und somit der entscheidende Schritt zur Standardisierung der Lehre des römisch-katholischen Glaubens im 3. Jahrtausend [11]. Verfaßt von einer Kommission unter der Leitung Joseph Kardinal Ratzingers und im Jahre 1992 von Papst Johannes Paul II. abgesegnet, veröffentlichte die Kirche 1993 die deutsche Übersetzung dieses Buches unter dem Titel *Katechismus der Katholischen Kirche*.

Damit steht zum erstenmal in der neuzeitlichen Geschichte Katholiken wie auch Nichtkatholiken eine offizielle Erklärung des römisch-katholischen Glaubens in einem einzigen Band zur Verfügung. Folglich stellt die Veröffentlichung des neuen *Katechismus* eine einzigartige Möglichkeit dar, den Katholizismus zu verstehen und ihn mit dem in der Bibel gelehrten Christentum zu vergleichen.

Um dabei Nichtkatholiken wie Ihnen zu helfen, habe ich *Das Evangelium nach Rom* geschrieben. In diesem Buch war es mein Bestreben, die Lehren und Praktiken des Katholizismus zu gliedern und zu vereinfachen und dabei besonderen Wert auf jene Lehren zu legen, die ich für Leser wie Sie am wichtigsten halte. Als Quellen dienten mir sowohl der *Katechismus* als auch die darin zitierten Dokumente selbst. Sie werden im gesamten Buch ebenfalls umfassende Querverweise zum *Katechismus* finden.

Meine Absicht beim Schreiben bestand darin, Ihnen zu

einem besseren Verständnis nicht nur des römischen Katholizismus, sondern auch der Katholiken und ihrer geistlichen Bedürfnisse zu verhelfen. Im „Die Weggabelung" genannten Epilog dieses Buches werden Sie einige hilfreiche Ratschläge finden, wie Sie Katholiken das wunderbare Evangelium unseres Herrn Jesus Christus am Besten vermitteln können.

Darüber hinaus ist der Katholizismus ein treffendes Beispiel für den „Weg, der einem Menschen gerade erscheint" (Sprüche 14,12). Ich denke, beim Studium dieses Buches werden Sie merken, daß in jedem von uns ein klein wenig Katholizismus steckt. Ich hoffe, dieses Buch wird Ihnen behilflich sein, unbiblische Vorstellungen aus Ihrem eigenen Denken auszuräumen, die Grundlage Ihrer eigenen Beziehung zu Gott besser zu verstehen und in Ihrer Liebe und Wertschätzung zu Christus zu wachsen, der allein vollkommenes und kostenfreies Heil bietet.

Falls Sie zudem noch ein ehemaliger Katholik sind, sollte die Beschäftigung mit den lehrmäßigen Grundlagen Ihrer Vergangenheit im Licht der Bibel für Sie eine befreiende Erfahrung sein. So hat es auch der Herr Jesus seinen Jüngern verheißen: „... und ihr werdet die Wahrheit erkennen, und die Wahrheit wird euch frei machen" (Johannes 8,32).

DIE QUELLEN

Dieses Buch ist eine Untersuchung der Lehren der römisch-katholischen Kirche. Der Maßstab, anhand dessen diese Lehren gemessen werden, ist die Bibel. Die Frage, um die es geht, lautet nicht, „wer hat Recht – Katholiken oder Protestanten?", sondern, „hat der Katholizismus Recht, wenn er anhand der Bibel beurteilt wird?".

Dieses Buch ist in vier Abschnitte eingeteilt:

- Teil 1: Errettung
- Teil 2: Die Messe
- Teil 3: Maria
- Teil 4: Autorität

Die Einführungen zu jedem Kapitel sollen Ihnen ein Gefühl davon vermitteln, was es heißt, Katholik zu sein. So werden Sie einige Sakramente kennenlernen oder auch stiller Beobachter bei historischen, die römisch-katholische Kirche prägenden Ereignissen sein. Darauf folgt dann eine Erläuterung zu einer bestimmten Lehre der Kirche. Diese Lehre wird direkt aus römisch-katholischen Quellen dargestellt, ohne Kritik oder weitere Analyse, so daß Sie zunächst die Position der Kirche klar verstehen können. Wie Sie in diesen Abschnitten sehen werden, haben einige katholische Lehren sogar eine gesunde biblische Grundlage.

Andere katholische Lehren sind hingegen eindeutig unschriftgemäß. Diese werden jeweils das Thema des letzten Abschnittes eines jeden Kapitels sein, „Eine biblische Antwort". Die Aspekte des Katholizismus, die biblische Aussagen verdrehen oder ihnen widersprechen, werden dort untersucht und mit der biblischen Wahrheit verglichen. Jeweils am Ende der vier Abschnitte befindet sich eine Zusammenfassung dieser Falschlehren.

Wenn auch bei einzelnen Katholiken weitreichende Unterschiede festzustellen sind, was ihr Festhalten am und ihr Ausüben des Katholizismus anbelangt, so müssen wir doch bedenken, daß es nur einen einzigen offiziellen römisch-katholischen Glauben gibt [172-175]. Definitionsgemäß sind das die von der römisch-*katholischen* Kirche festgehaltenen Lehren und Praktiken, der *ganzen* oder *allumfassenden* Kirche [830]. Das ist der in Bibel und Überlieferung enthaltene Glaube, wie er von den römisch-katholischen Bischöfen unter der Leitung des Papstes, dem Bischof von Rom, ausgelegt wird [76, 85-87, 182, 888-892, 2039].

Im Blickpunkt dieses Buches steht deshalb in erster Linie der traditionelle römische Katholizismus, wie er von den Päpsten und Bischöfen gelehrt wird und im offiziellen Schriftgut der Kirche aufgezeichnet ist. Besonders betont wird dabei die heutige Ausübung dieses Glaubens, die im neuen *Katechismus der Katholischen Kirche*, den Dokumenten des Zweiten Vatikanischen Konzils und der gegenwärtigen Liturgie dargelegt ist. Zu wichtigen Punkten werden Zitate angeführt, so daß Sie den Sachverhalt selbst beurteilen können. Diese Zitate wurden aus den maßgeblichsten Quellen ausgewählt, allen voran aus dem neuen *Katechismus* selbst.

Der Katechismus der Katholischen Kirche

Hiermit liegt der seit über 400 Jahren erste offiziell veröffentlichte Katechismus der römisch-katholischen Kirche vor. Papst Johannes Paul II. bezeichnet ihn als ein „Kompendium der gesamten katholischen Lehre" und als einen „Bezugspunkt" zur Bereitstellung von einführenden Unterrichtsmaterialien.[2] Der Papst sagte: „Der Katechismus setzt ein weiteres Mal die grundlegenden und wesentlichen Inhalte von katholischem Glauben und Sittenlehre fort, wie sie heute von der Kirche geglaubt, gefeiert, gelebt und gebetet werden."[3]

Die Dekrete der Ökumenischen Konzile

Die römisch-katholische Kirche kennt 21 allgemeine oder ökumenische Konzile. Sie betrachtet die Dekrete dieser Konzile als maßgebliche Definitionen des römisch-katholischen Glaubens [884, 891]. Deren Bedeutung für die katholische Theologie kann im neuen *Katechismus der Katholischen Kirche* eingesehen werden, der diese Konzile über 1.000 mal zitiert. Die meisten dieser Zitate gehen auf die letzten drei Konzile zurück: das Konzil zu Trient (1545-1563), dem Ersten Vatikanischen Konzil (1869-1870) und dem Zweiten Vatikanischen Konzil (1962-1965).[4]

Päpstliche Schreiben

Die Päpste haben im Lauf der Jahrhunderte zahlreiche offizielle Schreiben herausgegeben. Die meisten sind Klarstellungen von Lehren oder Praktiken, wiederholen seit langem gültige Glaubenssätze oder beziehen sich auf pastorale Belange innerhalb der Kirche. Gelegentlich fällte ein Papst sein Urteil über eine öffentliche Streitfrage. In einem solchen

Fall kann „diese Sache nach Meinung und Willen eben dieser Päpste nicht mehr als Gegenstand freier Meinungsäußerung unter den Theologen betrachtet werden"[5]. Die Kirche lehrt, daß päpstliche Schreiben maßgeblich sind, denn wenn ein Papst seine Lehre offiziell veröffentlicht, spricht er als Christi Stellvertreter auf Erden.[6] Der *Katechismus der Katholischen Kirche* enthält 256 Verweise auf solche pontifikalen Schreiben.

Der Codex Iuris Canonici (CIC, Kodex des kanonischen Rechts)

Das kanonische Recht enthält die Gesetze und Normen, denen die römisch-katholische Kirche unterliegt. Der revidierte Codex von 1983 umfaßt 1752 Gesetze. Die Themen erstrecken sich von der Autorität des Papstes und der Bischöfe, über die Pflichten und Rechte der Katholiken, Richtlinien für die Sakramente, die Einsetzung von Tribunalen bis hin zu Strafen für Angriffe gegen Religion und Kirche. Der *Katechismus* zitiert den Codex Iuris Canonici 197 mal.

Die Liturgie der Kirche

Die Kirche bezeichnet den öffentlichen Kult und die Ausübung des römisch-katholischen Glaubens in ihrer Gesamtheit als die *Liturgie* [1069-1070]. Im Katholizismus bewahrt und tradiert die Kirche ihre offiziellen Lehren durch die Liturgie – durch das, was Priester und Volk bei ihren Zusammenkünften tun [1074-1075]. Die Liturgie ist deshalb eine maßgebliche Quelle römisch-katholischer Lehre [1124-1125, 2663].[7] Der neue *Katechismus der Katholischen Kirche* zieht die Liturgie 114 mal zur Erklärung des römisch-katholischen Glaubens heran.

Der Catechismus Romanus (Römische Katechismus)

Papst Pius V. ordnete im Jahre 1566 die Veröffentlichung dieses Lehrbuchs des römisch-katholischen Glaubens an, das auch als *Tridentinischer Katechismus* bekannt ist [9]. Seitdem hat es als maßgeblichster Katechismus des katholischen Glaubens gedient. Heute ist der neue *Katechismus der Katholischen Kirche*, der den Catechismus Romanus 27 mal zitiert, an seine Stelle getreten.

Summa Theologica

Unter Verwendung eines von Aristoteles entwickelten logischen Systems faßte der Dominikanermönch Thomas von Aquin (ca. 1225-1274) als erster die traditionellen Lehren der römisch-katholischen Kirche in einem einzigen theologischen System zusammen. Sein umfassendstes Werk, die *summa theologica*, ist die klassische Darlegung des römischen Katholizismus. Die Kirche mißt den Schriften Thomas von Aquins einen solch hohen Stellenwert zu, daß die Bischöfe beim Konzil zu Trient zu ihrer Weisung auf dem Altar vor sich drei Gruppen von Schriften liegen hatten: die Bibel, die Erlasse der Päpste und die *summa theologica* des Thomas von Aquin. Seine Lehren bestimmten das katholische Denken bis weit ins 20. Jahrhundert hinein. Auch heute noch fordert die Kirche, daß die Studenten an ihren Seminaren in dogmatischer Theologie unterrichtet werden, und zwar „vor allem unter Anleitung des hl. Thomas als Lehrer"[8]. Der *Katechismus der Katholischen Kirche* zitiert die *summa* 48 mal.

Andere Katechismen und Theologiebücher

Es gibt viele ausgezeichnete Bücher von katholischen Autoren (zum Beispiel Neuner-Roos, *Der Glaube der Kirche in den Urkunden der Lehrverkündigung*), die den römisch-katholischen Glauben sorgfältig zusammenfassen und erklären. Die Bücher, die hier herangezogen werden, sind allesamt von offizieller katholischer Seite als frei von lehrmäßigen oder sittlichen Fehlern anerkannt und tragen die Siegel *nihil obstat*, d.h. „nichts zu beanstanden", und *imprimatur*, „es soll gedruckt werden".

Teil 1

ERRETTUNG

Wie hofft ein Katholik, in den Himmel zu kommen? Meint der Durchschnittskatholik, er oder sie werde nach dem Tod dort hingelangen? Welche Rolle spielen die Sakramente bei der Erlangung ewigen Lebens? Was ist Sinn und Zweck von Beichte und Fegefeuer?

Teil 1 wird sich mit dem römisch-katholischen Weg der Errettung beschäftigen. Dieser Abschnitt ist gemäß fünf grundlegender Lehren des römisch-katholischen Glaubens gegliedert:

- Säuglinge und Kinder empfangen Gnade durch das Taufsakrament (Kapitel 1, *Rechtfertigung bei Unmündigen*).
- Erwachsene, die zum Katholizismus konvertieren, empfangen nach einer angemessenen Vorbereitung Gnade durch das Taufsakrament (Kapitel 2, *Rechtfertigung bei Erwachsenen*).
- Sakramente und gute Werke vermehren die Gnade in der Seele; Mitwirken mit der Gnade bewahrt die Gnade in der Seele (Kapitel 3, *Vermehren und Bewahren der Rechtfertigung*).
- Durch eine Todsünde geht die Gnade verloren, aber durch das Sakrament der Beichte kann sie wiedererlangt werden (Kapitel 4, *Wiederrechtfertigung*).
- Das ewige Leben erlangt, wer im Stand der Gnade stirbt (Kapitel 5, *Das letzte Schicksal*).

Darüber hinaus werden Sie in diesem Abschnitt eine Ahnung davon vermittelt bekommen, wie es ist, Katholik zu sein. Sie werden Josef Lorente kennenlernen und ihn von seiner Kindheit bis zu seinem Tod begleiten. Sie werden bei seiner Taufe und bei seiner Erstkommunion dabeisein. Wenn er als Jugendlicher aus der Gnade fällt, werden Sie mit ihm in den Beichtstuhl gehen, wo die Gnade wieder erneuert wird. Schließlich werden Sie die letzten Stunden seines Lebens als reifer Erwachsener erleben.

Außerdem werden Sie Rosa kennenlernen, eine Konvertitin zum Katholizismus. Aus ihrem Leben erhalten Sie einen Einblick, wie man als Erwachsener Katholik wird.

KAPITEL **1**
Rechtfertigung bei Unmündigen

JOSEF, 18 TAGE ALT

„Welchen Namen haben Sie Ihrem Kind gegeben?" fragte Pater Fiorelli mit einem Lächeln.

„Josef", antworteten Herr und Frau Lorente.

Pater Fiorelli, der nun seine geöffnete Hand erhob und in Richtung des schlafenden Kindes gestikulierte, fragte weiter: „Was erbitten Sie von der Kirche Gottes für Josef?"

„Die Taufe und das ewige Leben", kam als aufgesagte Antwort.

Pater Fiorelli hielt in seinem festlich-farbigen Talar einen Augenblick inne, um die glückliche Familie vor ihm zu mustern. Er liebte Taufen, besonders bei Familien, die er gut kannte, wie die Lorentes. Pater Fiorelli hatte auch alle weiteren vier Kinder der Familie getauft und mit großer Freude ihr Heranwachsen verfolgt. Heute sollte er ihren jüngsten Zuwachs taufen, Josef.

Dann schlug Pater Fiorelli ein offizielles liturgisches Buch namens *Die Feier der Kindertaufe*[9] auf und fuhr fort: „Liebe Eltern! Sie haben für Ihr Kind die Taufe erbeten. Damit erklären Sie sich bereit, es im Glauben zu erziehen. Es soll Gott und den Nächsten lieben lernen, wie Christus es uns vorgelebt hat. Sind Sie sich dieser Aufgabe bewußt?"

„Ja", antworteten die Eltern.

Jetzt wandte sich der Priester an Tante und Onkel, die von den Eltern als Paten ausgesucht worden waren, und fragte: „Liebe Paten! Die Eltern dieses Kindes haben Sie gebeten, das Patenamt zu übernehmen. Auf Ihre Weise sollen sie mithelfen, daß aus diesem Kind ein guter Christ wird. Sind sie dazu bereit?"

„Ja", antworteten diese pflichtbewußt.

Es folgte eine Schriftlesung aus dem dritten Kapitel des Johannesevangeliums. Sie endete mit den Worten Jesu: „Wenn jemand nicht aus Wasser und Geist geboren wird, kann er nicht in das Reich Gottes hineingehen."

Als nächstes folgte ein Exorzismus-Gebet. Darin bat Pater Fiorelli Gott, das Kind vor den Mächten der Finsternis zu beschützen und von der Erbsünde zu befreien. Anschließend salbte er Josef mit Öl und führte die Familie in die Taufkapelle der Kirche.

Als sich alle um das Taufbecken versammelt hatten, setzte Pater Fiorelli den Ritus fort:

> Liebe Brüder und Schwestern, Gott will denen, die glauben, durch das Sakrament des Wassers die Fülle seines Lebens schenken. Wir wollen zu ihm beten, er möge seine Gnade über dieses Kind ausgießen.

Während er seinen Blick zum Himmel erhob, betete Pater Fiorelli:

> Allmächtiger, ewiger Gott, wir bitten dich: Schau hin auf das Antlitz deiner Kirche und mache sie durch das Sakrament der Wiedergeburt zur Mutter vieler Kinder. Herr, unser Gott, schenke diesem Wasser die Kraft des Heiligen Geistes, damit der Mensch, der auf dein Bild hin geschaffen ist, neue Schöpfung werde aus Wasser und heiligem Geist.

Der Priester berührte das Wasser mit der rechten Hand und fuhr fort:

> Es steige hinab in dieses Wasser die Kraft des Heiligen Geistes, daß alle, die in Christus, in seinen Tod hineinbegraben sind durch die Taufe, mit ihm auferstehen zum ewigen Leben.

Als nächstes besprach Pater Fiorelli mit den Lorentes und den Paten ihre Verantwortung bei der Erziehung Josefs im katholischen Glauben. Nach der Absagung gegen Sünde und Satan bat der Priester sie, mit ihm den katholischen Glauben zu bekennen: „Glauben Sie an Gott den Vater, den Allmächtigen, den Schöpfer des Himmels und der Erde?"

„Ich glaube", antworteten Eltern und Paten.

„Glauben Sie an Jesus Christus, seinen eingeborenen Sohn, unseren Herrn, der geboren ist von der Jungfrau Maria, der gelitten hat und begraben wurde, von den Toten auferstand und zur Rechten des Vaters sitzt?"

„Ich glaube."

„Glauben Sie an den Heiligen Geist, die heilige katholische Kirche, die Gemeinschaft der Heiligen, die Vergebung der Sünden, die Auferstehung der Toten und das ewige Leben?"

„Ich glaube."

„Das ist unser Glaube, der Glaube der Kirche, zu dem wir uns alle in Christus Jesus bekennen."

„Amen", erklang die vereinte Antwort.

Nach dem gemeinsamen Glaubensbekenntnis fuhr Pater Fiorelli fort: „Sie haben sich eben zum Glauben der Kirche bekannt. In diesem Glauben empfängt Ihr Sohn Josef nun die Taufe."

Pater Fiorelli wies Frau Lorente an, Josef über das Taufbecken zu halten. Dann, als der Priester Wasser über die Stirn des Säuglings goß, sprach er: „Josef, ich taufe dich im Namen des Vaters und des Sohnes und des Heiligen Geistes."[10]

Daraufhin forderte Pater Fiorelli die Lorentes auf, Josef das mitgebrachte weiße Taufkleid anzuziehen. Diese symbolische Handlung sollte den neuen heiligen Zustand von Josefs unsichtbarer Seele darstellen. Als sie das Kind angezogen hatten, fuhr der Priester fort:

> Josef, dieses weiße Kleid soll dir ein Zeichen dafür sein, daß du in der Taufe neugeschaffen worden bist und – wie die Schrift sagt – Christus angezogen hast. Bewahre diese Würde für das ewige Leben.

Dann wurde eine Kerze, die den nun in Josefs Seele lebendigen Glauben symbolisieren soll, für ihn angezündet, anschließend noch ein Lied gesungen und das Vaterunser gebetet. Ein formaler Segen beendete die Zeremonie.

Später trafen sich alle wieder im Haus der Lorentes und feierten dort Josefs Taufe, seinen ersten Schritt auf dem langen Weg der römisch-katholischen Errettung.

◆ ◆ ◆

DIE ERBSÜNDE DURCH ADAM
[385-421]

Die römisch-katholische Kirche lehrt, daß jedes neugeborene Kind als Gegenmittel gegen eine tödliche geistliche Krankheit getauft werden muß. Die Kirche führt dieses Problem auf den Garten Eden zurück.

Als Adam und Eva die verbotene Frucht aßen, begingen sie damit die erste menschliche Sünde, die zur *Ursünde* oder *Erbsünde* wurde. Durch diese Übertretung luden sie den Zorn Gottes auf sich und waren hinfort der Macht Satans und dem Tod unterworfen [1006, 1008, 1018].

Der Begriff *Erbsünde* bezieht sich auch auf die Auswirkungen von Adams Sünde auf seine Nachkommen [396-409, 417-419]. Jedes Neugeborene kommt mit der Erbsünde in seiner Seele in die Welt und ist von Gott entfremdet [400-406, 416-417].

Die Kirche lehrt, daß Gott seinen Sohn gesandt hat, um dieses Problem zu lösen [389, 410-412, 599-630]:

> Ihn hat Gott durch den Glauben in seinem Blut zum Versöhner aufgestellt (Römer 3,25) für unsere Sünden, aber nicht nur für unsere Sünden, sondern auch für die der ganzen Welt (1. Johannes 2,2).
>
> Konzil zu Trient[11]

Das heißt jedoch nicht, daß jeder Mensch automatisch errettet ist:

Obwohl er für alle gestorben ist (2. Kor 5,15), empfangen doch nicht alle die Wohltat seines Todes, sondern nur die, denen Anteil gegeben wird am Verdienst seines Leidens.
Konzil zu Trient[12]

RECHTFERTIGUNG DURCH DIE TAUFE
[403, 1213-1284, 1987-2020]

Der römisch-katholischen Kirche zufolge empfängt ein Säugling die Wohltat von Christi Tod durch das Sakrament der Taufe [790, 977, 1214-1216, 1227, 1250-1252]:

Die heilige Taufe ist die Grundlage des ganzen christlichen Lebens, das Eingangstor zum Leben im Geiste und zu den anderen Sakramenten. Durch die Taufe werden wir von der Sünde befreit und als Söhne Gottes wiedergeboren; wir werden Glieder Christi, in die Kirche eingefügt und an ihrer Sendung beteiligt: „Die Taufe ist das Sakrament der Wiedergeburt durch das Wasser im Wort."
Katechismus der Katholischen Kirche [1213]

Die Kirche lehrt, ein Säugling werde durch die Taufe:

- von der Macht Satans gerettet
- von der Erbsünde befreit
- unschuldig und makellos vor Gott gemacht
- mit Christus begraben
- wiedergeboren
- der Gabe des göttlichen Lebens teilhaftig
- zu einem Teilhaber des ewigen Lebens gemacht
- zu einem Tempel des Heiligen Geistes gemacht
- zu einem Glied an Christi Leib gemacht
- in die Kirche aufgenommen
- einer römisch-katholischen Erziehung anvertraut.

Während des Taufsakraments nennt der Priester ausdrücklich jede einzelne dieser Auswirkungen [1234-1245, 1262]. Zwei davon sind besonders wichtig [1262, 1987].

> **Limbus**
>
> Limbus ist die klassische römisch-katholische Antwort auf die Frage: Was geschieht mit Kindern, die vor der Taufe sterben? Thomas von Aquin, der bedeutendste Theologe der römisch-katholischen Kirche, war der Überzeugung, daß Unmündige nicht in die Hölle müssen, denn „von allen Sünden ist die Erbsünde die geringste, denn sie ist am wenigsten freiwillig"[13]. Doch der römisch-katholischen Theologie zufolge kann niemand ohne Taufe zu Gott gelangen. Wohin also kommen gestorbene ungetaufte Kinder?
>
> Einige Theologen der Kirche sind der Meinung, daß es irgendwo zwischen Himmel und Hölle einen Ort für ungetaufte Kinder geben müsse. Sie nannten ihn *Limbus*, was soviel wie *an der Grenze* heißt. Sie beschrieben ihn als einen Ort der natürlichen Freude, dem Himmel jedoch etwas unterlegen, weil Gott dort nicht ist.
>
> Im heutigen Katholizismus ist der Limbus, wie man sagt, „im Limbus". Er ist weder Bestandteil eines offiziellen Kirchendogmas, noch eine von der Kirche verworfene Überzeugung. Bei der Diskussion über das Schicksal von ungetauft gestorbenen Kindern vertraut der heutige Katholizismus ihre Seelen üblicherweise der Gnade Gottes an, ohne den Limbus zu erwähnen. So versucht es jedenfalls der neue *Katechismus* darzustellen [1261, 1283]. Dessenungeachtet wird ein Katholik auf die Frage, wohin ungetaufte Kinder nach dem Tod gelangen, normalerweise die Antwort erhalten: „in den Limbus".

Das Tilgen der Erbsünde
[977-978, 1250, 1263, 1279, 1673]

Der römische Katholizismus lehrt, die Taufe tilge die Erbsünde und damit die von Adam ererbte Schuld. Der Priester bringt diesen Glauben im Exorzismusgebet zum Ausdruck, wenn er spricht: „Wir bitten dich, befreie dieses Kind von der Erbschuld ..."¹⁴ Die Kirche sagt, ein getauftes Kind ist vor Gott unbefleckt und unschuldig. Wenn das Kind in diesem Augenblick sterben sollte, käme es ungehindert in den Himmel.

Der Empfang der heiligmachenden Gnade
[374-384, 1265-1266, 1279, 1999, 2023-2024]

Der römisch-katholischen Theologie zufolge gab Gott Adam und Eva bei der Erschaffung eine übernatürliche Gabe: Teilhabe am göttlichen Leben. Als Folge davon erfreuten sie sich der beständigen Gemeinschaft mit Gott [376]. Die Kirche nennt diese Gabe des göttlichen Lebens die *heiligmachende* oder *vergöttlichende Gnade* [1999]. Durch sie wurden Adam und Eva vor Gott heilig und gerecht [375, 384]. Das galt solange, bis sie sündigten [379].

Als Adam und Eva Gott ungehorsam waren, verloren sie das göttliche Leben in ihren Seelen, „die Gnade der ursprünglichen Heiligkeit"[399] [390, 399]. Sie erlitten den geistlichen Tod und wurden in den Augen Gottes unheilig und mißfällig. Darüber hinaus verdammte ihre Sünde ihre Nachkommen dazu, ihre gefallene Stellung zu ererben. Folglich kommt jedes Kind ohne die heiligmachende Gnade und in einem Zustand der Erbsünde auf die Welt, hat somit einen Hang zum Bösen und ist Leiden und Tod unterworfen [400-406].

Die römisch-katholische Kirche lehrt, daß allein die Taufe die Erbsünde tilgen und der Seele wieder göttliches Leben verleihen kann [405]. Der Priester bezieht sich beim Taufritus auf diesen Glauben, wenn er Gott bittet, „daß er diesem Kind aus dem Wasser ... neues Leben schenke"¹⁵. Die Kirche bezeichnet das Ausgießen göttlichen Lebens in die Seele als *Eingeben der heiligmachenden Gnade* [1266, 1996-1997, 1999, 2023]. *Eingeben* meint hier *Eingießen*.

Durch dieses Eingeben wird die Seele des Kindes, die infolge von Adams Sünde geistlich tot war, lebendig [1213, 1228, 1239]. Mittels der Wirksamkeit des Heiligen Geistes wird eine innige Teilhabe am Leben Gottes hergestellt [1129, 1227, 1265, 1988]. Das Kind wird geistlich wiedergeboren, von Gott als

Kind angenommen, in die römisch-katholische Kirche eingegliedert und in einen *Stand der Gnade* versetzt [1267-1270, 1279, 1996-2004].

Gemäß der römisch-katholischen Kirche geht mit der Eingebung der heiligmachenden Gnade der Erhalt der *Gaben des Heiligen Geistes* und der *göttlichen Tugenden* einher, wovon die Nächstenliebe am hervorragendsten ist [1812-1832]. Die katholische Theologie setzt deshalb das Befinden in einem Stand der Gnade oft mit dem Tragen von Nächstenliebe im Herzen oder in der Seele gleich.

Der theologische Begriff, den die Kirche für die durch die Taufe herbeigeführte geistliche Umwandlung verwendet, ist der der *Rechtfertigung* [1987-1995, 2019-2020]. Der Katholizismus definiert Rechtfertigung als –

... die Überführung aus dem Stand, in dem der Mensch als Sohn des ersten Adam geboren wird, in den Stand der Gnade und der Annahme zum Gotteskind durch den zweiten Adam, Jesus Christus, unseren Heiland.

Konzil zu Trient[16]

Die Taufe rechtfertigt ein Kind durch die Tilgung der Erbsündenschuld und durch das Eingeben der heiligmachenden Gnade in die Seele [654, 1987, 1999, 2019]. Aus diesem Grund bezeichnen die katholischen Theologen die heiligmachende Gnade auch als *Gnade der Rechtfertigung* [1266].

Die Kirche lehrt, daß Christus „uns ... durch sein heiligstes Leiden am Kreuzesholz die Rechtfertigung verdiente und für uns Gott dem Vater genugtat"[17] [1992, 2020]. Dieser Verdienst wird „... durch das Taufsakrament, das richtig in der Form der Kirche gespendet wird, den Erwachsenen wie den Kindern mitgeteilt"[18]. Die Taufe ist deshalb die „werkzeugliche Ursache"[19] der Rechtfertigung, das Mittel, durch welches die Gnade der Rechtfertigung auf die Seele angewendet wird [1227, 1239, 1987, 1992, 2020].

Die Taufe befreit ein Kind jedoch nicht von den zeitlichen Folgen der Sünde, wie zum Beispiel die Schwachheit der menschlichen Natur und einer Neigung zur Sünde. Sie garantiert auch nicht, daß das Kind als Erwachsener ewiges Leben erlangen wird, denn die Taufe ist lediglich der erste Schritt im römisch-katholischen Heilsplan [405, 978, 977, 1254-1255, 1257, 1264, 1426].

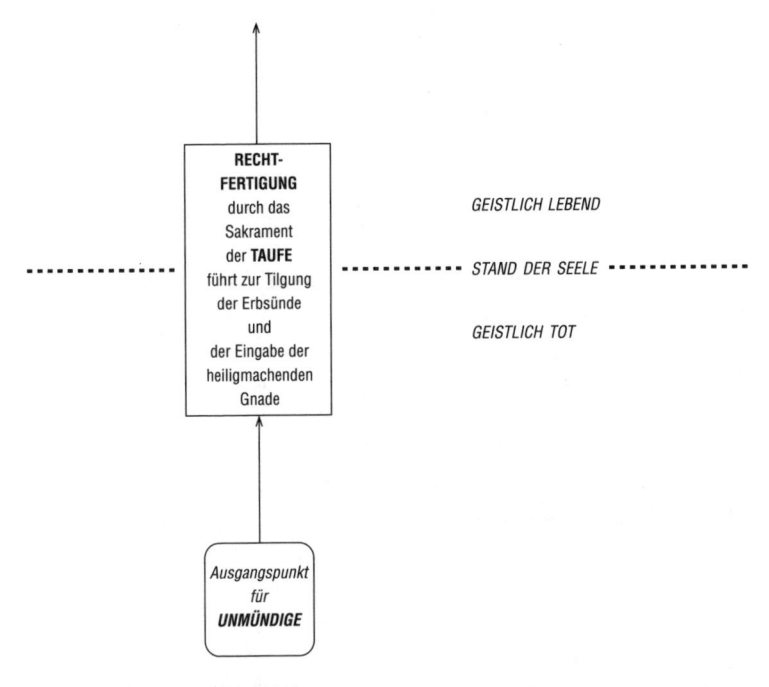

```
           ┌──────────────┐
           │   RECHT-     │
           │ FERTIGUNG    │
           │  durch das   │         GEISTLICH LEBEND
           │  Sakrament   │
           │  der TAUFE   │
-----------│ führt zur Tilgung │-----------  STAND DER SEELE  -----------
           │ der Erbsünde │
           │     und      │         GEISTLICH TOT
           │ der Eingabe der │
           │ heiligmachenden │
           │    Gnade     │
           └──────────────┘
                 ▲
           ┌──────────────┐
           │ Ausgangspunkt │
           │     für      │
           │  UNMÜNDIGE   │
           └──────────────┘
```

Abbildung 1.1 **Säuglingstaufe**

EINE BIBLISCHE ANTWORT

Die römisch-katholische Kirche tauft jährlich etwa 16 Millionen Kinder bis zu einem Alter von sieben Jahren. Die meisten sind nur einige Tage oder Wochen alt. Wenn sie aufwachsen, lehrt die Kirche diesen Kindern, die Erbsünde sei aus ihren Seelen getilgt worden und nun wohne göttliches Leben in ihnen. Folglich vertrauen die meisten Katholiken ihr Leben lang darauf, daß ihr Verhältnis zu Gott in Ordnung ist und sie auf dem Weg zum Himmel sind. Ihr Vertrauen ist jedoch unberechtigt, denn die Bibel lehrt, daß ein verlorener Sünder durch Glauben gerechtfertigt wird und nicht durch die Taufe.

Die biblische Rechtfertigung geschieht allein durch Glauben

Das neutestamentliche Wort für *Rechtfertigung* stammt von einem anderen Wort, das soviel heißt wie *aufrecht, gerecht* oder *rechtschaffen*. *Rechtfertigen* heißt zu zeigen, daß man gerecht ist oder zu *erklären, daß sich etwas in einem rechtmäßigen Zustand befindet.*

Der Bibel zufolge ist Rechtfertigung ein göttliches Handeln: „Gott ist es, der rechtfertigt" (Römer 8,33). Biblische Rechtfertigung ist ein Handeln Gottes, bei dem er einen unwürdigen Sünder als in seinen Augen gerecht erklärt (Römer 4,3).

Biblische Rechtfertigung ist mehr als das Lossprechen oder Vergeben von Sünden. Sie umfaßt eine positive Zurechnung, bei der Gott seine Gerechtigkeit zugunsten des Sünders anrechnet (Römer 3,22). Von diesem Moment an betrachtet Gott die Person als „in Christus" (Epheser 1,3-14).

Biblische Rechtfertigung ist durch Christi Tod möglich geworden. Am Kreuz trug der Herr Jesus unsere Schuld, damit wir seine Gerechtigkeit empfangen können:

> Den, der Sünde nicht kannte, hat er [Gott] für uns zur Sünde gemacht, damit wir Gottes Gerechtigkeit würden in ihm [Christus].
>
> 2. Korinther 5,21

Die Bibel sagt, daß Gott den rechtfertigt, „der des Glaubens an Jesus ist" (Römer 3,26). Das Evangelium wird verkündigt. Einige werden von seiner Wahrheit überzeugt und setzen ihr Vertrauen auf Christus als ihren Retter. Gott rechtfertigt diese Gläubigen, indem er sie als in seinen Augen gerecht erklärt.

Rechtfertigung *durch Glauben* ist die durchgängige Lehre der Schrift: „Denn wir urteilen, daß der Mensch durch Glauben gerechtfertigt wird" (Römer 3,28); „Abraham aber glaubte Gott, und es wurde ihm zur Gerechtigkeit gerechnet" (Römer 4,3); „da wir nun gerechtfertigt worden sind aus Glauben, so haben wir Frieden mit Gott durch unseren Herrn Jesus Christus" (Römer 5,1).

Die römisch-katholische Kirche lehrt andererseits, die Rechtfertigung geschehe durch das Sakrament der Taufe. Katholische Theologen versuchen eine biblische Grundlage für diesen Glauben aufzuzeigen und führen dazu Schriftstellen an, die von der Taufe im selben Zusammenhang mit Wiedergeburt, Sündenvergebung oder Errettung sprechen. Dann bezeichnen sie die Taufe als die Ursache dieser Wirkungen.

Solche indirekten Methoden können jedoch niemals die klare und ausdrückliche Lehre der Bibel aufheben, daß Rechtfertigung durch Glauben geschieht. (Für eine Untersuchung der in erster Linie von der römisch-katholischen Kirche herangezogenen Schriftstellen zur Unterstützung dieser Sichtweise siehe Anhang A, *Rechtfertigung durch die Säuglingstaufe.*)

Das Sakrament des Glaubens

Obwohl die römisch-katholische Kirche daran festhält, die Taufe sei die „werkzeugliche Ursache"[20] der Rechtfertigung, stimmt sie darin überein, daß die Bibel die Notwendigkeit des Glaubens für die Rechtfertigung lehrt:

> An Jesus Christus und an den zu glauben, der ihn um unseres Heils willen gesandt hat, ist notwendig, um zum Heil zu gelangen ... so wurde niemanden jemals ohne ihn [den Glauben] Rechtfertigung zuteil ...
> *Katechismus der Katholischen Kirche* [161]

Die Kirche entgegnet auf den Vorwurf, daß bei der Rechtfertigung von Unmündigen der Glaube fehlt, die Taufe sei „das Sakrament des Glaubens"[1992] [161, 1236, 1253]. Sie bietet eine ganze Reihe von Erklärungen an, um zu zeigen, wie das sein kann [1231, 1250-1255, 1282]:

- Der Unmündige tritt durch die Taufe in das Glaubensleben ein.
- Der Glaube des Priesters, der Eltern und der Paten rechtfertigt den Unmündigen bei der Taufe.
- Die Taufe eines hilflosen Unmündigen drückt den Bedarf auf kostenfreie, unverdiente Gnade aus.
- Die Eltern würden ihrem Kind eine unentbehrliche Segnung vorenthalten, wenn sie es nicht kurz nach der Geburt taufen ließen.
- Der Glaube ist von der Gemeinschaft der Gläubigen abhängig und mit ihr verwandt. Die Säuglingstaufe stellt dieses dar, denn die Eltern versprechen, das Kind im katholischen Glauben aufzuziehen.
- Glaube ist keine einzelne Entscheidung, sondern ein Prozeß. Die Taufe verschafft Kraft und Erleuchtung für ein lebenslanges Wachstum im Glauben.
- Katholiken erneuern ihr Bekenntnis des christlichen Glaubens zweimal jährlich als Teil der eucharistischen Liturgie.

Keine dieser Erklärungen trifft jedoch die Wurzel des Problems: *Der Säugling ist unfähig, den errettenden Glauben zu haben*. Die Vorstellung, die Eltern oder der Priester könnten anstelle des Kindes glauben, ist unbiblisch. Jeder Mensch muß für sich selbst entscheiden (Johannes 1,12-13). Die Argumente, Glaube sei ein Prozeß oder Katholiken würden ihr Bekenntnis als Erwachsene erneuern, sind für einen Beweis der Rechtfertigung von Unmündigen im Augenblick ihrer Taufe belanglos.

Wunderwirkendes Wasser

Die römisch-katholische Kirche entgegnet darauf, daß das, was belanglos ist, die Unfähigkeit des Säuglings zum persönlichen Glauben sei. Es sei die sakramentale Handlung des Tauritus, wodurch die Erbsünde getilgt und die heiligmachende Gnade eingegeben würde. Die richtige Ausführung dieses Ritus führe zu einem Ergebnis, das sowohl von der

Würdigkeit des Priesters als auch vom Glauben des Kindes unabhängig ist [1127-1128, 1239].[21] Dieses fast magische Verständnis der Taufe kommt in dem Ritus selbst zum Ausdruck. Der Priester ruft Gott an, das Wasser zu ermächtigen, indem er spricht: „Schenke diesem Wasser die Kraft des Heiligen Geistes ... Es steige hinab in dieses Wasser die Kraft des Heiligen Geistes ..."[22] [1217-1218, 1238]. Für ein solches Gebet gibt es in der Bibel kein Vorbild.

> **Wenn Rechtfertigung durch die Taufe geschieht ...**
>
> ... weshalb taufte Jesus dann niemanden (Johannes 4,2)?
>
> ... weshalb sagte Jesus dann zu dem reuigen Verbrecher am Kreuz, der niemals getauft wurde, „wahrlich, ich sage dir: Heute wirst du mit mir im Paradies sein" (Lukas 23,43)?
>
> ... weshalb empfingen Kornelius und die, die bei ihm waren, dann den Heiligen Geist, bevor sie getauft wurden (Apostelgeschichte 10,44-48)?
>
> ... weshalb sagte Paulus dann, „denn Christus hat mich nicht ausgesandt zu taufen, sondern das Evangelium zu verkündigen" (1. Korinther 1,17)?
>
> ... weshalb wird die Taufe dann in so vielen Versen, die die Errettung erklären, nicht erwähnt, wie zum Beispiel „denn ich schäme mich des Evangeliums nicht, ist es doch Gottes Kraft zum Heil jedem Glaubenden" (Römer 1,16)?

Die Nottaufe ist eine weitere Praxis, die die angebliche wunderwirkende Kraft des sakramentalen Wassers verdeutlicht. Da die Kirche lehrt, die Taufe sei zur Errettung notwendig, muß der Möglichkeit des Todes eines Kindes vor dem Empfang des Sakraments vorgebeugt werden. Die Kirche verlangt von Katholiken, einen Säugling bei Todesgefahr unverzüglich zu taufen. Dabei kann ein verkürzter Ritus verwendet werden. Wenn kein Priester oder Diakon erreichbar ist, kann jeder gewöhnliche Katholik das sterbende Kind taufen [1256, 1284]. Die Kirche hält katholische Ärzte, Krankenschwestern und andere in medizinischen oder sozialen Berufen Tätige dazu an, auf die Durchführung einer Nottaufe vorbereitet zu sein.[23] Angeblich haben katholische Mediziner sogar schon ungeborene Kinder mit einer Spritze im Mutterleib getauft, wenn sie in Lebensgefahr schwebten!

Eine falsche Hoffnung

Die aufrichtigen Motive von katholischen Eltern beim Wunsch auf Taufe ihres Neugeborenen stehen außer Frage. Nichtsdestoweniger ist diese Praxis unbiblisch. Die Eltern können nicht für ihr Kind entscheiden, daß es Gottes Gabe der Errettung empfangen und wiedergeboren werden soll. Die Bibel lehrt, daß jeder einzelne Mensch seine eigene Entscheidung treffen muß:

> So viele ihn aber aufnahmen, denen gab er das Recht, Kinder Gottes zu werden, denen, die an seinen Namen glauben; die nicht aus Geblüt, auch nicht aus dem Willen des Fleisches, auch nicht aus dem Willen des Mannes, sondern aus Gott geboren sind.
>
> Johannes 1,12-13

Die Säuglingstaufe führt die Katholiken, was ihren geistlichen Zustand und ihr geistliches Bedürfnis betrifft, in die Irre und erzeugt eine falsche Hoffnung. Katholischen Kindern wird schon frühzeitig in ihrem Leben beigebracht, die Taufe habe ihre Erbsünde getilgt und ihnen heiligmachende Gnade eingegeben. Die Kirche bietet mit der Ausstellung einer Taufurkunde für jedes Kind sogar einen greifbaren Beweis dafür an, daß das Sakrament vorschriftsgemäß ausgeführt worden ist.

So wachsen Katholiken in der Überzeugung auf, sie hätten bereits eine echte Beziehung zu Gott und befänden sich auf dem Weg zum Himmel. Aber wie wir gesehen haben, hat ihr Hoffen keine biblische Grundlage. In den Augen Gottes sind ihre Taufurkunden wertlos, denn ihr Glaube gilt nicht dem Heiland, sondern einem Sakrament und der Spenderin dieses Sakraments, der römisch-katholischen Kirche.

Kapitel 2
Rechtfertigung bei Erwachsenen

Rosa, 23 Jahre alt

Als Rosa auf den Beginn der Evangelisationsveranstaltung wartete, machte sie sich Gedanken, ob es wohl richtig gewesen war, hierherzukommen. Es war ja eigentlich nicht ihre Idee gewesen. Sie hatte im Radio Ankündigungen der Evangelisation gehört, aber nie ernstlich in Erwägung gezogen, dort hinzugehen. Dann hatte Katie, eine befreundete Arbeitskollegin, sie eingeladen. Sie wußte nicht recht, was sie sagen sollte, und weil sie höflich sein wollte, nahm sie die Einladung an. Doch jetzt fühlte sie sich schrecklich fehl am Platz und wünschte, die Einladung ausgeschlagen zu haben, aber dazu war es jetzt zu spät.

Und wie sie so im zweiten Rang des Stadions neben Katie saß, entschied Rosa sich, einfach das Beste daraus zu machen. Immerhin könnte es eine Gelegenheit werden, Katie näher kennenzulernen, wie sie es sich schon seit längerem gewünscht hatte. Rosa bewunderte immer Katies gutes Benehmen bei der Arbeit und ihren Ruf als überzeugte Christin. Vielleicht bot sich jetzt ja eine Gelegenheit, herauszufinden, weshalb sie so anders war.

Schließlich fing die Evangelisation an. Der Chor sang und ein Sportler erzählte seine Geschichte, wie er Christ geworden war. Dann begann der Evangelist mit seiner Predigt.

Auf einmal waren Rosas Vorbehalte wie weggeblasen. Niemals zuvor hatte sie etwas derart Fesselndes und Überzeugendes gehört. Tränen liefen über ihre Wangen. Sie versuchte sich zusammenzunehmen, aber sie konnte es nicht.

Als der Evangelist seine Botschaft beendet hatte, lud er alle, die „Gottes kostenloses Geschenk der Errettung" annehmen wollten, ein, auf den Rasen in die Mitte des Stadions herunterzukommen. Rosa verstand nicht recht, was das auf sich hatte, aber worum es hier auch gehen mochte, sie wollte dabeisein. Ihr Leben war doch ansonsten leer und voller Enttäuschungen.

Als der Chor sang *Jesus, zu dir*, machte Rosa sich auf den Weg. Sie war fest entschlossen, mit Gott ins Reine zu kommen. Im Gehen bemerkte sie noch, wie Katie still im Gebet versunken war.

Unten auf dem Rasen erklärte der Evangelist Rosa und allen anderen, die dem Aufruf gefolgt waren, noch einmal den Errettungsweg. Dann bat er die Gruppe, gemeinsam mit ihm zu beten.

Nach dem Gebet kam eine junge Frau mit einem ganzen Arm voller Bücher und Traktate zu Rosa. „Hallo, ich gehöre zum Evangelisationsteam. Kann ich Sie an einen unserer Seelsorger weiterleiten?" fragte sie.

„Ich weiß nicht recht", entgegnete Rosa.

„Gehören Sie zu einer Gemeinde?"

„Eigentlich nicht", antwortete Rosa, „meine ganze Familie ist katholisch. Zur Messe gehen wir nur selten, und ich bin auch nie getauft worden. Ich hätte schon ganz gern etwas Hilfe. Ich bin mir nämlich nicht sicher, wie es um meine Beziehung zu Gott steht."

„Ich werde jemanden für Sie finden, der Ihnen weiterhilft", versprach die junge Frau und schaute sich nach der langen Reihe Tische entlang des Rasens um. „Sie sollten sich an den Seelsorger dort drüben mit dem schwarzen Hemd wenden", sagte sie und zeigte dabei auf einen Mann, der etwa 20 Meter entfernt hinter einem Tisch saß. „Kommen Sie mit; ich mache Sie miteinander bekannt."

Als sie herantraten, streckte der Mann ihnen seine Hand entgegen und begrüßte sie. „Hallo, ich bin Pater Pablo Fernandez von der St.-Marien-Kirche." Dann merkte er, daß Rosa spanisch sprach und sagte: „¿Cómo se llama?"

Rosa zögerte. Bittere Erinnerungen an den Katholizismus in Mexiko hielten sie zurück. Doch dann dachte sie daran, wie der Evangelist gesagt hatte, daß sie noch an diesem Tag gerettet werden kann. Rosa dachte auch an Katie, die immer noch oben auf ihrem Platz wartete. *Ich möchte die gleiche Freude wie Katie haben*, dachte Rosa bei sich selbst. *Katie hat mich hierher gebracht; ihr kann ich vertrauen.*

Rosa reichte dem Priester die Hand und antwortete: „Me llamo Rosa."

Pater Pablo schlug seine Evangelisationsunterlagen auf und machte sich daran, sie Rosa zu erklären. Als er damit fertig war, füllte Rosa eine Antwortkarte aus.

„Rosa!" rief Pater Pablo freudig, als er die Adresse auf der Karte gesehen hatte, „du wohnst in meinem Pfarrbezirk! Komm doch mal vorbei, dann kann ich dir noch mehr erzählen. Die Gemeinde hat gerade ein neues Programm für Leute wie dich aufgestellt."

Am folgenden Sonntag ging Rosa in Pater Pablos Kirche. Nach der Messe schrieb er sie in den *Ritus der christlichen Initiation von Erwachsenen* ein, einem 11monatigen Programm für geistliche Entwicklung und Unterricht. „Nach deinem erfolgreichen Absolvieren dieses Kurses", versprach Pater Pablo, „werde ich dich am Ostersonntag in die römisch-katholische Kirche hinein taufen."

Rosa war enttäuscht. Sie hatte gedacht, der Priester werde ihr sagen, wie sie errettet werden kann. Die ganze Woche hatte sie eine Strophe aus dem Lied gesungen, das sie bei der Evangelisation gehört hatte:

> Jesus, zu dir kann ich so kommen, wie ich bin.
> Du hast gesagt, daß jeder kommen darf.
> Ich muß dir nicht erst beweisen, daß ich besser werden kann.
> Was mich besser macht vor dir, das hast du längst am Kreuz getan.[24]

Und jetzt sagte der Priester zu Rosa, sie müsse fast ein Jahr warten! *Aber wenn dieses Programm mich wirklich dazu bereitmacht, Gottes Geschenk der Vergebung anzunehmen*, dachte Rosa, *dann werde ich mitmachen!*

❖ ❖ ❖

SCHRITTE ZUR RECHTFERTIGUNG FÜR ERWACHSENE
[1229-1233]

Im Gegensatz zu Neugeborenen, die ohne Verzug getauft werden, müssen sich Erwachsene, die gemäß der römisch-katholischen Kirche gerechtfertigt werden wollen, einer intensiven Vorbereitung unterziehen [1232]. Dazu gehören vier Schritte: Mitwirkung mit der Gnade, Glaube, gute Werke und das Sakrament der Taufe.

Die zuvorkommende Gnade
[153-155, 1989, 1993, 1998, 2000-2001, 2018, 2021-2022, 2024]

Der römisch-katholischen Theologie zufolge ist es Gott, der bei der Rechtfertigung von Erwachsenen den ersten Schritt tut [1998]. Die Kirche lehrt: „Bei den Erwachsenen muß der Anfang der Rechtfertigung von der zuvorkommenden Gnade Gottes durch Christus Jesus ausgehen ..."[25]

Wenn Gott sich nach einem Menschen ausstreckt, erteilt er ihm kostenlos die von der Kirche so bezeichnete *zuvorkommende Gnade*. Das ist die helfende Hand, die einen Menschen befähigt, Gott zu suchen und die eigene Seele zur Taufe und Rechtfertigung bereitzumachen oder einzustimmen. Ziel der zuvorkommenden Gnade sind gute Werke.

Wenn der Sünder einmal die zuvorkommende Gnade empfangen hat, muß er sich entscheiden, ob er sich ihrem Einfluß ausliefern will oder nicht [1993, 2002]. Wenn er während seines Lebens weiterhin dieser Gnade widersteht, wird er im Stand der Sünde sterben und die ewigen Folgen erleiden. Wenn sich ein Sünder jedoch entscheidet, mit der zuvorkommenden Gnade mitzuwirken, wird er beginnen, *heilsame Werke* zu vollbringen. Das sind unter dem Wirken der Gnade vollbrachte menschliche Werke, die zur Rechtfertigung führen. Das erste dieser Werke ist Glaube.

Glaube
[144-184]

Nach angemessener Unterweisung muß ein Erwachsener, der sich auf die Rechtfertigung vorbereitet [161, 183], –

> gläubig für wahr halten, was von Gott geoffenbart und verheißen ist, besonders, daß der sündige Mensch von Gott gerechtfertigt werde durch die Gnade, „durch die Erlösung, die da ist in Christus Jesus".
>
> Konzil zu Trient[26]

Die römisch-katholische Kirche beschreibt diesen Glauben als *göttliche Tugend* [1814]. Er ist die feste Annahme der wichtigsten von der Kirche vorgelegten Lehren, wie sie im Glaubensbekenntnis zusammengefaßt sind. Zustimmung zu diesem Bekenntnis ist die erste Antwort auf die zuvorkommende Gnade [155]. Die zweite sind gute Werke.

Gute Werke
[1247-1249, 1815-1816, 2001-2002]

Der Katholizismus lehrt, daß erwachsene Anwärter auf die Taufe ihre Seelen durch die Verrichtung guter Werke vorbereiten müssen [1247-1248]. Der suchende Sünder muß „... sich durch die eigene Willenstätigkeit zurüsten und bereiten ..."[27] Diese Zubereitung wird durch Glauben und verschiedene Tugenden vollzogen:

> ... wenn sie dann in Erkenntnis ihrer Sündhaftigkeit von Furcht vor der göttlichen Gerechtigkeit heilsam erschüttert sind, besinnen sie sich auf Gottes Barmherzigkeit und richten sich in Hoffnung auf, vertrauend, daß Gott ihnen um Christi willen gnädig sein werde; dann beginnen sie ihn als Quelle aller Gerechtigkeit zu lieben und erheben sich deshalb wider die Sünde in Haß und Abscheu, d.h. in der Buße, die man vor der Taufe tun muß; endlich nehmen

sie sich vor, die Taufe zu empfangen, ein neues Leben zu beginnen und die göttlichen Gebote zu beobachten.

Konzil zu Trient[28]

Taufe
[1214-1284]

Die letzte Voraussetzung zur Rechtfertigung von Erwachsenen ist die Taufe [1254]. Wie wir im vorhergehenden Kapitel gesehen haben, lehrt die römisch-katholische Kirche, die Taufe sei die „werkzeugliche Ursache"[29] der Rechtfertigung [127, 1239]. Sie tilgt die Erbsünde und gibt die heiligmachende Gnade in die Seele ein [1262-1266]. Der Kirche zufolge variiert das Ausmaß der heiligmachenden Gnade, die letztendlich rechtfertigt und durch die Taufe in die Seele eingegeben wird, von Mensch zu Mensch, je nach Großzügigkeit Gottes und der Vorbereitung des Einzelnen vor der Taufe.[30]

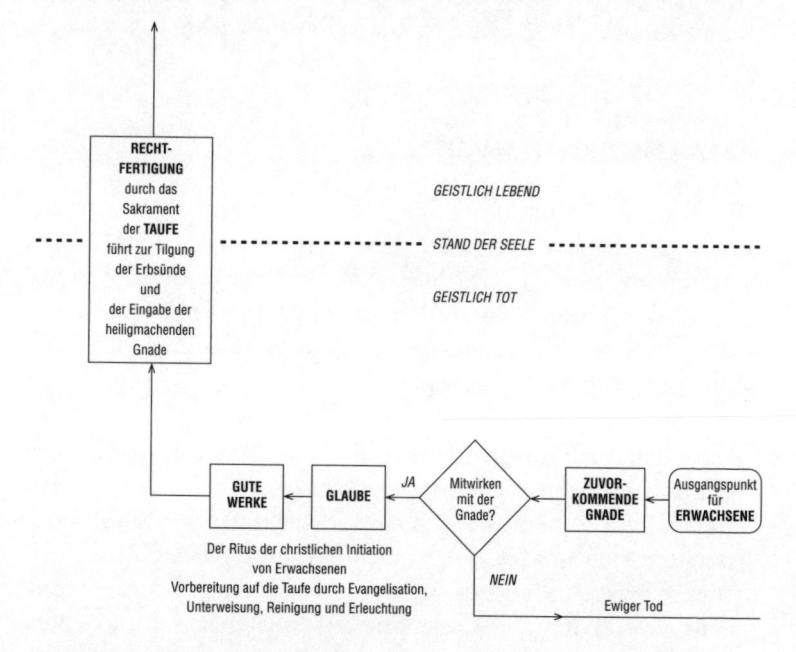

Abbildung 2.1 Rechtfertigung bei Erwachsenen

DER KATECHUMENAT
[1232-1233, 1247-1249, 1259]

Das Konzil zu Trient (1545-1563) definierte zwar die römisch-katholische Lehre über die Rechtfertigung, stellte aber keinen speziellen Vorbereitungskurs für Erwachsene auf, die gerechtfertigt werden wollen. Im Jahre 1963 beschloß das Zweite Vatikanische Konzil, diesen Mangel zu beheben, und ordnete die Wiedereinrichtung einer alten Tradition an, die die Anwärter auf die Taufe vorbereitete [1232]. Dieses unter der Bezeichnung *Katechumenat* bekannte Programm unterweist die Täuflinge, *Katechumenen* genannt, in den Grundlagen des Glaubens und christlichen Lebens [1230].

Der heutige Katechumenat wird lateinisch *Ordo initiationis christianae adultorum* („Ritus der christlichen Initiation für Erwachsene") genannt. Nach dem neuesten, im Jahre 1983 veröffentlichten Leitfaden bereiten sich Erwachsene mittels eines dreistufigen Prozesses auf die Taufe vor: 1.) Evangelisation, 2.) Unterweisung und 3.) Läuterung und Erleuchtung.[31]

Evangelisation

Die erste Stufe wird genauer als *Präkatechumenat* bezeichnet. Sie ist eine Erkundigungsphase, in der die Kirche interessierten Personen eine Einführung in die römisch-katholische Religion bietet. Die Kandidaten haben die Möglichkeit, Fragen zu stellen und sich dann zu entscheiden, ob sie zum Katholizismus konvertieren möchten.

Als Unterstützung der Kandidaten bei ihrer Vorbereitung stellt der Programmleiter jedem Kandidaten einen Helfer zur Seite. Dieser Helfer leistet dem Kandidaten bei seiner Vorbereitung Beistand und hilft der Kirche bei der Bewertung seiner Fortschritte.

Die Kirche betrachtet die Kandidaten als bereit, zur zweiten Phase des Katechumenats überzugehen, wenn in ihrem Leben folgende Punkte ersichtlich sind:

- ein Verständnis der Grundlagen der katholischen Lehre
- das Führen eines geistlichen Lebens
- Buße
- Gebet
- Verbundenheit mit der katholischen Gemeinschaft

Unterweisung

Die Kirche befördert qualifizierte Kandidaten formell in die Unterweisungphase mit einer Zeremonie, die *Ritus der Aufnahme in den Stand der Katechumenen* genannt wird. Zweckmäßigerweise beginnt dieser Ritus draußen vor der Kirchentür. Nach der Begrüßung der Kandidaten fordert der amtierende Priester sie auf, in Gottes Licht zu wandeln und sagt:

> Dies ist der Weg des Glaubens, den Christus euch in Liebe bis zum ewigen Leben geleiten wird. Seid ihr bereit, diese Reise heute unter der Leitung Christi anzutreten?
> aus einem katholischen Ritenbuch[32]

Jeder Kandidat antwortet darauf mit „ja, das bin ich".

Auf diese Verpflichtung hin macht der Helfer das Kreuzzeichen auf die Stirn seines Kandidaten. Damit werden die Kandidaten dem Katechumenat übergeben. Der Priester betet weiter:

> Herr, wir haben diese Katechumenen mit dem Zeichen des Kreuzes Christi bezeichnet. Schütze sie durch dessen Kraft, so daß sie, vertrauend auf die in ihnen begonnene Gnade, deine Gebote halten können und in der Taufe zur Herrlichkeit der Wiedergeburt gelangen. Das bitten wir dich durch Christus unsern Herrn.
> aus einem katholischen Ritenbuch[33]

Als nächstes fordert der Priester die Katechumenen und ihre Helfer auf, die Kirche zu betreten. Wenn sie alle drinnen sind, geht das Ritual mit Gebeten, einem wahlweise durchzuführenden Exorzismus, der Entsagung falschen Gottesdienstes, der Verleihung eines neuen Namens und der Präsentation eines Kreuzes weiter.

Damit beginnt die zweite Phase der Vorbereitung auf die katholische Rechtfertigung. Der Zweck dieser Phase ist Wachstum:

> Der Katechumenat ist eine ausgedehnte Zeit, während der den Kandidaten die geeignete seelsorgerliche Formung und Betreuung erteilt wird, was der Einübung des christlichen Lebens dient. Auf diese Weise werden die bei der Aufnahme in den Katechumenat in Erscheinung getretenen Anlagen zur Reife gebracht.
> aus einem katholischen Ritenbuch[34]

Der Katechumenat ist eine Zeit der formellen Unterweisung in die Lehren und Bräuche der römisch-katholischen Religion. Lehrer legen dar, wie ein sittliches Leben zu führen ist. Insbesondere:

> ... lernen die Katechumenen, sich bereitwilliger im Gebet Gott zuzuwenden, für den Glauben Zeugnis zu geben, in allen Dingen ihre Hoffnung auf Christus zu setzen, in ihrem Handeln der übernatürlichen Eingebung zu folgen und sogar zum Preis der Selbstverleugnung Nächstenliebe zu üben.
> aus einem katholischen Ritenbuch[35]

Die für diese Umgestaltung erforderliche Zeit ist von Kandidat zu Kandidat verschieden:

> Die im Katechumenat zugebrachte Zeit sollte lang genug sein – wenn nötig, mehrere Jahre – daß Bekehrung und Glauben der Katechumenen erstarken. Durch ihre Einbindung in das gesamte christliche Leben und eine ausreichend bemessene Probezeit werden die Katechumenen gründlich in die Mysterien des Heils und die Ausübung eines evangelikalen Lebensstils eingeführt. Mittels heiliger

Riten, die in einer bestimmten Abfolge gefeiert werden, werden sie in ein Leben des Glaubens, der Anbetung und der Nächstenliebe hineingebracht, welches das Volk Gottes auszeichnet.

aus einem katholischen Ritenbuch[36]

Wenn sie bereit sind, werden die Katechumenen zur *Erwählung* einem Bischof vorgestellt. Bei dieser Zeremonie –

> ... beurteilt die Kirche ihre Bereitschaft und entscheidet über ihre Fortschritte auf die Sakramente der Initiation hin. Auf diese Weise trifft die Kirche ihre „Erwählung", d.h. sie bestimmt die Wahl und Zulassung der Katechumenen, welche die Voraussetzungen erfüllen und somit bei der nächsten größeren Feier für die Teilnahme an den Sakramenten der Initiation tauglich sind.

aus einem katholischen Ritenbuch[37]

Bei diesem Ritus müssen die Helfer die Würdigkeit der Kandidaten bezeugen. Der Bischof stellt dem Helfer die Fragen:

> So wahr Gott euer Zeuge ist, seht ihr diese Kandidaten als würdig an, den Sakramenten der Initiation übergeben zu werden?
> Haben sie gläubig auf das von der Kirche verkündete Wort Gottes gehört?
> Haben sie auf dieses Wort geantwortet und einen Wandel in Gottes Gegenwart aufgenommen?
> Haben sie die Gemeinschaft ihrer christlichen Brüder und Schwestern gepflegt und gemeinsam mit ihnen gebetet?

aus einem katholischen Ritenbuch[38]

Zur Bekräftigung spricht der Bischof zu den Katechumenen:

> Ich erkläre euch nun zu Mitgliedern der Erwählten, damit ihr bei der nächsten Ostervigil in die heiligen Mysterien eingeführt werdet.

aus einem katholischen Ritenbuch[39]

Von diesem Augenblick an bezeichnet die Kirche die Kandidaten als *electi* (= Erwählte).

Läuterung und Erleuchtung

Die dritte und letzte Phase in der Vorbereitung der Taufe ist die der Läuterung, Besinnung und geistlichen Erleuchtung. Sie umfaßt drei *Prüfungen*:

> Die Prüfungen, die feierlich an einem Sonntag abgehalten und durch einen Exorzismus unterstützt werden, sind Riten zur Selbstprüfung und Buße und vor allem ein geistliches Ziel. Die Prüfungen sollen alle Schwachheiten in den Herzen der Erwählten aufdecken, alles was dort noch unvollkommen oder sündig ist, um es dann zu heilen, damit alles Aufrichtige, Starke und Gute hervorgebracht und gekräftigt werde.
>
> aus einem katholischen Ritenbuch[40]

Diese Phase der Läuterung findet gewöhnlich während der Fastenzeit statt, den 40 Tagen vor Ostern, die für die gesamte Kirche als Zeit des Gebets und der Buße angesehen werden. Am Karsamstag, dem Tag vor Ostern, fordert die Kirche die Erwählten auf, den Tag in Erwartung der Taufe im Gebet, im Nachsinnen und im Fasten zu verbringen. Ein Priester leitet die Erwählten an, als Ausdruck ihres Glaubens das Apostolische oder das Nizäische Glaubensbekenntnis aufzusagen.

Dann ist endlich Ostersonntag. Die Katechumenen haben ihre lange Vorbereitung erfolgreich abgeschlossen und sind angemessen auf die Rechtfertigung eingestimmt [1247]. Ein Priester tauft sie mit einem Ritus, der in etwa dem der Säuglingstaufe entspricht. Darauf folgen unmittelbar die Sakramente der Heiligen Eucharistie und der Firmung [1233, 1275].

EINE BIBLISCHE ANTWORT

Die römisch-katholische Kirche bereitet alljährlich fast zwei Millionen Erwachsene und Kinder über sieben Jahre auf die Rechtfertigung durch die Taufe vor. Tragischerweise führt die Kirche diese Menschen jedoch nicht zu einem alleinigen Vertrauen auf Christus als Erretter, sondern eher davon weg. Durch den Katechumenat und den dazugehörigen Riten lehrt der Katholizismus die Menschen, sich Gott durch ihre eigene Gerechtigkeit und ihre eigenen guten Werke zu nahen. Das steht in direktem Widerspruch zur Bibel, die lehrt, daß:

- Gott aus Gnade rechtfertigt und nicht aufgrund von Werken.
- Gott den Gottlosen rechtfertigt und nicht den Gerechten.

GOTT RECHTFERTIGT AUS GNADE UND NICHT AUFGRUND VON WERKEN

Entgegen der biblischen Lehre, daß Gott den Sünder „ohne Verdienst, durch seine Gnade" (Römer 3,24; Schl) rechtfertigt, erklärt die römisch-katholische Kirche, daß die Anwärter auf Rechtfertigung gute Werke vollbringen müssen [1248-1249]. Gleichzeitig hält die Kirche daran fest, die römisch-katholische Rechtfertigung sei ein kostenloses Geschenk und begründet das auf zweifache Weise:

Erstens, so erklärt die Kirche, werden die guten Werke für die Vorbereitung auf die Rechtfertigung unter dem Einfluß der zuvorkommenden Gnade getan [1989, 1998].[41] Die Werke sind von daher an sich Werke der Gnade [2001].

Als zweite Begründung gibt die Kirche an, daß Rechtfertigung nicht verdient werden kann [1308, 1992, 1996, 1999, 2003, 2010, 2027]:

> Wir werden „ohne Verdienst" gerechtfertigt: so heißt es deshalb, weil nichts von dem, was der Rechtfertigung vor-

ausgeht, weder Glaube noch Werke, die Gnade der Rechtfertigung verdient ...

Konzil zu Trient[42]

In den Worten des neuen *Katechismus* heißt das:

Da in der Ordnung der Gnade das erste Handeln Gott zukommt, *kann niemand die erste Gnade verdienen*, aus der die Bekehrung, die Vergebung und die Rechtfertigung hervorgehen.

Katechismus der Katholischen Kirche [2010]

Das bedeutet, daß ein Mensch zu seiner Rechtfertigung zwar sowohl Glauben als auch Werke aufweisen muß, doch weder sein Glaube noch seine Werke können ihm unmittelbar den Segen der Rechtfertigung verdienen.[43] Folglich, so argumentieren die Theologen der Kirche, ist die katholische Rechtfertigung ein Geschenk Gottes.

Doch der Mensch, der die Rechtfertigung begehrt, muß hart und lange arbeiten – „wenn nötig, mehrere Jahre"[44]. Der *Ritus der christlichen Initiation für Erwachsene* fordert die Kandidaten auf, ihre Bekehrung durch folgende Werke zu zeigen:

- Gott lieben und ihm dienen
- Beten
- Fasten
- Nächstenliebe
- Selbstverleugnung
- Halten der Gebote
- Bezeugen des katholischen Glaubens
- Verhalten gemäß übernatürlicher Eingebung
- Bekennen der wichtigsten Lehren der Kirche

Jemandem, der all diese Anforderungen tatsächlich erfüllt hat, mitzuteilen, daß die Rechtfertigung ein kostenloses Geschenk ist, wäre bedeutungslos. Ein solcher Mensch hätte jedes Recht, aufgrund seiner eigenen Werke als gerecht erklärt zu werden. Aber die Bibel sagt: „Dem aber, der Werke tut, wird der Lohn nicht angerechnet nach Gnade, sondern nach Schuldigkeit" (Römer 4,4). Die Forderung auch nur eines guten Werkes für die Rechtfertigung macht diese, zumindest zum Teil, zu einem verdienten Segen.

Der Bibel zufolge wird die Rechtfertigung nicht verdient; sie ist ein Geschenk. Gott rechtfertigt den Gläubigen „ohne Verdienst, durch seine Gnade" (Römer 3,24; Schl). Wenn Gott etwas aus Gnade tut, dann ist es „nicht mehr aus Werken, sonst ist Gnade nicht mehr Gnade" (Römer 11,6). Das ist der Grund, weshalb Gott von einem Sünder keine Werke fordert, sondern *Glauben*. Er rechtfertigt den, „der des Glaubens an Jesus ist" (Römer 3,26).

Die römisch-katholische Kirche hält dementgegen daran fest, daß Rechtfertigung aus Glauben ohne Werke Irrlehre ist:

> Wer behauptet, der rechtfertigende Glaube sei nichts anderes als das Vertrauen auf die göttliche Barmherzigkeit, die um Christi willen die Sünden nachläßt, oder dieses Vertrauen allein sei es, wodurch wir gerechtfertigt werden, der sei ausgeschlossen.
>
> Konzil zu Trient[45]

Allein der Glaube, so sagt die Kirche, sei eine unzureichende Grundlage für die Rechtfertigung [1815-1816]:

> Wer behauptet, daß der sündige Mensch durch den Glauben allein gerechtfertigt werde und darunter versteht, daß nichts anderes als Mitwirkung zur Erlangung der Rechtfertigungsgnade erfordert werde und daß es in keiner Weise notwendig sei, sich durch die eigene Willenstätigkeit zuzurüsten und zu bereiten, der sei ausgeschlossen.
>
> Konzil zu Trient[46]

Da die Kirche darum weiß, daß Paulus wiederholte Male den Glauben als einzige Bedingung für die Rechtfertigung anführt (Römer 3,26; 3,28; 4,5; 5,1; Galater 2,16 u.a.), muß sie ihre Verdammung der Rechtfertigung als Gnadengeschenk allein aus Glauben etwas weiter erklären:

> Der Apostel sagt, daß der Mensch „durch den Glauben" und „ohne Verdienst" (Rö 3,22.24) gerechtfertigt werde. Diese Worte sind so zu verstehen, wie es die katholische Kirche stets einmütig festhielt und erklärte. „Wir werden durch den Glauben gerechtfertigt": so heißt es deshalb, weil der Glaube der Beginn des Heils für den Menschen, Grundlage und Wurzel jeder Rechtfertigung ist; ohne ihn kann ja niemand Gott gefallen (Hebr 11,6) und zur Gemeinschaft seiner Söhne gelangen.
>
> Konzil zu Trient[47]

In den Briefen von Paulus (oder auch an anderer Stelle des Neuen Testaments) gibt es jedoch nichts, was besagen würde, Glaube sei als „Beginn des Heils" lediglich die erste Stufe zur Rechtfertigung. Wenn die Kirche den Glauben als „Beginn des Heils" bezeichnet und die guten Werke als notwendige Fortführung, läßt sie dabei die Tatsache außer acht, daß die Schrift ausdrücklich besagt, daß gute Werke an der Rechtfertigung nicht beteiligt sind:

> Dem dagegen, der nicht Werke tut, sondern an den glaubt, der den Gottlosen rechtfertigt, wird sein Glaube zur Gerechtigkeit gerechnet.
>
> Römer 4,5

Der Bibel zufolge ist der Glaube die einzige Bedingung für die Rechtfertigung. Die Kirche weist das aufs schärfste zurück und führt dazu den Jakobusbrief an:

> Ihr seht also, daß ein Mensch aus Werken gerechtfertigt wird und nicht aus Glauben allein.
>
> Jakobus 2,24

Für sich allein genommen, erweckt Jakobus 2,24 den Eindruck, als unterstütze dieser Vers die Behauptung der römisch-katholischen Kirche, daß Glaube *und* gute Werke der Rechtfertigung von Erwachsenen vorausgehen müssen [161-162, 1248, 1815]. Wenn der Vers jedoch in seinem Zusammenhang betrachtet wird, stellt er keine Unterstützung der katholischen Lehre mehr dar.

Jakobus schreibt ja nicht an eine Gruppe von Katechumenen, sondern an Menschen, die sich bereits als Christen bekennen. Er hat aber den Verdacht, daß einige der Empfänger dieses Briefs sich selbst betrügen. Sie führen ein Leben voller Heuchelei und geben sich als Christen aus, obwohl sie nie eine echte Wiedergeburt erfahren haben. Jakobus fordert seine Leser zu einer sittsamen und beständigen Lebensweise auf.

Jakobus 2,24 ist ein wichtiger Teil einer 13 Verse umfassenden Diskussion (Jakobus 2,14-26). Der Abschnitt beginnt mit zwei Fragen, die einen Punkt aufwerfen, über den Jakobus die Leser zum Nachdenken bringen will: „Was nützt es, meine Brüder, wenn jemand sagt, er habe Glauben, hat aber keine Werke? Kann etwa der Glaube ihn erretten?" (Vers 14). Anders ausgedrückt, wenn jemand *sagt*, er habe Glauben, aber in seinem Leben wird das nicht durch gute Werke sichtbar, hat dieser Mensch dann wirklich den echten Glauben? Ist er wirklich gerettet?

Im darauffolgenden Vers verdeutlicht Jakobus, daß wahrer Glaube sich in guten Werken ausdrückt. Glaube, der nur leeres Gerede ist, ist „tot" (Vers 17) und „nutzlos" (Vers 20).

Als Beispiel zeigt Jakobus anhand von Abraham, daß wahrer Glaube sich in guten Werken erweisen wird. Damit der Leser diesen Punkt erkennt, stellt Jakobus eine weitere Frage: „Ist nicht Abraham, unser Vater, aus Werken gerechtfertigt worden, da er Isaak, seinen Sohn, auf den Opferaltar legte?" (Vers 21).

Jakobus bejaht diese Frage. In 1. Mose 22 lesen wir ja, daß als Abraham im Gehorsam zu Gott sein Messer erhob und es auf seinen Sohn richtete, sein Handeln ihn als gerechten Menschen mit echtem, lebendigem Glauben erwies. Aus diesem Zusammenhang kommt Jakobus zu dem Schluß: „Ihr seht also, daß ein Mensch aus Werken gerechtfertigt wird und nicht aus Glauben allein" (Vers 24).

Wichtig dabei zu beachten ist, daß dieser Vers nicht erklärt, wie Abraham *von Gott* gerechtfertigt wurde. Die Abfolge der Ereignisse in Abrahams Leben machen das deutlich.

Wie wir in 1. Mose 15 lesen, nahm Abraham Gott bei seinem Wort, als Gott ihm verhieß, daß seine Nachkommen zahlreicher als die Sterne des Himmels sein werden. Die Schrift sagt, Abraham „glaubte dem HERRN; und er rechnete es ihm als Gerechtigkeit an" (1. Mose 15,6).

Das war die Grundlage für Abrahams Rechtfertigung durch Gott. Als Antwort auf Abrahams Glauben rechnete Gott ihm Gerechtigkeit zu. Gott erklärte Abraham als in seinen Augen gerechtfertigt, *einfach weil er geglaubt hatte*. Daran waren keine guten Werke beteiligt. Paulus bekräftigt das:

> Denn wenn Abraham aus Werken gerechtfertigt worden ist, so hat er etwas zum Rühmen, aber nicht vor Gott. Denn was sagt die Schrift? „Abraham aber glaubte Gott, und es wurde ihm zur Gerechtigkeit gerechnet."
>
> Römer 4,2-3

Mehr als 20 Jahre später stellte Gott Abrahams Glauben auf die Probe und befahl ihm, auf dem Berg Morija seinen Sohn Isaak für ihn zu opfern. In 1. Mose 22 lesen wir, daß Abraham Gott gehorchte. Er bestand die Prüfung, denn er zeigte, daß er Gott fürchtete und ihm unumschränkt gehorchen würde (1. Mose 22,12.18). Infolgedessen schwur Gott, daß er Abraham reichlich segnen und seine Nachkommenschaft zahlreich machen werde (Verse 16-18).

An dieser Stelle ist zu beachten, daß Gott hier Abraham nicht *rechtfertigt*, sondern ihn *segnet*: „... darum werde ich dich reichlich segnen und deine Nachkommen überaus zahlreich machen ..." (Vers 17). Gott brauchte Abraham gar nicht mehr zu rechtfertigen, ihm keine Gerechtigkeit mehr zurechnen, denn er hatte das bereits Jahre zuvor getan (1. Mose 15,6).

In Jakobus 2,24 bezieht sich Jakobus auf das zweite Ereignis in Abrahams Leben. Er spricht nicht davon, wie Abraham zur ewigen Errettung *durch* Gott gerechtfertigt wurde, sondern wie Abraham *vor* Gott und Menschen gerechtfertigt, d.h. als gerecht erklärt wurde. Sein Ziel ist, den christlichen Lesern zu helfen, ihr Leben zu beurteilen. Jakobus möchte, daß seine Leser dieses eine verstehen: Wenn sie behaupten, den gleichen Glauben wie Abraham zu haben, dann müssen ihre Werke aus Gehorsam das erweisen, gleichwie Abrahams Gehorsam seinen Glauben erwies. Die *Werke* eines Menschen sind es, die ihn als gerecht *erklären* und nicht leeres Gerede oder ein Bekenntnis, daß nicht ausgelebt wird.

Entgegen den römisch-katholischen Behauptungen spricht Jakobus 2,14-26 nicht davon, wie man seine Seele für die Rechtfertigung durch die Taufe vorbereitet. Hier geht es um die *Art* des Glaubens, der rettet (Vers 14). Der Abschnitt spricht von *lebendigem* Glauben im Gegensatz zu *totem* Glauben (Vers 17). Es geht um einen Glauben, der sich durch gute Werke erweist. Jakobus fordert auf: „Zeige mir deinen Glauben" (Vers 18), so wie auch Abraham seinen Glauben zeigte.

Gott rechtfertigt den Gottlosen, nicht den Gerechten

Die frohe Botschaft von Jesus Christus besteht darin, daß Gott Sünder annimmt, so wie sie sind. Er rechtfertigt den Gottlosen (Römer 4,5). Das ist eine frohe Botschaft, denn solange ein Mensch nicht wiedergeboren ist und den Heiligen Geist nicht empfangen hat, kann er nichts anderes sein, als er ist: ein gottloser Sünder sowohl von seinem Wesen her als auch in seinem praktischen Leben.

Aus diesem Grund verlangt Gott von einem Sünder nicht, daß er sein Leben zuerst nach christlichen Maßstäben neu gestaltet, bevor er ihn rechtfertigen kann. Stattdessen ruft Gott Sünder zur Buße (Apostelgeschichte 17,30).

Buße ist eine Antwort auf das überführende Wirken des Heiligen Geistes (Johannes 16,7-11). Sie ist eine Veränderung des Herzens und Denkens, die sich auf die Sichtweise eines

Menschen sowohl von Gott als auch seiner selbst auswirkt (Apostelgeschichte 26,20; 1. Thessalonicher 1,9-10). Der Mensch hört damit auf, für sein böses Verhalten Entschuldigungen vorzubringen. Er stellt sich gegen sich selbst und erkennt seine Schuld gegenüber Gott. Er sagt Gott, daß ihm seine Rebellion gegen ihn leid tut und daß er nun bereit ist, sich der rechtmäßigen Autorität des Herrn über sein Leben zu unterwerfen.

Die Bibel sagt an keiner Stelle, Sünder müßten zunächst ihr Leben neu gestalten, bevor Gott sie rechtfertigt.

Hier führt die römisch-katholische Auffassung der Rechtfertigung von Erwachsenen die Menschen wiederum in die Irre. Sie lehrt den Sündern, die auf der Suche nach Gott sind, daß sie sich einer moralischen Umwandlung unterziehen müssen, bevor sie gerechtfertigt werden können. Sie müssen lernen „Nächstenliebe zu üben, sogar zum Preis der Selbstverleugnung"[48] und „durch ihr beispielhaftes Leben ihre Bekehrung erweisen"[49]. Um zu den Erwählten gezählt zu werden, müssen sie zeigen, daß sie „für die Teilnahme ... tauglich"[50] und „würdig ... den Sakramenten der Initiation übergeben zu werden"[51] sind, und daß sie „einen Wandel in Gottes Gegenwart aufgenommen haben"[52]. Nur dann sind diese Suchenden, der Kirche zufolge, für die Rechtfertigung angemessen vorbereitet.

Die Kirche leitet die aufrichtig nach Rechtfertigung Suchenden auch dadurch in die Irre, daß sie diese Menschen zu einem *Programm* führt, anstatt *direkt zu Christus*. Die Kirche lehrt die Menschen, der Katechumenat könne „ihre Einübung in das ganze christliche Leben" bewerkstelligen und sie in „die Praxis eines Lebenswandels nach dem Evangelium"[53] einführen. [1248] Die Kirche lehrt, daß der Suchende „durch eine Folge von heiligen Riten" in „das Leben des Glaubens, der Liturgie und der bleibenden Gemeinschaft des Gottesvolkes"[54] hineinkommen kann [1248].

All dies ist gänzlich unbiblisch. Es gibt keinen Ritus und kein Programm auf der Welt, das einen Menschen würdig machen könnte, zu den Erwählten zu gehören. Der nicht wiedergeborene Mensch ist ein Sklave der Sünde (Römer 6,17). Er kann nicht anfangen, in Gottes Gegenwart zu leben, ehe nicht Christus in sein Leben tritt und ihn zu einem neuen Menschen macht (Römer 8,5-11).

EINE EIGENE GERECHTIGKEIT

Sobald jemand den Katechumenat beendet hat und getauft ist, ist er oder sie vollständig in Lebensweise unterwiesen, sich Gott auf der Grundlage von guten Werken und persönlicher Gerechtigkeit zu nahen. Das ist dieselbe Täuschung, welche die Juden im ersten Jahrhundert davon abhielt, zu Christus als ihren Retter zu kommen:

> Denn da sie Gottes Gerechtigkeit nicht erkannten und ihre eigene aufzurichten trachteten, haben sie sich der Gerechtigkeit Gottes nicht unterworfen.
> Römer 10,3

Christus sagte zu den Pharisäern: „Ich bin nicht gekommen, Gerechte zu rufen, sondern Sünder" (Matthäus 9,13). Er lehrte, daß Gott nur die rechtfertigen wird, die zunächst ihre eigene Unwürdigkeit als Sünder erkennen (Lukas 18,9-14). Folglich ist die Teilnahme am Katechumenat für jemanden, der seine Rechtfertigung wünscht, in Wirklichkeit nur nachteilig. Anstatt daß er verlorene Sünder zu Gott führt, führt er sie nur weiter von ihm weg.

KAPITEL **3**

Vermehren und Bewahren der Rechtfertigung

JOSEF, ACHT JAHRE ALT

Auf das eingeübte Zeichen von Schwester Genoveva hin standen Josef und alle anderen Kinder der 3. Klasse auf, um sich in Reih und Glied im Mittelgang der Kirche aufzustellen. Die Knaben trugen weiße Hemden und weiße Schlipse. Die Mädchen in den gegenüberliegenden Kirchenbänken sahen in ihren weißen Kleidern und Spitzenschleiern wie Miniaturbräute aus. In feierlicher Prozession und mit gefalteten Händen setzten sie sich langsam nach vorn in Bewegung. Nun sollten sie ihre erste heilige Kommunion empfangen.

Die Kinder waren fast ein Jahr lang im täglichen Religionsunterricht der St. Michaelsschule auf diesen Tag vorbereitet worden. Sie hatten von heiligmachender und zuvorkommender Gnade gelernt, und auch der Unterschied zwischen läßlichen Sünden und Todsünden war ihnen beigebracht worden. Sie hatten die Bedeutung der Sakramente durchgenommen sowie die Zehn Gebote und Antworten auf Fragen aus dem Katechismus gelernt.

Am Donnerstag zuvor hatten Josef und die anderen Kinder bei einem Priester ihre erste Beichte abgelegt. Jetzt waren sie bereit, das heilige Sakrament der Erstkommunion zu empfangen.

Als Josef vorn angekommen war, kniete er an der Kommunionbank nieder, die den Altarraum vom Rest der Kirche trennte. Rechts und links neben ihm knieten etwa 40 weitere Kinder. Auf der anderen Seite der Kommunionbank standen Pater Fiorelli und ein Meßdiener. Der Priester reichte jedem

Kind eine Hostie, eine geweihte Brotoblate. Während er auf seinen großen Augenblick wartete, starrte Josef auf die glänzend goldenen Gefäße auf dem Altar.

„Der Leib Christi", sagte Pater Fiorelli, als er eine Hostie direkt vor Josefs Nase hielt. Josef war überrascht, wie schnell der Priester bei ihm angekommen war. In einem Moment verblüfften Schweigens fühlte Josef eine Hitzewelle seinen Nacken hinaufsteigen, die sogar seine Ohrläppchen erhitzte. Schließlich fiel ihm doch noch die richtige Antwort ein, und er sagte „Amen". Der dabeistehende Meßdiener hielt eine goldene Schale unter Josefs Kinn, als der Priester die Hostie auf Josefs Zunge legte.

Dann stand Josef auf und ging in seine Bank zurück. Dort kniete er sich wieder hin, neigte seinen Kopf und fing an, die Hostie anzubeten, so wie Schwester Genoveva es ihm beigebracht hatte. Auch an ihre wiederholten Warnungen dachte er: „Du mußt die Hostie mit allerhöchster Ehrfurcht und Verehrung behandeln." Um diesem Punkt Nachdruck zu verleihen, hatte Schwester Genoveva der Klasse die Geschichte von der *Wunderbaren blutenden Hostie* erzählt:

> Eine alte Frau aus Santarem in Portugal bat eine Hexe, ihr wegen ihres fiebernden Ehemannes zu helfen. Die Hexe versprach ihre Hilfe, verlangte aber als Bezahlung eine geweihte Hostie aus der Kirche.
> Die alte Frau war sehr verzweifelt, und so ging sie zur Messe und empfing die heilige Kommunion. Aber die Hostie schluckte sie nicht hinunter, sondern nahm sie heimlich aus ihrem Mund und wickelte sie in ihren Schleier. Doch noch bevor sie die Kirche verlassen konnte, begann Blut aus der Hostie zu fließen! Die Frau lief schnell nach Hause, zog dabei aber eine Blutspur hinter sich her. Dort angekommen versteckte sie die Hostie in einer Truhe und hoffte, ihr Vergehen verbergen zu können.
> Aber während der Nacht schien plötzlich ein strahlendes Licht aus dem Innern der Truhe geradewegs durch das Holz durch! In großer Beschämung rief die alte Frau den

Priester herbei und bekannte ihre Sünde. Er nahm die Hostie mit in die Kirche zurück und stellte sie in einen Schrein aus Gold und Glas.[55]

Als Josef die Geschichte hörte, dachte er zuerst, Schwester Genoveva hätte sie nur erfunden, um die Klasse vor schlechtem Betragen einzuschüchtern. Als sie den Kindern aber ein Foto von der blutenden Hostie zeigte, versetzte das Josef in Angst und Schrecken. Über die Hostie verliefen dünne Adern. Auf der Unterlage der Hostie hatte sich eine kleine Menge geronnenes Blut angesammelt! Ein Schauer lief ihm dem Rücken herunter, als er leise gen Himmel gelobte: *O Gott, ich werde niemals so etwas tun!*

Nun wurde Josef sich darüber bewußt, daß er selber eine konsekrierte Hostie in seinem eigenen Mund hatte. Langsam und ebenso vorsichtig schluckte er seinen heiligen Schatz hinunter und versuchte dabei, ihn auf keinen Fall zu zerbrechen.

Von diesem Tag an sollten sonntägliche Messe und Kommunion einen festen Platz in Josefs Leben einnehmen. Auch das Sakrament der Beichte sollte er mehrmals jährlich empfangen. Und wenn Josef 12 Jahre alt wird, würde ein Bischof seiner Diözese ihm das Sakrament der Firmung spenden.

Doch trotz all dieser Sakramente wäre Josef immer noch nicht gerettet, denn der Kirche zufolge ist die Errettung vor dem Gericht kein Ereignis, sondern ein Prozeß. Dieser Prozeß beginnt mit der Taufe. Er setzt sich durch das regelmäßige Empfangen der Sakramente und durch Mitwirken mit der Gnade fort. Er endet mit dem Tod und den Ereignissen im Leben nach dem Tod.

Um diesen Prozeß zu verstehen, müssen wir die Lehren der Kirche bezüglich der heiligmachenden Gnade, der helfenden Gnade, der Sakramente, Verdienste und der Heiligung untersuchen.

❖ ❖ ❖

Heiligmachende Gnade
[1266, 1996-2005, 2023-2024]

Gemäß des Katholizismus ist die heiligmachende Gnade eine Gabe des Heiligen Geistes, die den einzelnen Menschen beim Sakrament der Taufe verliehen wird [1999], und ihnen fortan „innerlich anhaftet"[56]. Dadurch werden sie heilig und Gott wohlgefällig gemacht [1995, 2000, 2024].

Die Auswirkungen der heiligmachenden Gnade auf die Seele sind deshalb kein augenblickliches oder vorübergehendes Geschehen, sondern vielmehr eine konstante und bleibende Erfahrung. Man sagt, der Katholik befindet sich im *Stand der Gnade*. Das ist der herkömmliche oder habituelle Zustand der Seele. Aus diesem Grund wird die heiligmachende Gnade auch oft als *habituelle Gnade* bezeichnet [2000, 2024].

Obwohl die heiligmachende Gnade ein ständiger Einfluß ist, so ist sie doch nicht unaufhörlich. So wie Adam durch die erste Sünde das göttliche Leben in seiner Seele verlor, so kann auch ein getaufter Katholik durch ernsthafte, bewußte und vorsätzliche Sünde die heiligmachende Gnade in seiner Seele verlieren. Sollte dieser Fall eintreten, dann kann das Bußsakrament die heiligmachende Gnade erneut verleihen, wie wir im folgenden Kapitel noch sehen werden.

Helfende Gnade
[2000, 2024]

Der römisch-katholischen Kirche zufolge ist die *helfende Gnade* ein übernatürlicher Beistand, um Gutes zu tun und Böses zu vermeiden. Die helfende Gnade erleuchtet das Denken und erweckt den Willen, so daß die zur Errettung notwendigen guten Werke getan werden können.

Im Gegensatz zur heiligmachenden Gnade, die einen fortwährenden Einfluß auf die Seele ausübt, ist die helfende Gnade eine zeitweilige Stärkung. Sie ist die Verheißung von Gottes helfender Hand in notvoller Zeit. Sie ist eine kurzfristige Unterstützung für eine bestimmte Handlung und hört mit ihrem Verwenden auf. Die helfende Gnade muß deshalb fortwährend erneuert werden. Das wird durch die Sakramente gewährleistet [1084, 1972].

DIE SAKRAMENTE
[1076, 1666]

Gemäß der römisch-katholischen Theologie hat Christus sieben Sakramente eingesetzt [1113-1114]:

- Taufe
- Buße
- Eucharistie
- Firmung
- Ehe
- Priesterweihe
- Krankensalbung

Die Kirche lehrt, diese sieben Sakramente seien die hauptsächlichen Mittel, durch welche Gott dem Gläubigen die heiligmachende und die helfende Gnade austeile. Darüber hinaus vermittelt jedes einzelne Sakrament einen besonderen und einzigartigen Segen. (Für eine weitergehende Beschreibung der sieben Sakramente siehe Anhang B.)

Den Sakramenten wird zugeschrieben, daß sie Gnade „enthalten"[57]. Sie sind nicht bloß symbolische Ausdrücke der Gnade, die Gott an den Gläubigen gibt. Jedes Sakrament ist vielmehr ein *Kanal* der göttlichen Gnade, ihre „werkzeugliche Ursache"[58] [1084]. Im Katholizismus glaubt man, daß Gott seine Gnade mittels der Sakramente und der sachgemäßen Durchführung des sakramentalen Ritus auf den Katholiken überträgt, „kraft des vollzogenen Ritus"[59] selbst, „aufgrund der vollzogenen Handlung"[1128] [1127-1128, 1131].

Um durch ein Sakrament Gnade zu empfangen, muß ein Katholik entsprechend vorbereitet sein. Außer bei Taufe und Beichte muß sich der Katholik im Stand der Gnade befinden, d.h. er muß bereits über die heiligmachende Gnade in seiner Seele verfügen. Die Vorbereitung umfaßt weiter ein glaubendes Herz, Besinnung, Gebet und gegebenenfalls Bußübungen. Wenn jemand diese Anforderungen erfüllt, dann gilt er als *angemessen geneigt* oder bereit für einen *gültigen* oder *fruchtvollen Empfang* der Gnade durch das Sakrament. Die Menge der empfangenen Gnade hängt davon ab, wie gut die Person vorbereitet ist sowie von der Großzügigkeit Gottes.

Die römisch-katholische Kirche lehrt, die Sakramente seien heilsnotwendig [1129].[60] Die Taufe, oder zumindest der Wunsch nach ihr, ist für die anfängliche Rechtfertigung unerläßlich [1257-1261, 1277].[61] Sollte ein Katholik durch eine ernstliche Sünde die Gnade verlieren, ist zur Wiederherstellung des Gnadenlebens die Beichte notwendig. Firmung, Krankensalbung und insbesondere die heilige Eucharistie verschaffen Gnade, die zum Meiden von Bösem und zum Gutestun benötigt wird.

Die sieben Sakramente sind ferner Anschauungsmittel, die die religiösen Überzeugungen des römisch-katholischen Glaubens durch die sakramentale Handlung darstellen [1074-1075, 1084]. Um eine Genauigkeit sicherzustellen, hat die Kirche die Liturgie (die Worte und Handlungen der Sakramente) standardisiert und vorschriftswidriges Durchführen verboten. Auf diese Weise bewahren und lehren die Sakramente den römisch-katholischen Glauben.

Rosenkränze, Reliquien und Rituale
[1667-1679]

Was ist diesen drei Dingen gemein? Sie sind alle ein heiliges Zeichen der römisch-katholischen Kirche, genannt *Sakramentalien*, und sollen den Ereignissen des alltäglichen Lebens eine spirituelle Dimension verleihen [1667-1668, 1670]. Grundsätzlich ist jeder religiöse Gegenstand oder jede religiöse Handlung dazu geeignet. Einige der bekanntesten offiziell anerkannten Sakramentalien der Kirche sind:

- Kreuzwegstationen
- Kruzifixe
- Skapuliere
- wundertätige Medaillen
- Kniebeugen
- Anzünden von Kerzen
- Heiligenfiguren und -bilder
- das Kreuzzeichen
- Salben mit heiligem Öl
- Weihwasser
- Asche auf der Stirn
- Glockengeläut
- Begehen heiliger Feiertage
- geweihte Palmzweige
- Weihen eines neuen Autos
- das Segnen der Atemwege
- Exorzismus

Der römisch-katholischen Theologie zufolge sind die Sakramentalien mit Sakramenten vergleichbar, jedoch nicht so wirkungsvoll. Die Sakramente verleihen heiligmachende und helfende Gnade kraft der Durchführung des entsprechenden Rituals. Das geschieht bei Sakramentalien nicht [1670]. Sie sollen dem Katholiken bei der Vorbereitung auf das fruchtvolle Empfangen der Gnade mittels der Sakramente helfen [1667]. Sie haben alle einen bestimmten Zweck und sollen zu einem oder mehreren der folgenden Segnungen führen:

- dem Empfang von helfender Gnade
- materielle Segnungen wie zum Beispiel Gesundheit oder Bewahrung
- eine gesteigerte Liebe zu Gott
- Reue wegen Sünden
- Nachlaß von zeitlicher Strafe wegen Sünden
- Vergebung von läßlichen Sünden
- Schutz vor dem Teufel

VERDIENST
[2006-2011, 2025-2027]

Der Katholizismus lehrt, daß die heiligmachende und die helfende Gnade zwar den Willen des Menschen zum Gutestun beeinflussen, ihn jedoch nicht ausschalten [978]. Wenn diese Gnaden ihren Zweck erfüllen sollen, dann muß deshalb der Mensch seinen Teil dazu beitragen [2002]. Katholiken müssen „mit der himmlischen Gnade zusammenwirken, um sie nicht vergeblich zu empfangen"[62].

Das Zusammenwirken des Gläubigen unter dem Einfluß der Gnade führt zur Verrichtung von guten Werken. Diese Werke umfassen Gehorsam gegenüber den Geboten Gottes und der Kirche, praktische Nächstenliebe, Selbstverleugnung und die Ausübung von Tugenden.

Der römisch-katholischen Theologie zufolge verdient die Praktizierung guter Werke eine Belohnung von Gott. Der verdiente Anspruch auf einen Lohn wird als *Verdienst* bezeichnet [2006].

Im Katholizismus kann der verdiente Lohn verschiedene Formen einnehmen. Ein Katholik im Stand der Gnade kann beispielsweise einen Zuwachs an heiligmachender Gnade verdienen [2010].[63]

Durch gute Werke können auch andere Segnungen verdient werden [2027]:

> Erst vom Heiligen Geist und der Liebe dazu angetrieben, *können wir* uns selbst und anderen die Gnaden *verdienen*, die zu unserer Heiligung, zum Wachstum der Gnade und der Liebe sowie zum Erlangen des ewigen Lebens beitragen. Der Weisheit Gottes gemäß können selbst zeitliche Güter wie Gesundheit oder Freundschaft verdient werden.
> *Katechismus der Katholischen Kirche* [2010]

Das Ausmaß des Verdienstes ist abhängig von:[64]

- der Art des ausgeführten Werkes
- dem Umfang des ausgeführten Werkes
- der Schwierigkeit des Werkes

3. Vermehren und Bewahren der Rechtfertigung • 67

- der Dauer des Werkes
- der Menge an bereits in der Seele befindlicher heiligmachender Gnade
- der Intensität oder dem Eifer, mit welchem das Werk ausgeführt wurde

Heiligung
[824-825, 1995-2004, 2012-2016]

Die römisch-katholische Theologie lehrt, daß Gnade den Sinn erleuchtet und den Willen stärkt. Sie ermuntert den Katholiken, weiterhin an den Sakramenten teilzunehmen und gute Werke zu tun. Das wiederum bewirkt weitere Gnade, und so schließt sich der Kreis. Auf diese Weise wachsen Katholiken an Gnade und Heiligkeit. Die Kirche nennt diesen Vorgang *Heiligung*.

Die Heiligung hat zwei Ziele. Das erste ist die *Bewahrung* der bei der Taufe empfangenen Rechtfertigungsgnade [1392]. Diese Gnade kann durch vorsätzliches, ernsthaftes Sündigen verlorengehen. Um ewiges Leben zu erlangen, ist es unbedingt notwendig, diese Gnade bis zum Tod in der Seele zu erhalten [1023, 1052].

Das zweite Ziel der Heiligung ist das *Vermehren* oder *Vervollkommnen* der Rechtfertigungsgnade in der Seele [1392]. Durch die Taufe erhält der Katholik eine anfängliche Rate an heiligmachender oder rechtfertigender Gnade. Nach der Taufe kann diese Gnade in der Seele vermehrt werden. Auf diese Weise können Katholiken „zunehmen in ihrer Rechtfertigung"[65].

Das Zweite Vatikanische Konzil führte neun der wichtigsten Mittel auf, durch die Katholiken geheiligt werden:[66]

- Liebe zu Gott
- Nächstenliebe
- Gehorsam gegenüber den Geboten Gottes
- Empfangen der Sakramente, insbesondere der heiligen Kommunion

- Teilnahme an der Liturgie
- Beten
- Selbstverleugnung
- Dienst an anderen
- Ausüben von Tugenden

Die Heiligung beginnt mit der Taufe [1254]. Sie schreitet in einem aktiven Leben fort, wenn der Katholik die Sakramente empfängt und in Zusammenwirken mit der Gnade gute Werke tut. Der Prozeß endet erst nach dem Tod, wenn der Mensch im Himmel schließlich in die Gegenwart Gottes

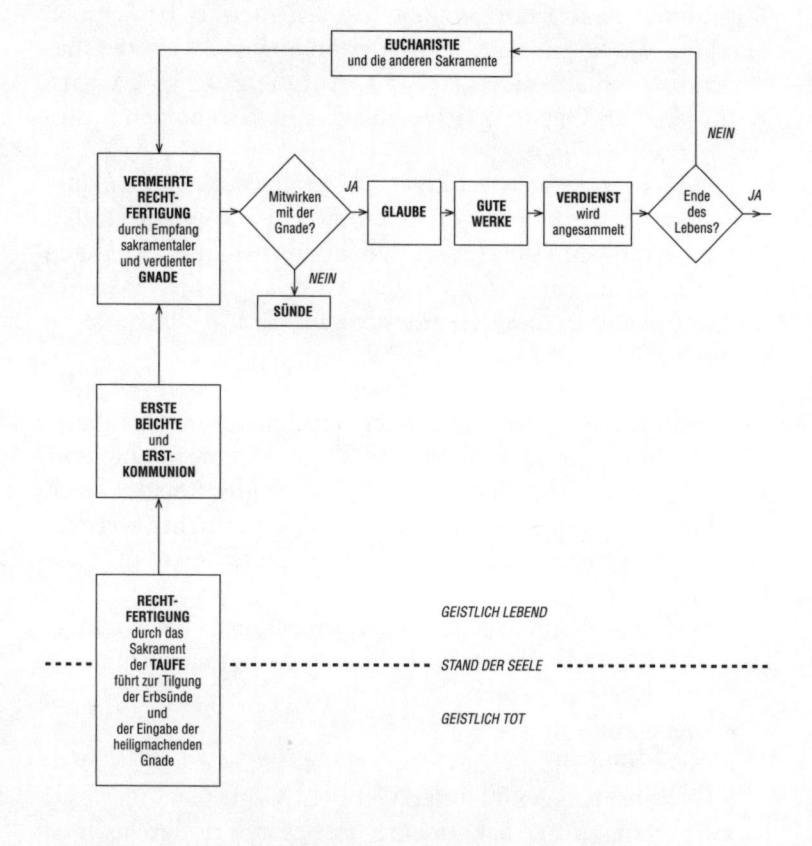

Abbildung 3.1 Vermehren und Bewahren der Rechtfertigung

tritt. Dann, und nur dann, kann ein Katholik sagen, daß er gerettet ist. Bis dahin *ist* der Katholik nicht *gerettet*, sondern er *wird gerettet* durch einen Prozeß der Heiligung.

EINE BIBLISCHE ANTWORT

Entgegen dem römisch-katholischen Verständnis der Heiligung lehrt die Bibel, daß die Stellung eines gerechtfertigten Sünders vor Gott vollkommen ist. Weder die Rechtfertigung noch die Gnade Gottes gegenüber dem Gerechtfertigten können durch Sakramente oder gute Werke vermehrt werden. Die Bibel lehrt, daß

- Gnade eine unverdiente Gunst ist und keine verdiente Belohnung.
- die Rechtfertigung in Christus vollkommen ist.

BIBLISCHE GNADE IST UNVERDIENTE GUNST

Die Bibel beschreibt Gnade als wohlwollende Haltung Gottes gegenüber dem einzelnen Menschen. Sie ist eine Gesinnung auf der Seite Gottes, sein Entschluß zum Segnen (Epheser 2,4-7).

Gnade ist definitionsgemäß kostenlos und unverdient (Römer 11,6). Sie ist die unverdiente, bedingungslose Gunst Gottes.

Die Art und Weise, mit der Eltern ihre Kinder behandeln, veranschaulicht Gnade. Die Eltern geben ihren Kindern alles was sie haben. Sie sorgen für Essen, Obdach, Kleidung und Liebe. All dies und noch viel mehr geben die Eltern ohne einen Gedanken daran, ob die Kinder diese Wohltaten verdient haben oder sie einmal zurückerstatten können.

Gottes Gnade ist noch weit größer. Gott zeigt denen Gunst, die gegen ihn gesündigt haben, die nicht nur seine Gunst nicht verdienen, sondern gerade das Gegenteil davon (Römer 5,1-11). Für diese gab Gott seinen einzigen Sohn.

Diesen bietet Gott kostenlos das ewige Heil (Johannes 3,16), sein Annehmen als Söhne und Töchter (2. Korinther 6,18) und „jede geistliche Segnung in der Himmelswelt" (Epheser 1,3) an. Gottes Gnade gegenüber seinen Kindern ist so groß, daß er die „kommenden Zeitalter" dazu verwenden wird, damit er „den überragenden Reichtum seiner Gnade in Güte an uns erwiese in Christus Jesus" (Epheser 2,7).

Die römisch-katholische heiligmachende Gnade ist aber etwas ganz anderes. Sie ist etwas, das „... durch den Heiligen Geist in die Herzen derer, die gerechtfertigt werden, ausgegossen wird und ihnen innerlich anhaftet"[67]. Sie ist ...

> ... eine göttliche Qualität, die der Seele innewohnt, gleichsam ein glänzendes Licht, das alle Makel überstrahlt, welche den Glanz der Seele verdunkeln, und sie versieht die Seele mit immer mehr Glanz und Schönheit.
> *Catechismus Romanus*[68]

Der heiligmachenden Gnade schreibt man zu, die Katholiken in „einen übernatürlichen Zustand des Seins"[69] zu versetzen und sie zu „Teilhabern der göttlichen Natur" (2. Petrus 1,4) zu machen.

Dieser Begriff der heiligmachenden Gnade hat ihren Ursprung in einer Theologie aus dem Mittelalter, die Gnade in einzelne Kategorien unterteilte: geschaffen oder nicht geschaffen, von Gott oder von Christus, äußerlich oder innerlich, zur Rettung oder zur Heiligung, bleibend oder zeitlich usw. Die Theologen unterteilten Gnade ferner durch Zuordnen verschiedener Bezeichnungen gemäß ihrer Bedeutung in der römisch-katholischen Theologie, wie zum Beispiel *heiligmachende Gnade, rechtfertigende Gnade, helfende Gnade, sakramentale Gnade, hinreichende Gnade, wirksame Gnade* usw. Unter Verwendung der Terminologie des Aristoteles beschrieben die Kirchengelehrten die heiligmachende Gnade als eine *Qualität* der Seele, nicht als eine *Substanz*, sondern als *geschaffene* und *wirkliche Eigenschaft*, die der *Seelensubstanz* anhaftet.[70]

Als sich die Kirche allmählich von der klaren biblischen

Ausdrucksweise und deren Definitionen entfernte, verzerrte sie damit die Vorstellung von der biblischen Gnade bis zur Unkenntlichkeit. Die Gunst eines liebenden Gottes zu seinen Kindern wurde zu einer philosophischen Abstraktion, die nur Theologen und Kleriker verstanden.

Die Kirche verdunkelte nicht nur die Bedeutung von Gnade, sondern veränderte ihr eigentliches Wesen. Gnade wurde im kirchlichen Verdienstsystem zu einem Tauschmittel: Tue Werke, verdiene Gnade. Je mehr Gnade du hast, desto mehr wirst du tun. Je mehr du tust, desto mehr Gnade wirst du verdienen. Die Kirche verurteilte jeden Anderslehrenden:

> Wer behauptet ... der Gerechtfertigte verdiene nicht eigentlich durch die guten Werke, die er in der Kraft der göttlichen Gnade und des Verdienstes Jesu, dessen lebendiges Glied er ist, tut, einen Zuwachs an Gnade ... der sei ausgeschlossen.
>
> Konzil zu Trient[71]

Unterdessen hielt die römisch-katholische Kirche daran fest, daß verdiente Gnade immer noch eine Gabe Gottes ist, da die Werke, die die Gnade verdienten, so erklärte die Kirche, selbst aus der vorhergehenden Gnade resultierten.

Nichtsdestoweniger bleibt die Tatsache bestehen, daß Katholiken Werke tun müssen, um Gnade zu verdienen – ein Widerspruch in sich selbst. Im Gegensatz zur biblischen Gnade ist die Gnade der Kirche nicht kostenfrei, aber wenn sie nicht kostenfrei ist, dann ist es auch keine Gnade. Gnade kann nicht durch gute Werke verdient werden, „sonst ist die Gnade nicht mehr Gnade" (Römer 11,6).

Die Kirche verzerrte das Verständnis von Gnade darüber hinaus durch die Lehre, Christus hätte sieben Sakramente als Gottes hauptsächliche Mittel der Gnadenausteilung eingesetzt. Mittels der Sakramente, durch die Ausführung eines Ritus, wird Gnade „kraft des vollzogenen Ritus"[72] erteilt [1127-1128].

Biblische Gnade kann man nicht wie ein Produkt aus einer Maschine empfangen. Der himmlische Vater würde auch nicht, nachdem er die Sündenbarriere zu einem so hohen Preis fortgeschafft hat, jetzt Sakramente zwischen sich und seine Kinder stellen. Gott möchte, daß seine Kinder von *ihm* abhängig sind und nicht von Sakramenten. Er bietet eine *Beziehung* an und keine Rituale.

Die römisch-katholische Theologie macht das Heil der Gläubigen abhängig von den Sakramenten und damit abhängig von der Kirche [1129]:

> ... daß diese pilgernde Kirche zum Heile notwendig sei. Christus allein ist Mittler und Weg zum Heil, der in seinem Leib, der Kirche, uns gegenwärtig wird; indem er aber selbst mit ausdrücklichen Worten die Notwendigkeit des Glaubens und der Taufe betont hat (vgl. Mk 16,16; Jo 3,5), hat er zugleich die Notwendigkeit der Kirche, in die die Menschen durch die Taufe wie durch eine Tür eintreten, bekräftigt. Darum können jene Menschen nicht gerettet werden, die um die katholische Kirche und ihre von Gott durch Christus gestiftete Heilsnotwendigkeit wissen, in sie aber nicht eintreten oder in ihr nicht ausharren wollten.
>
> Zweites Vatikanisches Konzil[73]

Der Glaube, daß die Sakramente und damit die römisch-katholische Kirche als ihre alleinige Spenderin selbst zum Heil notwendig sind, entbehrt jeglicher biblischen Belegbarkeit [168-169, 824, 845-846, 1227]. Die Bibel spricht nirgends von sieben Sakramenten als die hauptsächlichen Kanäle der Gnade Gottes. Ebensowenig spricht sie von einer Institution wie die römisch-katholische Kirche als Verwalterin dieser Sakramente.

Die Bibel lehrt, daß Gottes Gnade *kostenfrei und unmittelbar* allen angeboten wird, die sich Christus anvertrauen:

> Da wir nun gerechtfertigt sind aus Glauben, so haben wir Frieden mit Gott durch den Herrn Jesus Christus, durch den wir im Glauben auch Zugang erhalten haben zu dieser Gnade, in der wir stehen.
>
> Römer 5,1-2

Gottes angenommene Kinder „stehen" in seiner Gnade. Sie sind der Zielpunkt seiner unumschränkten Liebe und Freigiebigkeit in Christus: „Denn aus seiner Fülle haben wir alle empfangen, und zwar Gnade um Gnade" (Johannes 1,16).

BIBLISCHE RECHTFERTIGUNG IST IN CHRISTUS VOLLKOMMEN

Die biblische Rechtfertigung ist vollständig und vollkommen. Sie ist eine göttliche Handlung: „Gott ist es, der rechtfertigt" (Römer 8,33). Gott vergibt dem Sünder und rechnet ihm die Gerechtigkeit Gottes zu (Römer 3,21-22; 4,3-8). Fortan sieht Gott den Menschen als „in Christus" und „heilig und tadellos vor ihm" (Epheser 1,3-4) an. Aus diesem Grund bezeichnet die Schrift alle Gläubigen als die „Geheiligten in Christus Jesus, die berufenen Heiligen" (1. Korinther 1,2).

Die römisch-katholische Rechtfertigung ist unvollkommen und unvollständig. Sie nimmt ihren Anfang mit der Eingabe der Gnade durch die Taufe und nimmt dann durch die anderen Sakramente immer weiter zu. Die Kirche lehrt den Katholiken ferner, sie könnten die rechtfertigende Gnade in ihrer Seele durch ihre Werke vermehren [2010]:

> ... durch Beobachtung der Gebote Gottes und der Kirche. In dieser Gerechtigkeit, die sie durch Christi Gnade empfangen haben, wachsen sie unter Mitwirkung des Glaubens an ihren guten Werken, und sie nehmen zu in ihrer Rechtfertigung ...
>
> Konzil zu Trient[74]

Folglicherweise sind im Katholizismus die guten Werke nicht nur ein Ergebnis der Rechtfertigung, sondern die Ursache ihrer Zunahme. Diesen Punkt betont die Kirche nachdrücklich:

> Wer behauptet, die empfangene Gerechtigkeit werde nicht

bewahrt und auch nicht vor Gott vermehrt durch gute Werke, sondern die Werke selbst seien nur Frucht und Anzeichen der erlangten Rechtfertigung, nicht aber auch Ursache ihres Wachstums, der sei ausgeschlossen.

Konzil zu Trient[75]

Im Gegensatz dazu kann die biblische Rechtfertigung nicht zunehmen. Weshalb nicht? Weil die biblische Rechtfertigung das Anrechnen von Gottes vollkommener Gerechtigkeit zugunsten des Sünders ist (Römer 3,22; 2. Korinther 5,21). Paulus schrieb den Kolossern: „Ihr seid in ihm zur Fülle gebracht" (Kolosser 2,10).

Aus diesem Grund wird ein Christ, der für seine Rechtfertigung auf Christus vertraut, noch nicht einmal versuchen, weiter gerechtfertigt zu werden. Christus starb dafür, daß er gerettet wird (Römer 5,8). Gott hat ihn gerechtfertigt (Römer 8,33). Seine Stellung in Christus ist vollkommen (Epheser 1,3-14). Seine Zukunft ist gesichert: „Vielmehr nun, da wir durch sein Blut gerechtfertigt sind, werden wir durch ihn vom Zorn gerettet werden" (Römer 5,9).

In der römisch-katholischen Theologie gibt es so etwas wie eine Erklärung, durch die Gott endgültig und vollkommen rechtfertigt und auf ewig rettet, nicht. Die Errettung ist vielmehr ein Weg, ein Rennen, eine Reise. Sie ist ein Prozeß der Heiligung, durch den die Rechtfertigungsgnade bewahrt und vermehrt wird. Katholiken müssen sich mit eifriger Sorge darum bemühen, ihre eigene Rettung zu erlangen. Das, so sagt die Kirche, sei die Lehre von Philipper 2,12-13 [1949]:

> Daher, meine Geliebten, wie ihr allezeit gehorsam gewesen seid, nicht nur wie in meiner Gegenwart, sondern jetzt noch viel mehr in meiner Abwesenheit, bewirkt euer Heil mit Furcht und Zittern! Denn Gott ist es, der in euch wirkt sowohl das Wollen als auch das Wirken zu seinem Wohlgefallen.

Entgegen der Behauptung seitens der katholischen Kirche macht der Zusammenhang dieses Abschnittes deutlich, daß

Paulus hier nicht lehrt, Christen müßten etwas für ihr ewiges Seelenheil tun. Die Philipper hatten Probleme gehabt, miteinander auszukommen. Paulus ermahnte sie, „dieselbe Gesinnung und dieselbe Liebe" zu haben und „einmütig, eines Sinnes" zu sein (Philipper 2,2). Er forderte sie auf, „nichts aus Eigennutz oder eitler Ruhmsucht" zu tun (Vers 3). Er hielt sie dazu an, „daß in der Demut einer den anderen höher achtet als sich selbst" (Vers 3) und bat sie: „Ein jeder sehe nicht auf das seine, sondern ein jeder auch auf das der anderen!" (Vers 4).

Paulus wies die Philipper auf den Herrn Jesus hin als das perfekte Vorbild dessen, was er lehrt: „Habt diese Gesinnung in euch, die auch in Christus Jesus war ..." (Vers 5). Dann schloß er: „Daher, meine Geliebten ... bewirkt euer Heil mit Furcht und Zittern!" (Vers 12).

Paulus forderte die Christen in Philippi hier also auf, die *Folgen* ihrer Errettung auszuarbeiten oder auszuwirken. Christus hatte sie von der Sünde befreit und ihnen ewiges Leben gegeben. Jetzt, als Söhne und Töchter Gottes, sollten sie einen ihrer Berufung würdigen Lebenswandel führen.

Genauer gesagt hatten es die Philipper nötig, ihre Rettung oder Befreiung von den innergemeindlichen Streitigkeiten auszuarbeiten. Paulus wies sie an: „Tut alles ohne Murren und Zweifel" (Vers 14). Er ermahnte sogar zwei Frauen namentlich, Evodia und Syntyche, mit dem Streiten aufzuhören (Kapitel 4,2).

Paulus sagte den Philippern nicht, wie sie sich selbst vor der Hölle retten, ihren Weg in den Himmel erarbeiten oder ewiges Leben verdienen sollten. Seine Briefe an die Römer und Galater machen unmißverständlich klar, daß *allein das Werk Christi errettet* und daß das ewige Leben ein kostenfreies Geschenk ist. In seinem Brief an die Philipper bezieht Paulus sich auf die tagtägliche Heiligkeit der Gläubigen. Er ermahnte die Philipper, ihr Leben an Gott auszuliefern, damit sie in das Bild Christi verwandelt werden können (Philipper 2,5-11; Römer 8,29).

Paulus sprach dabei von einer der drei Arten von christlicher Heiligung, die in der Bibel zu finden sind. Die Bibel lehrt, daß ein Mensch bezüglich seiner *Stellung* in dem Moment geheiligt ist – „heilig und tadellos" vor Gott (Epheser 1,4) – wenn er seinen Glauben auf Christus setzt und gerechtfertigt wird. Ein Christ wird *praktisch* oder *fortschreitend* geheiligt, indem er lernt, sich von Bösem zu enthalten und im Geist zu wandeln (1. Thessalonicher 4,1-8, Galater 5,16-26). Jeder Christ wird bei Christi Wiederkunft *endgültig* geheiligt werden (1. Johannes 3,1-3). In Philipper 2 bezieht Paulus sich auf die *praktische* oder *fortschreitende* Heiligung.

Heiligung und Rechtfertigung dürfen nicht miteinander verwechselt werden. Rechtfertigung ist eine Erklärung Gottes, durch die ein Mensch Sündenvergebung erhält und ihm die Gerechtigkeit Gottes zugerechnet wird. Sie ist ein Ereignis, das ein für allemal stattfindet und den Menschen durch den Glauben an Jesus Christus in eine rechtmäßige Beziehung zu Gott versetzt.

Praktische Heiligung ist ein Prozeß, bei dem der moralische Charakter des Christen und sein persönliches Verhalten in zunehmender Übereinstimmung mit seiner rechtmäßigen Stellung vor Gott geraten. Sie ist ein Werk Gottes, bei dem der Gläubige jedoch durch seine Hingabe beteiligt ist (Römer 6,19).

Die römisch-katholische Fehlanwendung von Philipper 2,12 auf die ewige Errettung zeigt, wie die Theologie der Kirche Rechtfertigung und Heiligung miteinander verwechselt. Der Katholizismus behandelt sie wie zusammenhängende Vorgänge. Heiligung, so lehrt die Kirche, bewahrt und vermehrt die Rechtfertigungsgnade. Das tagtägliche Leben des Katholiken bestimmt seine Stellung vor Gott und schließlich sein Schicksal in der Ewigkeit.

EIN LEBENSLANGES WERK

Für den Katholiken ist für das Erlangen des ewigen Seelenheils ein lebenslanges Tun, Mühen und Ringen notwendig. Der Katholik muß die Gebote Gottes und der Kirche halten.

Er muß die Sakramente empfangen und fromme Werke tun. Er muß Gutes vollbringen. Von all diesem hängt seine ewige Errettung ab.

Hinter all dieser Aktivität steht eine Theologie, die Rechtfertigung als einen unvollständigen und zerbrechlichen Zustand der Seele auffaßt. Folglich muß man immer mehr Sakramente empfangen und mehr Werke tun. In der Hoffnung, eines Tages ewiges Leben zu erlangen, muß der Katholik ständig darum ringen, die Gnade in seiner Seele zu bewahren und zu vermehren.

Biblische Errettung hingegen ist von Ruhe und Frieden gekennzeichnet. Christus hat das errettende Werk am Kreuz bereits vollbracht. Rechtfertigung ist ein kostenfreies und vollkommenes Geschenk Gottes. Der Christ, der die Gewißheit hat, daß sein ewiges Heil gesichert ist (1. Johannes 5,11-13), ruht in Christus:

> Denn wer in seine Ruhe eingegangen ist, der ist auch zur Ruhe gelangt von seinen Werken wie Gott von seinen eigenen.
>
> Hebräer 4,10

Der Katholizismus weiß nichts von einer Ruhe in Christus. Im Gegenteil, die wahrhaftigsten Katholiken sind die, die am meisten tun. Als die heilige Bernadette auf ihrem Sterbebett lag, sprach sie mit Bedauern von denen, die die Notwendigkeit von Werken für das himmlische Seelenheil nicht verstanden hatten: „Was mich anbelangt", sagte sie, „trifft das auf mich nicht zu. Laßt uns entschlossen sein, in den Himmel zu gelangen. Laßt uns dafür arbeiten, dafür mühen. Nichts anderes zählt."[76]

Kapitel 4
Wiederrechtfertigung

Josef, 19 Jahre alt

Als er in die Dunkelheit des Beichtstuhls getreten war, schloß Joe die Tür hinter sich und kniete nieder. Es war einer dieser alten Beichtstühle mit drei etwa 1qm kleinen Kammern. Pater Sweeney, der Gemeindepfarrer, saß bereits in der mittleren Kammer. In der linken Kammer beichtete gerade eine ältere Frau mit leisem Flüstern dem Priester ihre Sünden. In der rechten Kammer wartete Joe darauf, daß er an die Reihe kommt, und dachte dabei noch einmal über die bittersüßen Geschehnisse der vergangenen Woche nach.

Joes Ärger hatte in der Woche zuvor mit dem alljährlichen Skiausflug der Schule angefangen. Am späten Sonntagabend war er von den Bergen in die Stadt zurückgekehrt. Obwohl er sich noch nicht auf den Unterricht am Montagmorgen vorbereitet hatte, ließ er sich müde ins Bett fallen, zu erschöpft vom Feiern, als daß er noch irgend etwas hätte tun können. Die nächsten beiden Tage flogen in einem Ansturm einer Aufholjagd dahin. Mitte der Woche hatte er wieder alles unter Kontrolle – alles, allerdings mit einer Ausnahme: Sein Gewissen quälte ihn.

Joe hatte am Sonntag beim Skifahren die Messe versäumt, aber das war nicht das Problem. Schließlich war er im Urlaub und er wußte nicht, wo die katholische Kirche war.

Das Problem war samstagabend. Es hieß Cindy.

Joe hatte sie samstagvormittag auf einem Skilift kennengelernt. Den Tag hatten sie gemeinsam mit Skifahren verbracht und waren abends anschließend zusammen Essen gegangen. Alles weitere passierte dann wie von selbst.

Dieser Abend war für Joe eine völlig neue Erfahrung – eigentlich überfällig, wie er dachte. Zuerst war er doch irgendwie selbstzufrieden gewesen, einfach reifer, endlich wie ein echter Mann. Doch nach einigen Tagen des Nachdenkens warf ein Schuldgefühl einen dunklen Schatten über jede Erinnerung. Irgend etwas mußte er tun.

„Sie können jetzt mit Ihrer Beichte anfangen", sagte Pater Sweeney.

Die vertraute Stimme des Priesters holte Joes Gedanken zurück in den Beichtstuhl. Pater Sweeney hatte das kleine Holzbrettchen zwischen den beiden Kammern zur Seite geschoben. Kleine Löcher in dem halbdurchsichtigen Plastikfenster ließen den Schall durch, hielten jedoch das Licht weitgehend zurück. Als der Priester auf Joes Antwort wartete, konnte Joe seine Silhouette als Schatten auf dem Fenster erkennen.

Joe senkte seinen Kopf, und als er das Kreuzzeichen gemacht hatte, begann er seine Beichte. „Im Namen des Vaters und des Sohnes und des Heiligen Geistes, Amen. Segnen Sie mich, Vater, denn ich habe gesündigt. Meine letzte Beichte war vor zwei Jahren."

„Das ist aber eine lange Zeit", bemerkte Pater Sweeney. „Es ist gut, daß Sie zum Sakrament der Versöhnung zurückgekehrt sind. Ich möchte, daß Sie mir ganz frei heraus sagen, was Ihnen auf dem Herzen liegt." Dann sagte Pater Sweeney mit gesteigerter Feierlichkeit den *Bußritus nach dem Römischen Ritual* auf:[77] „Möge Gott, der jedes Herz erleuchtet hat, dir helfen, um deine Sünde zu wissen und auf seine Barmherzigkeit zu hoffen. Laß uns auf Jesus sehen, der für unser Heil litt und zu unserer Rechtfertigung wieder auferstand." Nachdem er dann einige Verse aus der Bibel gelesen hatte, hielt Pater Sweeney inne und sagte: „Sie können nun Ihre Sünden bekennen."

Joe fing in hastigem Tempo an: „Vergeben Sie mir, Vater, denn ich habe gesündigt. Ich bekenne, daß ich, ich ..." Er zögerte und brach ab. Früher hatte Joe immer eine Sündenliste, die er dann aufsagen konnte: *„Ich war dreimal frech zu meiner Mutter; ich habe achtmal gelogen; ich war zehnmal unfreundlich zu meinen Geschwistern; ich habe zweimal Kleingeld aus dem Portemonnaie meiner Mutter gestohlen ..."*

Aber dieses Mal war das anders. Zum ersten Mal mußte er eine ernstliche sexuelle Sünde beichten.

Joe setzt noch einmal an: „Ich bekenne, daß ich etwa zehnmal die Messe versäumt habe; ich habe viermal gelogen; ich habe bei einer Prüfung in der Schule gemogelt. Und ... und ich hatte ... Verkehr mit einem Mädchen. Einmal."

Nach einer langen Pause antwortete Pater Sweeney gelassen: „Die Messe zu versäumen ist ein grobes Vergehen. Das beraubt Sie der Hilfe, die Sie zur Vermeidung von Sünden benötigen." Dann erklärte der nicht mehr ganz junge Priester Joe geduldig, das Versäumen der Sakramente habe ihn in sittliches Versagen gestürzt. Zum Schluß stellte er noch eine Frage: „Wissen Sie, daß unrechtmäßiger Verkehr eine schwere Sünde ist?"

„Ja, das weiß ich", antwortete Joe aufrichtig.

„Sehr gut", sagte der Priester in einem väterlichen Tonfall. „Zur Buße trage ich Ihnen auf, einmal den Rosenkranz zu beten. Sie sollten eifriger mit dem regelmäßigen Empfang der Sakramente sein und Situationen meiden, die Sie zur Sünde verleiten könnten. Sprechen Sie nun den Reueakt."

Joe konnte es nicht fassen. *Das ist alles?*, dachte er bei sich selbst. *Mehr sagt er nicht?*

Erleichtert, daß das Schlimmste vorbei war, machte Joe sich daran, den *Reueakt* aufzusagen:

O mein Gott, es tut mir herzlich leid, daß ich gegen dich gesündigt habe. Und ich verabscheue alle meine Sünden wegen deiner gerechten Strafe, doch am allermeisten, weil sie dich beleidigt haben, mein Gott, der du nur gut und aller meiner Liebe wert bist. Mit Hilfe deiner Gnade bin ich fest entschlossen, alle meine Sünden zu bekennen, Buße zu tun und mein Leben zu bessern. Amen.

Pater Sweeney erhob einen Arm sowie feierlich seine Stimme:

Gott, der Vater der Barmherzigkeiten, hat durch den Tod und die Auferstehung seines Sohnes die Welt mit sich versöhnt und uns den Heiligen Geist zur Vergebung der Sünden gesandt. Möge Gott dir durch den Dienst der Kirche Vergebung und Frieden geben; und ich spreche dich los von allen deinen Sünden im Namen des Vaters, des Sohnes und des Heiligen Geistes.

Bei diesen Worten konnte Joe am Schatten von Pater Sweeneys Arm erkennen, daß er jetzt das Kreuzzeichen machte. Joe antwortet mit einem leisen „Amen".

Der Priester beendete den Ritus mit einem Gebet:

Möge das Leiden unseres Herrn Jesus Christus, die Fürsprache der seligen Jungfrau Maria und aller Heiligen, was immer du auch Gutes tust und Arges erleidest, deine Sünden heilen, dir helfen, in der Heiligkeit zuzunehmen und dich mit ewigem Leben belohnen. Gehe hin in Frieden.

Joe verließ unverzüglich den Beichtstuhl und steuerte auf den vorderen Teil der Kirche zu. Dort kniete er an der Kommunionbank nieder und leistete seine Buße ab.

Zehn Minuten später war er mit dem Gebet fertig. Joes Gewissen war beruhigt. Die dunkle Wolke hatte sich verzogen. Er verließ die Kirche und ging heim.

Aber auf dem Weg nahm in seinem Geist langsam ein Gedanke Gestalt an: *Das war ja gar nicht so schlimm. Zehn Minuten Buße. Vielleicht war die Sünde ja doch gar nicht so schlimm. Das war es beinahe wert!*

Aber dann wiederum vielleicht auch nicht, denn der römisch-katholischen Kirche zufolge hatte Joe am Samstagabend möglicherweise mehr als seine Jungfräulichkeit eingebüßt. Vielleicht hatte er seine Seele eingebüßt, denn seine Sünde war eine Todsünde.

◆ ◆ ◆

Todsünde und läßliche Sünde
[1849-1876]

Die römisch-katholische Kirche lehrt zwei Arten von Sünden [1854]. Die erste ist die *Todsünde* [1855, 1874]:

> Wir begehen eine *Todsünde*, wenn wir in einem schweren Fall ein Gebot Gottes übertreten, mit vollem Wissen und freier Zustimmung des Willens. Ein schwerer Fall ist zum Beispiel Unglaube, Haß gegenüber unserem Nächsten, Ehebruch, schwerer Diebstahl, Mord usw.
> aus einem Handbuch für Dogmatik[78]

Wie die Ursünde das göttliche Leben in Adam tötete, so beendet Todsünde das göttliche Leben in einem getauften Katholiken [1855]. Deshalb nennt die Kirche diese Art von Sünde *Todsünde*. Todsünde tötet die Seele und führt – wenn unbereut – zur ewigen Strafe [1033, 1861, 1874].

Die zweite Art von Sünde ist der Kirche zufolge die sogenannte *läßliche Sünde* [1862, 1875]:

> Wir begehen eine *läßliche Sünde* (die auch ohne Beichte vergeben werden kann), wann immer wir ein Gebot Gottes in einem nicht schwerwiegenden Fall oder ohne volles Wissen oder ohne volle Zustimmung des Willens übertreten ... zum Beispiel vorsätzliche Ablenkung beim Gebet, kleine Diebstähle, Faulheit, Notlügen, mangelnde Liebe oder Großzügigkeit in kleinen Dingen usw.
> aus einem Handbuch für Dogmatik[79]

Die Kirche nennt diese Sünden *läßlich*, von *(nach-)lassen*, was soviel bedeutet wie leichter verzeihbar. Gott wird dem Sünder diese kleineren Sünder vergeben, wenn er sie ihm im Gebet unter aufrichtiger Reue bekennt. Läßliche Sünden schwächen die geistliche Lebenskraft des Gläubigen und machen ihn anfälliger für größere Sünden. Aber im Gegensatz zu Todsünden töten sie nicht das Leben der Seele und ziehen auch nicht ewige Strafe nach sich [1855].

Die römisch-katholischen Theologen vergleichen die Art und Weise, auf die sich Todsünden und läßliche Sünden auf die Seele auswirken, mit der Wirkungsweise von verschiedenen Krankheiten auf den Körper. Die meisten Unpäßlichkeiten sind unbedeutend. Das Immunsystum des Körpers wehrt sie ab und stellt die Gesundheit wieder her. Eine läßliche Sünde ist wie eine kleine Krankheit der Seele. Sie mindert die Geistlichkeit und setzt die Widerstandskraft gegen Versuchungen herab, aber die Lebenskraft der Seele bleibt erhalten [1863].

Todsünde hingegen ist ein Todesstoß. Sie tötet die Seele, so wie eine tödliche Krankheit den Körper tötet. Wenn ein Katholik, der die heiligmachende Gnade durch die Taufe empfangen hat, eine Todsünde begeht, verliert er diese Gnade [1861].[80] Obwohl er durch die Taufe gerechtfertigt worden ist, büßt er aufgrund der Todsünde die Rechtfertigungsgnade ein, oder, so könnte man sagen, er wird *entrechtfertigt*.[81] Er wird zu einem Kind des Zorns und ist für die Hölle bestimmt [1033, 1861, 1874]. Und genau wie ein toter Körper sich nicht wieder selbst Leben einflößen kann, so lehrt die Kirche dementsprechend, auch eine durch Todsünde gestorbene Seele könne sich nicht wieder selbst beleben. Der Sünder muß sich an die Kirche und an das Bußsakrament wenden [1446, 1856].[82]

DAS SAKRAMENT DER BUßE
[976-987, 1422-1498]

Die römisch-katholische Kirche lehrt, daß das Sakrament der Buße die rechtmäßige Beziehung zwischen Gott und einem ungehorsamen Katholiken wiederherstellt. Folglich bezeichnet die Kirche die Buße auch als Sakrament der *Versöhnung* [1424].

Das Sakrament der Buße weist einige Parallelen zum Taufsakrament auf [980]. Wie die Taufe der aufgrund von Adams Sünde toten Seele die heiligmachende Gnade eingibt, so gibt das Bußsakrament der aufgrund der Todsünde toten Seele die heiligmachende Gnade zurück [987, 1446]. Die

Taufe rechtfertigt, während die Buße, so könnte man sagen, *wiederrechtfertigt*. „Die aber durch die Sünde von der Höhe der Rechtfertigungsgnade, die sie empfangen haben, wieder herabgefallen sind, können aufs neue gerechtfertigt werden"[83], was durch das Sakrament der Buße geschieht.

So wie die Taufe für die Errettung eines mit der Erbsünde geborenen Säuglings notwendig ist, so ist die Buße zur Errettung eines getauften Katholiken notwendig, der eine Todsünde begangen hat. Im Gegensatz zum Empfang der Taufe, die relativ einfach ist, umfaßt die Buße jedoch einige Anforderungen [1448, 1491].

Bekenntnis der Sünde
[1455-1458, 1493]

Katholiken nennen das Bußsakrament häufig *Sakrament der Beichte* oder einfach *Beichte*, denn bei diesem Ritus deckt der Katholik einem Priester seine Sünden auf [1424]. Der Sünder muß „alle Todsünden ... deren man sich nach sorgfältiger Selbstprüfung bewußt ist, mögen sie noch so im Verborgenen geschehen sein"[84], bekennen. Die Kirche empfiehlt auch das sakramentale Bekenntnis läßlicher Sünden, macht dies aber nicht zur Bedingung [1493].

Reue des Sünders
[1430-1433, 1450-1454, 1490-1492]

Bevor der Priester dem Katholiken die Schuld der Todsünde vergibt, muß der Gläubige Reue wegen seiner Sünden und eine Entschlossenheit zeigen, in Zukunft das Sündigen zu vermeiden. Die Katholiken drücken dies gewöhnlich durch ein Gebet aus, das als *Reueakt* bezeichnet wird.

Beurteilung durch den Priester
[1441-1445, 1461, 1485]

Der Katholizismus lehrt, daß Gott, obwohl allein er Sünden vergeben kann, sich dazu doch der Kirche bedienen will [1441-1445]. Folglich obliegt dem Priester beim Bußsakrament die Verantwortung, den Sünder zu beurteilen. Der Priester kann zunächst einige Fragen stellen, um sich über die Umstände der Sünde Klarheit zu verschaffen und die Schuld des Sünders einzuschätzen. Dann entscheidet er, ob der Sünder wirkliche Reue zeigt und entschlossen ist, die Sünde nicht zu wiederholen. Anhand dieser Information beurteilt der Priester, ob er den Sünder lossprechen soll oder nicht.[85]

Absolution durch den Priester
[1441-1445, 1449, 1461-1467, 1495]

Wenn der Priester dem Sünder vergibt – und das ist der Normalfall – erteilt er die Absolution. Die Absolution erteilen heißt *lossprechen, von den Folgen der Sünde freimachen*. Die Kirche lehrt, daß „die Form des Bußsakraments, in der seine Kraft vorwiegend beruht, in jenen Worten des Spenders liegt: *Ich spreche dich los* ..."[86] Die Absolution befreit die Person, die einer Todsünde schuldig ist, von der ewigen Strafe. Die Kirche behauptet tatsächlich: „Es gibt keine Verfehlung, mag sie auch noch so schlimm sein, die durch die heilige Kirche nicht vergeben werden könnte."[982] Diese Absolution ist nicht bloß eine Erklärung, daß Gott dem Sünder vergeben hat, sondern ein richterlicher Akt des Priesters.[87]

Buße seitens des Sünders
[1434-1439, 1459-1460, 1494]

Die letzte Bedingung für die vollständige Sündenvergebung ist, daß der Sünder wegen der Sünde Genugtuung vor Gott leisten muß.

> Nachdem der Sünder sich aus der Sünde erhoben hat, muß er noch die volle geistliche Gesundheit erlangen. Er muß noch etwas tun, um seine Sünden wiedergutzumachen: Er muß auf geeignete Weise für seine Sünden „Genugtuung leisten", sie „sühnen". Diese Genugtuung wird auch „Buße" genannt.
> *Katechismus der Katholischen Kirche*[1459]

4. WIEDERRECHTFERTIGUNG • 87

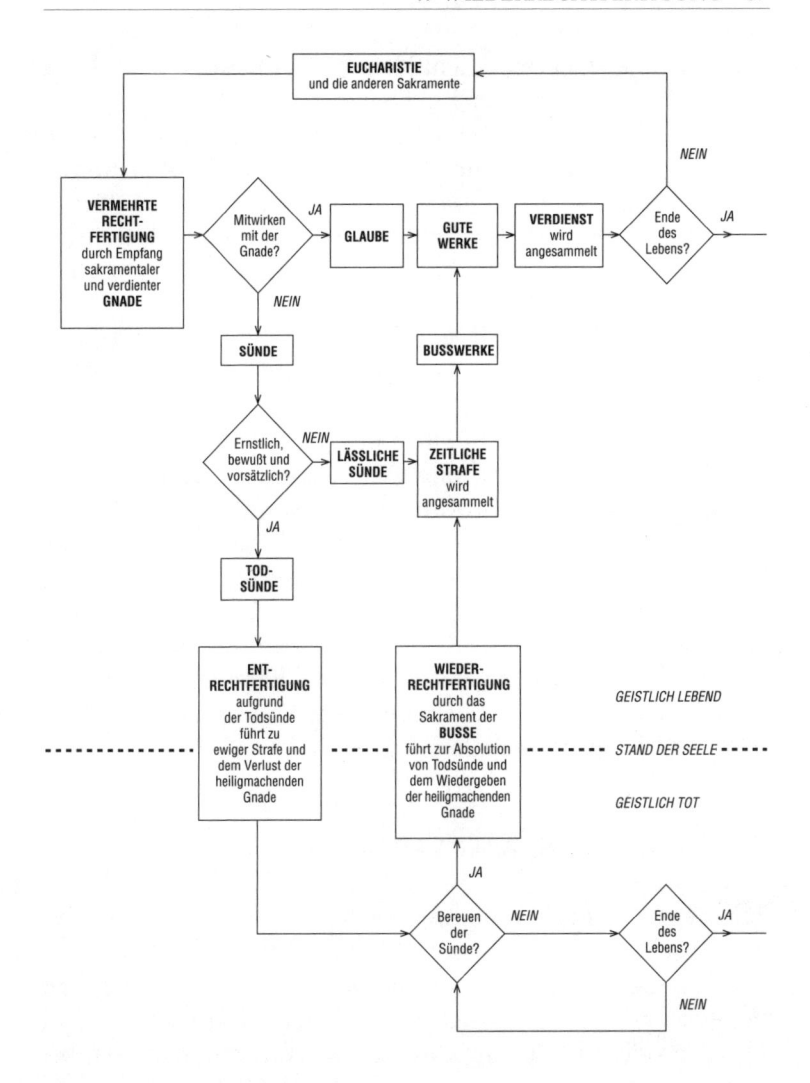

```
                    ┌──────────────────────────────┐
                    │         EUCHARISTIE          │
                    │  und die anderen Sakramente  │
                    └──────────────────────────────┘
                                                                    NEIN
┌─────────────┐      ◇ Mitwirken      JA    ┌────────┐  ┌────────┐  ┌──────────┐   ◇ Ende    JA
│  VERMEHRTE  │        mit der       ────►  │ GLAUBE │─►│  GUTE  │─►│VERDIENST │     des    ────►
│   RECHT-    │        Gnade?               │        │  │ WERKE  │  │   wird   │    Lebens?
│ FERTIGUNG   │           │                 └────────┘  └────────┘  │angesammelt│
│ durch Empfang│          │ NEIN                                    └──────────┘
│sakramentaler│           ▼
│ und verdienter│      ┌────────┐                       ┌──────────┐
│   GNADE     │       │  SÜNDE │                       │ BUSSWERKE│
└─────────────┘       └────────┘                       └──────────┘
                           │                                 ▲
                           ▼                                 │
                      ◇ Ernstlich,   NEIN   ┌──────────┐  ┌──────────┐
                        bewußt und  ─────►  │LÄSSLICHE │─►│ZEITLICHE │
                        vorsätzlich?        │  SÜNDE   │  │  STRAFE  │
                           │                └──────────┘  │   wird   │
                           │ JA                           │angesammelt│
                           ▼                              └──────────┘
                      ┌────────┐                               ▲
                      │  TOD-  │                               │
                      │ SÜNDE  │
                      └────────┘
                           │
              ┌────────────┴────────────┐
              ▼                         ▼
      ┌──────────────┐          ┌──────────────┐
      │    ENT-      │          │  WIEDER-     │
      │RECHTFERTIGUNG│          │RECHTFERTIGUNG│     GEISTLICH LEBEND
      │  aufgrund    │          │  durch das   │
      │der Todsünde  │          │ Sakrament der│
─ ─ ─ │  führt zu    │ ─ ─ ─ ─  │    BUSSE     │ ─ ─ ─  STAND DER SEELE  ─ ─ ─
      │ewiger Strafe │          │führt zur Absolution│
      │   und dem    │          │ von Todsünde │
      │Verlust der   │          │und dem Wieder-│    GEISTLICH TOT
      │heiligmachenden│         │geben der heilig-│
      │   Gnade      │          │machenden Gnade│
      └──────────────┘          └──────────────┘
                                        ▲ JA
                                        │
                                  ◇ Bereuen    NEIN    ◇ Ende    JA
                                    der      ────────►   des    ────►
                                    Sünde?              Lebens?
                                                           │ NEIN
                                        ◄──────────────────┘
```

Abbildung 4.1: **Wiederrechtfertigung**

Um dem Pönitenten – so wird der Büßer genannt – bei der Wiedergutmachung seiner Sünde zu helfen, legt der Priester ihm ein *Bußwerk* auf. Dieses soll „der Art des Vergehens und der Fähigkeit des Pönitenten entsprechen"[88]. Folgende

Formen sind dabei u.a. denkbar: eine wohltätige Spende an Arme, freiwilliger Verzicht, Dienst am Nächsten oder das Verrichten von frommen Übungen wie Gebet und Fasten [1460]. Üblicherweise besteht die Buße darin, bestimmte Gebete aufzusagen wie das *Vaterunser* oder das *Ave Maria*. (Das *Bußwerk*, die wiedergutmachende Strafe für Sünde, darf nicht mit dem *Bußsakrament* verwechselt werden, dem Ritus der sakramentalen Versöhnung.)

Die römisch-katholische Kirche empfiehlt allen Katholiken die regelmäßige sakramentale Beichte [1458]. Wer keine Todsünde begangen hat, sollte „seine läßlichen Sünden bekennen und einige Sünden aus einer früheren Beichte erwähnen"[89] [1493]. Auf diese Weise kann der Katholik von der helfenden Gnade profitieren, die ihm durch das Sakrament zuteil wird und somit zukünftige Sünden vermeiden [1496]. Das Kirchenrecht schreibt den Katholiken vor, wenigstens einmal jährlich die schweren Sünden zu beichten [2042].[90] „Wer sich bewußt ist, eine Todsünde begangen zu haben, darf selbst dann, wenn er tiefe Reue empfindet, die heilige Kommunion nicht empfangen, bevor er die sakramentale Absolution erhalten hat."[1457]

EINE BIBLISCHE ANTWORT

Seit dem Zweiten Vatikanischen Konzil haben sowohl der katholische Klerus als auch die Laienschaft die Rolle des Sakraments der Versöhnung neu bewertet. Fragen bezüglich der Art und Weise, auf die das Sakrament erteilt werden soll (einzeln oder als Bußandacht für eine Gruppe von Gläubigen), wie oft es empfangen werden sollte und ob das Sakrament überhaupt notwendig ist, haben dazu geführt, daß so wenig Katholiken wie nie zuvor daran teilnehmen.

Dennoch bleibt die offizielle Lehre der Kirche dieselbe. „Das persönliche und vollständige Bekenntnis und die Absolution bilden den einzigen ordentlichen Weg, auf dem ein Gläubiger, der sich einer schweren Sünde bewußt ist, mit Gott und der Kirche versöhnt wird ..."[91]

Die Bibel kennt ein solches Gebot nicht. Im Gegensatz dazu lehrt die Schrift, daß

- das Bekenntnis an Gott gerichtet ist und nicht an einen Priester.
- Genugtuung für die Sünde durch Christi Blut gegeben ist und nicht durch eigene Bußwerke.
- jede Sünde zum Tod führt und keine Sünde läßlich ist.

DAS BEKENNTNIS IST ALLEIN AN GOTT GERICHTET

Als König David wegen seines Ehebruchs Reue zeigte, bekannte er seine Sünde *unmittelbar Gott*. Nicht einem Priester. Nicht mit einem Ritual. Nicht als ein Sakrament. Nur ein gebrochener Mann, der seinem Schöpfer offen seine Sünde bekannte. Später schrieb er aus seiner Erinnerung in einem an Gott gerichteten Psalm nieder:

> So tat ich dir kund meine Sünde
> und deckte meine Schuld nicht zu.
> Ich sagte: Ich will dem HERRN meine Übertretungen bekennen;
> und du, du hast vergeben die Schuld meiner Sünde.
> Psalm 32,5

Das *direkt an Gott* gerichtete Bekenntnis finden wir auch bei Nehemia (Nehemia 1,4-11), Daniel (Daniel 9,3-19) und Esra (Esra 9,5-10). Obwohl Esra sogar selbst ein levitischer Priester war, lehrte er Gottes Volk: „Leget nun dem HERRN, dem Gott eurer Väter, ein Bekenntnis ab" (Esra 10,11; Schl).

Auch die Gläubigen des Neuen Testaments, die Christen, können mit ihren Sünden direkt zu Gott gehen.[92] Sie gehen nicht zu einem Richter, sondern zu ihrem Vater mit dem Herrn Jesus an ihrer Seite: „Wenn jemand sündigt, so haben wir einen Fürsprecher bei dem Vater, Jesus Christus, den Gerechten" (1. Johannes 2,1.2; Schl). Sie können völlig gewiß sein, daß Gott sie hören wird: „Laßt uns nun mit Freimütigkeit hinzutreten zum Thron der Gnade, damit wir Barmherzigkeit empfangen und Gnade finden zur rechtzeitigen Hilfe!" (Hebräer 4,16). Sie haben die Zusage Gottes, daß er ihnen vergeben wird: „Wenn wir unsere Sünden bekennen, ist er treu und gerecht, daß er uns die Sünden vergibt und uns reinigt von jeder Ungerechtigkeit" (1. Johannes 1,9).

Im Gegensatz dazu lehrt die römisch-katholische Kirche, daß man als Katholik alle schwereren Sünden im Bußsakrament einem Priester bekennen muß. Diese Verpflichtung, so sagt die Kirche, folgt aus der richterlichen Autorität der Priesterschaft. Christus erteilte den Priestern diese Macht, behauptet die Kirche, als er den Aposteln nach seiner Auferstehung erschien und sie mit den Worten anhauchte:

> Empfangt Heiligen Geist! Wenn ihr jemandem die Sünden vergebt, dem sind sie vergeben, wenn ihr sie jemandem behaltet, sind sie ihm behalten.
>
> Johannes 20,22-23

Die Kirche lehrt, mit diesen Worten habe der Herr Jesus den Priestern die Macht erteilt, über in Sünden gefallene Christen zu richten und ihnen zu vergeben [976, 1461, 1485]. Das Bußsakrament, so behauptet sie, sei die rechtmäßige Anwendung dieser Autorität.

In Johannes 20,22-23 spricht der Herr Jesus jedoch nicht zu einer Gruppe von ordinierten Bischöfen oder Priestern. Seine Zuhörer waren zehn seiner Apostel und einige andere Jünger. Es gibt von daher keinen Grund, diese Anwendung auf den ordinierten Klerus zu beschränken. Außerdem *gibt es im gesamten Neuen Testament kein einziges biblisches Beispiel eines sakramentalen Bekenntnisses an einen Priester!*

Darüber hinaus zeigt Lukas' paralleler Bericht über die gleiche Begebenheit, daß Jesus hier nicht ein kirchliches Sakrament einsetzte, sondern vielmehr von der Verantwortlichkeit seiner Jünger sprach, den Verlorenen das Evangelium zu verkündigen:

... und sprach zu ihnen: So steht geschrieben, und so mußte der Christus leiden und am dritten Tag auferstehen aus den Toten und in seinem Namen Buße zur Vergebung der Sünden gepredigt werden allen Nationen, anfangend von Jerusalem. Ihr seid Zeugen hiervon.

Lukas 24,46-48

Die Jünger sollten hinausgehen und die Vergebung der Sünden durch Jesus Christus verkünden. Sie sollten Jesu Zeugen sein und nicht Beichtväter der Christen.

Und genau hiervon, von der Verkündigung Jesu Christi durch die Apostel, handelt die gesamte Apostelgeschichte. Zum Beispiel verkündete Petrus dem Kornelius die frohe Botschaft von Christus und sagte: „... daß jeder, der an ihn glaubt, Vergebung der Sünden empfängt durch seinen Namen" (Apostelgeschichte 10,43). Als dann der Heilige Geist auf Kornelius samt dessen Hausgenossen fiel, erkannte Petrus, den Glauben seiner Zuhörer. Daraufhin erklärte er, daß Gott ihnen vergeben und sie angenommen hat: „Könnte wohl jemand das Wasser verwehren, daß diese nicht getauft würden, die den Heiligen Geist empfangen haben, wie auch wir? Und er befahl, daß sie getauft würden im Namen Jesu Christi" (Apostelgeschichte 10,47-48).

Es kam aber auch vor, daß sich die Jünger veranlaßt sahen, Sünden beim Namen zu nennen, wenn jemand an seinem alten Wandel festhielt. Simon der Magier war ein solcher Fall. Simon hatte das Evangelium gehört, sich als glaubend ausgegeben und war daraufhin getauft worden. Kurz darauf kamen seine wahren Absichten ans Tageslicht: Er dachte, er könnte von den Aposteln magische Kräfte verliehen bekommen. Petrus sagte daraufhin zu Simon, daß er immer noch in seinen alten Sünden sei (Apostelgeschichte 8,21-22).

Ein letzter Punkt unterstützt die Auslegung von Johannes 20,22-23 in der Weise, daß die Jünger Gottes vergebende Gnade verkünden und bezeugen sollten: In Johannes 20,23 liegt eine besondere Zeitform vor. Der Herr sagte nicht, „wenn ihr jemandem die Sünden vergebt, dem werden seine Sünden vergeben *werden*", und auch nicht, „wenn ihr jemandem die Sünden vergebt, dem werden seine Sünden vergeben *sein*". Er sagte: „Wenn ihr jemandem die Sünden vergebt, dem *sind* sie vergeben."

Im Griechischen steht hier die Zeitform des *Perfekt*. „Diese Form beschreibt einen Vorgang, sieht diesen Vorgang jedoch als vollendet und in einem abgeschlossenen Zustand an."[93] Das bedeutet also, daß die Jünger die Fähigkeit hatten, denen die Vergebung zu bestätigen, welchen Gott *bereits vergeben hatte*.

Bezüglich der römisch-katholischen Auslegung sollten wir die Frage stellen, wie es für einen Priester möglich sein soll, einen fremden Menschen (den er noch nicht einmal sehen kann) anhand eines wenige Minuten dauernden Gesprächs zu beurteilen. Wie kann ein Mensch Einblick in das Herz eines anderen gewinnen und die Schwere seiner Sünde, die Größe seiner Schuld und die Aufrichtigkeit seiner Reue ermessen, und ihm dann die gottgemäße Genugtuung für diese Sünde auferlegen? Gott spricht: „Ich, ich bin es, der deine Verbrechen auslöscht um meinetwillen" (Jesaja 43,25).

GENUGTUUNG FÜR SÜNDEN GESCHIEHT ALLEIN DURCH CHRISTI BLUT

Der katholischen Lehre zufolge zieht Sünde eine zweifache Konsequenz nach sich: *ewige* Strafe und *zeitliche* Strafe [1472]. Todsünde führt zu ewiger Strafe, Verbannung aus Gottes Gegenwart in Form *ewigen* Leidens in der Hölle. Jede Sünde, ob Tod- oder läßliche Sünde, zieht zeitliche Strafe nach sich, eine Strafe, die für eine *begrenzte* Zeit andauert.

Zeitliche Strafe ist der Kirche nach nicht einfach die natürliche Folge eines sündhaften und unbedachten Lebens, wie es im Buch der Sprüche beschrieben ist. Sie ist auch nicht lediglich die korrigierende Züchtigung des liebenden Vaters, wie in Hebräer 12,4-11 dargestellt. Die zeitliche Strafe ergibt sich vielmehr, so die Kirche, aus dem eigenen Wesen der Sünde [1472]. Sie ist eine Schuld, die bezahlt werden muß, auch wenn die Sünde bereits vergeben worden ist [1473].

Katholiken glauben, sie könnten in diesem Leben durch *Bußwerke* oder im nächsten Leben (wie wir im folgenden Kapitel sehen werden) durch Leiden in einem Purgatorium oder Fegefeuer genannten Ort die zeitliche Strafe abbezahlen [1030-1032, 1472].

Zu den Bußwerken gehört das Aufsagen bestimmter Gebete, Fasten, wohltätiges Spenden an Arme, freiwilliger Verzicht und das Erdulden der Versuchungen und Enttäuschungen des Lebens. Manche Katholiken praktizieren noch extremere Formen der Buße wie zum Beispiel Selbstkasteiung, Tragen von Roßhaarhemden oder Dornenketten, auf den Knien zu einem Heiligtum oder einer Kirche rutschen oder das Schlafen auf Steinfußboden [1460].

Das üblichste Bußwerk ist die vom Priester dem Pönitenten nach der Beichte auferlegte Genugtuung für die Sünden. Sie ist definiert als –

> das freiwillige Ertragen der vom Priester auferlegten Strafe, die den Gott zugefügten Schaden ausgleichen und die zeitliche Strafe sühnen oder aufheben soll, die auch nach der Vergebung der Sünde rechtmäßig fällig ist.
> aus einem Handbuch für Dogmatik[94]

Im Gegensatz dazu lehrt die Bibel, daß wenn Gott vergibt, er alles vergibt – auch nicht ein Überbleibsel von Schuld bleibt zurück:

> Wenn eure Sünden rot wie Karmesin sind,
> wie Schnee sollen sie weiß werden.
> Wenn sie rot sind wie Purpur,
> wie Wolle sollen sie werden.
> Jesaja 1,18

Christus hat am Kreuz vollkommene und vollständige Genugtuung für die Sünden geleistet: „Er ist die Sühnung für unsere Sünden" (1. Johannes 2,2).

Die römisch-katholische Vorstellung, ein Sünder müßte für die zeitliche Strafe aufgrund seiner Sünden bezahlen, ist gleichbedeutend mit der Aussage, Christi Blut sei unzureichend und Gott verlange deshalb mehr. Außerdem macht sie den Sünder, zumindest zum Teil, zu seinem eigenen Erlöser. Er kann, gleich wie Christus, „den Gott zugefügten Schaden ausgleichen"[95].

Und schließlich, wozu führt es denn, wenn ein Sünder dem Priester eine schwere Sünde beichtet und ihm dann gesagt wird, er könne durch so simple Dinge wie das Aufsagen einiger *Ave Marias* oder *Vaterunser* Sühnung für die zeitliche Strafe der Sünde leisten? Der Pönitent kann daraus nur schließen, daß Sünde nicht besonders schlimm ist.

JEDE SÜNDE FÜHRT ZUM TOD

Wie schlimm ist Sünde nun? Die Bibel lehrt, daß die geistliche Konsequenz jeder Sünde die Todesstrafe ist, die ewige Trennung von Gott im Feuersee (Offenbarung 20,14-15): „Die Seele, die sündigt, sie soll sterben" (Hesekiel 18,4), und „der Lohn der Sünde ist der Tod" (Römer 6,23).

Das soll nicht heißen, daß für Gott jede Sünde gleich böse oder widerwärtig ist. Die Schrift lehrt, daß einige Sünden böser sind als andere und dementsprechend gerichtet werden (Johannes 19,11; Matthäus 10,15). Jesus lehrte, daß es in der Hölle verschiedene Grade der ewigen Bestrafung geben wird (Lukas 12,47-48).

Nichtsdestoweniger unterschied der Herr niemals zwischen Sünden gemäß ihrer letztendlichen Strafe.[96] Er lehrte, daß eine wütende Beleidigung die gleiche Strafe nach sich zieht, wie ein Mord (Matthäus 5,21-22) und daß ein lüsterner Blick die gleiche Strafe verdient wie praktizierter Ehebruch (Matthäus 5,27-30).

Der Katholizismus lehrt jedoch, einige Sünden seien „leichte Sünden"[1863], kleinere Übertretungen des Sittengesetzes Gottes [1862-1863]. Ein wenig zu lügen oder eine Kleinigkeit zu stehlen ist etwas anderes, als eine große Lüge aufzutischen oder einen großen Diebstahl zu begehen. Kleine, läßliche Sünden ziehen keine ewige Strafe nach sich.

Ferner lehrt die römisch-katholische Kirche, daß läßliche Sünden einen Menschen zwar eher zum Begehen einer Todsünde geneigt sein lassen, doch noch nicht einmal regelmäßiges Begehen läßlicher Sünden zu ewiger Strafe führt. Ein getaufter Katholik, der keine Todsünde verübt, bleibt auch dann im Gnadenstand, wenn er gewohnheitsmäßig die Schuld unzähliger läßlicher Sünden auf sich geladen hat [1863].

Die Bibel lehrt dementgegen, daß ein Mensch, dessen Leben durch irgendeine Art von Sünde gekennzeichnet ist, sich nicht für einen wiedergeborenen Christen halten sollte:

> Kinder, niemand verführe euch! Wer die Gerechtigkeit tut, ist gerecht, wie er gerecht ist. Wer die Sünde tut, ist aus dem Teufel ... Jeder, der aus Gott geboren ist, tut nicht Sünde ...
>
> 1. Johannes 3,7-9

Doch die Kirche behauptet sogar, wenn mildernde Umstände vorliegen, dann verdiene noch nicht einmal die schwerste Sünde ewige Strafe. Sie lehrt, daß drei Bedingungen erfüllt sein müssen, bevor eine Sünde Todsünde ist [1857-1862]:

- Die Sünde muß schwer sein. Die böse Tat muß ein schweres Vergehen gegen Gott oder gegen jemand anderes sein.
- Der Sünder muß sich der Sünde bewußt sein. Der Täter muß volle Erkenntnis darüber besitzen, daß sein Handeln zutiefst falsch ist.
- Die Sünde muß vorsätzlich sein. Der Sünder muß wissen, daß er der Versuchung widerstehen könnte und sich dann willentlich für das Böse entscheiden.

Sollte die Sünde eine dieser Bedingungen nicht erfüllen, verdient sie damit nicht die ewige Strafe, ganz gleich, wie böse die Tat auch sein mag.

In der Praxis werden diese Bedingungen zu willkommenen Ausreden für Gesetzlosigkeit. Stellen wir uns beispielsweise eine Person vor, die bei einer bestimmten Sünde bisher sehr wenig Widerstandsvermögen an den Tag gelegt hat. Der römisch-katholischen Theologie zufolge wäre ihre Sünde nicht völlig vorsätzlich: „Unsere Willensfreiheit kann herabgesetzt werden durch unsere natürlichen Neigungen, den Auswirkungen unsachgemäßer Erziehung, innerem oder äußerem Zwang oder dem Druck heftiger und plötzlicher Gefühlsregungen."[97] Wenn ein Mensch unter solchen Umständen eine schwerwiegende Sünde begehen würde, dann wäre diese Sünde daher nicht Todsünde und verdiente somit nicht die ewige Bestrafung. Fr. Melvin L. Farrell verdeutlicht, wie dies auf sexuelle Versuchung angewendet werden kann:

> Nehmen wir zum Beispiel einen jungen Menschen, der trotz seiner aufrichtigen Anstrengungen, zu überwinden, zeitweilig dem Trieb zur gewohnheitsmäßigen Selbstbefriedigung nicht standhält. Oder ein junges Paar, das während seiner Verlobungszeit in einem unbedachten Augenblick der körperlichen Anziehungskraft zueinander erliegt. Oder ein Mensch, der einen Hang zu homosexuellen Handlungen hat, den er offensichtlich nicht kontrollieren kann. All diese Menschen automatisch als einer Todsünde schuldig zu bezeichnen, ist nicht gerechtfertigt.
>
> aus einem Katechismus[98]

Folglich lehrt die Kirche entgegen der biblischen Lehre von der Todesschuldigkeit jeder Sünde, daß keine Sünde an sich notwendigerweise Todsünde ist. Und obwohl die Bibel an keiner Stelle von läßlicher Sünde spricht, lehrt die Kirche, daß unter Umständen jede Sünde läßlich sein kann!

EIN UNTERSCHÄTZTES PROBLEM

In der Bergpredigt lehrte Jesus: „Wenn aber dein rechtes Auge dir Anlaß zur Sünde gibt, so reiß es aus und wirf es von dir! ... wenn deine rechte Hand dir Anlaß zur Sünde gibt, so hau sie ab und wirf sie von dir!" (Matthäus 5,29-30). Weshalb ein derart hartes Vorgehen? „Denn es ist dir besser, daß eins deiner Glieder umkommt und nicht dein ganzer Leib in die Hölle geworfen wird" (Vers 29). Die ewigen Folgen der Sünde sind so schrecklich, daß eine Verstümmelung des Körpers, wenn sie denn vor weiteren Sünden schützen würde, die bessere Alternative wäre, als in der Hölle zu enden.

Gott kann das ganze Gewicht der Sünde auf den Sünder fallen lassen, so daß er aufschreit: „Was muß ich tun, daß ich errettet werde?" (Apostelgeschichte 16,30). Es ist der überführte Sünder, der erkennt, daß er einen Retter braucht. Das ist der Mensch, der auf das Hören des Evangeliums hin sich an das Kreuz klammert wie ein Ertrinkender an einen Rettungsring. Das ist der Mensch, der weiß, daß er eigentlich verdient hat, mehr als tausendmal in die Hölle geworfen zu werden, aber Jesu Blut volle Genugtuung für jede seiner Sünden geleistet hat, seien es frühere, jetzige oder zukünftige.

Die römisch-katholische Theologie untergräbt dementgegen beständig die Ernsthaftigkeit der Sünde und ihrer Folgen, und das am offensichtlichsten durch ihre Lehre, die meisten Sünden zögen nicht die Todesstrafe auf sich.

Doch das ist eine Lüge, die so alt ist wie die Welt selbst. Schon bald nachdem Gott Adam und Eva gewarnt hatte, daß sie „gewißlich sterben" (1. Mose 2,17; UElb) werden, wenn sie ihm ungehorsam sind, sagte der Satan zu Eva: „Keineswegs werdet ihr sterben!" (1. Mose 3,4).

Dieselbe Lüge hat unzählige Katholiken in die Irre geführt. Als Folge davon gehen die meisten von ihnen durchs Leben, ohne sich der Größe ihrer Schuld vor Gott bewußt zu sein. Sie unterschätzen ihr Problem und nehmen so bereitwillig eine unzulängliche und trügerische Lösung an: das Evangelium nach Rom.

Kapitel 5
Das letzte Schicksal

Josef, 58 Jahre alt

Obwohl Josef noch schlief, hatte sein schweres, unnatürliches Atmen seine Frau Margret aufgeweckt. Sie schaltete das Licht ein und versuchte ihn wachzurütteln, aber Josef reagierte nicht. Margret beobachtete sein Atmen: ein flaches Keuchen, zehn Mal pro Minute, jedes unterbrochen von einem tiefen Stöhnen. Aufgeregt griff sie nach dem Telefon.

Margrets erster Anruf ging an den Rettungsdienst. „Ich glaube, mein Mann hat eine Herzattacke! Bitte kommen sie schnell." Nach ein paar Fragen versicherte ihr die Stimme am anderen Ende, daß ein Rettungswagen unterwegs sei.

Margrets zweiter Anruf ging an Pater Mario Sanchez, dem Pfarrer. Der ältere Herr war zwar noch im Halbschlaf, doch er versprach sofort zu kommen.

Als die Sanitäter eintrafen, zog Margret sich still in eine Ecke des Zimmers zurück. Von dort aus schaute sie zu, wie ein Sanitäter sich daranmachte, Josefs Lebenszeichen zu prüfen und der andere die Informationen per Telefon an einen Arzt im städtischen Krankenhaus weitergab. Margret bemerkte gar nicht, daß Pater Sanchez hereingekommen war, bis sie ihn schließlich leise den *Ritus der Krankensalbung*[99], das letzte Sakrament, flüstern hörte.

Mit einer Stola über seine Schultern und einem kleinen Gefäß mit Öl in seiner linken Hand beugte der alte Priester sich über das Bett und salbte Josefs Stirn mit einem Kreuzzeichen. Dabei betete er: „Durch diese heilige Salbung helfe dir der Herr in seinem reichen Erbarmen, er stehe dir bei mit der Kraft des Heiligen Geistes." Als dann ein Sanitäter einen Infusionsschlauch an Josefs rechtem Arm anbrachte, salbte Pater Sanchez Josefs linke Hand: „Der Herr, der dich von

Sünden befreit, rette dich, in seiner Gnade richte er dich auf."

Margret konnte nichts tun, als nur ungläubig auf ihren Mann zu starren. *Das konnte nicht wahr sein!*

Pater Sanchez trat zurück, um den Sanitätern für ihre Arbeit Platz zu machen, und setzte dann den Ritus fort:

> Barmherziger Gott, du kennst alles Gute, das im Menschen ist, du vergibst die Sünden jederzeit und verweigerst die Verzeihung keinem, der dich darum bittet: Erbarme dich deines Dieners Josef, der seinen letzten Kampf zu bestehen hat. Gib, daß die heilige Ölung, die er empfangen hat, und das Gebet unseres Glaubens ihn aufrichten, verzeihe ihm seine Sünden und schenke ihm deine Liebe. Durch Christus, deinen Sohn, der den Tod besiegt und uns das Tor zum ewigen Leben geöffnet hat, der mit dir lebt und herrscht in alle Ewigkeit. Amen.[100]

Als die Sanitäter alles für Josef getan hatten, was sie tun konnten, hoben sie ihn auf eine Trage und brachten ihn zum Rettungswagen. Bevor die Tür geschlossen wurde, gab Pater Sanchez einen letzten Segen und machte das Kreuzzeichen: „Es segne dich der allmächtige Gott, der Vater und der Sohn und der Heilige Geist. Amen."

Drei Stunden später war Josef tot.

Die folgenden Wochen waren voller Trauer und Schmerz. Pater Sanchez half der Familie Lorentes bei der Vorbereitung der Beerdigung. In dem Trauerhaus sollten zwei Nachtwachen abgehalten werden. Die Familie bat, daß an jedem Abend ein Rosenkranz für Josef gebetet wird. Am dritten Tag war die Trauerfeier mit der anschließenden Prozession zum Friedhof und dem *Beisetzungsritus*.

Margret fand einen Trost darin, an Josefs Leben zurückzudenken: *Er war solch ein guter Mann gewesen, hatte vier Kinder großgezogen, hart gearbeitet und war immer zur Messe gegangen. Er hatte sogar das letzte Sakrament empfangen. Er wird bestimmt in den Himmel kommen.*

Wird er das wirklich? Sein ganzes Leben lang hat Josef –

wie so viele andere aufrichtige Katholiken – getan, was die Kirche ihm auftrug. Aber hat er genug getan? Hat er das getan, was Gott von ihm forderte? Führt der römisch-katholische Heilsweg in den Himmel?

❖ ❖ ❖

**BEHARRLICHKEIT BIS ZUM ENDE
UND DAS BESONDERE GERICHT**
[1021-1022, 1051, 1274]

Stellen wir uns die römisch-katholische Errettung als Reise entlang einer Straße vor – einer langen Straße mit einem ungewissen Ende. Der Startpunkt ist die Taufe. Der mittlere Abschnitt ist ein vom Empfang der Sakramente und Verrichten guter Werke gekennzeichnetes Leben. Die Ziellinie ist der Tod [1682-1683].

Für einen Katholiken ist der Tod die Stunde der Wahrheit. „Im Tod, bei der Trennung der Seele vom Leib, fällt der Leib des Menschen der Verwesung anheim, während seine Seele Gott entgegengeht ..."[997] Dort erfährt der Mensch, ob er ewiges Leben erlangt hat oder nicht. Das ist ein ganz persönliches Geschehen, das *besondere Gericht*. Es ist der Zeitpunkt, da Gott über das letzte Schicksal eines Menschen entscheidet [1005, 1013, 1022, 1051].

Um das besondere Gericht zu bestehen und schließlich den Himmel zu erreichen, muß ein Katholik im Stand der Gnade sterben [1010, 1052]. Das heißt, im Augenblick seines Todes muß seine Seele über die heiligmachende Gnade verfügen. In diesem Fall sagt man, der Katholik habe die *Beharrlichkeit bis zum Ende* erlangt; er hat die Gnade in seiner Seele bis zum Ende bewahrt [161, 1026, 2016].

Entbehrt der Mensch im Augenblick seines Todes jedoch der heiligmachenden Gnade, wird Gott ihn in die ewige Strafe verbannen [1022, 1033-1037, 1056-1057]:

Die Seelen derer, die in vollbrachter Todsünde oder allein in ihrer Erbsünde aus diesem Leben scheiden, gehen geradewegs zu Bestrafung in die Hölle, um dort unvergleichliche Pein zu leiden.

Konzil zu Florenz[101]

Die Kirche lehrt, daß vor dem besonderen Gericht niemand weiß, was sein Schicksal sein wird [1036, 2005].[102] Jeder könnte im letzten Augenblick eine Todsünde begehen, in diesem Zustand sterben und so für immer verloren sein. Deshalb kann kein lebender Katholik sagen, daß er für die Ewigkeit *gerettet ist*. Vielmehr *wird er gerettet*, indem er mit der Gnade mitwirkt. Um *auf ewig gerettet zu sein*, muß ein Katholik bis zum Ende Ausharren [161-162, 1026]. Der römisch-katholischen Kirche zufolge ist es gerade das, was Jesus mit den Worten lehrte: „Wer aber ausharrt bis ans Ende, der wird errettet werden" (Matthäus 24,13).

DAS FEGEFEUER
[954, 958, 1030-1032, 1054, 1472]

Der Katholizismus lehrt, daß, wenn Gott im besonderen Gericht einen Menschen als im Stand der Gnade befindlich beurteilt, das ewige Heil dieser Person gesichert ist [1030]. Bevor dieser Mensch jedoch in den Himmel kommen kann, muß er gegebenenfalls Sühne für zeitliche Strafe leisten, die er auf der Erde noch nicht bezahlt hat [1022, 1030, 1682]. Katholiken müssen, so lehrt die Kirche, für ihre Sünden Genugtuung leisten:

> Nach der Lehre der göttlichen Offenbarung folgen aus den Sünden von Gottes Heiligkeit und Gerechtigkeit auferlegte Strafen. Sie müssen in dieser Welt durch Leiden, Not und Mühsal des Lebens und besonders durch den Tod, oder in der künftigen Welt durch Feuer und Qual oder Reinigungsstrafen abgebüßt werden.
> Apostolische Konstitution über die Neuordnung
des Ablaßwesens, 1967[103]

Ein Teil von denen, die im besonderen Gericht bestehen, gehen direkt in den Himmel. Beispielsweise werden getaufte Kinder, die vor Erreichen eines Alters sterben, ab dem sie als verantwortbar gelten, als frei von Schuld und zeitlicher Strafe angesehen. Sie sind deshalb rein genug, um sofort in den Himmel zu kommen und sich an der *beseligenden Schau*, dem Sehen Gottes von Angesicht zu Angesicht, zu erfreuen [1023-1029].

Eine weitere Gruppe, die direkt in den Himmel eingeht, sind jene, die auf Erden hart gearbeitet oder zur Genüge gelitten haben. Das trifft auf die Helden des katholischen Glaubens zu, welche die Kirche als Heilige kanonisiert hat.

Der Durchschnittskatholik wird jedoch wohl kaum sofort für den Himmel bereit sein:

> Menschen, die viele Sünden begangen haben, auch wenn es nur läßliche Sünden sind, die aber niemals von sich aus Buße dafür getan und nie versucht haben, irgendeinen Ablaß dafür zu erhalten, liegt eine schwere Last der Schuld auf, für die sie sühnen müssen. Gott ist jedoch nicht nur barmherzig, sondern auch absolut gerecht. Ist für diese Strafe auf der Erde keine Sühne geleistet worden, dann fordert er diese Genugtuung nach dem Tod ein, „bis du auch den letzten Pfennig bezahlt hast" (Matthäus 5,26). Denn „alles Unreine kommt nicht in den Himmel" (Offenbarung 21,27). Auch die Erfahrung kann uns lehren, daß die meisten Menschen bei ihrem Tod nicht gut genug für den Himmel, aber auch nicht schlecht genug für die ewige Verdammnis sind. Allein die Vernunft, ohne die Hilfe einer Offenbarung, führt uns zu der Erwartung, daß es nach dem Tod eine Reinigung der Strafe entsprechend der Sündenschuld geben muß. Sowohl die Schrift als auch die Überlieferung lehren beide deutlich, daß das Fegefeuer existiert.
>
> aus einem Handbuch für Dogmatik[104]

Die katholischen Theologen sind sich über das Wesen des Leidens im Fegefeuer nicht einig. Manche lehren, der dortige

Schmerz bestünde hauptsächlich in der Wahrnehmung der Trennung von Gott. Andere lehren in Anlehnung an Thomas von Aquin, daß die Seelen im Fegefeuer heftige und qualvolle Schmerzen durch die Flammen erleiden [1031].

Wie lange man im Fegefeuer leiden muß, ist unklar, denn der Katholik muß dort nicht nur für seine Sünden bezahlen, sondern seine Seele muß „nach dem Tod durch läuternde Schmerzen gereinigt"[105] werden. Die für diese Seelenreinigung benötigte Zeit variiert von einem Menschen zum anderen:

> Manche läßlichen Sünden haften beständiger an als andere, so wie das Gemüt ihnen mehr zugeneigt und mit ihnen fester verbunden ist. Und weil von dem, was beständiger anhaftet, auch langsamer gereinigt wird, folgt, daß manche länger im Fegefeuer gequält werden als andere, je nach dem, wie ihr Gemüt mit ihnen verstrickt ist.
>
> *Summa theologica*[106]

Noch lebende Katholiken können einem verstorbenen Angehörigen im Fegefeuer helfen, indem sie Gebete aufsagen, Almosen geben und gute Werke tun [958, 1032, 1475]. Der Katholik opfert dann diese verdienstlichen Werke für die arme Seele im Fegefeuer. Das wirksamste Mittel, den Toten zu helfen, ist laut der Kirche das Meßopfer [1055, 1689]. Ein Gemeindeglied kann den Priester bitten, die Messe zugunsten eines Verstorbenen zu lesen, der im Fegefeuer vermutet wird. Üblicherweise geht mit dieser Bitte ein kleines Geldopfer einher.

ABLÄSSE
[1471-1479, 1498]

Eine andere Weise, auf welche ein Lebender einem Toten helfen kann, ist das Erwerben bestimmter Gutschreiben, der sogenannten *Ablässe*, die zeitliche Strafen aufheben [1032, 1471]. Der Katholizismus lehrt, die Kirche habe die Vollmacht, aus einem riesigen Vorrat von Verdiensten, *Kirchenschatz* genannt, Ablässe zu erteilen [1476-1477]:

> Darin besteht der „Kirchenschatz". Er ist nicht so etwas wie eine Summe von Gütern nach Art von materiellen Reichtümern, die im Lauf der Jahrhunderte angesammelt wurden. Vielmehr besteht er in dem unendlichen und unerschöpflichen Wert, den bei Gott die Sühneleistungen und Verdienste Christi, des Herrn, haben, die dargebracht wurden, damit die gesamte Menschheit von der Sünde frei werde und zur Gemeinschaft mit dem Vater gelange. Der Kirchenschatz ist Christus, der Erlöser selbst, insofern in ihm die Genugtuungen und Verdienste seines Erlösungswerkes Bestand und Geltung haben. Außerdem gehört zu diesem Schatz auch der wahrhaft unermeßliche, unerschöpfliche und stets neue Wert, den vor Gott die Gebete und guten Werke der seligen Jungfrau Maria und aller Heiligen besitzen. Sie sind den Spuren Christi, des Herrn, mit seiner Gnade gefolgt, haben sich geheiligt und das vom Vater aufgetragene Werk vollendet. So haben sie ihr eigenes Heil gewirkt und dadurch auch zum Heil ihrer Brüder in der Einheit des mystischen Leibes beigetragen.
> Apostolische Konstitution über die Neuordnung des Ablaßwesens, 1967[107]

Katholiken können sich durch bestimmte fromme Werke wie zum Beispiel das Rosenkranzgebet einen Ablaß von der Kirche verdienen [1478]. Ein vollkommener Ablaß, die Aufhebung aller gegenwärtigen zeitlichen Strafen, kann durch spezielle Werke und deren perfekte Durchführung erzielt werden [1471]. Dies muß mit dem Empfang der Sakramente der Buße und der heiligen Kommunion und dem Gebet für die besonderen Anliegen des Papstes einhergehen.

Hat ein Katholik einmal einen Ablaß erworben, kann er sich über dessen Verwendung frei entscheiden. Er kann ihn auf seine eigenen zeitlichen Strafen anwenden oder ihn durch Gebet einem bekannten Verstorbenen im Fegefeuer zukommen lassen [1479].

Verdienste und das Jüngste Gericht
[678-679, 682, 2006-2011, 2025-2027]

Der römisch-katholischen Kirche zufolge verdient sich ein Mensch, der sich im Stand der Gnade befindet, mit jedem guten Werk einen Lohn [2010-2011, 2016]. Der Anspruch auf einen Lohn wird *Verdienst* genannt.

Die Verdienste sammeln sich während des Lebens des Gläubigen an. Wenn der Katholik eine Todsünde begeht, verliert er damit jedoch alle Verdienste. Wenn aber dieser Katholik Buße tut und das Beichtsakrament empfängt, wird der verlorene Verdienst erneut angerechnet.[108]

Verdienter Lohn wird im Katholizismus in dreierlei Formen angerechnet:[109]

Zuwachs an Gnade
[2010, 2027]

Wenn ein Katholik ein gutes Werk vollbringt, lehrt die Kirche, daß er unmittelbar den Lohn in Form eines Zuwachses an Gnade erhält. Diese Gnade rechtfertigt den Katholiken weiter. Er wird heiliger und Gott wohlgefälliger. Dieser Vorgang der Heiligung ist bereits in Kapitel 3 unter *Vermehren und Bewahren der Rechtfertigung* behandelt worden.

Ewiges Leben
[1022, 1036, 1051, 1821, 2010, 2027]

Die Kirche lehrt, daß jeder Mensch nach dem Tod im besonderen Gericht vor Gott stehen muß [1021-1022]. Wenn Gott beschließt, daß diese Person im Stand der Gnade gestorben ist, darf sie „die Freude des Himmels ... erlangen: die von Gott geschenkte ewige Vergeltung der guten Werke, die mit der Gnade Christi getan wurden"[1821]. Das Konzil zu Trient sagt dazu:

> So ist also denen, die getreu bis zum Ende wirken und auf Gott hoffen, das ewige Leben in Aussicht zu stellen, zu-

gleich als Gnade, die den Söhnen Gottes durch Christus Jesus erbarmungsvoll verheißen wurde, und als Lohn, der nach Gottes Verheißung für ihre guten Werke und Verdienste getreu zu erstatten ist.

Konzil zu Trient[110]

Und das Zweite Vatikanische Konzil sagt [1036]:

Da wir aber weder Tag noch Stunde wissen, müssen wir auf die Mahnung des Herrn standhaft wachen, damit wir am Ende unseres einmaligen Erdenlebens mit ihm zur Hochzeit einzutreten und den Gesegneten zugezählt zu werden verdienen ...

Zweites Vatikanisches Konzil[111]

Mehrung der Herrlichkeit im Himmel
[1038-1041, 1053]

Die Kirche lehrt, daß verdienter Lohn ferner zu einem Zuwachs im Grad der Herrlichkeit führt, die der Mensch im Himmel genießen wird. Gott entscheidet über diesen Lohn erst am Ende der Welt. Christus wird auf die Erde wiederkommen. Die Toten werden mit unsterblichen Leibern auferstehen, und Gott wird alle noch im Fegefeuer Leidenden freilassen [988-1004, 1038]. Dann wird es eine zweite Auswertung eines jeden Lebens geben. Das ist das *Allgemeine* oder *Letzte Gericht* [1038-1041, 1059]: Der römisch-katholischen Theologie zufolge war es dieses Letzte Gericht, das Jesus im Matthäusevangelium beschrieb [678, 681-682, 1038-1039, 1059]:[112]

Wenn aber der Sohn des Menschen kommen wird in seiner Herrlichkeit und alle Engel mit ihm, dann wird er auf seinem Thron der Herrlichkeit sitzen; und vor ihm werden versammelt werden alle Nationen, und er wird sie voneinander scheiden, wie der Hirte die Schafe von den Böcken scheidet.

Matthäus 25,31-32

108 • TEIL 1: ERRETTUNG

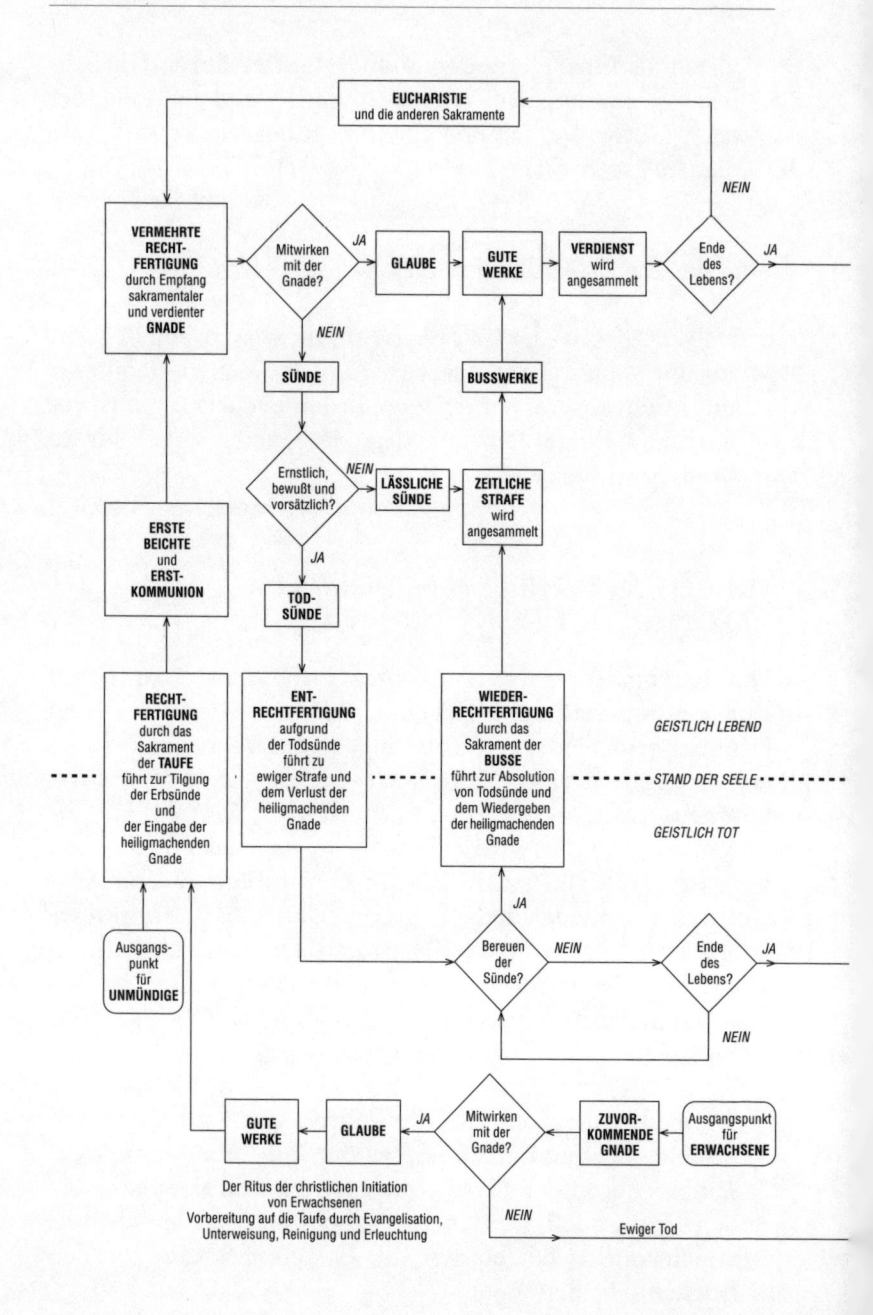

EUCHARISTIE und die anderen Sakramente

VERMEHRTE RECHTFERTIGUNG durch Empfang sakramentaler und verdienter **GNADE**

Mitwirken mit der Gnade? — JA → **GLAUBE** → **GUTE WERKE** → **VERDIENST** wird angesammelt → Ende des Lebens? — JA →

NEIN ↑ (zurück zu EUCHARISTIE)

NEIN ↓ **SÜNDE**

Ernstlich, bewußt und vorsätzlich? — NEIN → **LÄSSLICHE SÜNDE** → **ZEITLICHE STRAFE** wird angesammelt → **BUSSWERKE**

JA ↓ **TODSÜNDE**

ERSTE BEICHTE und **ERSTKOMMUNION**

RECHTFERTIGUNG durch das Sakrament der **TAUFE** führt zur Tilgung der Erbsünde und der Eingabe der heiligmachenden Gnade

ENT-RECHTFERTIGUNG aufgrund der Todsünde führt zu ewiger Strafe und dem Verlust der heiligmachenden Gnade

WIEDER-RECHTFERTIGUNG durch das Sakrament der **BUSSE** führt zur Absolution von Todsünde und dem Wiedergeben der heiligmachenden Gnade

GEISTLICH LEBEND
- - - - - *STAND DER SEELE* - - - - -
GEISTLICH TOT

Ausgangspunkt für **UNMÜNDIGE**

Bereuen der Sünde? — JA ↑ / NEIN → Ende des Lebens? — JA → / NEIN ↓

GUTE WERKE ← **GLAUBE** ← JA — Mitwirken mit der Gnade? ← **ZUVORKOMMENDE GNADE** ← Ausgangspunkt für **ERWACHSENE**

NEIN → Ewiger Tod

Der Ritus der christlichen Initiation von Erwachsenen
Vorbereitung auf die Taufe durch Evangelisation, Unterweisung, Reinigung und Erleuchtung

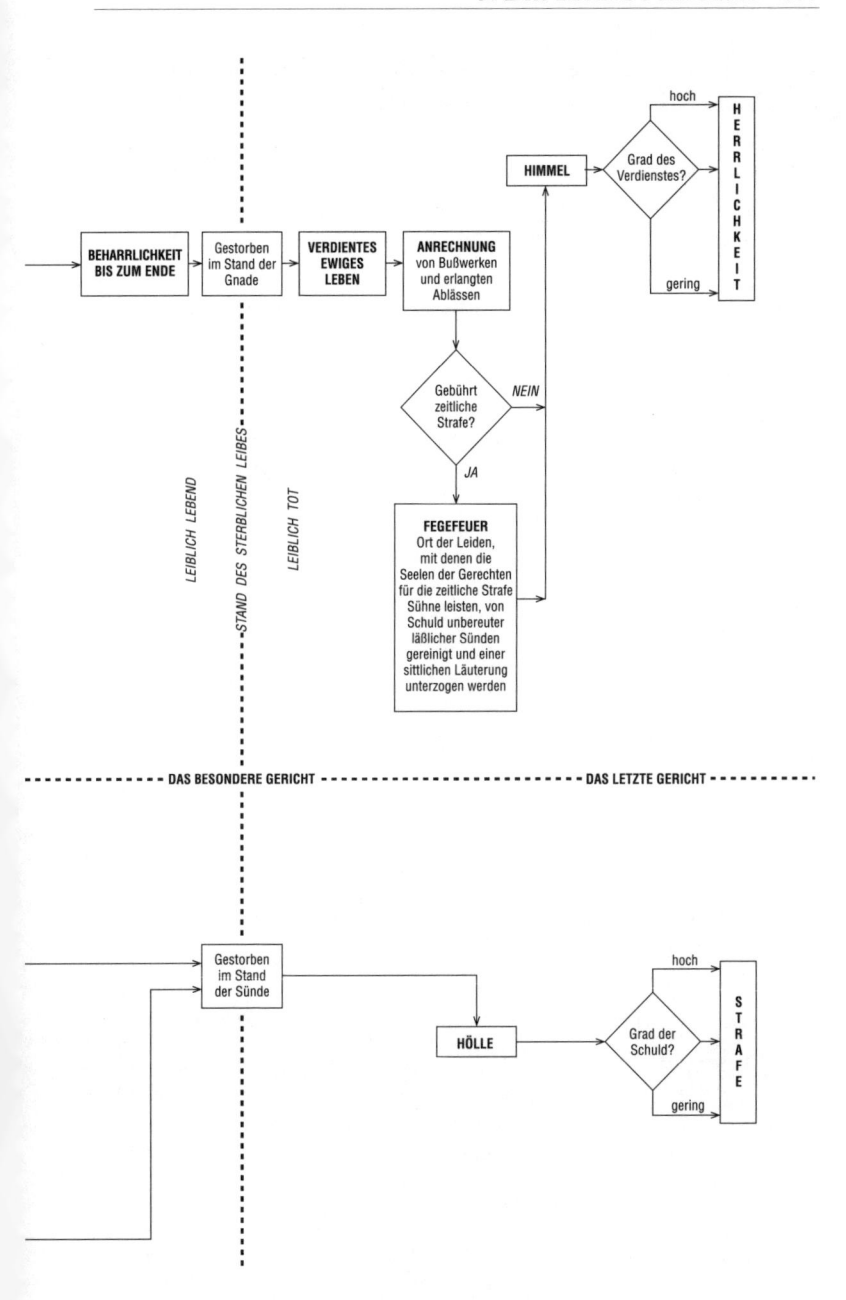

Abbildung 5.1: Das Evangelium nach Rom

Das Letzte Gericht ist die öffentliche Verkündigung der Ergebnisse des besonderen Gerichts und die Bestimmung des *gesamten* Lohnes der einzelnen Menschen [1039]. Es findet am Ende der Welt statt, so daß alle Auswirkungen des Lebens eines jeden Menschen auf die gesamte Gesellschaft und die Geschichte einberechnet und gebührend belohnt werden können [1040].

Ist ein Mensch im Stand der Gnade gestorben, wird Christus ihn entsprechend seiner guten Werke belohnen [682]. Das wird dann über den Grad der Herrlichkeit im Himmel entscheiden.

Ist ein Mensch hingegen ohne Gnade in seiner Seele gestorben, wird Christus den Grad seiner Bestrafung in der Hölle bestimmen [697].

EINE BIBLISCHE ANTWORT

Wenn man Katholiken danach fragt, wie sie hoffen, in den Himmel zu kommen, drücken nur wenige ihren Glauben mit Begriffen wie *Rechtfertigung, heiligmachende Gnade, zeitliche Strafe* oder *Beharrlichkeit bis zum Ende* aus. Eine typische Antwort könnte sich zum Beispiel folgendermaßen anhören:

> Ich hoffe, in den Himmel zu kommen, weil ich an Gott glaube und versuche, ein guter Katholik zu sein. Ich versuche, zu allen Menschen freundlich zu sein und die Gebote zu halten. Ich gehe zur Messe und bete. Wenn ich sündige, spreche ich den *Reueakt* – obwohl ich eigentlich nie etwas wirklich Schlimmes getan habe. Ich denke, wenn ich sterbe, werde ich in den Himmel kommen. Vielleicht muß ich erst ins Fegefeuer, wenn es überhaupt ein Fegefeuer gibt.

Der durchschnittliche Katholik hat zwar nur ein geringes formales Wissen über die Theologie der Kirche, aber die religiösen Überzeugungen der meisten Katholiken stimmen recht gut mit den Lehren der Kirche überein. Was jedoch leider nicht übereinstimmt, sind die Lehren der Kirche mit der Bibel. Entgegen römisch-katholischer Dogmatik lehrt die Bibel, daß

- das ewige Leben ein kostenfreies Geschenk ist und nicht ein verdienter Lohn.
- die Errettung sicher feststeht und nicht auf Probe ausgesetzt ist.
- die Bezahlung der Sündenschuld am Kreuz geschah und nicht im Fegefeuer geleistet wird.

EWIGES LEBEN IST EIN KOSTENFREIES GESCHENK

Wie wir gesehen haben, lehrt die römisch-katholische Kirche drei verschiedene Formen von verdientem Lohn: einen Zuwachs an Gnade, ewiges Leben und vermehrte Herrlichkeit im Himmel. Die Wiedersprüchlichkeit der Lehre, Gnade könne man sich verdienen, ist bereits in Kapitel 3 unter *Vermehren und Bewahren der Rechtfertigung* dargelegt worden. Die dritte Form von verdientem Lohn, die Vermehrung der Herrlichkeit, ist keine ausschließlich katholische Lehre. Viele Nichtkatholiken verstehen die Lehre der Bibel ebenfalls dahingehend, daß Gläubige Diener sind, die für ihren Dienst belohnt werden (2. Korinther 5,10; Römer 14,10-12).

Was die zweite Form verdienten Lohnes anbetrifft, das ewige Leben, steht die Lehre der Kirche in direktem Widerspruch zur Bibel. Wenn die Bibel auch lehrt, daß Gott gläubige Diener *im* Himmel belohnt, so sagt sie doch an keiner Stelle, daß Er sie *mit* dem Himmel belohnen wird.

Das ewige Leben ist kein Lohn, sondern das unverdiente Geschenk Gottes. Als Jesus von seinen Schafen sprach, sagte Er: „Ich gebe ihnen ewiges Leben" (Johannes 10,28). Er versprach: „Ich will dem Dürstenden aus der Quelle des Wassers des Lebens geben umsonst" (Offenbarung 21,6; siehe auch Johannes 4,14; 6,40.47; 17,2; Römer 5,17; 6,23).

Ungeachtet dessen besteht die römisch-katholische Kirche darauf, daß ewiges Leben ein durch gute Werke verdienter Lohn ist [1036, 1051, 2010, 2027]. So wie ein Katholik einen Zuwachs an Gnade und eine Mehrung der Herrlichkeit verdienen kann, so kann er auch ewiges Leben verdienen. Die Kirche verurteilt jeden, der anders lehrt:

> Wer behauptet, die guten Werke des Gerechtfertigten seien in der Weise Geschenke Gottes, daß sie nicht auch die guten Verdienste des Gerechtfertigten selbst sind; oder der Gerechtfertigte verdiene nicht eigentlich durch die guten Werke, die er in der Kraft der göttlichen Gnade und des Verdienstes Jesu Christi, dessen lebendiges Glied er ist, tut, einen Zuwachs an Gnade, das ewige Leben und, wenn er im Gnadenstand hinübergeht, den Eintritt in das ewige Leben, sowie auch nicht eine Mehrung seiner Herrlichkeit, der sei ausgeschlossen.
>
> Konzil zu Trient[113]

Wenn das Konzil hier sagt, Katholiken könnten ewiges Leben verdienen, dann bedeutet das, daß eine Entsprechung zwischen dem geleisteten Werk und dem erhaltenen Lohn vorliegt. Thomas von Aquin erklärt diese Beziehung durch seine Formulierung, daß durch die Barmherzigkeit Gottes, gute Werke, die aus der Gnade des Heiligen Geistes hervorgehen, ewiges Leben *gebührend* verdienen.[114] Aquin zufolge wird das ewige Leben „auf Grund eines gerechten Richterspruches verliehen"[115].

Katholische Theologen unterscheiden gebührendes oder wohlverdientes Verdienst von *angemessenem* Verdienst. Diese letztere Art von Verdienst trifft auf die Fälle zu, bei denen der Lohn „aus einer bestimmten Huld im Lichte von Gottes Freigiebigkeit hervorgeht"[116].

Der Kirche zufolge ist ewiges Leben ein wirklich verdienter Lohn. Er wird gebührend verdient – nicht unangemessen. Es ist kein kostenloses Geschenk, das Gott in seiner Güte ungeachtet der Bemühungen eines Menschen, es zu verdienen, darreicht. Es ist das Ergebnis einer gerechten Beurteilung.

Um ihre Behauptung zu untermauern, ewiges Leben sei ein verdienter Lohn, zieht die römisch-katholische Kirche Paulus' Brief an die Römer heran:

> [Gott] ... der einem jeden vergelten wird nach seinen Werken: denen, die mit Ausdauer in gutem Werk Herrlichkeit und Ehre und Unvergänglichkeit suchen, ewiges Leben; denen jedoch, die von Selbstsucht bestimmt und der Wahrheit ungehorsam sind, der Ungerechtigkeit aber gehorsam, Zorn und Grimm.
>
> Römer 2,6-8

Die römisch-katholische Kirche legt diesen Abschnitt dahingehend aus, daß, wenn jemand mit heiligmachender Gnade in seiner Seele stirbt, er aufgrund seiner guten Werke den Einlaß in den Himmel verdient [55]:

> Deshalb muß man glauben, es fehle bei den Gerechtfertigten nichts mehr daran, daß sie durch die Werke, die in Gott getan sind, ganz und gar dem göttlichen Gesetz so genuggetan haben, wie es dem Zustand dieses Lebens entspricht, daß sie das ewige Leben zu seiner Zeit zu erreichen wirklich verdienen, wenn sie nur in der Gnade sterben.
>
> Konzil zu Trient[117]

Im Gegensatz dazu lehrt die Bibel, daß das, was jeder Mensch wahrhaft verdient, die ewige Strafe ist. Die frohe Botschaft von Jesus Christus ist jedoch, daß Gott in seiner Güte bereit ist, allen, die an Christus glauben, ewiges Leben zu geben – ein Geschenk, daß niemand verdient! Damit diese beiden Wahrheiten nicht miteinander verwechselt werden, hat der Heilige Geist sie in einem Vers zusammengestellt:

> Denn der Lohn der Sünde ist der Tod, die Gnadengabe Gottes aber ewiges Leben in Christus Jesus, unserem Herrn.
>
> Römer 6,23

Mit einer solch klaren Aussage wie hier, daß das ewige Leben eine Gnadengabe, d.h. ein kostenloses Geschenk ist, kann Römer 2,6-8 unmöglich so ausgelegt werden, als lehrten diese Verse genau das Gegenteil – ewiges Leben sei ein verdienter Lohn. Beim näheren Hinsehen zeigt sich, woher die Fehlauslegung der Kirche stammt.

In Römer 2,6-8 spricht Paulus einen Menschen an, der sich, was Charakter und Verhalten anbelangt, selbst für moralisch besser als andere hält. Ein solcher Moralist begeht jedoch selbst gerade die Sünden, die er bei anderen verurteilt. Paulus warnt diesen Heuchler, daß er dem Gericht Gottes nicht entgehen wird. Ein Tag wird kommen, da Gott „jedem vergelten wird nach seinen Werken" (Vers 6). Wer Gutes tut – was der Bibel zufolge das Ergebnis des neuen Lebens ist (Johannes 15,8) – wird Ehre und ewiges Leben erlangen. Wer aber Böses tut – der Bibel nach ein Zeichen für ein nicht wiedergeborenes Herz (1. Johannes 3,7-10) – wird Zorn und Grimm empfangen.

Wir müssen beachten, daß Paulus nicht sagt, Gott werde jedem mit Ehre oder Zorn *wegen* seiner Werke vergelten. Dann wären gute Werke der *Grund* für ewiges Leben, wie es im Katholizismus ja gelehrt wird. Paulus sagt vielmehr, Gott werde das Urteil fällen *nach* dem, wie ein Mensch gelebt hat. Das bedeutet, daß es eine *Entsprechung* geben wird zwischen dem Leben eines Menschen und dem Ausgang seiner Beurteilung. Wer Gutes getan hat – ein Zeichen für wirkliches geistliches Leben – wird vom Herrn Gutes empfangen. Wer aber ein böses Leben geführt hat, so wie der heuchlerische Moralist, den Paulus hier anspricht, wird Zorn und Grimm empfangen.

Der Katholizismus lehrt hingegen, Gott gäbe Menschen ewiges Leben *wegen* ihrer guten Werke, denen, die es verdient haben:

> Es ist ein allgemein anerkanntes Dogma der katholischen Kirche, daß ein Mensch sich in Verbindung mit der Gnade des Heiligen Geistes durch seine guten Werke den Himmel verdienen muß. ... wir können den Himmel tatsäch-

lich *als unseren Lohn* verdienen. ... Für den Himmel muß man kämpfen; man muß ihn verdienen.

aus einem Handbuch für Dogmatik[118]

Was ist mit guten Buddhisten?

Wenn Gott, wie die Kirche behauptet, die guten Werke von Katholiken zur Errettung anerkennt, was ist dann mit den guten Werken von Juden, Muslimen, Hindus, Buddhisten oder auch von Atheisten? Können sie ewiges Heil erlangen?

Das Zweite Vatikanische Konzil stellte die gesamte Menschheit als eine zusammengehörige Gemeinschaft mit gemeinsamen Fragen über das Leben und Gott dar.[119] Es anerkannte die spirituellen und moralischen Werte des Judentums, des Buddhismus, Hinduismus und Islam. Diese Nichtchristen, so das Konzil, „sind auf das Gottesvolk [die Kirche] auf verschiedene Weise hingerichtet"[120], und sie sind in den Heilsplan Gottes miteingeschlossen [839-842, 847, 1257, 1260].[121] Gleiches gilt für die Anhänger der primitivsten Formen von Religion [843]:

„Aber auch den anderen, die in Schatten und Bildern den unbekannten Gott suchen, auch solchen ist Gott nicht ferne, da er allen Leben und Atem und alles gibt (vgl. Apostelgeschichte 17,25-28) und als Erlöser will, daß alle Menschen gerettet werden (vgl. 1. Timotheus 2,4). Wer nämlich das Evangelium Christi und seine Kirche ohne Schuld nicht kennt, Gott aber aus ehrlichem Herzen sucht, seinen im Anruf des Gewissens erkannten Willen unter dem Einfluß der Gnade in der Tat zu erfüllen trachtet, kann das ewige Heil erlangen. Die göttliche Vorsehung verweigert auch denen das zum Heil Notwendige nicht, die ohne Schuld noch nicht zur ausdrücklichen Anerkennung Gottes gekommen sind, jedoch, nicht ohne die göttliche Gnade, ein rechtes Leben zu führen sich bemühen."

Zweites Vatikanisches Konzil[122]

> Die für den Katholizismus absolut neue Offenheit des Zweiten Vatikanischen Konzils gegenüber Nichtchristen überraschte im Jahre 1965 Katholiken in aller Welt. Bis zu dieser Zeit waren die Laien es eher gewöhnt, Spendenaufrufe für die Verbreitung des Glaubens an den „Heiden" und für die Erlösung „heidnischer Babys" zu hören. Seitdem mußten die Katholiken ihre Weltanschauung ändern. Jetzt haben sie andere Religionen als gültige Instrumente des Heils anzuerkennen, wenn diese auch weiterhin als der Fülle der Religiösität unterlegen gelten, die nur in der römisch-katholischen Kirche zu finden ist [837, 845-846, 848].

DIE ERRETTUNG IST DER BIBEL ZUFOLGE VÖLLIG GESICHERT

Obwohl Katholiken die Rechtfertigung durch die Taufe in einem Augenblick erhalten können, so können sie diese doch durch eine Todsünde genauso schnell wieder verlieren. Ein Katholik kann an einem Tag als gerechtfertigt aufwachen, durch eine Todsünde die Rechtfertigungsgnade verlieren und durch das Sakrament der Buße wieder gerechtfertigt werden. Für manche Katholiken wiederholt sich dieser Zyklus während des Lebens womöglich Hunderte von Malen, doch letztendlich kommt es nur darauf an, in welchem Zustand sich die Seele im Augenblick des Todes befindet.

Die Errettung nach der Bibel ist hingegen sicher, denn sie hängt nicht vom Menschen ab, sondern von Gott. Der Herr Jesus verspricht: „Ich gebe ihnen ewiges Leben, und sie gehen nicht verloren in Ewigkeit" (Johannes 10,28). Als Garant dieser Verheißung nimmt der Heilige Geist in jedem Christen Wohnung (Epheser 1,13-14). Und der Vater birgt jeden Gläubigen zum Schutz in seiner Hand, aus welcher sie nichts und niemand entreißen kann (Johannes 10,29).

Anders als bei der römisch-katholischen Errettung, bei der es keine bestimmte Verbindung zwischen der ursprünglichen Rechtfertigung durch die Taufe und dem Erlangen ewigen Lebens gibt, gehören die biblische Rechtfertigung und das ewige Heil untrennbar zusammen. Biblische Rechtfertigung sagt die Errettung vor der ewigen Strafe zu: „Vielmehr nun, da wir jetzt durch sein Blut gerechtfertigt sind, werden wir durch ihn vom Zorn gerettet werden" (Römer 5,9). Wenn ein Mensch gerechtfertigt wird, ist sein Eingehen in die ewige Herrlichkeit ebenfalls gesichert: „Die er aber vorherbestimmt hat, diese hat er auch berufen; und die er berufen hat, diese hat er auch gerechtfertigt; die er aber gerechtfertigt hat, diese hat er auch verherrlicht" (Römer 8,30). Die biblische Rechtfertigung ist eine unumkehrbare Erklärung Gottes. Die Schrift fragt: „Wer wird gegen Gottes Auserwählte Anklage erheben? Gott ist es, der rechtfertigt. Wer ist, der verdamme? ... Wer wird uns scheiden von der Liebe Christi?" (Römer 8,33-35).

Dementgegen lehrt der Katholizismus, das Leben eines Menschen auf der Erde sei eine Bewährungszeit auf Probe. Der Ausgang ist ungewiß. Nur wer bis zum Ende im Mitwirken mit der Gnade verharrt, wird errettet werden [161-162, 837, 1026]:

> ... wenn sie ihr [der Gnade Christi] im Denken, Reden und Handeln nicht entsprechen, wird ihnen statt Heil strengeres Gericht zuteil.
> Zweites Vatikanisches Konzil[123]

Da die Errettung nach katholischer Lehre von dem Verhalten des Menschen abhängt, kann niemand, nicht einmal der Papst, mit Bestimmtheit wissen, was in der Ewigkeit sein Schicksal sein wird [1036, 2005]:

> Niemand darf, solange er in diesem sterblichen Leben wandelt, so weit in das verborgene Geheimnis der göttlichen Vorherbestimmung eindringen wollen, daß er mit Sicherheit behaupten könnte, er sei in der Zahl der Vorherbestimmten, als ob der Gerechtfertigte nicht mehr sündigen oder, wenn er auch gesündigt, sich eine abermalige

Bekehrung mit Sicherheit versprechen könnte. Denn ohne ganz besondere Offenbarung Gottes kann man nicht wissen, wen Gott sich erwählt hat.

Konzil zu Trient[124]

Die Bibel hingegen lehrt, „Gottes Gnadengaben und Berufung sind unwiderruflich" (Römer 11,29; Schl). Das ewige Leben ist so sicher, daß die Bibel davon als dem gegenwärtigen Besitz jedes wahren Gläubigen spricht:

> Und dies ist das Zeugnis: daß Gott uns ewiges Leben gegeben hat, und dieses Leben ist in seinem Sohn. Wer den Sohn hat, hat das Leben; wer den Sohn Gottes nicht hat, hat das Leben nicht. Dies habe ich euch geschrieben, damit ihr wißt, daß ihr ewiges Leben habt, die ihr an den Namen des Sohnes Gottes glaubt.
>
> 1. Johannes 5,11-13

Hier sagt die Schrift, daß wer wirklich an Christus glaubt, *wissen* kann, daß er ewiges Leben hat. Für einen Christen ist es deshalb keine Anmaßung, Gewißheit über seine Stellung vor Gott zu haben, sondern ein biblisch begründeter Glaube.

SÜNDENSCHULD KANN ALLEIN AM KREUZ BEZAHLT WERDEN

Die Bibel lehrt, daß Jesus „uns von unseren Sünden erlöst hat durch sein Blut" (Offenbarung 1,5). Nirgends spricht sie von Bußwerken, Ablässen oder einem Ort wie dem Fegefeuer, wodurch Sündenschuld bezahlt werden könnte.

Was ist mit 2. Makkabäer 12,39-46?

Die römisch-katholische Kirche behauptet, das Fegefeuer sei biblisch gut begründet. Dabei bezieht sie sich in erster Linie auf das zweite Buch der Makkabäer, das zu den Apokryphen zählt, also eigentlich gar nicht zu Bibel gehört [958, 1032].

Der Abschnitt, in dem die Kirche das Fegefeuer sieht, handelt von einem Ereignis ungefähr aus dem Jahre 160 v.Chr. während eines Krieges zwischen Judas Makkabäus, einem jüdischen Heerführer, und Gorgias, dem Befehlshaber von Idumäa. Anschließend an eine blutige Schlacht hielten die Juden den Sabbat und machten sich dann an die Bestattung ihrer gefallenen Angehörigen:

> Am nächsten Tag kamen die Leute des Judas, um die Leichen der Gefallenen zu überführen – es war inzwischen höchste Zeit geworden – und sie inmitten ihrer Angehörigen in den Familiengräbern zu bestatten. Da entdeckten sie, daß alle Toten unter ihren Kleidern Amulette der Götter von Jamnia trugen, obwohl das den Juden vom Gesetz her verboten ist. Da wurde allen klar, daß die Männer deswegen gefallen waren, und sie priesen nun alle das Wirken des Herrn, des gerechten Richters, der das Verborgene ans Licht bringt. Anschließend hielten sie einen Bittgottesdienst ab und beteten, daß die begangene Sünde wieder völlig ausgelöscht werde. Der edle Judas aber ermahnte die Leute, sich von Sünden rein zu halten; sie hätten ja mit eigenen Augen gesehen, welche Folgen das Vergehen der Gefallenen gehabt habe. Er veranstaltete eine Sammlung, an der sich alle beteiligten und schickte etwa zweitausend Silberdrachmen nach Jerusalem, damit man dort ein Sündopfer darbringe. Damit handelte er sehr schön und edel; denn er dachte an die Auferstehung. Hätte er nicht erwartet, daß die Gefallenen auferstehen werden, wäre es nämlich überflüssig und sinnlos gewesen, für die Toten zu beten. Auch hielt er sich den herrlichen Lohn vor Augen, der für die hinterlegt ist, die in Frömmigkeit sterben. Ein heiliger und frommer Gedanke! Darum ließ er die Toten entsühnen, damit sie von der Sünde befreit werden.
>
> 2. Makkabäer 12,39-46 (Einh)

Die katholischen Gelehrten sagen nun folgendes: Da die Gefallenen in Frömmigkeit gestorben waren (Vers 45), sind sie nicht in der Hölle. Da sie jedoch durch ein Sühnopfer von der Sünde befreit werden mußten, kamen sie auch nicht sofort in den Himmel. Deshalb müssen die Seelen der Gefallenen an irgendeinen dritten Ort gelangt sein. Diesen dritten Ort nennt die Kirche Fegefeuer.

Ferner stellen die katholischen Gelehrten heraus, daß der Verfasser vom zweiten Makkabäerbuch schreibt, es sei „ein heiliger und frommer Gedanke" (Vers 45/46) von Judas gewesen, für ein Sündopfer zu sorgen (Vers 43) und „für die Toten zu beten" (Vers 44). Dadurch „ließ er die Toten entsühnen, damit sie von der Sünde befreit werden" (Vers 45/46).

Wenn auch manche das Beten für die Toten im Fegefeuer für einen frommen Gedanken halten mögen, so ist es dennoch nicht biblisch. 2. Makkabäer 12 stellt weder für das Fegefeuer noch für das Gebet für Tote eine biblische Grundlage dar.

Zuerst müssen wir bedenken, daß dieser Abschnitt keine direkte Aussage zum Fegefeuer macht. Als wichtigster Beweis der Kirche für die Lehre vom Fegefeuer erscheint 2. Makkabäer 12 da doch überraschend obskur.

Zweitens ist dieser Abschnitt in sich selbst widersprüchlich. Er besagt, die Gefallenen seien „in Frömmigkeit" gestorben (Vers 45). Doch die niedergestreckten Krieger waren Götzendiener, die für ihre Sünde von Gott gerichtet werden mußten. So starben sie in ihrer Schuld.

Drittens gibt es im Gesetz Mose keinen Hinweis darauf, daß das Opfern für Tote jemals ein rechtmäßiger Bestandteil des jüdischen Glaubens gewesen ist. Von daher beweist 2. Makkabäer 12 nichts weiter, als daß der unbekannte Verfasser dieses Buches an die Wirksamkeit von Opfer für Tote glaubte. Es beweist nicht einmal, daß Judas Makkabäus selber daran glaubte. Der Verfasser zeigt eindeutig seine eigene Interpretation von Judas' Handeln und Absichten. Im Licht von 3. Mose 4,1 – 6,7 erscheint es wahrscheinlicher, daß Judas Makkabäus das Geld für ein Sünd- oder Schuldopfer nach Jerusalem schickte. Er beabsichtigte dann damit, für die Verunreinigung, die die Sünde der Götzendiener über das Lager gebracht hatte, Sühne zu leisten. In diesem Fall galt das Opfer den Lebenden und nicht den Toten.

Schließlich und letztens kann eine in 2. Makkabäer überlieferte Gewohnheit nicht als biblischer Hinweis angesehen werden. Das zweite Makkabäerbuch zählt zu den Apokryphen. Es ist kein ursprünglicher Teil der Bibel (zu einer Erörterung der römisch-katholischen Bibel und den Apokryphen siehe Anhang C). Der anonyme Verfasser von 2. Makkabäer behauptet nicht, von Gott her zu reden. Er stellt sein Buch noch nicht einmal als Originalwerk hin. Er schreibt, es sei eine Zusammenfassung der Schriften eines anderen Mannes: „All das hat Jason aus Zyrene in fünf Büchern genau beschrieben. Wir nun wollen versuchen, es hier in einem einzigen Buch kurz zusammenzufassen" (2. Makkabäer 2,23; Einh).

Was ist mit Matthäus 12,32?

Die römisch-katholischen Argumente für eine biblische Grundlage des Fegefeuers aus dem Neuen Testament sind ebenso schwach. Die katholischen Gelehrten verweisen zum Beispiel auf Jesu Worte im Matthäusevangelium [1031]:

> Und wenn jemand ein Wort reden wird gegen den Sohn des Menschen, dem wird vergeben werden; wenn aber jemand gegen den Heiligen Geist redet, dem wird nicht vergeben werden, weder in diesem Zeitalter noch in dem zukünftigen.
> Matthäus 12,32

Die katholischen Gelehrten argumentieren nun folgenderweise: Da Jesus hier davor warnt, daß das Reden gegen den Heiligen Geist im zukünftigen Zeitalter *nicht vergeben werden kann*, schließt er damit ein, daß aber andere Sünden im zukünftigen Leben *vergeben werden können*. Wenn sie nach dem Tod vergeben werden können, muß es für die Toten einen Ort der Sühne geben, nämlich das Fegefeuer.

Diese Schlußfolgerung verzerrt Jesu Worte und geht über seine Aussage hinaus. Christus lehrte hier, daß Lästerung wider den Heiligen Geist *niemals* vergeben werden kann.

Die Umkehrung einer Aussage ist weder notwendig noch notwendigerweise wahr.

Was ist mit 1. Korinther 3,10?

Zur Unterstützung der Lehre vom Fegefeuer verweist die römisch-katholische Kirche ferner auf 1. Korinther 3 [1031]:

> Nach der Gnade Gottes, die mir gegeben worden ist, habe ich als ein weiser Baumeister den Grund gelegt; ein anderer aber baut darauf; jeder aber sehe zu, wie er darauf baut. Denn einen anderen Grund kann niemand legen außer dem, der gelegt ist, welcher ist Jesus Christus. Wenn aber jemand auf den Grund Gold, Silber, kostbare Steine, Holz, Heu, Stroh baut, so wird das Werk eines jeden offenbar werden, denn der Tag wird es klarmachen, weil er in Feuer geoffenbart wird. Und wie das Werk eines jeden beschaffen ist, das wird das Feuer erweisen. Wenn jemandes Werk bleiben wird, das er darauf gebaut hat, so wird er Lohn empfangen; wenn jemandes Werk verbrennen wird, so wird er Schaden leiden, er selbst aber wird gerettet werden, doch so wie durchs Feuer.
>
> 1. Korinther 3,10-15

Um aus diesem Abschnitt eine Beschreibung des Fegefeuers zu machen, muß man den gesamten Kontext ignorieren. In den ersten vier Kapiteln des ersten Korintherbriefs spricht Paulus ein Problem in der Gemeinde zu Korinth an. Ruhmsüchtige falsche Lehrer hatten mit ihrer Weltweisheit die Einheit der Gemeinde zunichte gemacht (Kapitel 1,10 – 3,4). In den oben angeführten Versen warnt Paulus diese Störenfriede nun, daß sie für ihr Handeln eines Tages vor Gott Rechenschaft ablegen müssen.

Paulus illustriert diesen Punkt durch einen Vergleich des Dienstes in der Gemeinde zu Korinth mit der Errichtung eines Gebäudes. Er selbst hatte das Fundament des Gebäudes gelegt, als er auf seiner zweiten Missionsreise die Gemeinde dort gründete (Apostelgeschichte 18,1-17). Die mit den Mauern des Gebäudes beschäftigten Arbeiter waren die, die zur Zeit in der korinthischen Gemeinde ihren Dienst versahen. Wenn diese Arbeiter gute Arbeit leisten, dann ist das so, als wenn sie Ziegelsteine aus Gold, Silber und Edelsteinen zum Bau verwenden. Tun sie aber einen schlechten Dienst – wie beispielsweise die Urheber der Spaltungen – dann ist das so, als verarbeiteten sie Holz, Heu und Stroh.

Irgendwann wird Christus die Arbeit eines jeden Dieners begutachten. Paulus vergleicht diese Beurteilung mit dem sinnbildlichen Gebäude, das dann in Flammen steht. Wenn das Werk eines Menschen bestehen bleibt, weil es aus unvergänglichem Material besteht, dann wird er Lohn erhalten. Wenn aber das Werk verbrennt, weil der Erbauer minderwertiges Material benutzt hat, wird er den Verlust des Lohns erleiden, der ihm andernfalls bereitgestanden hätte.

Die römisch-katholische Auslegung geht völlig an der eigentlichen Aussage des Textes vorbei. Paulus gebraucht eine Analogie. Er spricht nicht von wirklichem Feuer. Er spricht nicht von brennenden Männern und Frauen. Paulus spricht von einem sinnbildlichen Gebäude, das den Dienst einer Person darstellt und nicht von der Person selbst. In diesem Sinnbild ist es das *Werk* eines Menschen, das verbrennen wird, nicht der Mensch an sich. Der Blickpunkt dieser Illustration ist der mögliche Verlust des Lohns wegen schlechtem Dienst und nicht die Sühnung von Sünden oder die Läuterung von Seelen.

DAS FEGEFEUER:
EINE UNENTBEHRLICHE KATHOLISCHE LEHRE

Für das Fegefeuer gibt es zwar keine biblische Grundlage, doch in der römisch-katholischen Theologie besteht ein philosophischer Bedarf nach dieser Lehre. Die Kirche sieht die Errettung als erzielte Zierde oder Verschönerung der Seele an. Sie ist ein, durch die erstmalige Eingabe der heiligmachenden Gnade bei der Taufe, in Gang gesetzter Prozeß. Dadurch wird die Seele heilig und wohlgefällig vor Gott.

Zusätzliche Sakramente und gute Werke rechtfertigen die Seele weiter und machen sie für Gott zunehmend anziehend. Ziel ist es, den wesensmäßigen Charakter der Seele in etwas umzugestalten, das in sich selbst objektiv gut ist. Von daher ist es nur vernünftig, eine vollständige Reinigung von jedem Überbleibsel der Sünde anzunehmen, bevor die Seele in die Gegenwart Gottes treten kann. Das Fegefeuer ist deshalb die logische Folgerung der fortschreitenden Errettung gemäß katholischer Lehre.

Das Fegefeuer ist ferner ein wesentlicher Bestandteil des römisch-katholischen Bußsystems. Der Kirche zufolge lädt der Sünder mit jeder Sünde zeitliche Strafe auf sich. Bußwerke, Leiden und Ablässe vermindern diese Schuld. Da ein Sünder nicht unbedingt in diesem Leben volle Genugtuung für seine Sünden leisten muß, ist das Fegefeuer notwendig, damit das Schuldenkonto im nächsten Leben beglichen werden kann.

Schließlich braucht die Kirche das Fegefeuer, um die Katholiken zu einem rechtschaffenen Leben zu bewegen. Gäbe es kein Fegefeuer, so denkt sich die Kirche, würden die Leute ohne Angst weitersündigen.

Doch die biblische Errettung hat dagegen keinen Ort wie das Fegefeuer nötig. Die Errettung nach der Bibel beruht nicht auf den Werken und Leiden des Sünders, sondern allein auf Christus. Der Herr Jesus hat am Kreuz „die Reinigung von den Sünden bewirkt" (Hebräer 1,3). Sein Blut kann den niederträchtigsten Sünder reinigen (Hebräer 9,14). Es bleibt keine zeitliche Strafe mehr übrig, für die der Gläubige sühnen müßte; Jesus hat alles bezahlt: „Er ist die Sühnung für unsere Sünden" (1. Johannes 2,2).

Die biblische Errettung bedarf nicht eines Ortes wie dem Fegefeuer, wo die Seele angeblich wohlannehmlich für Gott wird. Sie wurzelt vielmehr in Gottes Anrechnung seiner eigenen vollkommenen Gerechtigkeit (2. Korinther 5,21). Die Errettung nach der Bibel bringt die „Gerechtigkeit Gottes aus Glauben zum Glauben" (Römer 1,17; Schl). Der Sünder setzt zu seiner Rechtfertigung sein Vertrauen auf Christus. Er wandelt durch Glauben, und befähigt durch den

Heiligen Geist, lebt er gerecht. Dennoch kann er nicht hoffen, jemals *von sich selbst aus* gut genug zu sein, um in der Gegenwart Gottes stehen zu können. *Für seine Errettung vertraut er allein auf Christus* (Philipper 3,7-9).

Die biblische Errettung richtet die Aufmerksamkeit nicht auf die guten Werke und Leiden der Menschen, sondern stellt vielmehr das vollkommene Werk Christi heraus. Er kann Sünder „ohne Straucheln bewahren und vor seine Herrlichkeit tadellos mit Jubel hinstellen" (Judas 24). Gott betrachtet den Menschen nicht länger als beschmutzten Sünder, sondern sieht ihn als *in Christus* (Epheser 1,4) an.

Schließlich beinhaltet die biblische Errettung eine neue Geburt, die eine neue Schöpfung hervorbringt (Johannes 3,7; 2. Korinther 5,17). Ein wiedergeborener Christ möchte Gott gehorsam sein. Dazu wird er von der Liebe Christi angetrieben und nicht von der Angst vor schmerzhafter Strafe (2. Korinther 5,14; Römer 5,5; 8,15).

GLAUBEN KATHOLIKEN IMMER NOCH AN DAS FEGEFEUER?

Viele heutige Katholiken halten das Fegefeuer für ein Relikt aus dem finsteren Mittelalter, das sie so schnell wie möglich vergessen sollten. Manche Katholiken meinen sogar, das Fegefeuer sei gar nicht mehr offizielle römisch-katholische Lehre.

Doch entgegen der verbreiteten Meinung ist das Fegefeuer immer noch ein offizielles Dogma der römisch-katholischen Kirche und ein wesentlicher Bestandteil des römisch-katholischen Heilsplanes. Die Kirche bestätigte die Existenz des Fegefeuers auf den drei letzten ökumenischen Konzilen: dem Tridentinum[125], dem Ersten[126] und dem Zweiten Vatikanischen Konzil[127]. Letzteres beschrieb das Fegefeuer als einen Ort, an welchem die Seelen der Verstorbenen „in der künftigen Welt durch Feuer und Qual oder Reinigungsstrafen"[128] Sünden abbüßen. Das Konzil sagt: „[Im Fegefeuer] werden ja die Seelen der Verstorbenen, die ‚mit wahrer Buße in der Liebe Gottes gestorben sind, ohne zuvor durch würdige Früchte der Buße für ihre Vergehen und Unterlassungen Genugtuung geleistet zu haben'[129], nach dem Tode durch Reinigungsstrafen geläutert."[130] Der *Katechismus der Katholischen Kirche* beschreibt den Reinigungsort als „Läuterungsfeuer"[1031].

Der Glaube an das Fegefeuer kommt auch in jeder Messe zum Ausdruck. Während der Liturgie der Eucharistie werden Gebete für die Toten aufgesagt. Üblicherweise wird die Messe selbst als Opfer für leidende Seelen im Fegefeuer gefeiert. Die Namen der Personen werden genannt oder im Gemeindeblatt öffentlich bekanntgegeben. Der Papst feiert zudem jährlich am Sterbetag des letzten Papstes die Messe als Opfer zugunsten der Seelen seiner beiden Vorgänger, die möglicherweise noch im Fegefeuer leiden.[131]

EINE BIBLISCHE BEURTEILUNG

In den vorangegangenen fünf Kapiteln haben wir gesehen, inwiefern sich der römisch-katholische Heilsweg von dem in der Bibel gelehrten unterscheidet. Jetzt müssen wir die Frage stellen: Wie schwerwiegend sind diese Abweichungen?

Eine Antwort auf diese Frage können wir in Paulus' Brief an die Galater finden. Paulus war der erste Apostel, der in Galatien, einem Teil der heutigen Türkei, das Evangelium verkündet und Gemeinden gegründet hat. Kurz nachdem er die dortige Gegend verlassen hatte, tauchte dort eine Gruppe jüdischer Lehrer auf. Sie gaben sich als Jünger Christi aus, die demselben Glauben anhingen wie die Galater. Offenbar glaubten sie, daß Jesus der Gesalbte Gottes ist, der gestorben und auferstanden ist und wiederkommen wird. Wir haben keinen Anlaß anzunehmen, daß diese Lehrer sich nicht zu den Lehren des apostolischen und nizäischen Glaubensbekenntnisses bekannt hätten, wenn diese damals bereits existiert hätten. Den Galatern erschien der Glaube dieser Männer völlig rechtmäßig.

Doch diese neuen Lehrer waren Kritiker von Paulus. Sie

sahen Paulus' Verständnis der Rechtfertigung als irgendwie unzureichend an. Diese jüdischen Lehrer lehrten insbesondere, daß es für einen Christen zusätzlich zum Glauben an Jesus notwendig sei, bestimmten Punkten des Gesetzes („Gesetz" bedeutet hier die Anweisungen in den fünf Büchern Mose) Folge zu leisten (Galater 4,21). Heidnische Gläubige sollten beschnitten werden (Kapitel 5,2-4). Alle Gläubigen sollten den Sabbat und die jüdischen Feste halten (Kapitel 4,9-10). Solche guten Werke sind, so sagten sie, zur Rechtfertigung notwendig (Kapitel 5,4).

Als Paulus erfuhr, was in Galatien vor sich ging, schrieb er inspiriert vom Heiligen Geist den eindringlichsten und ernstesten Brief des ganzen Neuen Testament. Bereits in den ersten Zeilen bezeichnet er die falschen Lehrer als solche, die die Gemeinden „verwirren" und „das Evangelium des Christus umkehren" wollen (Kapitel 1,7).

Das mit „umkehren" übersetzte Wort (griech. *metastrepho*) heißt tatsächlich soviel wie *das Wesen einer Sache ins genaue Gegenteil verdrehen, umdrehen oder umwandeln*. Es wird auch in Apostelgeschichte 2,20 verwendet, „die Sonne wird verwandelt werden in Finsternis", und in Jakobus 4,9, „euer Lachen verwandle sich in Traurigkeit und eure Freude in Niedergeschlagenheit". Diese beiden Beispiele beschreiben die Umwandlung einer Sache in ihr genaues Gegenteil.

Das ist auch exakt das, was die falschen Lehrer mit dem Evangelium Jesu Christi machten. Durch ihre Forderung nach Gehorsam gegenüber dem Gesetz, was ihrer Lehre nach zur bleibenden Rechtfertigung notwendig sein sollte, hatten sie die Gnade Gottes ungültig gemacht (Galater 2,21). Sie hatten das Evangelium des Glaubens in ein Evangelium der Werke umgedreht, das Evangelium der Gnade in ein Evangelium des Verdienstes.

Paulus schrieb den Galatern, daß sie sich durch ihr Hören auf diese falschen Lehrer von Christus „abwenden" (Kapitel 1,6). Sie tauschten ihre Treue zu der Abhängigkeit von Christus ein gegen „ein anderes Evangelium, welches kein anderes ist" (Kapitel 1,6-7; UElb).

Die griechischen Worte, die Paulus hier verwendet, sagen

uns, daß das neue Evangelium kein anderes Evangelium *der gleichen Art* sonden ein anderes Evangelium *einer anderen Art* war. Es war keine andere Weise von Christentum mit einem anderen Schwerpunkt oder einer anderen Ausdrucksweise. Es war überhaupt kein Christentum!

Die Anschuldigungen von Paulus müssen die Galater schockiert haben. Sie selbst hielten sich für fromme Christen. Wenn sie auch dahin gekommen waren, das Erfüllen bestimmter Anforderungen des Gesetzes für die Rechtfertigung für notwendig zu halten, so hatten sie doch, zumindest in ihrem Denken, den Glauben an Christus nicht aufgegeben. Rechtfertigung geschah ihrer neuen Ansicht nach durch Glauben plus Werke. So weit das auf sie zutraf, taten sie mehr, nicht weniger.

Paulus warnte die Galater, wenn sie ihre Stellung vor Gott davon abhängig machten, was Christus getan hat plus das, was sie tun, dann würden sie verdammt werden, denn das Gesetz bringt einen Fluch mit sich: „Verflucht ist jeder, der nicht bleibt in allem, was im Buch des Gesetzes geschrieben ist, um es zu tun!" (Galater 3,10). Anders ausgedrückt, wer von Gott auf Grundlage seines persönlichen Betragens, und sei es nur teilweise, beurteilt werden will, sollte lieber erkennen, daß das Gesetz alle verflucht, die es auch nur einmal übertreten.

Paulus sagte den Galatern, daß Christus ihnen „nichts nützen wird" (Kapitel 5,2), wenn sie sich als Ausdruck ihrer Bereitwilligkeit, unter dem Gesetz zu leben, beschneiden lassen. Sie sind dann „das ganze Gesetz zu tun schuldig" (Kapitel 5,3). Dann sind sie „von Christus abgetrennt" und „aus der Gnade gefallen" (Vers 4).

An dieser Stelle ist es wiederum äußerst wichtig zu bedenken, daß die galatische Irrlehre weder Christus noch die Notwendigkeit von Glauben, Gnade und Errettung direkt ablehnte. Der Irrtum bestand in der zusätzlich zum Glauben gestellten Forderung, zur Rechtfertigung bestimmten Punkten des Gesetzes zu gehorchen. Man wollte auf der Grundlage von Glauben *plus* Werke zu Gott kommen, und das war der Fehler.

Das Problem bei dieser Rechtfertigungsformel ist, daß sie eine indirekte Ablehnung der Grundsätze von Gottes Heilsangebot darstellt. Christus lehrte: „Ich bin nicht gekommen, Gerechte zu rufen, sondern Sünder zur Buße" (Lukas 5,32). Wenn wir uns Gott auch nur zum Teil durch unsere eigenen Leistungen nahen wollen, dann sagen wir Gott, daß wir doch gar nicht so schlecht sind, daß es in uns so etwas wie eine erlösende Moral gibt – daß wir, zumindest zum Teil, das ewige Leben *verdienen*.

An Menschen mit einer solchen Haltung ergeht Gottes Heilsangebot nicht (Johannes 9,39-41; Lukas 5,31). Er will nur denen vergeben, die mit leeren Händen zu ihm kommen und das ganze Ausmaß ihrer Schuld anerkennen. Und genau aus diesem Grund ist die Errettung aus Glauben, „nicht aus Werken, damit niemand sich rühme" (Epheser 2,9).

Genau wie die falschen Lehrer aus Galatien, so vertritt auch die römisch-katholische Kirche die Lehre, Rechtfertigung geschehe durch Glauben plus Werke. Genau wie die Irrlehrer aus Galatien die *Beschneidung* zur Bedingung für die Rechtfertigung machten, so erhebt die Kirche die *Taufe* zur Bedingung für die Rechtfertigung. Genau wie man das Halten des Sabbats und der jüdischen Feste in Galatien zur obligatorischen Pflicht gemacht hatte, so ist auch im Katholizismus der sonntägliche Besuch der heiligen Messe eine obligatorische Pflicht [2180-2181]. Genau wie die Irrlehrer zur Errettung Gehorsam gegenüber dem mosaischen Gesetz forderten, so fordert die Kirche Gehorsam gegenüber den Zehn Geboten, der moralischen Zusammenfassung des Gesetzes, als heilsnotwendig ein [2052, 2068, 2075].

Darüber hinaus hat der Katholizismus das Evangelium durch eine Umdeutung der biblischen Begriffe von Rechtfertigung, Errettung, Glaube, Gnade, Buße und sogar Sünde entstellt. Der Bibel fremde Begriffe sind dem Evangelium hinzugetan worden: heiligmachende Gnade, sieben Sakramente, läßliche Sünden, zeitliche Strafe, Fegefeuer, Bußwerke, Ablässe etc. Für Erwachsene, die gerechtfertigt werden wollen, hat die Kirche umfangreiche Bedingungen aufgestellt und die Errettung zu einem Verdienstsystem der Sakramente und guten Werke gemacht. Selbst Gnade und ewiges Leben sind zu einem verdienbaren Lohn geworden.

Der römisch-katholische Heilsplan widerspricht der biblischen Wahrheit in 24 schwerwiegenden Punkten (siehe unten). Wer sich an diesen falschen Heilsplan hält, wird nicht um die Folgen herumkommen, vor denen Paulus die Galater gewarnt hat. Genauso wenig können sich die Führer und Lehrer der römisch-katholischen Kirche der Schuld entziehen, die sie durch das Irreleiten von Millionen Menschen auf sich geladen haben. Paulus warnte:

> Wenn aber auch wir oder ein Engel aus dem Himmel euch etwas als Evangelium entgegen dem verkündigten, was wir euch als Evangelium verkündigt haben: er sei verflucht! Wie wir früher gesagt haben, so sage ich auch jetzt wieder: Wenn jemand euch etwas als Evangelium verkündet entgegen dem, was ihr empfangen habt: er sei verflucht!
>
> Galater 1,8-9

Errettung: Irrtum und Wahrheit

Die katholische Kirche lehrt	Die Bibel lehrt
1. Rechtfertigung ist eine Umgestaltung der Seele, bei der die Erbsünde entfernt und heiligmachende Gnade eingegeben wird [1987-1995].	Rechtfertigung ist ein Handeln Gottes, durch das er einen Sünder in seinen Augen als gerecht erklärt, dadurch daß er ihm seine Sünden vergibt und ihm Gottes eigene Gerechtigkeit zurechnet (Römer 3,21 – 4,8).
2. Die Rechtfertigung wird mittels der Taufe ausgelöst [1262-1274].	Rechtfertigung geschieht allein durch Glauben (Römer 3,28).
3. Erwachsene müssen sich auf die Rechtfertigung durch Glauben und gute Werke vorbereiten [1247-1249].	Gott rechtfertigt gottlose Sünder, die glauben (Römer 4,5). Gute Werke sind die *Folge* der Errettung und nicht deren Ursache (Epheser 2,8-10).
4. Die Gerechtfertigten sind in sich selbst wohlgefällig und heilig in den Augen Gottes [1992, 1999-2000, 2024].	Die Gerechtfertigten sind *in Christus* heilig und tadellos vor Gott (Epheser 1,1-14).
5. Die Rechtfertigung wird durch Sakramente und gute Werke fortgeführt [1212, 1392, 2010].	Rechtfertigung ist die Verleihung der vollkommenen Gerechtigkeit Gottes (2. Korinther 5,21). In Christus ist der Gläubige zur Fülle gebracht (Kolosser 2,10).
6. Durch Todsünde geht die Rechtfertigung verloren [1033, 1855, 1874].	Die Rechtfertigung kann nicht verloren gehen. Wer von Gott gerechtfertigt worden ist, wird vor dem Zorn Gottes gerettet werden (Römer 5,8-9).
7. Einer Todsünde schuldige	Es gibt keine zweite Rechtferti-

Katholiken werden durch das Sakrament der Buße erneut gerechtfertigt [980, 1446].	gung. Wen Gott rechtfertigt, den wird er auch verherrlichen (Römer 8,30).
8. Errettung vor den ewigen Folgen der Sünde ist ein lebenslanger Prozeß [161-162, 1254-1255].	Errettung vor den ewigen Folgen der Sünde ist ein unverzügliches und gesichertes Handeln Gottes, das mit der Rechtfertigung einhergeht (Römer 5,9).
9. Das Seelenheil wird durch Mitwirken mit der Gnade durch Glauben, gute Werke und Empfang der Sakramente erlangt [183, 1129, 1815, 2002].	Das Seelenheil wird aus Gnade durch Glauben erlangt, ohne Werke (Epheser 2,8-9). Gute Werke sind die Folge, nicht die Ursache des Heils (Epheser 2,10).
10. Glaube heißt Glauben an Gott und an alles, was die Kirche zu glauben vorlegt [181-182, 1814].	Rettender Glaube ist das persönliche Vertrauen auf Christus als Herr und Heiland (Römer 10,8-17).
11. Heiligmachende Gnade ist eine Eigenschaft der Seele, eine übernatürliche Neigung, die die Seele vervollkommnet [1999-2000].	Gnade ist die unverdiente Gunst Gottes (Epheser 1,7-8).
12. Die Sakramente sind notwendige Kanäle für die fortlaufende Eingabe von Gnade. Sie verleihen Gnade kraft des vollzogenen Ritus [1127-1129].	Das Kind Gottes ist bleibendes Ziel der Gnade des Vaters (Römer 5,1-2).
13. Gnade wird durch gute Werke verdient [2010, 2027].	Gnade ist ein kostenloses Geschenk (Römer 11,6).
14. Läßliche Sünden ziehen keine ewige Strafe nach sich [1855, 1863].	Jede Sünde zieht die Strafe des ewigen Todes auf sich (Römer 6,23).

15. Schwere Sünden müssen einem Priester gebeichtet werden [1456-1457].	Sünde muß man unmittelbar Gott bekennen (Esra 10,11).
16. Der Priester vergibt Sünde als Richter [1442, 1461].	Niemand kann Sünden vergeben als nur Gott allein (Markus 2,7).
17. Wenn die Sündenschuld nachgelassen ist, bleibt eine zeitliche Strafe zurück [1472-1473].	Wenn Gott Sünde vergibt, vergibt er sie vollständig (Kolosser 2,13; Jesaja 43,25).
18. Bußwerke leisten Genugtuung für die zeitliche Strafe wegen Sünde [1434, 1459-1460].	Jesus hat für alle Sünden vollkommene Genugtuung geleistet (1. Johannes 2,1-2).
19. Von der Kirche für Frömmigkeitswerke erteilte Ablässe befreien Sünder von zeitlicher Strafe [1471-1473].	Jesus befreit Gläubige durch sein Blut von ihren Sünden (Offenbarung 1,5).
20. Das Fegefeuer ist zur Sühnung der Sünden und zur Reinigung der Seele notwendig [1030-1031].	Es gibt kein Fegefeuer. Jesus hat die Sühnung für die Sünden am Kreuz vollbracht (Hebräer 1,3).
21. Den armen Seelen, die im Fegefeuer leiden, können die Lebenden durch Opfern von Gebeten, guten Werken und mit dem Meßopfer helfen [1032, 1371, 1479].	Die in Christus Entschlafenen benötigen keine Hilfe. Ausheimisch vom Leib zu sein bedeutet, einheimisch beim Herrn zu sein (2. Korinther 5,8).
22. Niemand kann wissen, ob er ewiges Leben erlangen wird [1036, 2005].	Der Gläubige kann aufgrund des Wortes Gottes wissen, daß er ewiges Leben hat (1. Johannes 5,13).
23. Das ewige Leben ist ein verdienter Lohn [1821, 2010].	Das ewige Leben ist ein kostenloses Geschenk Gottes (Römer 6,23).

24. Die römisch-katholische Kirche ist heilsnotwendig [846].	In niemand anderem ist Heil, als nur im Herrn Jesus Christus, „denn auch kein anderer Name unter dem Himmel ist den Menschen gegeben, in dem wir errettet werden müssen" (Apostelgeschichte 4,12).

Teil 2

DIE MESSE

Weshalb gehen Katholiken zur Messe? Beten sie wirklich die Eucharistie an? Ist das Meßopfer ein tatsächliches Opfer?

Auf diese und andere wichtige Fragen bezüglich des Eucharistiesakraments und des damit verbundenen Opfers – üblicherweise als die Messe bezeichnet – wird der zweite Teil dieses Buches Antworten geben.

Die Eucharistie hat einen zweifachen Sinn:

> ... den einen, daß sie die himmlische Speise unserer Seelen sein möge, welche uns befähigt, das geistliche Leben zu fördern und zu bewahren; und den anderen, daß die Kirche ein fortdauerndes Opfer habe ...
> *Catechismus Romanus*[132]

Diese beiden Bedeutungen werden uns für die nun folgende Untersuchung der Messe als Rahmen dienen:

- Die Eucharistie ist der Leib Christi – die himmlische Speise der Seele (Kapitel 6, *Der Leib Christi*).
- Die Eucharistie ist das makellose Opfer – die fortdauernde Opfergabe der Kirche (Kapitel 7, *Das Blut Christi*).

Darüber hinaus werden wir in diesem Abschnitt die Witwe von Josef Lorente und ihre Familie beim Jahresseelenamt ihres verstorbenen Gatten begleiten.

Kapitel 6
Der Leib Christi

BEI DER SONNTÄGLICHEN MESSE – ERSTES JAHRESSEELENAMT FÜR JOSEF LORENTE

Während Pater Mario Sanchez schweigend an der Kommunionbank stand, sah er fünf Angehörige der Familie Lorente den Mittelgang heraufkommen – Frau Margret Lorente und ihre vier Kinder. In ihren Händen trugen sie die Gaben von Brot und Wein. Doch in ihren Herzen trugen sie einen tiefen Schmerz, denn heute war der erste Jahrestag von Josef Lorentes Tod, ihrem geliebten Ehemann und Vater. Auf Frau Lorentes Bitte hin hatte Pater Sanchez eingewilligt, das morgendliche Meßopfer für Josefs Seele darzubringen.

Als Pater Sanchez die Gaben entgegennahm, fühlte er die Trauer der Familie förmlich wie einen Schatten über sich. Wie gut erinnerte er sich doch noch an die Nacht, als Josef starb und an seine Beerdigung. Als er sich wieder zum Altar zurückwandte, hoffte der Priester darauf, daß die heutige Messe die Familie trösten und Josefs Befreiung aus dem Fegefeuer beschleunigen würde.

Pater Sanchez nahm das Brot, hielt es hoch über den Altar und begann das eucharistische Hochgebet[133]:

> Gepriesen bist du, Herr, unser Gott, Schöpfer der Welt. Du schenkst uns das Brot, die Frucht der Erde und der menschlichen Arbeit. Wir bringen dieses Brot vor dein Angesicht, damit es uns das Brot des Lebens werde.

Als er ein wenig Wasser in den goldenen Kelch (der bereits den Wein enthielt) gab, betete Pater Sanchez leise weiter:

> Wie das Wasser sich mit dem Wein verbindet zum heiligen

> Zeichen, so lasse uns dieser Kelch teilhaben an der Gottheit Christi, der unsere Menschennatur angenommen hat.

Dann hob er den Kelch empor und fuhr fort:

> Gepriesen bist du, Herr, unser Gott, Schöpfer der Welt. Du schenkst uns den Wein, die Frucht des Weinstocks und der menschlichen Arbeit. Wir bringen diesen Kelch vor dein Angesicht, damit er uns der Kelch des Heiles werde.

Anschließend sprach Pater Sanchez zur Gemeinde: „Betet, Brüder und Schwestern, daß mein und euer Opfer Gott, dem allmächtigen Vater, gefalle."

Die Gemeinde antwortete daraufhin: „Der Herr nehme das Opfer an aus deinen Händen zum Lob und Ruhm seines Namens, zum Segen für uns und seine ganze heilige Kirche."

Der Priester segnete dann die Gemeinde mit ausgestreckten Händen und sagte: „Der Herr sei mit euch."

„Und mit deinem Geiste", kam als Antwort.

„Erhebet die Herzen."

„Wir haben sie beim Herrn."

„Lasset uns danken dem Herrn, unserm Gott."

„Das ist würdig und recht."

Mit steigernder Feierlichkeit näherte sich nun der Höhepunkt der Messe. Pater Sanchez streckte seine Hände über Brot und Wein aus und bat dabei Gott, die wundersame Wandlung geschehen zu lassen:

> Schenke, o Gott, diesen Gaben Segen in Fülle und nimm sie zu eigen an. Mache sie uns zum wahren Opfer im Geiste, das dir wohlgefällt: zum Leib und Blut deines geliebten Sohnes, unseres Herrn Jesus Christus.

Daraufhin begann der Priester mit der Wiedereinsetzung des Letzten Abendmahls. Er nahm eine einzelne Hostie und hielt sie über den Altar. Dann sagte er über Christus:

> Am Abend vor seinem Leiden nahm er das Brot in seine heiligen und ehrwürdigen Hände, erhob die Augen zum

Himmel, zu dir, seinem Vater, dem allmächtigen Gott, sagte dir Lob und Dank, brach das Brot, reichte es seinen Jüngern und sprach: „Nehmet und esset alle davon: Das ist mein Leib, der für euch hingegeben wird."

Mit diesen Worten wurde der römisch-katholischen Kirche zufolge das Brot in Pater Sanchez' Händen zum Leib Christi. Als Ausdruck dieses Glaubens legte der Priester die Hostie nieder und machte vor ihr in Anbetung eine Kniebeuge.

Dann nahm Pater Sanchez den Kelch, hielt ihn empor über den Altar und setzte seine Wiedergabe von Christi Worten beim Letzten Abendmahl fort:

Ebenso nahm er nach dem Mahl diesen erhabenen Kelch in seine heiligen und ehrwürdigen Hände, sagte dir Lob und Dank, reichte den Kelch seinen Jüngern und sprach: „Nehmet und trinket alle daraus: Das ist der Kelch des neuen und ewigen Bundes, mein Blut, das für euch und für alle vergossen wird zur Vergebung der Sünden. Tut dies zu meinem Gedächtnis."

Wiederum kniete Pater Sanchez in stiller Anbetung nieder.

◆ ◆ ◆

DIE ERSTE MESSE
[610-611, 1323, 1337-1340]

Der römische Katholizismus lehrt, Christus habe die Messe beim Letzten Abendmahl eingesetzt, in der Nacht, in der er verraten wurde [1323]. Als der Herr über dem Brot aussprach, „dies ist mein Leib" (Matthäus 26,26), und über dem Wein, „dies ist mein Blut" (Matthäus 26,28), habe er sie damit verwandelt [621]. Das Brot wurde zu seinem Leib. Der Wein wurde zu seinem Blut [1339]. Dann habe Christus diese Gaben als Opfer dem Vater dargebracht und sie seinen

Jüngern zu essen und zu trinken gegeben [610-611]. Das war, so sagt die Kirche, die erste Eucharistiefeier.

Christus sagte beim Letzten Abendmahl seinen Jüngern außerdem: „Dies tut zu meinem Gedächtnis" (Lukas 22,19). Die Kirche lehrt, mit diesen Worten habe der Herr seine Jünger als Priester eingesetzt und sie beauftragt, die Messe zu opfern [611, 1337]. Sie sollten die Eucharistie regelmäßig feiern, wenn möglich sogar täglich. Das Opfern der Eucharistie und das Vergeben von Sünden sollten die zwei wichtigsten Funktionen ihres Priesteramtes sein [1461, 1566].

DIE WANDLUNG BEI DER MESSE
[1333, 1352-1353, 1357-1358, 1373-1377]

Der Höhepunkt der Messe ist die Wandlung, ein Teil der eucharistischen Liturgie. Sie vollzieht sich in dem Augenblick, da der Priester die Worte Christi vom Letzten Abendmahl wiederholt und soll angeblich kraft des Heiligen Geistes das Brot und den Wein in Christi Leib und Blut verwandeln [1105-1106, 1353]:

> ... im Eucharistiesakrament ist Christus gegenwärtig, auf eine insgesamt einzigartige Weise, Gott und Mensch, ganz und unversehrt, substantiell und fortwährend.
> Zweites Vatikanisches Konzil[134]

Hier beschreibt die Kirche fünf Eigenschaften von Christi Gegenwart in der Eucharistie:

Einzigartig

In der Eucharistie existiert Christus „auf eine insgesamt einzigartige Weise"[135], denn in der ganzen Schöpfung gibt es keine Parallele zu dem, was auf dem Altar geschieht [1085, 1374].

Gott und Mensch

Das Brot und der Wein werden zu „Gott und Mensch"[136], denn die Eucharistie ist dem katholischen Glauben nach der fleischgewordene Christus, „... der wahre Leib Christi, des Herrn, derselbe, der von der Jungfrau geboren wurde ..."[137] [1106, 1374].

Ganz und unversehrt

Brot und Wein enthalten Christus jeweils „ganz und unversehrt"[138] [1374]. Der Kirche nach heißt das, daß auch die kleinste Brotkrume Christus mit seinem ganzen Leib und Blut enthalte. Gleiches gilt auch für jeden kleinsten Tropfen Wein [1377].[139]

Substantiell

Der Katholizismus lehrt, daß nur das innerste Wesen, genannt die *Substanz* von Brot und Wein verwandelt wird [1374, 1376]. Ihr äußeres Erscheinen bleibt das von gewöhnlichem Brot und Wein.

Fortwährend

Die Kirche lehrt, daß Christus in der Eucharistie „fortwährend"[140] existiert, so lange Brot und Wein unverdorben bleiben [1377]. Aus diesem Grund muß man große Sorgfalt aufwenden, um konsekriertes Brot und konsekrierten Wein vor Verlorengehen oder Verunreinigung zu schützen. Nach der Kommunion verschließt der Priester alle übriggebliebenen Hostien in einen kleinen Schrank, dem sogenannten *Tabernakel* [1183, 1379]. Das ist üblicherweise ein goldverziertes Gebilde in unmittelbarer Nähe eines Altars der Kirche. Neben diesem Heiligtum brennt ein „ewiges Licht", eine stets angezündete Öllampe, solange Christus im Tabernakel eucharistisch gegenwärtig ist. Wenn ein Katholik die Kirche betritt oder am Tabernakel vorbeigeht, muß er der

Eucharistie durch eine Kniebeuge oder eine Verneigung zum Zeichen seines Respektes seine Aufmerksamkeit erweisen [1378]. Manche Katholiken schlagen sogar aus gleichem Grund ein Kreuzzeichen, wenn sie an einer katholischen Kirche vorbeifahren.

Das Sakrament der Eucharistie
[1322-1419]

Der römisch-katholischen Kirche zufolge ist die Messe, gleich wie das Letzte Abendmahl, ein „Mahl, bei dem Leib und Blut Christi gereicht werden"[141]. In ihr bezeugt die katholische Gemeinschaft ihre Einheit und erfreut sich der Gemeinschaft mit Gott [1118, 1396]. Sie ist eine Gelegenheit, Christi Werke zu gedenken, seinen Tod zu verkünden und Gott Dankbarkeit entgegenzubringen. Von daher bezeichnet die Kirche das konsekrierte Brot und den konsekrierten Wein als die *Eucharistie*, abgeleitet von dem griechischen Wort für *Danksagung* [1328, 1358-1361].

Die Kirche lehrt, die Eucharistie sei ein Gnadenmittel, ein Sakrament der Kirche [1210-1212]. Durch sie empfangen die Gläubigen heiligmachende Gnade und werden weiter gerechtfertigt:

> Was die leibliche Speise in unserem leiblichen Leben, bewirkt die Kommunion auf wunderbare Weise in unserem geistlichen Leben. Die Kommunion mit dem Fleisch des auferstandenen Christus, „das durch den Heiligen Geist lebt und Leben schafft", bewahrt, vermehrt und erneuert das in der Taufe erhaltene Gnadenleben.
> *Katechismus der Katholischen Kirche* [1392]

Durch die Eucharistie empfangen Katholiken ferner helfende Gnade, die sie zum Halten der Gebote und zu guten Werken befähigt. Die Eucharistie ist laut katholischer Kirche ein „Gegengift, durch das wir von den täglichen Vergehen befreit und vor schweren Sünden bewahrt" werden und „ein Unterpfand unserer künftigen Herrlichkeit und ewigen Seligkeit"[142] [1395, 1402-1405, 1436].

Der Kirche zufolge ist die Eucharistie das *allerheiligste Sakrament*, denn es ist Christus selbst [1330]. Es nährt sie Seele geistlicherweise und macht den Katholiken christusähnlicher, denn „nichts anderes wirkt die Teilnahme am Leib und Blut Christi, als daß wir in das übergehen, was wir empfangen"[143].

Ein angemessen vorbereiteter Katholik empfängt die Segnungen der Eucharistie durch den Besuch der Messe und eine andächtige Teilnahme [1385-1388, 1415]. Wer die heilige Kommunion empfängt, erhält einen noch größeren Segen und erfährt eine „innige Vereinigung mit Christus Jesus"[1391] [1396, 1416].

Da der Katholizismus lehrt, der Empfang der Eucharistie verhelfe zur Erlangung der ewigen Errettung, ermuntert die Kirche den Gläubigen zu täglicher Teilnahme [1389]. Aus diesem gleichen Grund verpflichtet das Kirchenrecht die Katholiken, jeden Sonntag und an den gebotenen Feiertagen die Messe zu besuchen [1389, 2042, 2181].[144] Ferner müssen Katholiken die heilige Kommunion mindesten einmal im Jahr während der Osterzeit empfangen [1417, 2042].[145] Vorsätzlicher Ungehorsam gegenüber diesen Geboten der Kirche wird als Todsünde betrachtet [2181].

Niemand darf jedoch an der Eucharistie teilnehmen, der nicht an die *Realpräsenz* Christi glaubt, d.h. an die Gegenwart Christi in der Eucharistie, die „*substantiell* ist; in ihr wird nämlich der ganze und unversehrte Christus, Gott und Mensch, gegenwärtig"[146], womit das konsekrierte Brot und der konsekrierte Wein gemeint sind [1355, 1374, 1396, 1400-1401]. Zur Vermeidung von Entweihungen durch Verstöße gegen diese Auflage hält der Priester beim Austeilen der Kommunion jede konsekrierte Hostie vor dem Kommunianten hoch und sagt: „Der Leib Christi." Bevor die Person dann die Hostie entgegennimmt, muß sie mit „Amen" antworten, was heißt, „Ja, es ist so"[1396].

Die Verehrung der Eucharistie
[1378-1381, 1418]

Die römisch-katholische Kirche lehrt: „Die Gläubigen sind zu größter Wertschätzung der heiligsten Eucharistie gehalten, indem sie ... dieses Sakrament ... mit höchster Anbetung verehren"[147], mit „derselben Anbetung und Verehrung, die wir Gott entgegenbringen"[148] [1178, 1183, 1378, 1418, 2691].

> Niemand soll daran zweifeln, „daß alle Christgläubigen nach der Weise, wie sie stets in der katholischen Kirche geübt wurde, diesem heiligsten Sakrament bei der Verehrung die Huldigung der Anbetung erweisen sollen, die man dem wahren Gott schuldet. Denn weil es von Christus dem Herrn als Speise eingesetzt wurde, ist es darum nicht weniger anzubeten."
>
> Zweites Vatikanisches Konzil[149]

Benachbarte Pfarreien fördern die Anbetung der Eucharistie durch alljährliche Feste, bei denen das *allerheiligste Altarsakrament* zur Verehrung ausgestellt wird. Gewöhnlich wird dabei eine große geweihte Hostie in einem Glasbehältnis plaziert. Dieses wird dann in die Mitte eines goldverzierten Gefäßes gestellt, der sogenannten *Monstranz*, die einer strahlenden Sonne ähnelt und vor den Gläubigen zur Anbetung auf einem Altar ausgestellt wird. In überwiegend katholischen Ländern trägt ein Priester die Monstranz möglicherweise in einer feierlichen Prozession durch die Straßen der Pfarrei [1378].

Außerdem fördert die Kirche die Anbetung der Eucharistie durch bestimmte Männer- und Frauenorden, die sich ganz der ununterbrochenen Verehrung von konsekriertem Brot und Wein widmen. Dazu gehören zum Beispiel die Schwestern von der immerwährenden Verehrung des heiligen Sakraments, die Anbetungsschwestern vom vorzüglichen Blut und die Kongregation vom allerheiligsten Altarsakrament. Der Gründer dieses letzteren Ordens, der heilige Pierre Julian Eymard (1811-1868), beschrieb die Anbetung des heiligen Sakraments als das wichtigste Anliegen der Gemeinschaft:

> ... unseren Herrn Jesus Christus auf seinem Thron der Gnade und Liebe fortwährend anzubeten; ihm ununterbrochene Danksagung für die unaussprechliche Gabe der Eucharistie darzubringen; eins mit ihm zu werden, ein Opfer zur Sühnung für die vielen Verbrechen, die auf der ganzen Welt verübt werden; vor das allerheiligste Sakrament eine unaufhörliche Sendung von Gebeten und Bitten vorzutragen ... Das ist das Leben eines Anhängers des allerheiligsten Altarsakraments.
> *Hl. Peter Julian Eymard*[150]

Das folgende Gebet, das der ehemalige Erzbischof von Saint Louis, Kardinal Carberry, verfaßt hat, ist bezeichnend für die römisch-katholische Anbetung der Eucharistie:

> Jesus, mein Gott, ich bete dich an, der du hier im allerheiligsten Altarsakrament gegenwärtig bist, wo du Tag und Nacht darauf wartest, unser Tröster zu sein, während wir deine unverhüllte Gegenwart im Himmel erwarten. Jesus, mein Gott, ich bete dich an allen Orten an, an denen das heilige Sakrament aufbewahrt wird und wo Sünden gegen dieses Sakrament der Liebe begangen werden. Jesus, mein Gott, ich bete dich für alle Zeiten an, die vergangenen, die jetzigen und die zukünftigen, für jede Seele die einmal war, ist oder sein wird. Jesus, mein Gott ...
> *Reflektionen und Gebete*[151]

EINE BIBLISCHE ANTWORT

In Kapitel 3, *Vermehren und Bewahren der Rechtfertigung*, haben wir die Irrtümer im Zusammenhang mit dem Sakrament der Eucharistie als Mittel der heiligmachenden Gnade untersucht. Hier werden wir nun die Eucharistie unter dem Aspekt des Leibes Christi betrachten. Wir werden unser

Augenmerk auf zwei Bibelstellen richten, die der Katholizismus zur Erklärung der Messe heranzieht: die Berichte vom Letzten Abendmahl (Matthäus 26,20-30; Markus 14,17-26 und Lukas 22,14-38) und Jesu Rede in Johannes 6. Dabei werden wir folgendes deutlich machen:

- Beim Letzten Abendmahl sprach Christus von Brot und Wein als den Symbolen und nicht von der Substanz seines Leibes und Blutes.
- In Johannes 6 lehrt Christus, daß man ewiges Leben durch Glauben an ihn erhält und nicht durch das Essen seines Fleisches.

BROT UND WEIN SIND SYMBOLE

Die römisch-katholische Auslegung, beim Letzten Abendmahl seien Brot und Wein wortwörtlich „... der Leib und das Blut zugleich mit der Seele und mit der Gottheit unseres Herrn Jesus Christus und folglich der ganze Christus"[152] geworden [1374], bringt einige Probleme mit sich. Das erste Problem ist, daß es nicht das geringste Anzeichen dafür gibt, daß Brot oder Wein sich beim Letzten Abendmahl verwandelt hätten. Gleiches gilt für die heutige Messe. Brot und Wein sehen vor und nach der Wandlung genau gleich aus. Darüber hinaus riechen und schmecken sie gleich und fühlen sich gleich an. Jeglicher erfahrungsgemäße Befund unterstützt also die Auslegung, daß keine substantielle Verwandlung geschieht.

Die Kirche behauptet, ihrer *Erscheinung* nach würden Brot und Wein sich zwar nicht verwandeln, dennoch geschehe diese Verwandlung. Dazu zieht die Kirche eine Lehre mit der Bezeichnung *Transsubstantiation* heran, die erklären soll, weshalb dieses angebliche Wunder nicht wahrgenommen werden kann [1376, 1413].

Die philosophische Grundlage dieser Lehre entstammt den Schriften von Aristoteles. Er lehrte, alle Materie bestünde aus zwei Teilen: *Akzidenz* und *Substanz*. Die Akzidenz definierte Aristoteles als die äußere Erscheinung eines Gegenstands und die Substanz als sein innerstes Wesen, den Kern seiner Wirklichkeit.

Die Transsubstantiationslehre besagt nun, daß sich bei der Konsekration der Eucharistie die Substanz von Brot und Wein ändert, während deren Akzidenz gleich bleibt [1373-1377, 1413].[153] Die Einsetzungsworte der Konsekration, so die Kirche, „... bewirken drei wunderbare und bewundernswerte Dinge":[154]

- Das innere Wesen von Brot und Wein hört auf zu existieren.
- Die äußere Gestalt von Brot und Wein bleibt bestehen, obwohl sie nicht mehr mit einer eigenen inneren Wirklichkeit verbunden sind.
- Das innere Wesen von Christi wahrem Leib und Blut entsteht unter der Gestalt von Brot und Wein.

Die römisch-katholische Kirche bleibt von allen Argumenten gegen die Transsubstantiation unbeirrt, ganz gleich, ob sie aus Beobachtung oder den menschlichen Schlußfolgerungen hervorgegangen sind. Diese Verwandlung, so die Kirche, ist ein übernatürliches Phänomen, ein Teil des „Geheimnisses der Eucharistie"[155]. Es „übersteigt das Vorstellungsvermögen"[156] [1381]. Die Kirche argumentiert dazu: Daß „... eine derartige Verwandlung stattfindet, muß im Glauben angenommen werden; wie das vor sich geht, dürfen wir nicht neugierig hinterfragen"[157]. Von den Gläubigen wird erwartet, daß sie diese Erklärung annehmen, ungeachtet, wie „widersprüchlich sie dem Verstand auch erscheinen mag"[158].

Aber der Glaube muß auf göttliche Offenbarung beruhen, und die angebliche wunderbare, durch Transsubstantiation erklärte Verwandlung findet sich nicht in der Bibel. Es gibt auch kein biblisches Beispiel für ein Wunder, bei dem Gott von Menschen den Glauben an einen übernatürlichen Vorgang erwartet, ohne jeglichen äußeren Hinweis darauf, daß überhaupt irgend etwas geschehen ist. In dieser Weise ist Gott niemals mit Menschen umgegangen.

Ein zweites Problem mit der römisch-katholischen Auslegung von Christi Worten beim Letzten Abendmahl ist, daß sie das Essen von menschlichem Fleisch verlangt. Die Kirche lehrt, die Eucharistie ist „... der wahre Leib Christi, dem Herrn, derselbe, der von der Jungfrau geboren wurde ..."[159] Dieses menschliche Fleisch sollen die Jünger also beim Letzten Abendmahl angeblich gegessen haben.

Man könnte meinen, eine solche Absurdität würde ausreichen, um die römisch-katholische Auslegung als unhaltbar über Bord zu werfen. Doch im Gegenteil, die Kirche legt Nachdruck auf ihren Standpunkt und sagt, der Herr habe die Jünger gleichfalls angewiesen, sein Blut zu trinken!

Für einen Juden wäre das Trinken von menschlichem Blut mehr als abstoßend gewesen; es hätte gegen das Gesetz verstoßen. Das Gesetz Mose verbot den Juden aufs strengste, Blut zu trinken (3. Mose 17,10-14). Wir können sicher sein, wenn Jesus sie aufgefordert hätte, dieses Gebot zu übertreten, dann hätte das zu einer hitzigen Diskussion und zu lautem Protest geführt. Doch in keinem der Berichte vom Letzten Abendmahl gibt es einen Hinweis auf eine solche Kontroverse.

Hätten die Jünger beim Letzten Abendmahl Christi Blut getrunken, dann hätte das Apostelkonzil von Jerusalem die Heidenchristen wohl kaum anweisen können, „euch zu enthalten ... von Blut" (Apostelgeschichte 15,29), wenn Christen doch beim Abendmahl regelmäßig Christi Blut tranken.

Es gibt keinen Grund anzunehmen, die Jünger hätten auch nur einen Augenblick gedacht, daß Brot und Wein sich in Christi Leib und Blut verwandelt haben. An keiner Stelle lesen wir von einem etwaigen sorgfältigem Bewahren jeder einzelnen Brotkrume des konsekrierten Brotes, oder daß sie auf die Knie gefallen sind und Brot und Wein angebetet haben. Im Gegenteil, unmittelbar nachdem der Herr den Wein in sein Blut verwandelt haben soll, spricht er davon wieder als Wein:

> Ich sage euch aber, daß ich von nun an nicht mehr von diesem Gewächs des Weinstocks trinken werde bis zu

jenem Tag, da ich es neu mit euch trinken werde in dem Reich meines Vaters.

Matthäus 26,29

Ein weiterer Punkt, den wir beachten sollten, ist folgender: Als Christus von dem Brot sagte „dies ist mein Leib" (Matthäus 26,26), war er dabei vor seinen Jüngern leiblich gegenwärtig. Sie haben mit Sicherheit nicht gedacht, Jesu Körper sei gleichzeitig am Tisch und auf dem Tisch – und danach als verstreute Brotkrumen unter dem Tisch!

Aber das ist die römisch-katholische Auslegung. Diese Lehre geht sogar noch weiter, denn der Kirche nach ist Christus heute in Tausenden von Kirchen rund um die Welt in jeder konsekrierten Brotkrume und in jedem Tropfen Wein leiblich gegenwärtig! Die Bibel hingegen schreibt Christi Leib an keiner Stelle mehr als einem Aufenthaltsort zur gleichen Zeit zu.

Man könnte vielleicht entgegnen: „Aber ist Christus nicht Gott? Und ist Gott nicht überall?" Ja, aber das bezieht sich auf seine *geistliche* Gegenwart. Der Herr Jesus ist *geistlich* allgegenwärtig, aber seine *leibliche* Gegenwart ist auf einen Ort beschränkt. Wie die Bibel sagt, hat er sich leiblich „zur Rechten der Majestät in der Höhe gesetzt" (Hebräer 1,3).

Alle hier angeführten Probleme sind aufgehoben, wenn wir Jesu Worte beim Letzten Abendmahl in ihrem *bildlichen* Sinn verstehen. Das heißt, Jesus gebrauchte beim Letzten Abendmahl Brot und Wein als *Symbole* seines Leibes und Blutes.

Diese bildliche Auslegung ist vernünftig. Von den Jüngern wird nicht verlangt, Blut zu trinken und menschliches Fleisch zu essen. Christi Leib bleibt an ein und demselben Ort. Und es besteht kein Bedarf auf Einführung komplizierter Theorien, die das Wahrnehmbare wegerklären sollen: Brot und Wein bleiben Brot und Wein.

Die Jünger waren es vom Herrn gewohnt, daß er in seinen Lehren eine bildhafte Ausdrucksweise verwendete. Bei einem anderen Anlaß sprach Christus von seinem Leib als einem Tempel (Johannes 2,19), von neuem Leben als lebendigem

Wasser (Johannes 4,10), von seinen Jüngern als Salz (Matthäus 5,13) und von der Lehre der Pharisäer als Sauerteig (Matthäus 16,6). Im Johannesevangelium finden wir sieben bildhafte Vergleiche, mit denen Jesus Zeugnis über sich selbst gab – die sieben „Ich bin"-Worte. Bei allen sieben steht im griechischen Original dasselbe Verb, das in Jesu Worten „dies ist mein Leib" (Matthäus 26,26) mit „ist" übersetzt wird. Jesus sagte von sich:

- „Ich bin das Brot des Lebens" (Johannes 6,48),
- „Ich bin das Licht der Welt" (Johannes 8,12),
- „Ich bin die Tür" (Johannes 10,9),
- „Ich bin der gute Hirte" (Johannes 10,11),
- „Ich bin die Auferstehung und das Leben" (Johannes 11,25),
- „Ich bin der Weg und die Wahrheit und das Leben" (Johannes 14,6),
- „Ich bin der wahre Weinstock" (Johannes 15,1).

Alle diese Aussagen sollen in ihrem bildlichen Sinn verstanden werden. Die letzten beiden hat der Herr Jesus sogar beim Letzten Abendmahl gesagt. Bei einer näheren Beschäftigung mit der Lehre, die Christus an diesem Abend vermittelte, wird deutlich, daß sie sieben Sinnbilder enthält. Zum Beispiel sprach Jesus bildhaft von dem neuen Bund, als er sagte: „Dieser Kelch ist der neue Bund in meinem Blut" (Lukas 22,20). Der Kelch war offensichtlich nicht der neue Bund selbst, sondern vielmehr das *Symbol* oder *Zeichen* dieses Bundes. Außerdem sagte der Herr Jesus seinen Jüngern nach dem Abendmahl:

> Dies habe ich in Bildreden zu euch geredet; es kommt die Stunde, da ich nicht mehr in Bildreden zu euch sprechen, sondern euch offen von dem Vater verkündigen werde.
> Johannes 16,25

Verteidiger der römisch-katholischen Auslegung sagen, die bildhafte Auslegung würde keinen Sinn ergeben; Brot und

Wein blieben dadurch bedeutungslos, bloße Symbole. Aus katholischer Sicht mag das stimmen. Wenn nämlich Sinn und Zweck der Messe die Herstellung von himmlischer Nahrung zur Stärkung der Seele ist, dann müßte tatsächlich eine wundersame Verwandlung stattfinden. Und wenn die Kirche außerdem das Opfer vom Kreuz in der Messe fortsetzen will (wie wir im nächsten Kapitel sehen werden), dann wären gewöhnliches Brot und gewöhnlicher Wein für dieses Opfer sicherlich ungeeignet.

Hat man jedoch die Absicht, den Auftrag des Herrn zu erfüllen, „dies tut zu meinem Gedächtnis", reicht dazu gewöhnliches Brot und gewöhnlicher Wein aus. Das Brot stellt Christi Leib dar, der für uns am Kreuz zerbrochen wurde. Der Wein steht für sein Blut, das für unsere Sünden vergossen wurde. Das Essen und Trinken davon ist eine öffentliche Erklärung des Glaubens an sein vollendetes Erlösungswerk. Man sagt gewissermaßen, „ich habe Teil an Christi Leib und Blut; er gab es für mich hin" (siehe 1. Korinther 10,16). Wenn Gläubige gemeinsam von einem Laib Brot essen, bezeugen sie damit gleichzeitig ihre Einheit in Christus als Glieder seines einen Leibes (1. Korinther 10,17). Eine Teilnahme in unbekümmerter Haltung – wie es in Korinth der Fall war – ist eine ernste Angelegenheit, nicht aufgrund dessen, was Brot und Wein von ihrer Substanz her sind, sondern aufgrund dessen, was sie *stellvertretend symbolisch darstellen* (1. Korinther 11,18-27).

Die bildhafte Auslegung stimmt auch mit Jesu Lehre über das Wesen der Anbetung überein. Er lehrte: „Gott ist Geist, und die ihn anbeten, müssen in Geist und Wahrheit anbeten" (Johannes 4,24). Weil das Ziel eine geistliche Gemeinschaft („Kommunion" kommt aus dem Lateinischen und bedeutet „Gemeinschaft") ist, ist Christi leibliche Gegenwart nicht nötig. Bei einer Zusammenkunft von Christen, die „den Tod des Herrn bis er kommt" verkünden wollen (1. Korinther 11,26), können gewöhnliches Brot und gewöhnlicher Wein als angemessene Erinnerung dienen. Wenn er kommt, dann werden sie keine Symbole mehr brauchen, denn dann werden sie ihn selbst haben!

Ewiges Leben erhält man allein durch Glauben an Christus

Die römisch-katholische Kirche begründet ihre Auslegung des Letzten Abendmahls zum großen Teil mit dem sechsten Kapitel des Johannesevangeliums [1336, 1338, 1406]. Dieser Abschnitt ist ein Gespräch zwischen Jesus und einer Gruppe Juden, von denen die meisten ungläubig waren. Es trug sich in der Synagoge zu Kapernaum zu, und zwar zur Zeit des Passahfestes, ein Jahr vor dem Letzten Abendmahl.

Der römisch-katholischen Kirche zufolge gab Jesus bei dieser Gelegenheit das Versprechen, der Kirche eine himmlische Speise zu geben:

> Ich bin das lebendige Brot, das aus dem Himmel herabgekommen ist; wenn jemand von diesem Brot ist, wird er leben in Ewigkeit. Das Brot aber, das ich geben werde, ist mein Fleisch für das Leben der Welt.
>
> Johannes 6,51

Das Brot, das Christus geben würde, so die Kirche, sei die Eucharistie, sein wirklicher Leib und sein wirkliches Blut. Das ist es, was Christus meinte, behauptet die Kirche, als er sagte: „Denn mein Fleisch ist wahre Speise, und mein Blut ist wahrer Trank" (Johannes 6,55). Als solches sei die Eucharistie eine Quelle geistlichen Lebens [1509]:

> Wahrlich, wahrlich, ich sage euch: Wenn ihr nicht das Fleisch des Sohnes des Menschen eßt und sein Blut trinkt, so habt ihr kein Leben in euch selbst. Wer mein Fleisch ißt und mein Blut trinkt, hat ewiges Leben, und ich werde ihn auferwecken am letzten Tag.
>
> Johannes 6,53-54

Der Kirche zufolge lehrt Christus hier also, daß die Gläubigen beim Empfang der heiligen Kommunion in der Messe mit himmlischer Nahrung für die Seele gestärkt werden, dem „Brot, welches ewiges Leben gibt"[1509] [1383-1384]. Sie

„… essen das Fleisch Christi und trinken das Blut Christi und empfangen die Gnade, die der Vorbeginn des ewigen Lebens und das ‚Heilmittel der Unsterblichkeit' ist …"[160] In dieser Weise legt die römisch-katholische Kirche Johannes 6 aus. Beschäftigt man sich allerdings etwas näher mit dem Zusammenhang dieses Abschnitts, kommt man zu einer anderen Auslegung.

Johannes 6 beginnt mit der wunderbaren Speisung der 5.000 Menschen am See Genezareth (Verse 1-14). Am folgenden Tag kam eine Gruppe von Juden, die das Wunder der Brote und Fische miterlebt hatten, nach Kapernaum und suchten Jesus (Verse 22-25).

Jesus sagte dann zu diesen Juden, daß sie ihn aus einem falschen Grund suchten: „Wahrlich, wahrlich, ich sage euch: Ihr sucht mich, nicht weil ihr Zeichen gesehen, sondern weil ihr von den Broten gegessen habt und gesättigt worden seid" (Vers 26). Er hatte ihnen etwas anzubieten, das weit besser war als eine kostenlose Mahlzeit: „Wirket nicht für die Speise, die vergeht, sondern für die Speise, die da bleibt ins ewige Leben, die der Sohn des Menschen euch geben wird! Denn diesen hat der Vater, Gott, beglaubigt" (Vers 27).

An dieser Stelle führte Jesus eine Metapher in das Gespräch ein. Da die Juden wegen nichts anderem gekommen waren als einer kostenlosen Mahlzeit, beschrieb Jesus sein Angebot mit Ausdrücken aus der Welt des Essens: keine gewöhnliche Speise, sondern „Speise, die da bleibt ins ewige Leben" (Vers 27).

Die Juden schlossen daraus, sie müßten etwas Großes und Tugendhaftes vollbringen, um sich diese ewige Speise zu verdienen. Sie fragten Jesus: „Was sollen wir tun, damit wir die Werke Gottes wirken?" (Vers 28).

Daraufhin antwortete Jesus: „Dies ist das Werk Gottes, daß ihr an den glaubt, den er gesandt hat" (Vers 29). Was sie zu tun hatten, war ihren Glauben auf Jesus zu setzen als den Einen von Gott Gesandten, den Messias.

Die Juden entgegneten ihm mit einer Aufforderung: „Was tust du nun für ein Zeichen, damit wir sehen und dir glauben? Was wirkst du?" (Vers 30).

Aus dieser Antwort werden zwei Dinge klar: Erstens verstanden die Juden, daß Jesus sie zum Glauben an ihn aufrief. Zweitens akzeptierten sie die Behauptung Jesu, daß er der Messias ist, nicht. Obwohl sie am Tag zuvor ein außergewöhnliches Wunder erlebt hatten, forderten sie einen weiteren Beweis, noch ein Zeichen. Sie gingen sogar so weit, daß sie meinten, Jesus solle Manna vom Himmel bringen, wie Mose es in der Wüste getan hatte (Vers 31).

Wiederum verknüpfte Jesus seine Antwort mit ihrer Bezugnahme auf Brot, auf das Manna vom Himmel. Die Juden wußten, daß das Manna für das leibliche Überleben des Volkes in der Wüste unverzichtbar gewesen war. Da Jesus versuchte, sie zu einem Verständnis davon zu bewegen, daß er in gleicher Weise für ihr geistliches Überleben unverzichtbar ist, antwortete er: „Ich bin das Brot des Lebens: Wer zu mir kommt, wird nicht hungern, und wer an mich glaubt, wird nie mehr dürsten" (Vers 35). Anders ausgedrückt: Wer sein Vertrauen auf Jesus setzt, wird für immer geistlich gesättigt und befriedigt sein.

Als die Diskussion hitziger wurde, wiederholte Jesus seine Aussage und weitete den Vergleich noch weiter aus: „Ich bin das lebendige Brot, das aus dem Himmel herabgekommen ist; wenn jemand von diesem Brot ißt, wird er leben in Ewigkeit. Das Brot aber, das ich geben werde, ist mein Fleisch für das Leben der Welt" (Vers 51).

Hier gibt der Herr Jesus eine Vorausschau auf seinen Tod am Kreuz und nicht auf die Eucharistie. Er sagt die Hingabe seines Lebens am Kreuz voraus.

Als Jesus verhieß, „wenn jemand von diesem Brot ißt, wird er leben in Ewigkeit" (Vers 51), sprach er dabei nicht von buchstäblichem Brot, sondern lehrte vielmehr, daß er selbst für alle, die glauben, die Quelle ewigen Lebens ist. Er drückt diese Wahrheit in einfachen Worten aus: „Wahrlich, wahrlich, ich sage euch: Wer glaubt, hat ewiges Leben" (Vers 47). Und er drückt diese Wahrheit mit bildhaften Worten aus: „Ich bin das Brot des Lebens" (Vers 48).

Diese einfache und bildhafte Ausdrucksweise von ein und derselben Wahrheit ist auch aus einer parallelen Gegenüberstellung der Verse 40 und 54 ersichtlich, wie in der folgenden Tabelle:

| **Einfache Sprache** | **Bildhafte Sprache** |
Johannes 6,40	*Johannes 6,54*
... daß jeder, der den Sohn sieht und an ihn glaubt, ewiges Leben habe; und ich werde ihn auferwecken am letzten Tag.	Wer mein Fleisch ißt und mein Blut trinkt, hat ewiges Leben, und ich werde ihn auferwecken am letzten Tag.

Die römisch-katholischen Gelehrten lehnen die bildhafte Auslegung ab. Sie verweisen darauf, daß die Juden Jesus schließlich so verstanden, daß er sie aufforderte, sein wirkliches Fleisch zu essen. Deshalb murrten sie auch und verließen ihn. Weil Jesus ihr Verständnis von diesem entscheidenden Punkt nicht korrigierte, so argumentieren die katholischen Gelehrten, ist ihr richtiges Verstehen des Herrn offensichtlich [1336].

Dieses Argument verdient unsere Aufmerksamkeit. Einige der Juden dachten tatsächlich, Jesus fordere sie auf, sein natürliches Fleisch zu essen (Johannes 6,52). Aber das beweist nicht, daß sie Jesus richtig verstanden hatten. Die Menschen haben Jesus oftmals mißverstanden, und das gewöhnlich, weil sie es nicht merkten, wenn er in bildhafter Sprache redete (zum Beispiel Johannes 2,19-21 und 4,10-11). Manchmal benutzte Jesus absichtlich bildhafte Sprache, um so die Wahrheit vor den hartherzigen und ungläubigen Zuhörern zu verbergen (Matthäus 13,10-16).

Dennoch ist die Behauptung, Jesus habe nicht versucht, das Mißverständnis der Juden aus Johannes 6 zu korrigieren, falsch. Auf das Murren des Volkes hin entgegnete Jesus: „Der Geist ist es, der lebendig macht; das Fleisch nützt nichts. Die Worte, die ich zu euch geredet habe, sind Geist und sind Leben" (Vers 63). Ewiges Leben wird also durch glaubendes Aufnehmen der *Worte* Jesu erlangt. Sein Fleisch zu essen wäre nutzlos.

Als die jüdischen Gegner Jesu in ihrem Unglauben verharrten, wandte er sich an die Zwölf und prüfte ihren Glauben mit der Frage: „Wollt ihr etwa auch weggehen?" (Vers 67).

Petrus antwortete darauf: „Herr, zu wem sollen wir gehen? Du hast Worte ewigen Lebens; und wir haben geglaubt und erkannt, daß du der Heilige Gottes bist" (Verse 68 und 69). Zumindest Petrus verstand also, daß ewiges Leben durch *Glauben an Christus* erlangt wird und nicht durch das Essen seines natürlichen Fleisches.

Wenn Jesus in Johannes 6 auch von Brot spricht, sollten wir in diesen Abschnitt nicht das Letzte Abendmahl hineinlesen. Der Zusammenhang von Johannes 6 und dem Letzten Abendmahl ist völlig verschieden.

In Johannes 6 spricht Jesus zu ungläubigen Juden. Hier geht es um ewiges Leben durch Glauben an ihn. Jesus benutzt das Bild vom Brot, um sich als den Einen vom Vater Gesandten (Vers 29), als die Quelle des Lebens (Vers 35) und als Retter der Welt (Vers 51) darzustellen. Der Herr will damit den Sündern die Notwendigkeit vor Augen malen, daß sie zur Erlangung des ewigen Lebens ihren Glauben auf ihn setzen müssen.

Beim Letzten Abendmahl spricht Jesus zu seinen Jüngern. Er benutzt Brot, zur Repräsentation seines Leibes. Damit will er ein Gedächtnismahl einführen, mit dem sie sich an ihn erinnern sollen. Er möchte von seinen Jüngern, daß sie auf diese Weise seinen Tod verkünden, bis er wiederkommt.

Johannes 6 und das Letzte Abendmahl sind zwei verschiedene Ereignisse. Mit ersterem das letztere zu erklären, würde die Bedeutung von beiden verzerren. Aber das ist genau das, was die römisch-katholische Kirche gemacht hat. Sie hält an der Fehlauslegung fest und weigert sich bei beiden Abschnitten, eine bildhafte Bedeutung zuzugestehen.

Ein falscher Christus

Was ist nun schon dabei, daß Christus lehrte, Brot und Wein *repräsentieren* seinen Leib und sein Blut, die katholische Kirche hingegen lehrt, sie *würden* zu seinem Leib und Blut? Wenn ein Katholik doch aufrichtig glaubt, daß Christus in der Eucharistie gegenwärtig ist, was schadet es?

Eine Menge in jeder Hinsicht. Woche für Woche reihen sich Millionen von Katholiken an den Altären in der Erwartung auf, Christus zu empfangen. Sie kommen in der Hoffnung, himmlische Nahrung zur Stärkung ihrer Seele und als Gegenmittel gegen die Sünde zu erhalten [1395, 1405]. Die Kirche verspricht ihnen, daß sie in der Eucharistie „Quelle und Höhepunkt des ganzen christlichen Lebens"[161], „die Quelle des Heils"[162] und „Christus selbst"[163] finden werden [1324-1327].

Aber was empfangen Katholiken wirklich? Nichts als eine dünne Hostie aus ungesäuertem Brot – eine Hostie, die sie dem ewigen Seelenheil kein Stück näherbringt. In Wirklichkeit hindert die Messe die Katholiken, nach Errettung und Seelenheil zu suchen. Der Gang zur Messe ist lediglich eins von vielen Mitteln, die die Kirche den Menschen bereitstellt *zu tun*, um vielleicht errettet zu werden; eine Sache mehr, die an die Stelle einer persönlichen Beziehung zu Christus tritt; eine Sache mehr, durch die sie zur Errettung von der Kirche – anstatt von Christus – abhängig sind.

Außerdem veranlaßt die Liturgie der Messe den Katholiken zu praktiziertem Götzendienst, zur Verehrung der Eucharistie mit „höchster Anbetung"[164] [1378-1381]. Aber was beten Katholiken damit tatsächlich an? Ein Stück Brot! Einen Becher Wein!

Doch Gott verbietet die Anbetung jeglicher Gegenstände, auch solcher, die ihn darstellen sollen:

> Du sollst dir kein Götterbild machen, auch keinerlei Abbild dessen, was oben im Himmel oder was unten auf der Erde oder was in den Wassern unter der Erde ist. Du

sollst dich vor ihnen nicht niederwerfen und ihnen nicht dienen.

2. Mose 20,4-5

Wir können sicher sein, daß Gott niemals sich selbst widersprechen wird, indem er sich in materielle Dinge wie Brot und Wein hineinbegibt und dann von den Menschen verlangt, diese Dinge anzubeten:

> Ich bin der HERR, das ist mein Name;
> und ich will meine Ehre keinem andern geben,
> noch meinen Ruhm den Götzen!

Jesaja 42,8; Schl

KAPITEL **7**

Das Blut Christi

BEI DER SONNTÄGLICHEN MESSE – ERSTES JAHRESSEELENAMT FÜR JOSEF LORENTE:

„Geheimnis des Glaubens!"[165] sprach Pater Sanchez mit lauter Stimme.

Wie von der Liturgie vorgeschrieben, antworteten Priester und Gemeinde zusammen: „Deinen Tod, o Herr, verkünden wir, und deine Auferstehung preisen wir, bis du kommst in Herrlichkeit."

Daraufhin streckte Pater Sanchez seine Hände über das konsekrierte Brot und den Wein vor ihm auf dem Altar aus, richtete seinen Blick nach oben und gedachte des Todes des Herrn:

> Darum, gütiger Vater, feiern wir, deine Diener und dein heiliges Volk, das Gedächtnis deines Sohnes, unseres Herrn Jesus Christus. Wir verkünden sein heilbringendes Leiden, seine Auferstehung von den Toten und seine glorreiche Himmelfahrt.

Dann brachte der Priester Gott, dem Vater, das Opfer seines Sohnes dar:

> So bringen wir aus den Gaben, die du uns geschenkt hast, dir, dem erhabenen Gott, die reine, heilige und makellose Opfergabe dar: das Brot des Lebens und den Kelch des ewigen Heiles.

Mit immer noch ausgestreckten Händen fuhr er fort:

> Blicke versöhnt und gütig darauf nieder und nimm sie an wie einst die Gaben deines gerechten Dieners Abel, wie

das Opfer unseres Vaters Abraham, wie die heilige Gabe,
das reine Opfer deines Hohenpriesters Melchisedek.

Pater Sanchez faltete die Hände, kniete nieder und betete:

> Wir bitten dich, allmächtiger Gott: Dein heiliger Engel
> trage diese Opfergabe auf deinen himmlischen Altar vor
> deine göttliche Herrlichkeit; und wenn wir durch unsere
> Teilnahme am Altar den heiligen Leib und das Blut deines
> Sohnes empfangen, erfülle uns mit aller Gnade und allem
> Segen des Himmels.

Als die Opferung Christi vollzogen war, wendete Pater Sanchez die Früchte des Opfers zugunsten von Josef Lorente und den anderen Seelen im Fegefeuer an. In wieder aufrechter Haltung bat der Priester Gott:

> Gedenke auch deiner Diener und Dienerinnen, die uns
> vorangegangen sind, bezeichnet mit dem Siegel des Glaubens und nun ruhen in Frieden – besonders Josef Lorente.
> Wir bitten dich: Führe ihn und alle, die in Christus entschlafen sind, in das Land deiner Verheißung, des Lichtes
> und des Friedens.

Nach dem gemeinsamen Gebet des Vaterunsers mit der Gemeinde folgte ein Friedensgruß. Dann nahm Pater Sanchez eine große konsekrierte Hostie und brach sie vorsichtig in drei Stücke. Das kleinste Stück ließ er in den Kelch fallen, wobei er leise sprach:

> Das Sakrament des Leibes und Blutes Christi schenke uns
> ewiges Leben. Herr Jesus Christus, der Empfang deines
> Leibes und Blutes bringe mir nicht Gericht und Verdammnis, sondern Segen und Heil.

Dann verkündete der Priester laut: „Seht das Lamm Gottes, das hinwegnimmt die Sünde der Welt." Bei diesen Worten hielt er die Hostie vor der Gemeinde in die Höhe, und die

Gemeinde antwortete dem Priester mit Gebet: „Herr, ich bin nicht würdig, daß du eingehst unter mein Dach, aber sprich nur ein Wort, so wird meine Seele gesund." Pater Sanchez fuhr fort: „Selig, die zum Hochzeitsmahl des Lammes geladen sind."

Mit einer etwas leiseren Stimme richtete Pater Sanchez sich wieder an Gott: „Der Leib Christi schenke mir das ewige Leben." Mit diesen Worten aß er die übrigen Stücke der zerbrochenen Hostie. Dann nahm er den Kelch in seine Hände, betete, „das Blut Christi schenke mir das ewige Leben" und trank ihn aus.

Als Pater Sanchez selber die Eucharistie empfangen hatte, begann er mit dem Austeilen der heiligen Kommunion an die Gemeinde. Wer die Eucharistie empfangen wollte, reihte sich in die Schlange zum Altarraum ein. Pater Sanchez trat heran und stellte sich vor den Anfang der Reihe. Dort hielt er vor jedem Kommunianten eine Hostie hoch mit den Worten: „Der Leib Christi."

Jeder Gläubige antwortete mit „Amen", der Beteuerung des Glaubens an die eucharistische Realpräsenz Christi, und empfing die Hostie auf die Zunge oder in die Hand.

Nach der Kommunion kehrte Pater Sanchez zum Altar zurück und führte das Reinigungsritual durch. Zuerst sammelte er alle von der Hostie gefallenen Krumen auf und gab sie in den Kelch. Dann füllte er Wasser in den Kelch und spülte dabei alle Rückstände der Hostien von seinen Fingern. Anschließend trank er den Kelch aus und trocknete ihn mit einem weißen Leinentuch. Bei alledem übte Pater Sanchez äußerste Sorgfalt, damit auch nicht das kleinste Teil konsekrierten Brotes oder Weines verloren ginge und entweiht würde. Dann verschloß er die übrigen Hostien im Tabernakel der Kirche.

„Lasset uns beten", sprach Pater Sanchez danach. „Barmherziger Gott, wir haben das heilbringende Sakrament empfangen. Laß uns auf die Fürsprache der seligen Jungfrau Maria, die du in den Himmel aufgenommen hast, zur Herrlichkeit der Auferstehung gelangen. Darum bitten wir dich durch Christus, unseren Herrn."[166] Er streckte seine

Hände zur Gemeinde aus und setzte fort: „Der Herr sei mit euch."

„Und mit deinem Geiste", antwortete die Gemeinde:

„Es segne euch der allmächtige Gott, der Vater und der Sohn und der Heilige Geist", sagte Pater Sanchez, während er das Kreuzzeichen machte.

„Amen."

„Gehet hin in Frieden."

„Dank sei Gott, dem Herrn", antwortete die Gemeinde.

Pater Sanchez machte eine Kniebeuge, küßte den Altar und verließ den Altarraum durch eine Seitentür. Gleichzeitig drängten sich die Gläubigen durch die hinteren Türen nach draußen.

Bald war das Gebäude bis auf zwei Personen leer: Frau Lorente, die den Rosenkranz für die Seele ihres Gatten betete und den im Tabernakel eingeschlossenen Christus. Ein rotes Licht brannte neben dem Heiligtum – ein stilles Zeugnis seiner leiblichen Gegenwart.

❖ ❖ ❖

DIE FORTSETZUNG DES KREUZESOPFERS
[1323, 1330, 1362-1372]

Der römische Katholizismus lehrt, daß Jesus beim Letzten Abendmahl, nach der Konsekration von Brot und Wein, „Gott dem Vater seinen Leib und sein Blut"[167] opferte. Dann gab Christus seinen Leib und sein Blut den Aposteln zur Speise und wies sie an: „Dies tut zu meinem Gedächtnis" (Lukas 22,19). Mit diesen Worten hat Christus laut der Kirche seine Apostel „zu Priestern des Neuen Bundes bestellt"[168] und „befahl ihnen und ihren Nachfolgern im Priestertum, dieses Opfer darzubringen"[169], um das Opfer der Eucharistie fortzusetzen [1337]. Auf diese Weise setze Christus –

> ... das neue Osterlamm ein, sich selbst, auf daß er von der Kirche durch die Priester unter sichtbaren Zeichen geop-

fert werde zum Gedächtnis an seinen Hinübergang aus dieser Welt zum Vater ...

Konzil zu Trient[170]

Der katholischen Kirche zufolge ist die Messe ein „wirkliches und eigentliches Opfer"[171], nicht bloß ein symbolischer Ritus, sondern das tatsächliche „eucharistische Opfer"[172] [1367]. Beim Meßopfer gibt es ein wirkliches Opfer: der Herr Jesus unter der Gestalt von Brot und Wein. Aus diesem Grund bezeichnet die Kirche die konsekrierten Brotoblaten als *Hostien*, von dem lateinischen Wort für *Opfer*. Die Opferung ist ebenfalls real. Der Priester bringt „... im Heiligen Geist die makellose Opfergabe dem Vater dar"[173].

> Der Opfercharakter der Eucharistie tritt schon in den Einsetzungsworten zutage: „Das ist mein Leib, der für euch dahingegeben wird", und „dieser Kelch ist der Neue Bund in meinem Blut, das für euch vergossen wird" (Lukas 22,19-20). In der Eucharistie schenkt Christus diesen Leib, den er für uns am Kreuz dahingegeben hat und dieses Blut, das er „für viele vergossen" hat „zur Vergebung der Sünden" (Matthäus 26,28).
> *Katechismus der Katholischen Kirche* [1365]

Das Opfern ist die wichtigste Bedeutung der Messe. Papst Johannes Paul II. schrieb: „Die Eucharistie ist über allem anderen ein Opfer. Sie ist das Opfer der Erlösung und gleichsam das Opfer des Neuen Bundes."[174]

Die Kirche lehrt, Kreuzesopfer und Meßopfer seien „ein und dasselbe"[175] Opfer, denn bei beiden ist Christus der Darbringende und das Opfer [1367, 1407-1410]. Am Kreuz opferte Christus sich selbst unmittelbar dem Vater. Bei der Messe opfert Christus sich selbst dem Vater durch die Hände des Priesters [1088]. Dennoch ist Christus immer noch der erste Opfernde, denn für die Kirche ist der Priester „ein zweiter Christus"[176] [1348, 1566]:

> Der Priester ist nicht mehr eine eigenständige Person. Er ist zu einem sakramentalen Zeichen geworden, dem Re-

präsentanten Christi, der auf dem Altar gegenwärtig ist und sich selbst als Opfer darbringt. Christus ist der wirkliche Priester; er ist es, der Brot in seinen Leib und Wein in sein Blut verwandelt und beides dem himmlischen Vater als Opfergabe darbringt.

aus einem Handbuch für Dogmatik[177]

Der Kirche zufolge hat Christus die Messe „eingesetzt, um dadurch das Opfer des Kreuzes durch die Zeiten hindurch bis zu seiner Wiederkunft fortdauern zu lassen"[178] [1323, 1382]. Jede Messe sollte eine „zeichenhafte Erneuerung"[179] des Kreuzes mit einer dreifachen Bedeutung sein [1366]:

... so wollte er [Christus] beim letzten Mahl in der Nacht des Verrats seiner geliebten Braut, der Kirche, ein sichtbares Opfer hinterlassen, wie es die Menschennatur erfordert, in dem jenes blutige Opfer, das einmal am Kreuze dargebracht werden sollte, dargestellt, sein Andenken bis zum Ende der Zeiten bewahrt und seine heilbringende Kraft zur Vergebung der Sünden, die wir täglich begehen, zugewandt werden sollte.

Konzil zu Trient[180]

Die Kirche beschreibt hier drei Beziehungen zwischen der Messe und dem Kreuz. Zum Verständnis des Opfercharakters der Messe ist es notwendig, jede dieser drei Beziehungen gesondert zu untersuchen.

Jede Messe stellt das Opfer des Kreuzes wieder dar
[1330, 1354, 1357]

In der Lehre vom Letzten Abendmahl betont die katholische Kirche, daß Christus Brot und Wein *einzeln* verwandelt habe. Zuerst verwandelte er das Brot, dann den Wein. Bei der Messe hält der Priester sich an die gleiche Reihenfolge:

Denn das einzeln konsekrierte Blut dient dazu, die Passion unseres Herrn, seinen Tod und das Wesen seiner

Leiden in überzeugender Weise vor die Augen aller zu stellen.

Catechismus Romanus[181]

Aus demselben Grund *bleiben* Brot und Wein bei der Messe *getrennt*:

> ... die eucharistischen Gestalten aber, unter denen er gegenwärtig ist, versinnbilden die gewaltsame Trennung des Leibes und des Blutes. So wird das Gedächtnis seines Todes, der sich auf Kalvaria wirklich vollzogen hat, in jedem Opfer des Altares neu begangen, insofern durch deutliche Sinnbilder Jesus Christus im Opferzustand dargestellt und gezeigt wird.
>
> *Mediator Dei et hominum*[182]

Folglich geht mit der Konsekration von Brot und Wein auch die *Opferung* Christi einher:

> Im Opfer der Messe wird nämlich der Herr geopfert, wenn „er beginnt, sakramental gegenwärtig zu sein als geistliche Speise der Gläubigen unter den Gestalten von Brot und Wein".
>
> Instruktion über die Eucharistie[183]

Opfern ist das stellvertretende Töten eines Opfers. Die Kirche sagt jedoch, Christus würde bei der Messe weder leiden, noch Blut vergießen, noch sterben. Christus wird vielmehr einer „unblutigen Hinopferung"[184] unterzogen, durch die er unter der Gestalt von Brot und Wein sakramental gegenwärtig wird, ein „allerheiligstes Opfer"[185] [1085, 1353, 1362, 1364, 1367, 1383, 1409, 1545].

Der Katholizismus lehrt, daß Christus, sobald er im Opferzustand auf dem Altar gegenwärtig ist, sich selbst durch die Hände des Priesters und in Gemeinschaft mit der Kirche Gott dem Vater darbringt [1354, 1357]:

> Die Feier der Eucharistie ist eine Handlung Christi selbst

und der Kirche; in ihr bringt Christus der Herr durch den Dienst des Priesters sich selbst, unter den Zeichen von Brot und Wein wesenhaft gegenwärtig, Gott dem Vater, dar ...

Codex Iuris Canonici[186]

Diese erneute Darbringung Christi dem Vater bei der Messe vollzieht sich, wenn der Priester betet:

> Darum, gütiger Vater, feiern wir ... das Gedächtnis deines Sohnes, unseres Herrn Jesus Christus ... So bringen wir aus den Gaben ... dir, dem erhabenen Gott, die reine, heilige und makellose Opfergabe dar: das Brot des Lebens und den Kelch des ewigen Heiles. Blicke versöhnt und gütig darauf nieder und nimm sie an ... Wir bitten dich, allmächtiger Gott: Dein heiliger Engel trage diese Opfergabe auf deinen himmlischen Altar vor deine göttliche Herrlichkeit; und wenn wir durch unsere Teilnahme am Altar den heiligen Leib und das Blut deines Sohnes empfangen, erfülle uns mit aller Gnade und allem Segen des Himmels.
>
> Aus dem ersten eucharistischen Hochgebet[187]

Von daher sieht die Kirche die Messe als wirkliche Opferung an [1365]:

> Das hochheilige Opfer des Altares ist also kein bloßes und einfaches Gedächtnis des Leidens und Todes Jesu Christi, sondern eine wahre und eigentliche Opferhandlung, bei welcher der göttliche Hohepriester durch seine unblutige Hinopferung das tut, was er schon am Kreuze getan, sich selbst dem ewigen Vater als wohlgefälligste Opfergabe darbringend.
>
> *Mediator Dei et hominum*[188]

Damit die Gläubigen besser die Beziehung zwischen dem Kreuzesopfer und dem Meßopfer einsehen können, schreibt die Kirche vor: „Auf dem Altar oder in seiner Nähe soll für die ganze Gemeinde gut sichtbar ein Kreuz sein."[189]

Jede Messe ist ein Gedächtnis des Kreuzesopfers
[610-611, 1356-1358, 1362-1372]

Der Kirche zufolge erinnert uns jede Messe –

> ... daran, daß es kein anderes Heil gibt als im Kreuze unseres Herrn Jesus Christus, und daß Gott selbst die Fortdauer seines Opfers vom Aufgang der Sonne bis zum Untergang gesichert wissen will ...
> *Mediator Dei et hominum*[190]

Die Messe „feiert das Gedächtnis Christi, indem sie in besonderer Weise seine heilige Passion, seine glorreiche Auferstehung und seine Himmelfahrt in Erinnerung ruft"[191]. Das wird in der Messe auf verschiedene Weise ausgedrückt. Ein Beispiel ist das *Geheimnis des Glaubens*: „Deinen Tod, o Herr, verkünden wir, und deine Auferstehung preisen wir, bis du kommst in Herrlichkeit."[192]

Jede Messe wendet die heilbringende Kraft des Kreuzesopfers zu
[1366, 1407, 1416, 1566]

Der römische Katholizismus lehrt, Christus habe die Eucharistie eingesetzt –

> ... damit die Kirche ein fortdauerndes Opfer habe, durch welches unsere Sünden getilgt werden können und unser himmlischer Vater, der durch unsere Vergehen oftmals heftig angegriffen wird, sich vom Zorn zur Barmherzigkeit wendet, von der Strenge einer gerechten Strafe zur Milde.
> *Catechismus Romanus*[193]

Dem katholischen Glauben zufolge wird jedesmal, wenn ein Priester das Meßopfer darbringt, Gottes Zorn gegen Sünde besänftigt. Die Messe ist genau wie das Kreuz selbst ein Sühn- oder Versöhnungsopfer:

> Weil in diesem göttlichen Opfer, das in der Messe gefeiert wird, derselbe Christus enthalten ist und unblutig geopfert wird, der sich selbst am Kreuzaltar einmal blutig dargebracht hat, so lehrt die heilige Kirchenversammlung: Dieses Opfer ist ein wirkliches Sühneopfer, und es bewirkt, daß wir „Barmherzigkeit erlangen und die Gnade finden zu rechtzeitiger Hilfe" (Hebräer 4,16), wenn wir mit geradem Herzen, mit rechtem Glauben, mit Scheu und Ehrfurcht, zerknirscht und bußfertig vor Gott hintreten. Versöhnt durch die Darbringung dieses Opfers, gibt der Herr die Gnade und die Gabe der Buße, und er vergibt die Vergehen und Sünden, mögen sie noch so schwer sein.
> Konzil zu Trient[194]

Versöhnung ist das Ergebnis des Meßopfers auf Seiten Gottes. Auf Seiten der Menschen ist das Ergebnis Sühne, die Befreiung des Sünders von der Sündenstrafe [1371, 1394, 1416]:

> Der Leib Christi, den wir in der Kommunion empfangen, ist „für uns hingegeben", und das Blut, das wir trinken, ist „vergossen worden für die Vielen zur Vergebung der Sünden". Darum kann uns die Eucharistie nicht mit Christus vereinen, ohne uns zugleich von den begangenen Sünden zu reinigen und vor neuen Sünden zu bewahren.
> *Katechismus der Katholischen Kirche* [1393]

Das Meßopfer wird zugunsten sowohl der Lebenden als auch der Toten dargebracht [1371, 1414, 1689]:

> Es wird deshalb nicht nur für die Sünden der lebenden Gläubigen, für ihre Strafen, Genugtuungen und andere Nöte nach der Überlieferung der Apostel, sondern auch für die in Christus Verstorbenen, die noch nicht vollkommen gereinigt sind, mit Recht dargebracht.
> Konzil zu Trient[195]

Oder in den Worten des neuen *Katechismus*:

> Als Opfer wird die Eucharistie auch zur Vergebung der Sünden der Lebenden und der Toten dargebracht und um von Gott geistliche und zeitliche Wohltaten zu erlangen.
> *Katechismus der Katholischen Kirche* [1414]

Die Kirche lehrt, daß die Früchte des Kreuzesopfers durch das Meßopfer „überreich erlangt"[196] werden:

> Daher dieses übliche Gebet der Kirche: *Sooft wir das Gedächtnis dieses Opfers feiern, sooft vollzieht sich an uns das Werk der Erlösung*; was heißt, daß durch dieses unblutige Opfer uns die reichlichsten Früchte des blutigen Opfers zufließen.
> *Catechismus Romanus*[197]

Der Glaube, das Meßopfer sei ein Versöhnungsopfer, kommt in der eucharistischen Liturgie zum Ausdruck. Der Priester bittet Gott: „Schau gütig auf die Gabe deiner Kirche. Denn sie stellt dir das Lamm vor Augen, das geopfert wurde und uns nach deinem Willen mit dir versöhnt hat."[198] Kurz darauf fährt er fort: „Barmherziger Gott, wir bitten dich: Dieses Opfer unserer Versöhnung bringe der ganzen Welt Frieden und Heil."[199]

EINE BIBLISCHE ANTWORT

Die Vorstellung eines fortgesetzten Opfers für Sünden ist dem biblischen Christentum fremd. Die Schrift lehrt, daß „es kein Opfer für Sünde mehr" gibt (Hebräer 10,18). Christus hat uns mit Gott versöhnt, „indem er Frieden gemacht hat durch das Blut des Kreuzes" (Kolosser 1,20). Entgegen der römisch-katholischen Lehre lehrt die Bibel, daß:

- es Christi Wunsch war, seiner zu gedenken und nicht, ihn zu opfern.
- Christi Erlösungswerk vollendet ist und nicht fortdauert.

- Christus jeden Gläubigen zu einem Priester machte und nicht nur einige wenige erwählte.

CHRISTI WUNSCH WAR, SEINER ZU GEDENKEN UND NICHT, IHN ZU OPFERN

Beim Letzten Abendmahl wies der Herr Jesus seine Jünger an: „Dies tut zu meinem Gedächtnis" (Lukas 22,19). Das Wort, das hier mit „Gedächtnis" übersetzt wird, bedeutet ein In-Erinnerung-Rufen. Der Herr wünschte, daß seine Jünger an sein Errettungswerk vom Kreuz denken. Mit Brot und Wein vor sich, den Symbolen für seinen Leib und sein Blut, sollten sie „den Tod des Herrn, bis er kommt" verkünden (1. Korinther 11,26). Die Zusammenkunft, die die Christen das „Brechen des Brotes" (Apostelgeschichte 2,42) und „Mahl des Herrn" (1. Korinther 11,20) nennen würden, sollte ein Gedächtnis seines Todes sein.

Die Bibel spricht jedoch vom Letzten Abendmahl (dem Passahmahl in der Nacht, in der Christus verraten wurde) oder dem Mahl des Herrn (dem von Christen begangenen Gedächtnismahl) an keiner Stelle als von einem Opfer. Dennoch sehen die römisch-katholischen Theologen sowohl das Letzte Abendmahl als auch das Mahl des Herrn als wirkliche Opfer an. Wir werden nun sechs Argumente untersuchen, die sie der Schrift zur ihrer Unterstützung entnehmen:

- Vorausgesagt von Maleachi
  Maleachi prophezeite, daß es allerorts Opfer geben werde (Maleachi 1,11).
- Vorausgesagt von Jesus
  Jesus prophezeite, daß es allerorts Opfer geben werde (Johannes 4,21).
- Nach der Weise Melchisedeks
  Jesus brachte Brot und Wein als Priester nach der Weise Melchisedeks dar (Psalm 110,4).
- Die Gegenwartsform

Beim Letzten Abendmahl sprach Jesus von seinem Opfer in der Gegenwartsform (Lukas 22,19-20).
- Opfer des Neuen Bundes
  Christus, unser Passahlamm, ist das Opfer des Neuen Bundes (1. Korinther 5,7).
- Opfer des Altars
  Paulus sprach vom Mahl des Herrn als ein Opfer des Altars (1. Korinther 10,21).

Vorausgesagt von Maleachi

Die römisch-katholische Kirche sagt, Maleachi habe prophezeit, daß eines Tages alle Völker Opfer darbringen werden. Die katholisch geprägte Einheitsübersetzung sagt:

> Denn vom Aufgang der Sonne bis zu ihrem Untergang steht mein Name groß da bei den Völkern, und an jedem Ort wird meinem Namen ein Rauchopfer dargebracht und eine reine Opfergabe ...
> Maleachi 1,11; Einh

Die römisch-katholische Kirche lehrt, die Eucharistie sei die Erfüllung von Maleachis Prophezeiung [1350, 2643]. Die Messe –

> ... ist jenes reine Opfer, das durch keine Unwürdigkeit und Schlechtigkeit derer, die es darbringen, befleckt werden kann, von dem der Herr durch Malachias vorhersagte, es werde seinem Namen, der groß sein werde unter den Heidenvölkern, an jedem Ort als reine Gabe dargebracht ...
> Konzil zu Trient[200]

Sowohl die römisch-katholische Übersetzung von Maleachi 1,11 als auch deren Auslegung sind beide fragwürdig. Der Vers verwendet nicht das übliche hebräische Wort für Opfer. Das in der katholischen Übersetzung mit „Opfer" wiedergegebene hebräische Wort taucht in der gesamten Bibel tatsächlich nur in Maleachi 1,11 auf. Wie bei vielen seltenen Wörtern ist seine Bedeutung ungewiß. Bekannt ist, daß sich das Wort von einer Wurzel ableitet, die soviel bedeutet wie „veranlassen, in Rauch aufzusteigen"[201]. Die Übersetzer von verbreiteten nichtkatholischen Bibeln verstehen den Begriff als Hinweis auf *Räucherwerk*: „... und an jedem Ort wird geräuchert ..." (Maleachi 1,11; UElb). Die Septuaginta, die älteste jüdisch-griechische Übersetzung des Alten Testaments, gibt das Wort ebenfalls mit „Weihrauch" wieder.

Darüber hinaus bezeichnet die „reine Opfergabe" aus diesem Vers nicht notwendigerweise ein Opfer für Sünde. An anderen Stellen im Alten Testament bezieht sich das mit „Opfergabe" wiedergegebene Wort auf das Speisopfer, einer freiwilligen Dankesgabe und nicht einem versöhnenden Opfer für Sünde (3. Mose 6,14-23).

Schließlich spricht Maleachi von einer Zeit, da der Name des Herrn „groß bei den Völkern" ist. Das ist offensichtlich zur Zeit noch nicht der Fall. Der Name Christi ist heute ein Gegenstand der Verachtung und des Spottes. Der Zusammenhang von Maleachis Prophezeiung macht deutlich, daß es sich hier um Ereignisse handelt, die noch in der Zukunft liegen und auf die Wiederkunft Christi folgen werden.

Nebenbei bemerkt wird anhand der oben angeführten Beschreibung der Messe durch die Kirche als „jenes reine Opfer, das durch keine Unwürdigkeit und Schlechtigkeit derer, die es darbringen, befleckt werden kann"[202] ein weiterer Irrtum des katholischen Glaubens deutlich. Die Kirche lehrt, das Meßopfer sei unabhängig von der geistlichen Verfassung des darbringenden Priesters heilig und Gott wohlannehmbar [1128].[203] Anders ausgedrückt, wenn ein rechtmäßig ordinierter Priester das Meßopfer vollzieht, ist das Opfer dem Herrn heilig, auch wenn der opfernde Priester in schlimmsten Sünden lebt. Die Bibel hingegen lehrt, „das Opfer des Gottlosen ist ein Greuel für den HERRN ..." (Sprüche 15,8).

Vorausgesagt von Jesus

Römisch-katholische Gelehrte behaupten, Jesus habe bei dem Gespräch mit der samaritischen Frau das Meßopfer vorausgesagt:

Die Frau spricht zu ihm: Herr, ich sehe, daß du ein Prophet bist. Unsere Väter haben auf diesem Berg [dem Berg Garizim] angebetet, und ihr sagt, daß in Jerusalem der Ort sei, wo man anbeten müsse. Jesus spricht zu ihr: Frau, glaube mir, es kommt die Stunde, da ihr weder auf diesem Berg, noch in Jerusalem den Vater anbeten werdet.

Johannes 4,19-21

Der katholische Autor Matthias Premm kommentiert dazu:

So wird es nicht nur in Jerusalem oder auf dem Berg Garizim, sondern rund um die ganze Welt („vom Aufgang der Sonne bis zu ihrem Untergang", wie Maleachi sagt) ein Opfer geben.

aus einem Handbuch für Dogmatik[204]

Jesus sagte jedoch nicht, es werde rund um die Welt *geopfert*, er sagte, es werde *angebetet* (Johannes 4,21). In den folgenden Versen beschreibt er diese Anbetung als „in Geist und Wahrheit" (Vers 23). Mit keinem Wort sagt er etwas von einem Opfer.

Nach der Weise Melchisedeks

Bei der Messe bittet der Priester Gott, gütig auf geweihtes Brot und geweihten Wein zu sehen und sie anzunehmen, gleich wie er „die heilige Gabe, das reine Opfer deines Hohenpriesters Melchisedek"[205] angenommen hat. Die Kirche lehrt, in 1. Mose 14,18 habe Melchisedek Gott Brot und Wein geopfert. Dieses Opfer, so die Kirche, sei eine Vorausschau gewesen auf das Opfer des Leibes und Blutes Christi unter der Gestalt von Brot und Wein beim Letzten Abendmahl [1333, 1350, 1544]. Deshalb werde Christus in der Bibel auch „Priester in Ewigkeit nach der Weise Melchisedeks" (Psalm 110,4) genannt.

Die Bibel sagt jedoch nirgends, Melchisedek habe Brot und Wein *geopfert*. Der Abschnitt, auf den die Kirche sich hier bezieht, 1. Mose 14,13-24, ist ein Bericht von der siegreichen Rückkehr Abrahams und seiner Streitkräfte von einer Schlacht. Als sie sich Jerusalem näherten, kam Melchisedek ihnen entgegen, um Abraham zu begrüßen:

> Und Melchisedek, König von Salem, brachte Brot und Wein heraus; und er war Priester Gottes, des Höchsten. Und er segnete ihn und sprach: Gesegnet sei Abram von Gott, dem Höchsten, der Himmel und Erde geschaffen hat! Und gesegnet sei Gott, der Höchste, der deine Bedränger in deine Hand ausgeliefert hat!
>
> 1. Mose 14,18-20

Die naheliegendste Deutung dieses Ereignisses ist die, daß Melchisedek aus der Stadt herbeikam, um Gott zu loben und Abraham für den Sieg zu segnen. Brot und Wein waren Stärkung für Abrahams ermüdete Männer. Ein Opfer wird nicht erwähnt.

Weshalb wird der Herr Jesus dann „Priester in Ewigkeit nach der Weise Melchisedeks" (Psalm 110,4) genannt? Die biblische Begründung ist, daß sowohl Christus als auch Melchisedek in der Schrift als unsterblich dargestellt werden.

Von einem jüdischen Standpunkt aus betrachtet, ist Melchisedek wie ein Mensch, der niemals geboren wurde und niemals starb. In 1. Mose 14 tritt er in Erscheinung, ohne zuvor nach jüdischer Weise vorgestellt zu werden. Seine familiäre Abstammung wird nicht angeführt, noch nicht einmal der Name seines Vaters oder seiner Mutter. Es ist, als hätte er schon immer gelebt. Melchisedek begegnet Abraham und verschwindet dann aus der biblischen Szenerie. Da wir nichts über seinen Tod wissen, sieht es so aus, als sei er niemals gestorben. Die Bibel sagt über Melchisedek:

> Ohne Vater, ohne Mutter, ohne Geschlechtsregister, hat er weder Anfang der Tage noch Ende des Lebens, er gleicht dem Sohn Gottes und bleibt Priester für immer.
>
> Hebräer 7,3

Die biblische Verbindung zwischen Jesus und Melchisedek

ist ein unsterbliches Leben. Beide sind Priester, die „weder Anfang der Tage noch Ende des Lebens" haben. Deshalb wird Jesus „Priester in Ewigkeit nach der Weise Melchisedeks" (Psalm 110,4; Hebräer 5,6; 7,17) genannt. Weder von Jesus noch von Melchisedek wird gesagt, sie hätten Brot und Wein als Opfer dargebracht.

Die Gegenwartsform

Die römisch-katholischen Gelehrten sagen, beim Letzten Abendmahl habe Christus durch die Einsetzungsworte deutlich gemacht, daß er an jenem Abend ein Opfer darbrachte [1365]. Der Herr sagte nicht lediglich, „dies ist mein Leib" (Matthäus 26,26), und „dies ist mein Blut" (Vers 28), sonden fügte die Wort hinzu, „der für euch gegeben wird" (Lukas 22,19) und „das für euch vergossen wird" (Lukas 22,20). A. Tanquerey erklärt, wie diese Ausdrucksweise den römisch-katholischen Standpunkt unterstützt:

> Aber diese Worte bedeuten für sich genommen, daß der Leib und das Blut Christi als wahres Opfer dargebracht wurden ... Die gleichen Worte kennzeichnen die *tatsächliche Opferung des Mahles* selbst. Im Griechischen wird die Gegenwartsform verwendet: *wird gegeben, wird vergossen*; das Blut wird gewissermaßen *in den Kelch* vergossen, das heißt, so wie es sich im Kelch befindet und nicht wie es am Kreuz vergossen *werden* wird.
> aus einem Handbuch für Dogmatik[206]

Anders ausgedrückt meinen die katholischen Gelehrten, weil Christus beim Letzten Abendmahl von seinem Opfer in der *Gegenwartsform* gesprochen hat, hätte im gleichen Augenblick ein Opfer stattgefunden. Deshalb sei das Letzte Abendmahl ein wirkliches Opfer. Und da das Letzte Abendmahl die erste Messe war, ist die Messe heute ebenfalls ein Opfer.

Diese Auslegung mißachtet die Tatsache, daß die Wendungen wie „der gegeben wird" und „das vergossen wird"

Übersetzungen von griechischen Partizipien sind. Ein Partizip Präsens (Gegenwartsform) bezeichnet nicht unbedingt ein gegenwärtiges Ereignis: „Die zeitlichen Beziehungen des Partizips gehören nicht zu seiner Zeitform, sondern zum Sinn des Kontextes."[207]

Im Kontext spricht Jesus von seinem Tod am darauffolgenden Tag. Er verwendet das Partizip Präsens, um die Bestimmtheit des noch *zukünftigen* Ereignisses eindrücklich darzustellen. Das Griechische gestattet diese zukünftige Bedeutung des Präsens.[208] Sogar die Übersetzer der katholischen *New American Bible* anerkennen, daß Jesus beim Letzten Abendmahl zwar die Gegenwartsform benutzte, dabei jedoch von einem zukünftigen Ereignis sprach:

> Dann nahm er Brot und sagte Dank, brach es und gab es ihnen mit den Worten: „Das ist mein Leib, der für euch gegeben *werden* wird. Tut dies als ein Gedächtnis an mich." Das gleiche tat er mit dem Kelch nach dem Mahl und sprach dabei: „Dieser Kelch ist der neue Bund in meinem Blut, das für euch vergossen *werden* wird."
>
> Lukas 22,19-20 nach der englischen *New American Bible*; Hervorhebungen durch den Autor

Jesus vergoß sein Blut nicht beim Letzten Abendmahl, sondern am Kreuz. Zu sagen, er hätte sein Blut zur Vergebung der Sünden „in den Kelch vergossen"[209], ist lästerlich.

Opfer des Neuen Bundes

Das Letzte Abendmahl fand am Passahfest statt. Christus und seine Jünger hielten sich an des Gesetz Mose und begingen dieses Fest mit dem Schlachten, Braten und Essen eines Lammes (2. Mose 12). Die römisch-katholische Kirche sagt, Christus hat das alte Passah gefeiert, damit „setzte er das neue Osterlamm [Passahlamm] ein, sich selbst, auf daß er von der Kirche durch die Priester unter sichtbaren Zeichen geopfert werde ..."[210] [1339-1340]. Die Kirche behauptet, dieses neue Passahopfer setze unsere Erlösung fort [1068, 1364, 1405]:

> Sooft das Kreuzesopfer, in dem Christus, unser Osterlamm, dahingegeben wurde (1. Kor 5,7), auf dem Altar gefeiert wird, vollzieht sich das Werk unserer Erlösung.
>
> Zweites Vatikanisches Konzil[211]

Einmal mehr geht die Kirche hier über das hinaus, was die Bibel lehrt. An keiner Stelle sagt die Bibel, das Opfer des Neuen Bundes sei das Letzte Abendmahl, das Mahl des Herrn oder die Messe. Das einzige Sühnopfer des Neuen Bundes ist das des Kreuzes, das vollendete Erlösungswerk Christi. Das ist der Grund weshalb Paulus, als er schrieb, „auch für uns ist ein Passahlamm geschlachtet worden: Christus" (1. Korinther 5,7; Schl), für das Verb eine Zeitform benutzte, die das Ereignis als in der Vergangenheit abgeschlossen beschrieb.[212] Christus *wird* nicht geopfert; er ist am Kreuz geopfert *worden*.

Opfer des Altars

Paulus schrieb den Korinthern:

> Ihr könnt nicht des Herrn Kelch trinken und der Dämonen Kelch; ihr könnt nicht am Tisch des Herrn teilnehmen und am Tisch der Dämonen.
>
> 1. Korinther 10,21

Die römisch-katholische Kirche behauptet, diese Verse würden deutlich machen, daß Paulus das Mahl des Herrn als Opfer verstand.

> Das ist jenes reine Opfer ... auf das der Apostel Paulus im Brief an die Korinther nicht undeutlich anspielt, wenn er sagt, die sich durch Teilnahme am Tisch der Dämonen befleckt haben, die könnten nicht teilhaft werden des Tisches des Herrn (1. Kor 10,21). Dabei versteht er unter dem Tisch beidemal den Altar.
>
> Konzil zu Trient[213]

Die Kirche möchte den Begriff „Tisch" hier durch den Begriff „Altar" ersetzen, denn ein Altar ist zum Opfern da, wohingegen ein Tisch für das Essen da ist. Dieser Tausch würde die Behauptung der Kirche stützen, die ersten Christen hätten das Mahl des Herrn als Opfer verstanden. Eine solche Ersetzung entbehrt jedoch jeglicher Berechtigung.

Außerdem benutzte Paulus in 1. Korinther 10,21 den Begriff „Tisch" aus gutem Grund. Die Teilnahme am „Tisch der Dämonen" ist ein Hinweis auf eine Praxis innerhalb der hellenistischen Religion, bei der deren Anhänger an einem kultischen Mahl teilnahmen: „Der Teilnehmer glaubte, er sitze am ... Tisch des Gottes und durch das Mahl trete er mit der Gottheit in Gemeinschaft."[214] Paulus warnte die korinthischen Christen davor, daß sie nicht gleichzeitig an diesen heidnisch-kultischen Mahlzeiten und am „Tisch des Herrn" (1. Korinther 10,21) teilnehmen können. Er sprach vom „Tisch des Herrn", weil die ersten Christen das Mahl des Herrn als ein Gemeinschaftsmahl in Erinnerung an Christus verstanden und nicht als ein Opfer.

CHRISTI ERLÖSUNGSWERK IST VOLLKOMMEN VOLLENDET

Unmittelbar bevor der Herr Jesus am Kreuz seinen Geist übergab, rief er aus: „Es ist vollbracht!" (Johannes 19,30). Sein Opferwerk der Erlösung war getan.

Das griechische Verb in Johannes 19,30 steht in der Zeitform des *Perfekt*. „Es schließt einen Vorgang ein, zeigt diesen Vorgang aber als vollendet und nun in einem abgeschlossenen Zustand vorliegend."[215] Anders gesagt, das Heilswerk Christi wurde am Kreuz vollendet und besteht in seinem vollendeten Zustand fort. Der Vers könnte auch übersetzt werden: „Es ist vollbracht worden und besteht vollständig."[216]

Der römische Katholizismus stellt durch seine Aussage, das Kreuzesopfer würde in der Messe *fortgesetzt*, das vollendete Werk Christi vom Kreuz falsch dar. Die Kirche behauptet, „daß Gott selbst die Fortdauer seines Opfers ... gesichert wissen will"²¹⁷, und daß „Christus ... sich selbst als Sühnopfer für unsere Seelen hingegeben hat und sich fortwährend hingibt"²¹⁸. Der römisch-katholischen Theologie zufolge geschehen bei den jährlich über 120 Millionen Messen vier Dinge:²¹⁹

Eine Hinopferung

Wie wir gesehen haben, lehrt die Kirche, bei jeder Messe werde Christus durch die Worte und Handlungen des Priesters hingeopfert – auf dem Altar unter der Gestalt von Brot und Wein „als Opfer" gegenwärtig gemacht. Dies, so die Kirche, ist „kein bloßes und einfaches Gedächtnis des Leidens und Todes Jesu Christi, sondern eine wahre und eigentliche Opferhandlung, bei welcher der göttliche Hohepriester durch seine unblutige Hinopferung das tut, was er schon am Kreuze getan, sich selbst dem ewigen Vater als wohlgefälligste Opfergabe darbringend"²²⁰. Diese Lehre entstellt den gegenwärtig auferstanden und verherrlichten Zustand des Herrn Jesus Christus auf schreckliche Weise. Die Bibel lehrt, „daß Christus, aus den Toten auferweckt, nicht mehr stirbt; der Tod herrscht nicht mehr über ihn" (Römer 6,9). Christus stellt sich selbst vor als „der Lebendige, und ich war tot, und siehe, ich bin lebendig von Ewigkeit zu Ewigkeit" (Offenbarung 1,18). Dann fügt er hinzu: „... und ich habe die Schlüssel des Todes und des Hades." Sollte der Lebendige, der alle Macht über den Tod hat, fortwährend in seinem Tod gegenwärtig sein? Und das durch die Hände jener, für die er starb? Eindeutig nicht. Außerdem erwähnt die Bibel an keiner Stelle ein unblutiges Opfer. Die Schrift lehrt, „ohne Blutvergießen gibt es keine Vergebung" (Hebräer 9,22). Wenn kein Blut fließt, gibt es keine Sühne, „denn das Blut ist es, das Sühnung tut durch die Seele in ihm" (3. Mose 17,11).

Eine Wieder-Darbringung

Die Kirche lehrt, daß Christus bei jeder Messe „das tut, was er schon am Kreuz getan, sich selbst dem ewigen Vater als wohlgefälligste Opfergabe darbringend"²²¹. Im *Eucharisti-*

schen Hochgebet bittet der Priester Gott: „Schau gütig auf die Gabe deiner Kirche. Denn sie stellt dir das Lamm vor Augen, das geopfert wurde und uns nach deinem Willen mit uns versöhnt hat."[222] Die Kirche erklärt, der Priester bete, „daß Leib und Blut Christi ein Opfer seien, das dem Vater wohlgefällig ist und der ganzen Welt zum Heile dient"[223].

Diese Wieder-Darbringung Christi in seiner Opferschaft, die sich angeblich jedes Jahr millionenfach in den Messen vollzieht, entstellt das vom Vater *angenommene* Werk Christi. Die Bibel lehrt, daß Christus dem Vater das Opfer seines Lebens nur einmal dargebracht hat. Bei seinem Tod ging der Herr Jesus „durch das größere und vollkommenere Zelt" (Hebräer 9,11). Dabei war es sein Ziel, „jetzt vor dem Angesicht Gottes für uns zu erscheinen" (Hebräer 9,24). Jesus betrat den himmlischen Thronsaal Gottes „nicht durch das Blut von Böcken und Kälbern, sondern durch sein eigenes Blut" (Hebräer 9,12; Schl). Sein Ziel war es, „die Sünden des Volkes zu sühnen" (Hebräer 2,17). Er ist „ein für allemal in das Heiligtum hineingegangen und hat eine ewige Erlösung erworben" (Hebräer 9,12).

Der Vater nahm das vollkommene Opfer Christi ohne Vorbehalte an. „Würdig ist das Lamm, das geschlachtet worden ist!" (Offenbarung 5,12), so soll im Himmel der Lobpreis von Myriaden von Engeln für alle Ewigkeit erschallen.

Auf der Erde verdeutlichte der Vater sein Annehmen des Werkes Christi durch das dramatische Entfernen eines der wichtigsten Symbole für die Trennung, die aufgrund der Sünde zwischen Gott und Mensch getreten war. Wie Gott es im Alten Testament angeordnet hatte, bildete im jüdischen Tempel ein mächtiger Vorhang eine Trennwand zwischen dem Raum, in dem die aaronitische Priesterschaft ihren Dienst verrichtete, und dem Allerheiligsten, wo Gott wohnte. Von dem Augenblick, als Christus seinen Geist übergab, berichtet nun die Bibel: „Und siehe, der Vorhang des Tempels zerriß in zwei Stücke, von oben bis unten" (Matthäus 27,51). Diese Aufhebung der Trennung zwischen Gott und Mensch zeigte an, daß Christi Erlösungswerk vom Vater angenommen worden war.

Die größte Bestätigung des Annehmens seitens des Vaters

folgte drei Tage später. Die Bibel sagt, daß Jesus „um unserer Rechtfertigung willen auferweckt worden ist" (Römer 4,25). Christi Opfer für die Sünde war angenommen worden (1. Korinther 15,17.20).

Die Schrift lehrt ferner, Christus „hat sich zur Rechten der Majestät in der Höhe gesetzt, nachdem er die Reinigung von den Sünden bewirkt hat" (Hebräer 1,3). Er setzte sich nieder, weil sein Werk vollendet war. Dort bleibt er bis zu einem zukünftigen Tag: „Dieser aber hat *ein* Schlachtopfer für Sünden dargebracht und sich für immer gesetzt zur Rechten Gottes. Fortan wartet er, bis seine Feinde hingelegt sind als Schemel seiner Füße" (Hebräer 10,12.13).

Die römisch-katholische Messe verzerrt diese Wahrheiten, indem sie Christus tatsächlich täglich zehntausende Male von seinem Thron holt, damit er erneut in das Heiligtum eintritt und sich selbst „als Opfer" dem Vater wieder darbringt. Dort steht Christus angeblich, während ein Priester auf der Erde Gott bittet: „Blicke versöhnt und gütig darauf [auf die Gaben] nieder und nimm sie an ..."[224] Diese ständige Wieder-Darbringung ist eine Leugnung des vollendeten und angenommenen Werkes Christi.

Eine Versöhnung

Der römische Katholizismus lehrt, das Meßopfer sei „ein wirkliches Sühneopfer"[225] von „unendlichem Wert"[226]:

> Es wird deshalb nicht nur für die Sünden der lebenden Gläubigen, für ihre Strafen, Genugtuungen und anderen Nöte nach der Überlieferung der Apostel, sondern auch für die in Christus Verstorbenen, die noch nicht vollkommen gereinigt sind, mit Recht dargebracht.
>
> Konzil zu Trient[227]

Durch jede Messe, so sagt die katholische Kirche, wird Gottes Zorn gegen die Sünde besänftigt [1371, 1414]:

> Dieses Opfer ist ein wirkliches Sühneopfer ... Versöhnt durch die Darbringung dieses Opfers, gibt der Herr die

Gnade und die Gabe der Buße, und er vergibt die Vergehen und Sünden, mögen sie noch so schwer sein.

Konzil zu Trient[228]

Doch ganz im Gegenteil zu diesen Aussagen wird der Herr durch die Darbringung des Meßopfers angegriffen. Gott hat uns ja bereits gesagt, daß er mit dem ein für allemal geschehenen Kreuzesopfer Christi völlig zufriedengestellt ist: „In ihm haben wir die Erlösung durch sein Blut, die Vergebung der Vergehungen, nach dem Reichtum seiner Gnade" (Epheser 1,7). „Das bezeugt uns aber auch der Heilige Geist ... Ihrer Sünden und ihrer Gesetzlosigkeiten werde ich nicht mehr gedenken" (Hebräer 10,15.17). Die logische Schlußfolgerung ist: „Wo aber Vergebung dieser Sünden ist, gibt es kein Opfer für Sünde mehr" (Hebräer 10,18). Aus diesem Grund nennt die Bibel das Kreuz wiederholte Male das „ein für allemal" geschehene Opfer Christi (Hebräer 7,27; 9,12.26.28; 10,10; Römer 6,10; 1. Petrus 3,18). Weiterhin zu versuchen, Gott mit einem fortgesetzten Opfer zu besänftigen, ist ein Ausdruck des Unglaubens.

Eine Anwendung

Schließlich lehrt der Katholizismus, der Segen Golgathas würde bei jeder Messe auf die Katholiken angewendet:

> Das hochheilige Opfer des Altares ist sozusagen das überaus kostbare Werkzeug, wodurch die vom Kreuz des göttlichen Erlösers stammenden Verdienste an die Gläubigen ausgeteilt werden ...
>
> *Mediator Dei et hominum*[229]

Da die Verdienste des Kreuzes hauptsächlich durch die Messe zu erlangen sind, hält die Kirche ihre Priester dazu an, die Eucharistie, das „Sakrament der Erlösung"[1846], häufig, möglichst täglich, zu feiern. Die Priester sollten das im Hinblick auf das Heil der Welt tun:

Darum empfehlen Wir also väterlich und ernstlich den Priestern ... daß sie täglich würdig und andächtig die Messe feiern, damit sie selbst und die übrigen Christgläubigen die Zuwendung der Früchte genießen, die aus dem Kreuzopfer überreich hervorfließen. So werden sie auch am meisten zum Heil des Menschengeschlechts beitragen.

Mysterium fidei[230]

> **Das geheimnisvolle Mysterium der Messe**
>
> Wenn Sie die Messe schwierig zu verstehen finden, können Sie getrost sein, daß Sie damit nicht allein dastehen. Laut der Kirche ist sie ein „großes Geheimnis"[231]. Auch die meisten Katholiken verstehen sie nicht.
>
> Dadurch ist es natürlich um so schwieriger, einem Katholiken deutlich zu machen, was an der Messe falsch ist. Bevor Sie das versuchen, sollten Sie sich mit ihrem katholischen Freund zunächst einen Überblick über die offizielle Lehre der Kirche über die Messe verschaffen. Ein einfacher Katechismus, wie in jeder katholischen Buchhandlung erhältlich, wäre dazu eine nützliche Hilfe.
>
> Da die Messe ein Geheimnis ist, kann ein Gespräch mit Katholiken, die schon Bescheid wissen, noch enttäuschender sein. Wenn Sie jedoch bestimmte Begriffe vermeiden, können Sie vielleicht etwas erreichen. Im folgenden möchten wir einige Ratschläge geben.
>
> Wenn Sie über Christus in der Eucharistie sprechen, können Sie sagen, Christus sei *wahrhaft*, *wirklich*, *ganz* und *fortwährend* gegenwärtig; sagen sie jedoch, er sei *leiblich* gegenwärtig, kann Ihr Freund folgern: „Sie verstehen das einfach nicht." Ein gebildeter Katholik würde Sie dann aufklären, daß die Aussage, Christus sei leiblich gegenwärtig, gleichzeitig bedeutet, daß er *räumlich* gegenwärtig ist, was nicht der Fall ist.[232] Die Kirche sagt, er ist *substantiell* gegenwärtig. Das ist der Grund, weshalb Christus, obgleich gegenwärtig, nicht als gegenwärtig erscheint. Er ist auf *einzigartige Weise* da. Dermaßen ein-

zigartig, daß es in unserer Erfahrung keine Parallele dazu gibt. Das macht es natürlich für jeden schwierig, die Eucharistie zu verstehen (oder sie irgendwie in Frage zu stellen).

Sagen sie auch nicht, daß Christus bei der Messe *wieder geopfert* wird oder die Messe sei eine *Wiederholung des Kreuzes*. Sie können sagen, die Messe sei eine *Wiederholung* des Letzten Abendmahls, aber nicht der Kreuzigung. Die Kirche sagt, daß die Messe das Kreuz *erneuert* und *wieder darstellt*. Nur die Weise, auf welche geopfert wird, ist anders (und die Zeit, könnten wir hinzufügen, nach bald 2.000 Jahren!). Ferner wird jedem einzelnen Meßopfer die Wirkung zugeschrieben, Gott zu versöhnen, doch die Kirche beharrt ausdrücklich darauf, daß es kein *anderes* Opfer ist. Jede Messe sei das ein für allemal geschehene Opfer des Kreuzes. Christi Passah-Mysterium ist „das einzige Ereignis der Geschichte, das nicht vergeht", sondern es „steht ... über allen Zeiten und wird ihnen gegenwärtig"[1085].

Eine weitere Sache: Sagen Sie niemals, Christus würde bei der Messe sterben. Der Kirche zufolge stirbt Christus nicht; er wird *hingeopfert*. Bei der Wandlung ist Christus *in seinem Tod* oder *in seiner Opferschaft* gegenwärtig, aber er stirbt dazu nicht. Wie das möglich sein soll, wird nicht erklärt, aber irgendwie stirbt Christus bei der Messe nicht. Christus leidet oder stirbt bei der Messe nicht, denn sie ist ein *unblutiges* Opfer. Die Kirche lehrt zwar, daß der Priester den Wein in Christi *Blut* verwandle und es dem Vater darbringe, doch die Messe ist dennoch auf irgendeine Weise ein *unblutiges* Opfer!

Beachten Sie also Ihre Ausdrucksweise, und Sie werden verhindern, als ein weiterer unverständiger Nörgler abgestempelt zu werden. Und wenn Sie es ehrlich nicht verstehen, denken Sie nur daran, daß selbst die besten katholischen Gelehrten die Messe als „geheimnisvolle Wirklichkeit"[233] ansehen, deren Bedeutung weder mit den Sinnen noch mit dem Verstand erfaßt werden kann.

Und noch einmal [1405]:

> Im Mysterium des eucharistischen Opfers, dessen Darbringung die vornehmliche Aufgabe des Priesters ist, wird beständig das Werk unserer Erlösung vollzogen.
> *Zweites Vatikanisches Konzil*[234]

Papst Pius XII. schrieb über Christus:

> Ebenso opfert er sich auf den Altären täglich für unsere Erlösung, damit wir vor der ewigen Verdammnis bewahrt und in die Schar der Auserwählten eingereiht werden.
> *Mediator Dei et hominum*[235]

Diese Beziehung zwischen dem Erlösungswerk und der Messe kommt auch in der Liturgie der Eucharistie zum Ausdruck. Der Priester betet über den Gaben:

> Herr, gib, daß wir das Geheimnis des Altares ehrfürchtig feiern; denn sooft wir die Gedächtnisfeier dieses Opfers begehen, vollzieht sich an uns das Werk der Erlösung.
> *Römisches Meßbuch*[236]

All dieses steht im Widerspruch zur Bibel. Die Schrift lehrt, daß Gott jedem wahren Gläubigen kostenlos und sofort „jede geistliche Segnung in der Himmelswelt" (Epheser 1,3) zuteilt. Er überschüttet damit förmlich seine Kinder in Christus (Epheser 1,7-8). Nirgends verlangt Gott von einem Christen, an einem fortdauernden Opfer teilzunehmen, damit er seine Segnungen in Christus empfange. Diese Lehre der römisch-katholischen Kirche, das Meßopfer sei „das überaus kostbare Werkzeug, wodurch die vom Kreuz des göttlichen Erlösers stammenden Verdienste an die Gläubigen ausgeteilt werden"[237], ist lediglich ein weiteres Mittel, mit dem die Kirche ihre Mitglieder bezüglich der Segnungen Gottes von ihr abhängig macht.

CHRISTUS HAT JEDEN GLÄUBIGEN ZU EINEM PRIESTER GEMACHT

Da Christen keines fortdauernden Opfers für Sünde bedürfen, benötigen sie auch keine Opfer darbringende Priesterschaft wie im römischen Katholizismus. Sie haben in Wirklichkeit überhaupt keinen Bedarf auf einen weiteren Menschen, der als ihr Priester fungiert, denn der Bibel zufolge ist jeder Gläubige vor Gott ein Priester. In Offenbarung 1,6 schreibt Johannes, daß Christus die Christen zu einem Königtum von Priestern gemacht hat (siehe auch Offenbarung 5,10 und 20,6). Petrus schreibt, jeder wahre Gläubige ist Mitglied eines „königlichen Priestertums" (1. Petrus 2,9). Alle Gläubigen sind aufgebaut „als ein geistliches Haus, ein heiliges Priestertum, um geistliche Schlachtopfer darzubringen" (1. Petrus 2,5). Diese Opfer sind ein hingegebenes Leben (Römer 12,1), finanzielle Unterstützung von christlichen Diensten (Philipper 4,18) und „Opfer des Lobes", die „Frucht der Lippen" (Hebräer 13,15), aber nicht ein fortdauerndes Opfer für Sünde.

Die römisch-katholische Kirche anerkennt, daß die Bibel von einem *allgemeinen* oder *gemeinsamen* Priestertum der Gläubigen spricht [941, 1141, 1546, 1591].[238] Sie lehrt, daß Katholiken durch die Taufe in dieses Priestertum eintreten [784, 1268]. Dieses gemeinsame Priestertum berechtigt einen Menschen, bestimmte Dinge zu tun, wie zum Beispiel an der Eucharistie teilzunehmen, das Wort Gottes in der Liturgie vorzulesen, die Sakramente zu empfangen, zu beten und gute Werke zu verrichten [901-903, 1657].

Zusätzlich zum allgemeinen Priestertum lehrt die Kirche, es gäbe ein *amtliches* oder *hierarchisches* Priestertum [1142, 1547, 1592].[239] Dieses Priestertum steht nur den Männern zu [1577, 1598]. In der lateinischen Kirche müssen die Anwärter üblicherweise unverheiratet und bereit sein, ein eheloses Leben zu führen [1599]. In das amtliche Priestertum tritt man mittels Handauflegung durch einen Bischof – das Sakrament der Priesterweihe oder *Weihesakrament* – ein [1573, 1597]. „Dieses zeichnet die Priester durch die Salbung des

Heiligen Geistes mit einem besonderen Prägemal und macht sie auf diese Weise dem Priester Christus gleichförmig, so daß sie in der Person des Hauptes Christus handeln können."[240] [1548]. Durch die Weihe erhalten sie die „Vollmacht, den wahren Leib und das Blut des Herrn zu verwandeln und darzubringen, Sünden zu vergeben und zu behalten ..."[241] [1411, 1461, 1566]. Ihre Bestimmung zum amtlichen Priestertum ist bleibend: „... ist ein Mann einmal zum Priester geweiht worden, besteht sein Priestertum wie das Christi ‚nach der Weise Melchisedeks' für immer (Hebräer 5, 6, 7)"[242] [1582]. Dieses Priestertum, so behauptet die Kirche, wurde vom Herrn beim Letzten Abendmahl eingesetzt, als er sagte: „Dies tut zu meinem Gedächtnis" (Lukas 22,19) [611, 1337].

Die römisch-katholische Kirche kann keine dieser Behauptungen von der Schrift her begründen. Das Neue Testament trifft keine Unterscheidung zwischen einem *gemeinsamen* und einem *hierarchischen* Priestertum. Die Behauptung, römisch-katholische Priester hätten am Priestertum Melchisedeks teil, ist unberechtigt. Das Priestertum Melchisedeks basiert, wie wir gesehen haben, auf der „Kraft eines unauflöslichen Lebens" (Hebräer 7,16). Diesen Anspruch erfüllen die katholischen Priester nicht, denn sie altern und sterben genau wie alle anderen Menschen. Und schließlich sagt auch der wichtigste Belegvers der Kirche für ein ordiniertes Priestertum, „dies tut zu meinem Gedächtnis" (Lukas 22,19), nichts über eine Weihe oder ein Priesteramt.

Da sie gezwungenerweise auf der Suche nach einer biblischen Begründung sind, meinen einige römisch-katholische Gelehrte, das neutestamentliche Amt des *Ältesten* und das römisch-katholische *Priestertum* seien ein und dasselbe. Diese Sichtweise hat sogar Eingang in einige römisch-katholische Bibelübersetzungen gefunden. Hier ein Beispiel:

> Und als sie ihnen in jeder Gemeinde Priester geweiht hatten ... befahlen sie sie dem Herrn an.
> Apostelgeschichte 14,23;
> nach der englischen *Rheims-Douai* Version

Aus diesem Grund ließ ich dich in Kreta zurück, damit du ... in jeder Stadt Priester weihst, wie ich es dir auch aufgetragen habe:
> Titus 1,5; nach der englischen *Rheims-Douai* Version

Ist jemand von euch krank? Dann bringt ihm die Priester der Gemeinde ...
> Jakobus 5,14; nach der englischen *Rheims-Douai* Version

In allen diesen drei Versen ist das mit „Priester" wiedergegebene Wort die Mehrzahl des griechischen Wortes *presbyteros*, was soviel heißt wie *ein älterer Mann* oder *Ältester*. Die Schrift lehrt, daß die Apostel „in jeder Gemeinde Älteste gewählt" haben (Apostelgeschichte 14,23) und nicht Priester. Titus sollte „in jeder Stadt Älteste einsetzen" (Titus 1,5) und nicht Priester. Und ein kranker Christ „rufe die Ältesten der Gemeinde zu sich" (Jakobus 5,14) und nicht einen Gemeindepriester. Das neutestamentliche Wort für Priester ist *hiereus*. In keiner der drei oben angeführten Schriftstellen kommt dieses Wort vor.[243]

EINE BIBLISCHE BEURTEILUNG

Der Wunsch auf ein fortbestehendes Opfer kann bis in neutestamentliche Zeiten zurückverfolgt werden. Die ersten Christen waren zumeist Juden, die an die tägliche Darbringung eines Opfers und alles damit Einhergehende gewöhnt waren: der Altar, der Tempel, die Rituale, die Festtage, eine opfernde Priesterschaft und ein Hoherpriester. Für Neubekehrte war es extrem schwierig, das Judentum zu verlassen. Wen sie das taten, wurden sie von ihren Familien und Freunden geächtet und als Abtrünnige verfolgt.

Nicht alle der ersten jüdischen Bekehrten, die das Judentum verließen und sich den Christen anschlossen, waren in ihrem Entschluß standhaft. Einige zogen es in Erwägung, zum Judentum zurückzukehren. Zurück zum Gesetz. Zurück zum Tempel. Zurück zu den Opfern.

Der neutestamentliche Brief an die Hebräer ist geschrieben worden, um diesen schwachen und schwankenden Judenchristen zu helfen (Hebräer 12,12). Der Brief erinnert die Leser daran, daß Christen kein weiteres Opfer mehr brauchen: „Wir sind geheiligt durch das ein für allemal geschehene Opfer des Leibes Jesu Christi" (Hebräer 10,10). Er ermuntert zweifelnde Christen: „Laßt uns das Bekenntnis der Hoffnung unwandelbar festhalten – denn treu ist er, der die Verheißung gegeben hat" (Hebräer 10,23). Er ermahnt sie: „Werft nun eure Zuversicht nicht weg" (Hebräer 10,35); „denn Ausharren habt ihr nötig" (Vers 36); schließlich sollen sie „aus Glauben leben" (Vers 38). Der Schreiber drückt seine Zuversicht aus, daß diese Christen zu denen gehören, „die glauben zur Gewinnung des Lebens" (Vers 39). Diesen Glauben beschreibt er als „eine Verwirklichung dessen, was man hofft, ein Überführtsein von Dingen, die man nicht sieht" (Hebräer 11,1).

Der Brief an die Hebräer enthält auch eine ernste Warnung: „Seht zu, Brüder, daß nicht etwa in jemandem von euch ein böses Herz des Unglaubens sei im Abfall vom lebendigen Gott" (Kapitel 3,12). Der Schreiber warnt die Leser, daß sie nicht „zurückweichen zum Verderben" (Kapitel 10,39), denn zum Judentum und den Opfern im Tempel zurückzukehren, wäre der Weg des Unglaubens. Das wäre ein Zurückweisen Christi und seines am Kreuz vollendeten Heilswerkes.

Einige waren bereits zurückgegangen (Hebräer 6,4-6). Ihrer Ansicht nach reichte ein Opfer nicht für alle Zeit aus. Ein Versammeln um schlichtes Brot und Wein zum Gedächtnis Christi erschien ihnen sinnlos. Das Christentum brachte ihnen nichts anderes als *unsichtbare* Verheißungen: eine himmlische Berufung (Hebräer 3,1), ein himmlisches Heiligtum (Hebräer 9,23-24), ein himmlischer Hohepriester (Hebräer 8,1-2) und ein himmlisches Vaterland (Hebräer 11,16). Sie brauchten eine Religion, die sie *sehen* konnten: einen sichtbaren Tempel, eine sichtbare Priesterschaft und ein sichtbares Opfer. Und so kehrten sie zum Judentum zurück, das ihnen, wie sie dachten, so vieles zu bieten hatte.

Heute übt der römische Katholizismus eine ähnliche Anziehungskraft auf religiös gesinnte Menschen aus, die ihren Frieden nicht in dem vollkommenen Werk Christi gefunden haben. Er bietet ihnen eine Religion, die sie *sehen* können. Die Kirche bezeichnet sich selbst als „sichtbares Gefüge"[244] und „sichtbare Versammlung"[245] mit einer „sichtbaren gesellschaftlichen Struktur"[246] [771]. Ihr Oberhaupt ist der Papst, „das sichtbare Haupt der ganzen Kirche"[247]. Jedes Sakrament ist eine „sichtbare Gestalt der unsichtbaren Gnade"[248]. Diese werden durch ein „sichtbares, äußeres Priestertum"[249] gespendet, dessen erste Pflicht es ist, Sünden zu vergeben und die Messe zu opfern, ein „sichtbares Opfer ... wie es die Menschennatur erfordert"[250] [1366].

Die Messe: Irrtum und Wahrheit

Die katholische Kirche lehrt	Die Bibel lehrt
1. Das Letzte Abendmahl war ein wirkliches Opfer, bei dem Christi Blut für unsere Sünden in den Kelch vergossen worden ist [610-611, 621, 1339].	Das Letzte Abendmahl war ein Passahmahl. Sein Blut hat Christus am Kreuz für uns vergossen (1. Petrus 2,24).
2. Brot und Wein werden zum wirklichen Leib und Blut Christi [1373-1377].	Brot und Wein sind Symbole für den Leib und das Blut Christi (1. Korinther 11,23-25).
3. In jedem Bruchteil von konsekriertem Brot und Wein in jeder römisch-katholischen Kirche rund um die Welt existiert Christi Leib und Blut ganz und unversehrt [1374, 1377].	Christus ist im Himmel leiblich gegenwärtig (Hebräer 10,12-13).
4. Konsekriertes Brot und konsekrierter Wein sind eine himmlische Speise, die zur Erlangung des ewigen Lebens beitragen [1392, 1405, 1419].	Brot und Wein sind Symbole, die zur Erinnerung an Christus dienen (Lukas 22,19).
5. Gott wünscht, daß konsekriertes Brot und konsekrierter Wein als gotthaft angebetet werden [1378-1381].	Gott untersagt die Anbetung jeglicher Gegenstände, auch derer, die ihn darstellen sollen (2. Mose 20,4-5; Jesaja 42,8).
6. Christus hat bestimmte Männer als amtliches Priestertum eingesetzt, damit sie das Opfer des Kreuzes fortsetzen [1142, 1547, 1577].	Christus hat alle Gläubigen zu einem heiligen und königlichen Priestertum eingesetzt, damit sie geistliche Opfer darbringen, Lob als die Frucht ihrer Lippen, und ein an Gott ausgeliefertes Leben (1. Petrus 2,5-10; Hebräer 13,15; Römer 12,1).

7. Das Meßopfer ist das Opfer des Kreuzes [1085, 1365-1367]. Nur die Art und Weise der Darbringung ist verschieden [1367].	Das Kreuzesopfer war ein historisches Ereignis. Es hat einmal vor ungefähr 2000 Jahren vor den Toren Jerusalems stattgefunden (Markus 15,21-41).
8. Das Kreuzesopfer wird im Meßopfer fortgesetzt [1323, 1382].	Das Kreuzesopfer ist vollbracht (Johannes 19,30).
9. Die Messe macht Christus in seinem Tod und seiner Opferschaft gegenwärtig [1353, 1362, 1364, 1367, 1409].	Christus ist nicht in seinem Tod und seiner Opferschaft gegenwärtig, denn er ist auferstanden und ist „lebendig von Ewigkeit zu Ewigkeit" (Offenbarung 1,17-18; Römer 6,9-10).
10. Bei jeder Messe bringt der Priester dem Vater wieder das Opfer Christi dar [1354, 1357].	Christus hat sich selbst als Opfer dem Vater „einmal in der Vollendung der Zeitalter" dargeboten (Hebräer 9,24-28).
11. Die Messe ist ein unblutiges Opfer, das Sühnung für Sünden von Lebenden und Toten leistet [1367, 1371, 1414].	Ohne Blutvergießen gibt es keine Sündenvergebung (3. Mose 17,11; Hebräer 9,22).
12. Jedes Meßopfer stillt Gottes Zorn gegen die Sünde [1371, 1414].	Das ein für allemal geschehene Opfer des Kreuzes hat Gottes Zorn gegen die Sünde vollends gestillt (Hebräer 10,12-18).
13. Durch das Meßopfer empfängt der Gläubige die Segnungen des Kreuzes in ihrem vollen Ausmaß [1366, 1407].	Die Segnungen des Kreuzes empfangen die Gläubigen in ihrem vollen Ausmaß in Christus durch den Glauben (Epheser 1,3-14).
14. Das Erlösungswerk wird durch das Meßopfer dauerhaft fortgesetzt [1364, 1405, 1846].	Das Erlösungswerk war vollbracht, als Christus am Kreuz sein Leben für uns gab (Epheser 1,7; Hebräer 1,3).

15. Die Kirche muß das Opfer Christi zum Heil der Welt fortsetzen [1323, 1382, 1405, 1407].

Zum Heil der Welt muß die Kirche, die Gemeinde der Gläubigen, den Tod des Herrn verkünden (1. Korinther 11,26).

Teil 3
MARIA

Warum beten Katholiken zu Maria? Weshalb scheinen manche Katholiken mehr Maria hingegeben zu sein als an Christus? Was bedeuten die Lehren von Marias unbefleckter Empfängnis und ihrer Aufnahme in den Himmel? Beten Katholiken wirklich Maria an?

Teil 3 dieses Buches wird nun die „überragende"[251] und „völlig einzigartige"[252] Rolle Marias im römischen Katholizismus untersuchen. Sie hat, so die Kirche, „bei weitem den Vorrang vor allen anderen himmlischen und irdischen Kreaturen"[253] und nimmt eine Stellung ein, die allein von Christus übertroffen wird. Der Katholizismus lehrt, daß diese Ehre Maria rechtmäßig zusteht, denn:

- Maria ist die sündlose, ewig jungfräuliche Mutter Gottes (Kapitel 8, *Die Mutter Gottes*).
- Maria, die am Erlösungswerk beteiligt war, sitzt nun als Mittlerin aller Gnaden zur Rechten Christi (Kapitel 9, *Die Königin des Himmels und der Erde*).

In Teil 3 werden wir uns ebenfalls mit der persönlichen Hingabe Papst Johannes Pauls II. an Maria beschäftigen und erfahren, weshalb er Maria als seine Lebensretterin bezeichnet.

KAPITEL **8**

Die Mutter Gottes

PETERSPLATZ, ROM, 13. MAI 1981

Monsignore Stanislaus, der polnische Sekretär Papst Johannes Pauls II., war innerlich aufs äußerste angespannt, als der große weiße Wagen, mit dem sie fuhren, auf den Petersplatz einbog. Vor ihm stand der Papst, der aus dem geöffneten Verdeck der gewaltigen Menge auf dem Platz zuwinkte. Er war zwar erst zweieinhalb Jahre im Amt, doch Johannes Paul hatte bereits die Herzen von Millionen gewonnen.

Dessen ungeachtet saß Stanislaus hinten im Wagen und machte sich große Sorgen, daß der Papst in einer solch gewaltigen Menge viel zu ungeschützt sei. Nur drei Tage zuvor hatte Monsignore Andrew Mary Deskur, ein Prälat des Vatikans, von einer bösen Vorahnung gesprochen, die er erfahren hätte. Als er vor einem Bildnis der Jungfrau von Tschenstochau stand, der Patronin von Polen, war ihm eine Angst um das Leben des Papstes überkommen. Nach einem Augenblick stiller Konzentration hatte er zum Bildnis der Jungfrau aufgeblickt und voller Zuversicht gesagt: „Seine Liebe Frau wird ihn beschützen."[254]

Dieser Vorfall beschäftigte Stanislaus in seinen Gedanken, als der Wagen den äußeren Umkreis des Platzes durchquerte. Nervös schaute er nach der Position des geheimen Sicherheitsdienstes des Vatikans, der den Wagen umgab. Viele von ihnen waren ehemalige *Carabinieri* der italienischen Polizei. *Sie sehen kräftig aus*, dachte der Sekretär bei sich selbst, *doch was können sie in einer solchen Menge ausrichten?*

Von dem kleingewachsenen jungen Türken mit dem eiskalten Blick, der auf der Nordseite von Berninis Säulengang wartete, nahm keiner der Sicherheitsbeamten Notiz. Der 23jährige mit kantigen Gesichtszügen, bekleidet mit einer

Sportjacke und einem weißen, weit aufgeknöpften Hemd, sah eigentlich völlig normal aus. Die 9-Millimeter Browning Automatik Pistole, die er in seiner Jackentasche festhielt, sagte jedoch etwas anderes.

Sein Name war Mehmet Ali Agca, ein überführter Mörder, ein Psychopath mit terroristischer Ausbildung. Die türkische Polizei hatte den Auftrag, ihn sofort niederzuschießen, wenn sie ihn zu Gesicht bekäme. An jenem Nachmittag hatte Agca jedoch seine eigenen Pläne. Sobald er den nahenden Pontifex zum ersten Mal erblickt hatte, löste er vorsichtig den Sicherheitsmechanismus seiner Waffe. Im Lärm der Menge konnte nur er allein das gedämpfte Klicken hören.

Einen Augenblick später kam für ihn der Wagen des Papstes in volle Sicht. Johannes Pauls außergewöhnliche Ausstrahlung überraschte Agca. Auch der Enthusiasmus der Menge um ihn entbrannte nun im Anblick des lächelnden Papstes völlig. Noch nie hatte Agca eine solche Hingabe an einen Menschen erlebt. Der junge Türke wurde in seinem Mut erschüttert, und in diesem Moment der Unentschlossenheit zog der Wagen des Papstes vorüber und war außer Gefahr.

Agca verfluchte seine eigene Dummheit. Der Papst war ihm so nahe gewesen, daß er ihn hätte berühren können! Er hätte schießen sollen!

Agcas Wut steigerte sich, bis er plötzlich merkte, daß alle still geworden waren. Niemand verließ den Platz. Der Wagen des Papstes machte eine zweite Runde!

Als Monsignore Stanislaus sah, wie der Papst mit der Menge umging, entspannte er sich im Heck des Wagens. Pilger aus aller Welt streckten sich freudig nach der Hand des Pontifex' aus und übergaben ihm ihre kleinen Kinder, damit er sie umarme und küsse.

Es war ein freudiger Tag, besonders für den Papst, denn es war ein Festtag zu Ehren Marias, die Johannes Paul aufs innigste verehrte. Als er im Jahre 1958 zum Weihbischof von Krakau eingesetzt worden war, hatte er zur Ehre Marias für die Ärmel seines Bischofsgewands ein Kreuz mit dem Initial „M" gewählt. Er erklärte *Totus Tuus* zu seinem Motto, was, auf Maria bezogen, bedeutet: „Ganz dein"²⁵⁵. Es war ein Ausdruck seiner völligen Weihe an die selige Jungfrau. Aufgrund der Beziehung des Papstes zu Maria wurden ihre Festtage zu einem besonderen Anlaß für den ganzen Vatikan erhoben. Heute war ein besonders wichtiger: der Jahrestag der ersten Erscheinung unserer Lieben Frau von Fatima.

Der Papst lächelte, als er einer Mutter ihr kleines Mädchen mit einem Luftballon über die linke Seite des Wagens zurückreichte. Dann wandte er sich zur anderen Seite des Wagens, um dort die Pilger zu grüßen. Dabei stand er beinahe von Angesicht zu Angesicht mit Agca.

Der Mörder war sich darüber im klaren, daß er nun sein Opfer vor sich hatte. Mit einem selbstgefälligen Grinsen beglückwünschte er sich zu seinem eigenen Geschick. Dann erhob er mit einer tausendmal eingeübten Bewegung seine Waffe über die Menge, zielte und begann gnadenlos zu feuern.

Die erste Kugel brach den linken Zeigefinger des Papstes und nahm ihren tödlichen Lauf weiter in seine Seite. Eine andere Kugel ging rechts am Papst vorbei und versengte seinen Ellenbogen. Zwei amerikanische Frauen wurden von weiteren Schüssen getroffen. Monsignore Stanislaus, entsetzt über die ohrenbetäubenden Schüsse, wußte gar nicht, was er denken sollte. Eine Geschoßhülse lag zwischen ihm und Johannes Paul, aber auf dem weißen Gewand des Papstes war keine Spur von Blut zu sehen. Erst als der Papst zu schwanken begann, merkte Stanislaus, daß sein Freund getroffen war. Schnell stand er auf, um den stürzenden Pontifex aufzufangen.

„Wo sind Sie getroffen?" frage Stanislaus.

„Im Bauch", antwortete der Papst leise.

Stanislaus war verblüfft. „Haben Sie Schmerzen?"

„Ja", sagte der Papst, schloß seine Augen und fing an zu beten.

Als der Wagen zu einem bereitstehenden Krankenwagen eilte, konnte Stanislaus den Papst wiederholt beten hören: „Maria, meine Mutter! Maria, meine Mutter!"²⁵⁶

Als er schließlich 15 Minuten später im Gemelli-Hospital in Bewußtlosigkeit fiel, war dieses Gebet immer noch auf seinen Lippen. Innere Blutungen hatten seinen Blutdruck auf einen lebensbedrohlichen Wert absinken lassen. Als die Chirurgen mit der Zeit kämpften, um sein Leben zu retten, wurde Monsignore Stanislaus sich darüber klar, daß die Verantwortung für die Sorge um die Seele des Papstes auf ihm lag. Mit dem Kreuzzeichen leitete er die Spendung des letzten Sakraments ein.

Die Nachricht von diesem Vorfall schockierte die Welt. Ganz Rom hielt den Atem an, und die Menge auf dem Petersplatz wurde immer größer. Polnische Pilger stellten ein Bild der Patronin ihres Landes, Unserer Lieben Frau von Tschenstochau, auf dem Thronsitz auf, auf welchem normalerweise der Papst sitzen würde. Auf die Rückseite des Bildes hatte vorher jemand geschrieben: *Möge Unsere Liebe Frau den Heiligen Vater vor allem Bösen bewahren.* Als aus den Lautsprechern des Vatikans das Rosenkranzgebet erscholl, versammelten sich die Menschen um das Bild.

Um 20.00 Uhr an diesem Abend betete die Menge auf dem Platz immer noch. Dann traf die Nachricht von Johannes Pauls Verfassung ein. Er befand sich zwar immer noch im Operationssaal, doch sein Zustand war stabil. In der Zuversicht, daß Gott Marias Bitten für das Leben des Papstes erhört habe, zerstreute sich die Menge daraufhin allmählich.

◆ ◆ ◆

MARIA IN DER HEUTIGEN KIRCHE

Papst Johannes Pauls II. Hingabe an Maria steht repräsentativ für eine weltweit zunehmende Bewegung unter den Katholiken. Sie nahm ihren Anfang im Jahr 1830 mit der ersten einer ganzen Reihe angeblicher Marienerscheinungen in den verschiedensten Teilen der Welt, hauptsächlich jedoch in Europa. Die bekanntesten dieser Erscheinungsorte sind: Paris, Frankreich (1830); La Salette, Frankreich (1846); Lourdes, Frankreich (1846); Knock, Irland (1879), Fatima,

Portugal (1917); Beauraing, Belgien (1932) und Banneux, Belgien (1933). Die römisch-katholische Kirche hat diese Erscheinungen alle offiziell als wirkliche Offenbarungen anerkannt [67].

Bei diesen Erscheinungen hat Maria die Katholiken zu Umkehr und Werken der Buße und zum Rosenkranzgebet für die Bekehrung der Sünder und für den Frieden der Welt aufgerufen. Außerdem hielt sie die Katholiken dazu an, ihr selbst unter dem Namen des Unbefleckten Herzens und der Unbefleckten Empfängnis eine größere Hingabe entgegenzubringen.

Ferner gingen aus diesen Erscheinungen religiöse Bräuche hervor, wie zum Beispiel das Tragen der wundertätigen Medaille und der Skapuliermedaille, die beide Bildnisse Marias zeigen. Bei einer früheren Erscheinung vor Papst Johannes XXII. (1316-1334) soll Maria die Katholiken angewiesen haben, das Skapulier zu tragen – zwei Stofftücher, die oft mit Bildern versehen sind und mit einem Band verbunden um den Hals getragen werden. Maria versprach Papst Johannes, daß Katholiken, die bei ihrem Tod das Skapulier tragen, am ersten Samstag nach ihrem Tod aus dem Fegefeuer gerettet werden.[257]

Die Marienerscheinungsorte entwickelten sich zu wichtigen Zentren katholischer Frömmigkeit. Jedes Jahr besuchen 5,5 Millionen römisch-katholische Pilger den Wallfahrtsort Lourdes. Fast ebensoviel strömen nach Fatima und dem älteren Marienerscheinungsort Guadalupe in Mexiko (1531).

In Mitteleuropa ist das Heiligtum Unserer Lieben Frau von Tschenstochau, eine hölzerne Ikone einer schwarzen Madonna aus dem 14. Jahrhundert, der wichtigste Blickpunkt der Marienverehrung. Die zunehmende Popularität Unserer Lieben Frau von Tschenstochau ist in erster Linie das Ergebnis von Johannes Pauls II. eigener Weihe an sie und seine Besuche des Heiligtums. Jährlich besuchen 5 Millionen Katholiken die polnische Stadt in der Nähe von Krakau.

Mit wachsender Verehrung Marias nahmen auch die Behauptungen von weiteren Erscheinungen zu. Die am besten bekannten Erscheinungen der jüngsten Zeit sind die gegenwärtigen in Medjugorje in Bosnien-Herzegowina. Sechs junge Landarbeiter geben an, die Jungfrau sei einem oder mehreren von ihnen seit 1981 fast täglich erschienen. Die Kirche hat ihre Behauptungen zwar noch nicht offiziell anerkannt, doch seit dem Beginn der Erscheinungen sind bereits über 10 Millionen Katholiken nach Medjugorje gepilgert.

Papst Johannes Paul II. ist nur einer von mehreren Päpsten der jüngsten Geschichte, die die moderne Marienbewegung gefördert haben. Sie haben zahlreiche Enzykliken zum Lob von Marias Tugenden, ihrer immerwährenden Jungfräulichkeit und ihrer vermittelnden Rolle als Mutter Gottes herausgegeben. Zwei Dokumente sind dabei von besonderer Bedeutung: Papst Pius' IX. dogmatische Bulle *Ineffabilis Deus*, die Marias Unbefleckte Empfängnis definiert (1854), und Papst Pius' XII. apostolische Konstitution *Munificentissimus Deus*, die die Aufnahme Mariens in den Himmel erklärt (1950).

DIE UNBEFLECKTE EMPFÄNGNIS
[411, 490-493, 508]

Die erhobene Stellung Marias im römischen Katholizismus stammt aus dem Verständnis der Kirche von Marias Rolle in der Errettung. Dies nahm, so die Kirche, schon vor aller Ewigkeit seinen Anfang [488]:

> Darum wählte er [Gott, der Vater] von Anfang an und vor aller Zeit schon für seinen eingeborenen Sohn eine Mutter aus, und bestimmte, daß er von ihr in der seligen Fülle der Zeiten als Mensch geboren werden sollte; ihr wandte er mehr als allen anderen Geschöpfen seine besondere Liebe zu und fand an ihr allein sein höchstes Wohlgefallen.
>
> *Ineffabilis Deus*[258]

Die Kirche lehrt, damit Maria „zu einer würdigen Wohnung Christi"[259] werde, habe Gott beschlossen, sie vor der Beflekkung durch die Erbsünde Adams zu bewahren. Die Kirche stellte diese Lehre im Jahre 1854 offiziell auf, die als das Dogma von der Unbefleckten Empfängnis Mariens bekannt wurde [491]:

> ... Wir erklären, verkünden und entscheiden nun ...: Die Lehre, daß die allerseligste Jungfrau Maria im ersten Augenblick ihrer Empfängnis auf Grund einer besonderen Gnade und Auszeichnung von seiten des allmächtigen Gottes im Hinblick auf die Verdienste Jesu Christi, des Erlösers der ganzen Menschheit, von jeder Makel der Erbsünde bewahrt blieb, ist von Gott geoffenbart und muß deshalb von allen Gläubigen fest und unabänderlich geglaubt werden.
> *Ineffabilis Deus*[260]

Wir müssen beachten, daß sich die Unbefleckte Empfängnis auf die *Empfängnis Marias*, nicht auf Christi Empfängnis oder die Jungfrauengeburt bezieht. Sie, so sagt die Kirche, sei ohne Sündennatur erschaffen worden und war „die Unschuldige und Unschuldigste, die Makellose und gänzlich Makellose, die Heilige und die von aller Unreinheit der Sünde vollkommen Freie, die ganz Reine und ganz Unversehrte, als die Wesensgestalt sozusagen der Schönheit und Unschuld selbst"[261], die „während ihres ganzen Lebens frei von jeder persönlichen Sünde geblieben"[493] ist. Ihre heilige Unschuld und Heiligkeit sind so vorzüglich, „daß man, außer in Gott, eine größere sich nicht denken kann und daß niemand außer Gott sie begreifen kann"[262].

DIE JUNGFRÄULICHE MUTTER GOTTES
[484-489, 495-511]

In Übereinstimmung mit der Bibel lehrt die römisch-katholische Kirche, daß Maria, als ihr der Engel Gabriel erschien und ihr Gottes Vorhaben mit ihr mitteilte – die Geburt des „Sohnes des Höchsten" (Lukas 1,32) – antwortete: „Siehe, ich bin die Magd des Herrn; es geschehe mir nach deinem Wort" (Lukas 1,38).

Der Bibel zufolge vollzog sich daraufhin an Maria eine wunderbare Empfängnis, und sie wurde, obgleich Jungfrau, „schwanger befunden von dem Heiligen Geist" (Matthäus 1,18). Als dann die Tage ihrer Niederkunft gekommen waren, brachte sie einen Sohn zur Welt und nannte ihn Jesus.

Die römisch-katholische Kirche lehrt, die Geburt Jesu sei genauso wunderbar gewesen, wie seine Empfängnis, denn der Kirche nach litt Maria bei der Geburt des Kindes keine Schmerzen: „Zu Eva war gesagt: *Mit Schmerzen sollst du Kinder gebären* (1. Mose 3,16). Maria wurde von dieser Regel ausgenommen ..."[263] Darüber hinaus behauptet die Kirche, Gott habe Marias „jungfräuliche Unversehrtheit unbeschadet"[264] gelassen [499]. Das heißt, Christus wurde –

> ... von seiner Mutter geboren, ohne eine Verminderung ihrer mütterlichen Jungfräulichkeit ... gleich wie die Strahlen der Sonne die feste Substanz eines Glases durchdringen, ohne sie zu zerbrechen oder im geringsten zu beschädigen, in dieser Weise, jedoch weit erhabener, kam auch Jesus Christus aus dem Leib seiner Mutter, ohne ihre mütterliche Jungfräulichkeit zu beeinträchtigen.
> *Catechismus Romanus*[265]

Ferner lehrt die Kirche, daß Maria, obgleich sie mit Josef verheiratet war, nach der Geburt Jesu eine „unbefleckte und immerwährende"[266] Jungfrau blieb, die sich von jeglicher geschlechtlichen Beziehung zu ihrem Ehemann enthalten hat. Die Kirche nennt Maria „die selige Maria, Jungfrau für alle Zeit"[267], die „Jungfrau der Jungfrauen"[268] und „die ganz heilige, stets jungfräuliche Gottesmutter"[721].

DIE AUFNAHME MARIAS IN DEN HIMMEL
[966, 974]

Angesichts von Marias sündloser Vollkommenheit lehrt der Katholizismus, daß Marias Körper am Ende ihres Lebens nicht der Verwesung anheimfiel. Gott habe sie auf wunderbare Weise in den Himmel aufgenommen. Diese Lehre, bekannt als die Aufnahme Marias in den Himmel (Maria Himmelfahrt), stellte die Kirche im Jahre 1950 auf:

> ... Wir verkündigen, erklären und definieren ... kraft der Vollmacht Unseres Herrn Jesus Christus, der heiligen Apostel Petrus und Paulus und Unserer eigenen Vollmacht: Die unbefleckte, immerwährend jungfräuliche Gottesmutter Maria ist, nachdem sie ihren irdischen Lebenslauf vollendet hatte, mit Leib und Seele in die himmlische Herrlichkeit aufgenommen worden.
>
> *Munificentissimus Deus*[269]

EINE BIBLISCHE ANTWORT

Die biblische Darstellung unterscheidet sich auf grundlegende Weise von der Darstellung des römischen Katholizismus. Das Alte Testament erwähnt Maria nur nebenbei in einigen wenigen prophetischen Aussagen.[270] Jesaja schreibt zum Beispiel: „Siehe, die Jungfrau wird schwanger werden und einen Sohn gebären und wird seinen Namen Immanuel nennen" (Jesaja 7,14). Micha spricht von einer Zeit, da eine jüdische Frau Wehen bekommen und in Bethlehem den Messias gebären wird (Micha 5,2.3).

Im Neuen Testament spielt Maria, wie zu erwarten, eine wichtige Rolle bei Christi Geburt, seiner Kindheit, der Flucht nach Ägypten (Matthäus 1,2; Lukas 1,26 – 2,40). Das nächste Mal erwähnt die Bibel sie zusammen mit Josef, als sie Jesus im Alter von 12 Jahren mit nach Jerusalem nahmen (Lukas 2,41-52). Jeder dieser Berichte stellt Maria als eine Frau dar, die eine treue und demütige Dienerin Gottes war (Lukas 1,38.46-55).

Die nächste neutestamentliche Erwähnung Marias finden wir am Anfang von Jesu öffentlichen Dienst, als er etwa 30 Jahre alt war. Dort sehen wir Maria zusammen mit ihm bei der Hochzeitsfeier zu Kana (Johannes 2,1-11). Nachdem sie Jesus mitgeteilt hatte, daß der Wein ausgegangen ist, sagte sie zu den Dienern des Hauses: „Was irgend er euch sagen mag, tut!" (Johannes 2,5; UElb). Das sind ihre letzten in der Schrift aufgezeichneten Worte. Sie sind ein vortrefflicher Rat für alle, die Gott gefallen möchten.

Maria zog daraufhin mit Jesus nach Kapernaum, wo sie „nicht viele Tage" blieben (Johannes 2,12). Danach finden wir keine weitere Erwähnung davon, daß sie Jesus bei seinem Wanderdienst begleitet hätte; anscheinend war sie nach Nazareth zurückgekehrt.

In den übrigen geschichtlichen Berichten des Neuen Testaments gibt es nur drei weitere Erwähnungen Marias. Die erste befindet sich etwa in der Mitte von Jesu öffentlichem Wirken (Markus 3,20.21.31-35 und parallele Berichte bei Matthäus und Lukas). Maria und ihre anderen Söhne kamen nach Kapernaum, um nach Jesus zu sehen und „ihn zu greifen; denn sie sagten: Er ist von Sinnen" (Markus 3,21). Dieser Vorfall läßt uns eher daran zweifeln, wie gut selbst Maria die Identität und den Auftrag des Herrn verstanden hatte.

Das nächste Mal erwähnt die Bibel Maria bei der Kreuzigung des Herrn. Johannes führt sie dort als eine der Frauen auf, die bei dem Kreuz standen (Johannes 19,25). Ihre Liebe und ihre Treue zu ihrem Sohn werden hier, in seiner schwersten Zeit, besonders deutlich.

Die letzte Erwähnung Marias in den geschichtlichen Berichten des Neuen Testaments finden wir im Anschluß an die Himmelfahrt des Herrn. Die nach Jerusalem zurückgekehrten Apostel hatten sich im Obersaal zusammengefunden. Dort beteten sie gemeinsam „mit einigen Frauen und Maria, der Mutter Jesu" (Apostelgeschichte 1,14).

Maria im Neuen Testament[271]

So können wir nun als Überblick eine Zusammenstellung der Erwähnungen Marias im Neuen Testament geben:

- Geburt und Kindheit Christi
  Matthäus 1,2; Lukas 1,26 – 2,40

- Jesus bleibt mit 12 Jahren in Jerusalem zurück
  Lukas 2,41-51

- Die Hochzeit zu Kana
  Johannes 2,1-11

- Kurzer Besuch in Kapernaum
  Johannes 2,12

- Maria und die Brüder Jesu kommen nach Kapernaum
  Matthäus 12,46-50; Markus 3,20-35; Lukas 8,19-21

- Zweifler fragen nach der Herkunft Jesu
  Matthäus 13,55-56; Markus 6,3-4; Johannes 6,42

- Kreuzigung Jesu
  Johannes 19,25-27

- Gebet nach der Himmelfahrt Christi
  Apostelgeschichte 1,14

- Bezugnahmen bei Paulus
  Römer 1,3; Galater 4,4

Paulus bezieht sich in seinen Briefen zweimal auf Maria, ohne sie jedoch beim Namen zu nennen. Im Römerbrief spricht er vom Sohn Gottes, „der aus der Nachkommenschaft Davids gekommen ist dem Fleisch nach" (Römer 1,3), und im Galaterbrief schreibt er: „Als aber die Fülle der Zeit kam, sandte Gott seinen Sohn, geboren von einer Frau, geboren unter Gesetz" (Galater 4,4).

Über die späteren Lebensjahre Marias sowie über ihren Tod oder ihr Begräbnis sagt die Schrift nichts. Es gibt keine Beschreibung ihres Charakters, ihrer Tugenden oder ihres Aussehens. Ebensowenig liegen biblische Beispiele von Gebeten zu ihr oder ihrer Verehrung vor.

Viele Katholiken sind beim erstmaligen Lesen der Bibel überrascht, wie wenig dort über Maria geschrieben steht. Noch bedeutsamer ist die Tatsache, daß die Bibel Vielem von dem widerspricht, was die Kirche über Maria lehrt:

- Maria war die Mutter Jesu, aber nicht die Mutter Gottes.
- Maria war eine Jungfrau, aber nicht eine immerwährende Jungfrau.
- Maria hat gesündigt und war nicht ein sündloser Übermensch.

MARIA WAR DIE MUTTER JESU

Obgleich es kein biblisches Vorbild dafür gibt, verehrt der römische Katholizismus Maria als die *Mutter Gottes* [963, 971, 2677]. Da Jesus Gott ist und Maria die Mutter Jesu, muß Maria auch die Mutter Gottes sein, das ist die logische Schlußfolgerung der Kirche [495, 509].

Die Bibel bezeichnet dementgegen Maria niemals als Mutter Gottes, und zwar aus folgendem schlichten Grund: Gott hat keine Mutter. Wie es jemand richtig gesagt hat, daß genau so, wie Christi menschliches Wesen keinen Vater hatte, so hatte sein göttliches Wesen keine Mutter. Die Bibel nennt Maria deshalb zu Recht die „Mutter Jesu" (Johannes 2,1; Apostelgeschichte 1,14), aber niemals die Mutter Gottes.

Römisch-katholische Gelehrte entgegnen diesem Argument durch den Verweis auf ihre Überlieferung, die den Gebrauch dieses Titels rechtfertigt. Das Konzil zu Ephesus (im Jahr 431), so erinnern sie uns, erklärte den Brauch, Maria als die Mutter Gottes zu bezeichnen, als verbindlich [466, 495].[272]

Das Konzil zu Ephesus war jedoch alles andere als eine Zusammenkunft geistlicher Christen, die im Gebet nach dem Willen Gottes gefragt hätten. Die Kaiser Theodosius II. (Oströmisches Reich) und Valentinian III. (Westreich) beriefen das Konzil zu Ephesus im Jahre 431 auf die Anfrage von Nestorius (gestorben ca. 451) ein, der zu der Zeit Patriarch von Konstantinopel war. Nestorius suchte nach einer Gelegenheit, sich selbst zu verteidigen. Ein im Jahr zuvor in Rom abgehaltenes regionales Konzil hatte ihn verurteilt, weil er Kritik am Gebrauch des griechischen Wortes *theotokos*, was *Gottesgebärerin* heißt, zur Bezeichnung Marias übte. Nestorius war ein entschiedener Gegner des Arianismus und dessen Lehre, Christus sei ein geschaffenes Wesen. Nestorius befürchtete, daß die Bezeichnung Marias als *Gottesgebärerin* die gleiche Irrlehre mit sich brachte, nämlich daß Maria einen Teil der Dreifaltigkeit erzeugt hätte.

Heftige Rivalitäten und Kirchenpolitik bestimmten das Konzil zu Ephesus. Historiker haben das Konzil als eine der abschreckendsten Auseinandersetzungen der Kirchengeschichte bezeichnet. Noch bevor alle Bischöfe in Ephesus angekommen waren und in Abwesenheit von Nestorius beschuldigten ihn seine Gegner, Christus in zwei verschiedene Personen zu teilen. Es steht zwar nicht fest, ob Nestorius tatsächlich diesen Glauben vertrat; das Konzil erklärte ihn jedoch zum Irrlehrer und die 34 Bischöfe, die ihm anhingen, als Abtrünnige. Das Konzil fuhr fort und bestätigte im Hinblick auf Maria den Titel *theotokos*, Gottesgebärerin. Dabei war es jedoch darauf bedacht, jegliche Folgerung zu unterbinden, Christus sei ein geschaffenes Wesen [466].

Dieser Ausdruck *theotokos* ist es, den die römisch-katholische Kirche heute im verherrlichendsten Sinn als *Mutter Gottes* übersetzt. Angesichts der übersteigerten Stellung, die Maria im Katholizismus zugewiesen wird, dem Fehlen eines biblischen Hinweises auf diesen Titel und dem historischen Zusammenhang des Konzils zu Ephesus sollten Christen jedoch so weise sein und den Gebrauch dieses Titels zugunsten biblischer Bezeichnungen vermeiden.

MARIA WAR NICHT IMMERWÄHREND JUNGFRÄULICH

Die Bibel lehrt, daß Maria durch die Kraft des Heiligen Geistes als Jungfrau schwanger wurde (Lukas 1,26-35). Die Bibel sagt nichts darüber, daß Gott beim Geburtsvorgang

Marias „jungfräuliche Unversehrtheit unbeschadet"[273] gelassen habe, oder daß Maria sich nach der Geburt Christi von geschlechtlichem Kontakt zu ihrem Ehemann enthalten habe.

Die römisch-katholische Kirche begründet ihren Glauben an eine immerwährende Jungfräulichkeit Marias mit der Überlieferung und durch philosophische Überlegungen. Thomas von Aquin fand vier Gründe, weshalb diese Lehre zutreffend sei:[274]

- Da Christus der eingeborene Sohn des Vaters ist, „ziemte es sich auch für ihn, der eingeborene Sohn seiner Mutter zu sein"[275].
- Geschlechtsgemeinschaft mit Josef hätte den jungfräulichen Schoß Marias „entweiht". Das würde eine „Beleidigung des Heiligen Geistes"[276] darstellen, dessen Heiligtum der Schoß Marias war.
- Es hätte die „Würde und Heiligkeit"[277] Marias geschmälert, ihre wunderbare Jungfräulichkeit preiszugeben und fleischliche Gemeinschaft mit Josef zu pflegen. Solches hätte auch gezeigt, daß sie undankbar oder mit ihrer Mutterschaft Jesu nicht zufrieden gewesen wäre.
- Für Josef wäre es eine „höchste Anmaßung"[278] gewesen, wenn er Maria „zu entweihen versucht hätte"[279], wo er doch wußte, daß sie vom Heiligen Geist empfangen hatte.

Thomas von Aquin schlußfolgert: „Deshalb muß man schlechthin sagen, daß die Gottesmutter, so wie sie als Jungfrau empfangen und als Jungfrau geboren hat, ebenso auch nach der Geburt für immer Jungfrau geblieben ist."[280]

Wir könnten an dieser Stelle zwar vieles über Thomas von Aquins Verständnis von ehelicher Gemeinschaft schreiben, doch die Tatsache, daß sich die Kirche die Freiheit nimmt und eine Lehre dogmatisch geltend macht, die keine biblische Grundlage hat, ist in unserem Zusammenhang wichtiger. Das ist gerade deshalb von großer Bedeutung, weil die Bibel, anstatt die Lehre von der immerwährenden Jungfräulichkeit Marias zu unterstützen, uns genau das Gegenteil glauben lehrt.

Es gibt viele biblische Erwähnungen von Ereignissen, in die die Halbbrüder und Halbschwestern des Herrn Jesus miteinbezogen waren. Die erste Begebenheit finden wir nach der Hochzeit zu Kana. Die Bibel sagt, daß Jesus „und seine Mutter und seine Brüder und seine Jünger" nach Kapernaum gingen (Johannes 2,12). Später lesen wir, daß Jesu „Mutter und seine Brüder" nach Kapernaum gekommen waren, um nach ihm zu sehen (Matthäus 12,46; siehe auch Markus 3,31 und Lukas 8,19). Kurze Zeit darauf werden Jesu Gegner angeführt, die fragten: „Ist er nicht der Sohn des Zimmermanns? Heißt nicht seine Mutter Maria und seine Brüder Jakobus und Simon und Judas? Und seine Schwestern, sind sie nicht alle bei uns?" (Matthäus 13,55.56; siehe auch Markus 6,3.4). In seinem letzten Lebensjahr sehen wir Jesu Brüder, wie sie ihn verspotten (Johannes 7,2-10). Johannes kommentiert das mit den Worten: „Denn auch seine Brüder glaubten nicht an ihn" (Johannes 7,5).

Einige Zeit später haben seine Brüder das offensichtlich bereut und kamen zum Glauben an ihn. Lukas schreibt, daß die Apostel nach der Himmelfahrt zum Gebet zusammenkamen, und zwar „mit einigen Frauen und Maria, der Mutter Jesu, und mit seinen Brüdern" (Apostelgeschichte 1,14). Jahre danach schreibt Paulus über seinen Besuch in Jerusalem: „Keinen anderen der Apostel aber sah ich außer Jakobus, den Bruder des Herrn" (Galater 1,19). Dieser Jakobus war zu jener Zeit einer der führenden Köpfe der Gemeinde zu Jerusalem (Galater 2,9-12; Apostelgeschichte 15,13-21). In seinem Brief an die Korinther erwähnt Paulus ebenfalls „die Brüder des Herrn" (1. Korinther 9,5).

Römisch-katholische Gelehrte setzten diese Schriftstellen beiseite und sagen, sie alle bezögen sich auf die Vettern und Basen des Herrn und nicht auf wirkliche Halbbrüder und Halbschwestern. Sie behaupten, Juden hätten häufig Begriffe wie „Brüder" gebraucht, um nahe Verwandte zu bezeichnen [500].

Heilige
[828, 946-962, 2683-2684]

Die römisch-katholische Kirche hat viele verstorbene Glaubenshelden *kanonisiert* oder ihnen den Titel eines *Heiligen* verliehen. Wegen ihrer vorzüglichen Tugenden und Verdienste glaubt man von Heiligen, daß sie bereits im Himmel sind. Den Gläubigen auf der Erde dienen sie „als Vorbilder und Fürsprecher"[828].

Katholiken können die Heiligen so wie auch Maria bitten, als Fürsprecher ihre Anliegen vor Gott zu bringen. Das ist möglich aufgrund dessen, was die Kirche die *Gemeinschaft der Heiligen* nennt [954-962, 1474-1475]. Die Kirche beschreibt diese Gemeinschaft als eine mystische Beziehung und Zusammenarbeit zwischen allen Katholiken, ob sie nun auf Erden leben, im Fegefeuer leiden oder sich der Herrlichkeit des Himmels erfreuen [954, 1689].

Von den Gebeten der Heiligen wird gesagt, sie seien „... besonders wirksam, da sie Gott so innig lieben und auf all die Verdienste und Opfer ihres Lebens auf Erden verweisen können"[281] [956]. Die Kirche empfiehlt Katholiken, sich Gott mittels der Heiligen zu nahen, denn „es gibt viele Dinge, die Gott ohne einen Mittler und Fürsprecher nicht gewähren kann"[282].

Katholiken entscheiden sich, zu welchem Heiligen sie beten sollten, auf Grundlage ihres Anliegens, ihres Berufs oder des Landes, in dem sie leben. Im folgenden sei nur eine Auswahl von Heiligen und deren spezielle Patronatsgebiete gegeben:

- Sankt Johannes von Gott: Buchgewerbe, Krankenpersonal und Herzpatienten
- Sankt Blasius: Erkrankungen der Atemwege
- Sankt Luzia: Augenleiden
- Sankt Franz von Sales: Taubheit
- Sankt Thomas von Aquin: Studenten

- Sankt Monika: Mütter
- Sankt Matthäus: Finanz-, Steuer- und Zollbeamte
- Sankt Josef: Zimmerleute, Tischler und andere Handwerker
- Sankt Nikolaus von Myra: Brücken
- Sankt Valentin: Verlobte und Grüße
- Sankt Franz von Assisi: Tiere
- Sankt Klara von Assisi: Fernsehen
- Sankt Antonius: Verlorene Gegenstände
- Sankt Judas: Hoffnungslose Fälle
- Sankt Bonifatius: Deutschland
- Sankt Patrick: Irland
- Unsere Liebe Frau von Guadelupe: Mexiko
- Die Unbefleckte Empfängnis: Brasilien

Die Bibel bezeichnet dementgegen alle wahren Gläubigen kraft ihrer Stellung in Christus (Epheser 1,1) als Heilige. Sie sind „Geheiligte in Christus Jesus, berufene Heilige" (1. Korinther 1,2). Was den römisch-katholischen Brauch anbetrifft, daß Lebende die Geister von Toten anrufen, so hat dieses mehr mit Spiritismus und Wahrsagerei zu tun – beides wird in der Schrift verurteilt – als mit christlichem Glauben (5. Mose 18,10-11).

Woher diese Gelehrten wissen wollen, daß sich das Neue Testament hier auf Vettern und Basen bezieht und eben nicht auf Brüder und Schwestern, bleibt unklar. Es stimmt, daß die griechischen Wörter für Bruder, *adelphos*, und für Schwester, *adelphe*, in einem weiteren Sinn verstanden werden können. Doch in erster Linie haben sie die Bedeutung von Kindern gemeinsamer Eltern. Sofern der Textzusammenhang nichts anderes nahelegt, bedeutet ein Wort das, was es sagt. Wenn der Heilige Geist beabsichtigt hätte, Maria als *immerwährende Jungfrau* zu verehren, dann hätte er diese Verwandten Jesu nicht ohne weitere Erklärung als seine Brüder und Schwestern bezeichnet.

Außerdem hätte der Heilige Geist in dem Fall, daß er eine entferntere Verwandtschaft als Bruder und Schwester ausdrücken wollte, zwei andere griechische Worte zur Verfügung gehabt. Paulus verwendet zur Vorstellung des Markus als den „Vetter des Barnabas" (Kolosser 4,10) das Wort *anepsios*, was *Vetter* heißt. Lukas gebraucht das Wort *syngenis*, das eine allgemeinere Bedeutung von *Verwandten* hat, um Elisabeth als Marias „Verwandte" zu beschreiben (Lukas 1,36).

Darüber hinaus finden wir in den messianischen Psalmen eine Prophezeiung über die Ablehnung, die der Herr Jesus zunächst von seinen Brüdern erfuhr. Der Messias wehklagt dort: „Entfremdet bin ich meinen Brüdern und ein Fremder geworden den Söhnen meiner Mutter" (Psalm 69,9). Das Verwandtschaftsverhältnis zwischen Jesu Brüdern und seiner Mutter hätte nicht besser ausgedrückt werden können.

Schließlich schreibt Matthäus über Josef, nachdem er Maria zur Frau genommen hatte: „Und er erkannte sie nicht, bis sie einen Sohn geboren hatte" (Matthäus 1,25). Was das besagt, braucht nicht mehr weiter erklärt zu werden.

MARIA WAR NICHT SÜNDLOS

Als Nachkomme Adams war Maria wie alle anderen Menschen von Geburt ein Sünder. Die Bibel sagt, „wie durch einen Menschen die Sünde in die Welt gekommen ist und durch die Sünde der Tod und so der Tod zu allen Menschen durchgedrungen ist, weil sie alle gesündigt haben ..." (Römer 5,12).

Dessen ungeachtet hält die römisch-katholische Kirche an dem Dogma der unbefleckten Empfängnis fest, nämlich daß Maria „... im ersten Augenblick ihrer Empfängnis ... von jeder Makel der Erbsünde bewahrt blieb ..."[283] [491].

Die katholischen Gelehrten behaupten, dieser Glaube sei in der Bibel in der *Verkündigung* dargestellt, als der Engel Gabriel Maria die Empfängnis Christi verkündete: „Gegrüßet seist du, voll der Gnade, der Herr ist mit dir: Gesegnet bist du unter den Frauen" (Lukas 1,28, nach der katholischen *Rheims-Douai* Version) [490-491]. Dies zeigt, so die Kirche, daß Maria „nie dem Fluch unterworfen"[284] und „frei von jeder persönlichen oder erblichen Verschuldung"[285] war.

Der Engel hatte jedoch niemals gesagt, Maria sei „voll der Gnade" (siehe oben). Diese römisch-katholische Übersetzung basiert auf lateinische Texte. Die Übersetzung des ursprünglichen Griechisch liest: „Sei gegrüßt, Begnadete! Der Herr ist mit dir" (Lukas 1,28). Gott *begnadete* Maria, indem er sie erwählte, seinen Sohn zu gebären, und nicht dadurch, daß er sie vor der Erbsünde Adams bewahrt hätte. Gott segnete Maria *„unter* den Frauen" (Lukas 1,28; Pattl) und nicht *über* den Frauen.

Die Bibel lehrt, daß der einzige, der jemals ohne Sünde auf dieser Erde lebte, der Herr Jesus Christus war (2. Korinther 5,21; 1. Petrus 2,22; 1. Johannes 3,5). Für eine weitere Ausnahme läßt die Schrift keinen Raum: „Denn kein Mensch auf Erden ist gerecht, daß er Gutes täte und niemals sündigte" (Prediger 7,20). Die Engel im Himmel beten den Herrn an und rufen: „Du allein bist heilig!" (Offenbarung 15,4). Der Herr Jesus sagte: „Niemand ist gut, als nur einer, Gott" (Lukas 18,19). Paulus schrieb: „... alle haben gesündigt und erlangen nicht die Herrlichkeit Gottes" (Römer 3,23). Und wiederum:

Da ist kein Gerechter, auch nicht einer ...
da ist keiner, der Gutes tut,
da ist auch nicht einer.
Römer 3,10.12

Wie jeder andere Mensch war auch Maria ein Sünder, der die Erlösung brauchte. Sie selbst erkannte das an, als sie betete: „Meine Seele erhebt den Herrn, und mein Geist hat gejubelt über Gott, meinen Heiland [o. Retter]" (Lukas 1,46-47).

Die Kirche räumt ein, daß Maria erlöst wurde, jedoch nur von der *Schuld* der Erbsünde. Sie behauptet, Maria sei nicht vom Makel der Sünde erlöst worden, denn sie wurde ja „von jeder Makel der Erbsünde bewahrt"[286] [491-492, 508].

Die Bibel trifft eine derartige Unterscheidung nicht. Die

Tatsache, daß Maria starb, ist schon Beweis genug dafür, daß sie der *ganzen* Schuld der Sünde unterworfen war (1. Mose 2,17; 3,19; Römer 6,23).

Ein weiteres Mal stimmt die Kirche dem nicht zu. Sie sagt, Maria sei nicht aufgrund von Sünde gestorben, weder persönlicher, noch ererbter Art.[287] Vielmehr starb sie, weil es „Gott wohlgefiel, daß Maria in allem Jesus gleich werde; und so wie der Sohn starb, so mußte auch die Mutter sterben ..."[288] Schließlich, so behauptet die Kirche, nahm Gott Maria leiblich in den Himmel auf. Ihr Körper verweste nicht im Grab unter dem Fluch der Sünde, denn sie war sündlos.

In seinem Dokument, das die Himmelfahrt Marias definiert, zitiert Papst Pius XII. mehrere Bibelstellen, um zu versuchen, dieser Lehre eine biblische Grundlage zu verleihen.[289] Dabei erkennt er an, daß die meisten Schriftstellen, auf die er sich bezieht, von Theologen und Predigern angegeben worden sind, die „... Ereignisse und Worte der Heiligen Schrift mit einer gewissen Freiheit heranziehen, um ihren Glauben an die Aufnahme Marias in den Himmel zu erläutern"[290]. In Wirklichkeit sagt jedoch keine der vom Papst angeführten Bibelstellen irgend etwas über Marias Himmelfahrt. Nur eine von ihnen, Lukas 1,28, bezieht sich überhaupt auf Maria. Dessen ungeachtet gebraucht der Papst sie nach seinem Gutdünken.

EINE ANDERE MARIA

Die Maria des römischen Katholizismus ist nicht die Maria der Bibel. Die Bibel sagt nichts über eine ohne Sünde empfangene Frau, die vollkommen sündlos, immer jungfräulich und in den Himmel aufgenommen ist.

Dennoch hat die Kirche infolge einer größeren Wertschätzung gegenüber der Überlieferung und der menschlichen Philosophie als gegenüber der heiligen Schrift die Jungfrau Maria zu einer *immerwährenden Jungfrau Maria*, die Mutter Jesu zur *Mutter Gottes* und die begnadigte Frau zu *Maria voll der Gnade* erklärt. In ihrer Entschlossenheit zur

Erhöhung Marias hat die Kirche die klaren Lehren der Bibel mißachtet und entstellt. Von der Wahrheit und Sicherheit der Schrift abgekehrt, hat die Kirche ihre Anhänger den mystischen und phantastischen Erscheinungen eines selbsternannten Geistes preisgegeben, der sich als Maria ausgibt. Diese Erscheinungen haben die Katholiken abgebracht von einer ungeteilten Verehrung Christi und dem Vertrauen zur Errettung auf ihn allein. Ob diese Erscheinungen nun Wirklichkeit oder nur Einbildung sind, an ihren Früchten haben sie selbst erwiesen, daß sie nicht von Gott stammen.

KAPITEL **9**

Die Königin des Himmels und der Erde

FATIMA, PORTUGAL, 13. MAI 1982

Von seinem erhöhten Podium vor der Basilika Unserer Lieben Frau von Fatima blickte Papst Johannes Paul II. auf eine gewaltige Volksmenge. Vor ihm standen mehr als 200.000 Katholiken. Als er mit seiner Ansprache anfing, bedeutete das für die Kirche und den Papst einen historischen Augenblick:

> Ich bin heute hierhergekommen, weil genau am selben Tag des vergangenen Jahres auf dem Petersplatz in Rom das Attentat auf das Leben des Papstes geschehen ist, ein Ereignis, das auf geheimnisvolle Weise zusammentraf mit dem Jahrestag der ersten Erscheinung von Fatima, die am 13. Mai des Jahres 1917 stattfand.[291]

Johannes Pauls Besuch in Fatima war die Erfüllung eines stillschweigenden Gelübdes, das er nach dem Anschlag auf sein Leben im Jahre 1981 abgelegt hatte. Als er aus seiner Bewußtlosigkeit aufwachte, so der Papst, da sei sein erster Gedanke Unsere Liebe Frau von Fatima gewesen. Später entschloß er sich, Fatima am ersten Jahrestag des Mordversuchs zu besuchen. Seine Absicht war dabei, wie der Papst es ausdrückte, „... meinen Dank in das Herz der himmlischen Mutter zu setzen, dafür, daß sie mich aus der Gefahr gerettet hat. In allem, was geschah, sah ich – und ich werde nicht müde, das zu wiederholen – eine besondere mütterliche Bewahrung durch Unsere Liebe Frau."[292] Er war davon überzeugt, daß in dem Augenblick, als Mehmet Ali

Agca vor einem Jahr den Abzug seiner Waffe betätigte, ein Wunder geschehen war. „Eine Hand feuerte", würde der Papst sagen, „und eine andere bewachte die Kugel."[293] Der Papst war sich sicher, daß dies die Hand Marias war.

Die Ärzte bestätigten, daß Johannes Paul tatsächlich großes Glück gehabt hatte. Die Kugel, die in seinen Bauch eingedrungen war, hatte seinen Dickdarm und andere Gedärme aufgerissen. Darüber hinaus hatte sie das Adernsystem des Kreuzbeins schwer beschädigt, was heftige innere Blutungen auslöste. Doch wenn die Kugel seine Aorta nicht um wenige Millimeter verfehlt hätte, dann hätte das den Papst sofort das Leben gekostet. Die Kugel war tatsächlich geradewegs durch seinen Körper gegangen, ohne irgendein lebenswichtiges Organ zu beschädigen.

Jetzt war Papst Johannes Paul II., ein Jahr später und wieder völlig genesen, nach Fatima gekommen, nicht nur um Maria zu danken, sondern ihr die ganze Menschheit zu weihen:[294]

> Unter deinen Schutz und Schirm fliehen wir, o heilige Gottesmutter! ... umfange mit deiner mütterlichen und dienenden Liebe diese unsre Welt, die wir dir anvertrauen und weihen ... Wenn wir dir, o Mutter, die Welt, alle Menschen und alle Völker, anvertrauen, so vertrauen wir dir dabei auch diese unsere Weihe für die Welt an und legen sie in dein mütterliches Herz. O unbeflecktes Herz, hilf uns, die Gefahr des Bösen zu überwinden ... Höre, Mutter Christi, diesen Hilfeschrei ... Noch einmal zeige sich in der Geschichte der Welt die unendliche Macht der erbarmenden Liebe. Daß sie dem Bösen Einhalt gebiete! Daß sie die Gewissen wandle! In deinem unbefleckten Herzen offenbare sich allen das Licht der Hoffnung![295]

◆ ◆ ◆

DIE MITERLÖSERIN
[494, 963-973]

Wenn auch Johannes Pauls II. innige Verehrung Marias und seine Weihe der Welt an sie Nichtkatholiken seltsam erscheinen mag, so ist dieses im Katholizismus doch keineswegs unüblich. Eine solche Verehrung ist vielmehr die ausdrückliche Absicht der katholischen Lehre über Maria. Denn im römischen Katholizismus ist Maria weit mehr als nur ein Vorbild an Tugendhaftigkeit; sie ist Miterlöserin der Menschheit [964, 968, 970].

Als Maria Gottes Einladung, seinen Sohn zu gebären, annimmt, „wirkt", so die Kirche, „sie schon am Werk mit, das ihr Sohn vollbringen soll"[973]:

> Der Vater der Erbarmungen wollte aber, daß vor der Menschwerdung die vorherbestimmte Mutter ihr empfangenes Ja sagte, damit auf diese Weise so, wie eine Frau zum Tode beigetragen hat, auch eine Frau zum Leben beitrüge ... Mit Recht also sind die heiligen Väter der Überzeugung, daß Maria nicht bloß passiv von Gott benutzt wurde, sondern in freiem Glauben und Gehorsam zum Heil der Menschen mitgewirkt hat. So sagt der heilige Irenäus, daß sie „in ihrem Gehorsam für sich und das ganze Menschengeschlecht Ursache des Heils geworden ist". Deshalb sagen nicht wenige der alten Väter in ihrer Predigt gern, „daß der Knoten des Ungehorsams der Eva gelöst worden sei durch den Gehorsam Marias; und was die Jungfrau Eva durch den Unglauben gebunden hat, das habe die Jungfrau Maria durch den Glauben gelöst"; im Vergleich mit Eva nennen sie Maria „die Mutter der Lebendigen" und öfters betonen sie: „Der Tod kam durch Eva, das Leben durch Maria."
>
> Zweites Vatikanisches Konzil[296]

Der römisch-katholischen Kirche zufolge war Marias Beteiligung an der Fleischwerdung nur der Anfang ihrer Rolle in der Erlösung. Die Kirche lehrt, daß „es Gottes Plan war, daß die selige Jungfrau Maria sich dem Anschein nach aus dem öffentlichen Leben Jesu fernhielt, ihm aber beistehen sollte, als er ans Kreuz genagelt starb"[297]. Mit Christus vereint brachte Maria ihn, als er am Kreuz hing, Gott als Opfer dar:

> Sie hat, frei von jeder persönlichen oder erblichen Verschuldung und immer mit ihrem Sohne aufs innigste verbunden, ihn auf Golgatha zusammen mit dem gänzlichen Opfer ihrer Mutterrechte und ihrer Mutterliebe dem Ewigen Vater dargebracht ...
>
> *Mystici corporis*[298]

Maria hat nicht allein ihren Sohn Gott dargebracht, sondern sie verharrte beim Kreuz, um mit Christus zu leiden [964]:

> So ging auch die selige Jungfrau den Pilgerweg des Glaubens. Ihre Vereinigung mit dem Sohn hielt sie in Treue bis zum Kreuz, wo sie nicht ohne göttliche Absicht stand (vgl. Johannes 19,25), heftig mit ihrem Eingeborenen litt und sich mit seinem Opfer in mütterlichem Geist verband, indem sie der Darbringung des Schlachtopfers, das sie geboren hatte, liebevoll zustimmte.
>
> Zweites Vatikanisches Konzil[299]

Der Kirche nach waren Marias Leiden so heftig, daß diese sie an die Schwelle des Todes brachten. Sie, so sagt die Kirche, „nahm mit Jesus Christus teil an dem so schmerzhaften Erlösungswerk"[300]:

> Maria litt und starb gleichsam beinahe mit ihrem leidenden Sohn; für die Rettung der Menschheit gab sie ihre mütterlichen Rechte preis und gab, so weit es an ihr lag, ihren Sohn dahin, um der göttlichen Gerechtigkeit Genüge zu tun. So können wir gut sagen, daß sie mit Christus die Menschheit erlöst hat.
>
> *Inter sodalicia*[301]

So hatte Maria, in einer Christus untergeordneten Rolle, „mit ihm Anteil an der Erlösung des Menschengeschlechts"[302]. Deshalb wird sie von der Kirche die „Mitwirkerin in der Erlösung des Menschen"[303] und „unsere Miterlöserin"[304] genannt. Denn am Kreuz hat Maria „über die alte Schlange einen vollen Sieg errungen" und „zertrat so ihren Kopf mit ihrem makellosen Fuß"[305].

Indem sie Christi Tod und Auferstehung gefolgt ist, so sagt die Kirche, war Maria eine starke Waffe zur Ausbreitung des Evangeliums [965]:

> Und auch jene andere Ansicht dürfte wohl zu Recht bestehen, die da meint, es sei wohl zumeist Marias Führung und Hilfe zu verdanken gewesen, daß die Weisheit des Evangeliums mit all seinen gnadenvollen Einrichtungen so rasch sich unter den Völkern verbreitet habe, und daß trotz unerhörter Hemmnisse und Verfolgungen überall eine neue Ordnung der Gerechtigkeit und des Friedens Eingang finden konnte.
>
> *Adjutricem populi*[306]

Schließlich lehrt die römisch-katholische Kirche, Gott habe nach der Vollendung von Marias Leben auf dieser Erde sie auf wunderbare Weise in den Himmel aufgenommen. Dort habe er sie zur Königin des Himmels und der Erde gekrönt [966]:

> Die selige Jungfrau Maria wird Königin genannt, nicht allein wegen ihrer göttlichen Mutterschaft, sondern ebenso weil sie durch den Willen Gottes einen großen Teil am Werk unseres Heils hatte ... In diesem Erlösungswerk war die selige Jungfrau Maria mit ihrem Christus innig verbunden ... So wie Christus, weil er uns erlöst hat, durch einen besonderen Titel unser König und Herr ist, so ist auch die selige Jungfrau Maria auf Grund der einzigartigen Weise, auf der sie an der Erlösung mitwirkte, unsere Königin und Mittlerin. Sie gab ihr ganzes Wesen für seinen Leib, willig opferte sie ihn für uns, und sie spielte eine

einzigartige Rolle in unserer Errettung, dadurch daß sie
diese wünschte, für sie betete und sie so erlangte ...

Ad coeli Reginam[307]

DIE MITTLERIN ALLER GNADEN
[968-971, 975, 2673-2682]

Der römische Katholizismus lehrt, Maria habe durch ihre
Beteiligung an unserer Erlösung das Privileg verdient, die eine
zu sein, durch welche Gott der Welt all seine Gnade erteilt:

> Als die höchste Stunde des Sohnes gekommen war, stand
> neben dem Kreuze Jesu Maria, seine Mutter. Sie war nicht
> bloß ergriffen von dem grausamen Geschehen, sondern
> freute sich, daß ihr einziger Sohn für das Heil der
> Menschheit hingegeben wurde, und so nahm sie völlig an
> seinem Leiden teil, so daß sie, wäre es möglich gewesen,
> all die Qualen, die ihr Sohn trug, selbst gern getragen hät-
> te. Und auf Grund dieser Gemeinschaft des Willens und
> der Leiden zwischen Christus und Maria verdiente sie
> würdigstlich, die Wiederherstellerin der verlorenen Welt
> und die Erteilerin all der Gaben zu werden, die unser
> Heiland durch seinen Tod und sein Blut erworben hat.
>
> *Ad diem*[308]

Der Kirche nach ist Maria Gottes einzigartiger Segenskanal.
Ihr Einfluß auf Christus ist so mächtig, „daß alle Gnaden,
die er den Menschen gewährt, stets auf ihre Vermittlung und
Gutheißung hin geschenkt werden"[309]; „nichts wird uns
zuteil, als nur durch Maria"[310]. Sie ist „der Sitz, die Stätte
aller göttlichen Gnaden ... sogar ein unendlicher Schatz und
unergründlicher Abgrund eben dieser Gaben"[311], zu den die
Kirche ihre Gläubigen auffordert, in notvollen Zeiten
Zuflucht zu nehmen:

> Diese Unsere Worte sollen vernehmen die Uns so teuern
> Söhne der katholischen Kirche; sie sollen fortfahren mit

stets glühendem Eifer der Frömmigkeit, der Liebe und
Hingabe die seligste Gottesgebärerin und Jungfrau Maria,
die ohne Makel der Erbsünde empfangen wurde, zu verehren, anzurufen und anzuflehen; sie sollen zur süßen
Mutter der Barmherzigkeit und Gnade in jeglicher
Gefahr, Angst und Not ihre Zuflucht nehmen und in
Zweifeln und Furcht mit allem Vertrauen sich ihr nahen.
Keine Furcht und kein Zweifel braucht den zu
schrecken, den sie leitet, über dem sie schwebt, dem sie
gnädig ist und den sie beschützt. Zweifellos ist sie von
Mutterliebe gegen uns erfüllt, sie sorgt für unser Heil und
ist für das ganze Menschengeschlecht besorgt. Sie ist
gesetzt vom Herrn als Königin des Himmels und der
Erde, über alle Chöre der Engel erhaben und über alle
Heiligen und steht zur Rechten ihres eingeborenen Sohnes, unseres Herrn Jesus Christus. Wenn sie ihn mit ihren
mütterlichen Bitten bestürmt, so hat sie Erfolg; sie findet,
was sie von ihm zu erlangen sucht, und ihre Wünsche
bleiben nicht unerfüllt.

Ineffabilis Deus[312]

Die Kirche lehrt, „daß nach dem Willen Gottes die Gnaden
aus diesem Schatz uns nur durch Maria verliehen werden"[313].
Maria ist „... mit ihrem göttlichen Sohn die mächtigste Mitt-
lerin und Fürsprecherin der ganzen Welt"[314], eine „glorreiche
Vermittlerin"[315]. Das bekannte lateinische Motto des hl.
Bernhard von Clairvaux, *ad Jesum per Mariam*, „zu Jesus
durch Maria", faßt die Lehre der Kirche gut zusammen.
Beim *Sei gegrüßt, heilige Königin*, einem traditionellen
Abschlußgebet des Rosenkranzes, beten die Katholiken:

Sei gegrüßt, heilige Königin, Mutter der Barmherzigkeit!
Sei gegrüßt, unser Leben, unsere Süßigkeit und unsere
Hoffnung! Zu dir flehen wir armen verbannten Kinder
Evas; zu dir erheben wir unser Seufzen, Stöhnen und
Weinen in diesem Tränental. Wende deshalb, allergnädig-
ste Fürsprecherin, deine Augen der Barmherzigkeit uns
zu, und nach diesem unserem Elend zeige uns die geseg-

nete Frucht deines Leibes, Jesus; o gütige, o liebende, o
süße Jungfrau Maria, bitte für uns, o heilige Mutter
Gottes. Auf daß wir würdig werden der Verheißungen
Christi.

MARIENVEREHRUNG
[971, 2676-2679, 2682]

Angesichts von Marias Rolle als Mutter Gottes, ihrer vorbildhaften Tugend und Heiligkeit, ihrer Beteiligung an der Erlösung der Menschen und ihrer Bestimmung als Mittlerin der Gnade und Königin des Himmels und der Erde lehrt die römisch-katholische Kirche, daß die Katholiken Maria innig verehren sollten:

> Maria wird, durch Gottes Gnade nach Christus, aber vor allen Engeln und Menschen erhöht, mit Recht, da sie ja die heilige Mutter Gottes ist und in die Mysterien Christi einbezogen war, von der Kirche in einem Kult eigener Art geehrt.
> Zweites Vatikanisches Konzil[316]

Dieser Kult eigener Art, oder diese Form der Verehrung, wird als *Hyperdulie* bezeichnet. Sie ist eine von drei Stufen von Ehre, welche die Kirche kennt:

- *Latrie* – Das ist die höchste Form der Anbetung. Die Kirche lehrt die Gläubigen, auf diese Weise nur Gott allein anzubeten.
- *Hyperdulie* – *Hyperdulie* steht eine Stufe unterhalb der Anbetung in Form von *Latrie*. Sie ist die höchste Stufe der Verehrung, die einem erschaffenen Wesen entgegengebracht werden kann. Die Kirche lehrt, daß allein Maria diese Art der Ehre zusteht.
- *Dulie* – Das ist einfache Verehrung. Katholiken sollen diese Form der Verehrung gegenüber den Heiligen und Engeln zeigen.

Die gebräuchlichste Weise, auf welche Katholiken Maria verehren, ist das Beten des Rosenkranzes [971, 1674, 2708]. Dieser, den die Kirche als „Kurzfassung des ganzen Evangeliums"[971] betrachtet, besteht aus einer ganzen Reihe von Gebeten, die entlang einer Kette mit Perlen abgezählt und aufgesagt werden. Diese Perlen sind in Gruppen zu je zehn kleinen, unterbrochen von einer größeren Perle angeordnet. Von diesen Zehnergruppen oder *Gesetzen* gibt es fünf an der Zahl. Bei jeder der zehn kleinen Perlen beten die Katholiken das *Gegrüßet seist du Maria* [2676-2677]:

> Gegrüßet seist du, Maria, voll der Gnade; der Herr ist mit dir. Du bist gebenedeit unter den Frauen und gebenedeit ist die Frucht deines Leibes, Jesus. Heilige Maria, Mutter Gottes, bitte für uns Sünder, jetzt und in der Stunde unseres Todes. Amen.

Die Kirche bietet Katholiken, die den Rosenkranz beten, einen Teilablaß an, den Nachlaß eines Teils der zeitlichen Strafe für Sünden [1471-1479, 1498]. Sie können sich aber auch einen vollkommenen Ablaß verdienen, einen vollständigen Nachlaß aller momentan angehäuften zeitlichen Strafe, indem sie den Rosenkranz beten, die Sakramente der Beichte und Eucharistie empfangen und Gebete für die Anliegen des Papstes aufopfern [1471].

EINE BIBLISCHE ANTWORT

Wenn die Bibel Maria auch in einem guten Licht darstellt, so finden wir doch in der Schrift von dem im Katholizismus so üblichen uneingeschränkten Lob und den überschwenglichen Gefühlsregungen gegenüber Maria keine Spur. Erst recht gibt es dort nicht den kleinsten Hinweis darauf, daß Maria an der Erlösung beteiligt gewesen sei und deshalb die Mittlerin aller Gnaden sein sollte. Im Gegenteil, die Bibel lehrt, daß:

- es nur einen Erlöser gibt und nicht zwei.
- es nur einen Mittler gibt und nicht zwei.

ES GIBT NUR EINEN ERLÖSER

Die Schrift legt sehr deutlich dar, daß der Herr Jesus allein der Erlöser ist. An Israel hatte Gott verheißen: „Ich, der HERR, bin dein Retter, und der Mächtige Jakobs, dein Erlöser" (Jesaja 49,26). Die Schriften des Neuen Testaments zeigen, daß es „der Sohn seiner Liebe" ist, „in welchem wir die Erlösung haben, die Vergebung der Sünden" (Kolosser 1,13-14; UElb). Gott rechtfertigt Sünder „durch die Erlösung, die in Christus Jesus ist" (Römer 3,24).

Die Behauptung der Kirche, daß Maria Christus „auf Golgatha ... dem Ewigen Vater dargebracht"[317] hat, widerspricht der Bibel. Die Bibel sagt, daß Christus *„sich selbst* durch den ewigen Geist als Opfer ohne Fehler Gott dargebracht hat" (Hebräer 9,14; Hervorhebungen zugefügt).

Für die römisch-katholische Behauptung, daß Maria „mit Christus die Menschheit erlöst hat"[318], gibt es ebenfalls keine biblische Unterstützung. Die Kirche sagt von Maria:

> In Maria ballen sich zahlreiche tiefe Leiden in einer solchen Dichte zusammen, daß diese nicht nur ihren unerschütterlichen Glauben beweisen, sondern ebenso einen Beitrag zur Erlösung aller darstellen ...
>
> Nach den Ereignissen des verborgenen und des öffentlichen Lebens ihres Sohnes ... erreichte das Leiden Marias dann auf dem Kalvarienberg, vereint mit dem Leiden Jesu, einen Höhepunkt, wie er schon vom rein menschlichen Standpunkt aus in seiner Größe nur sehr schwer vorstellbar ist, der aber auf geheimnisvolle und übernatürliche Weise ganz gewiß fruchtbar wurde für das Heil der Welt.
> *Salvifici doloris*[319]

Anstatt Maria als einen dankbaren erlösten Sünder zu Füßen ihres Heilandes darzustellen, schildert die Kirche sie, als habe sie durch ihr eigenes Leiden „einen Beitrag zur Erlösung aller"[320] geleistet. Das Zweite Vatikanische Konzil schreibt dazu:

> Indem sie Christus empfing, gebar und nährte, im Tempel dem Vater darstellte und mit ihrem am Kreuz sterbenden Sohn litt, hat sie beim Werk des Erlösers in durchaus einzigartiger Weise in Gehorsam, Glaube, Hoffnung und brennender Liebe mitgewirkt zur Wiederherstellung des übernatürlichen Lebens der Seelen.
> Zweites Vatikanisches Konzil[321]

1. Mose 3,15

Zur Unterstützung der Lehre von Maria als Miterlöserin verweisen manche katholischen Gelehrten auf 1. Mose 3,15. In vielen katholischen Bibelausgaben, wie zum Beispiel der englischen *Rheims-Douai* Version (die katholische Standardbibel im Englischen bis Mitte des 20. Jahrhunderts; siehe auch ältere deutsche katholische Übersetzungen, zum Beispiel von A. Arndt S.J., Pustet-Verlag, Regensburg 1906) lautet Gottes Fluch über die Schlange:

> Ich werde Feindschaft setzen zwischen dir und dem Weibe, und deinem Samen und ihrem Samen: Sie wird dir den Kopf zertreten, und du wirst ihrer Ferse auflauern.
> 1. Mose 3,15; nach der englischen *Rheims-Douai* Version

Aufgrund dieses Verses wird Maria oftmals als Statue oder in Bildern mit einer Schlange unter ihren Füßen gezeigt – eine bildhafte Darstellung ihrer Rolle als Miterlöserin. Diese Darstellungsweise finden wir auch in katholischen Dokumenten:

> Wie also Christus, der Mittler zwischen Gott und den Menschen, nach der Annahme der menschlichen Natur die Urkunde, die gegen uns zeugt, zerriß und sie als Sieger an das Kreuz heftete, so hat auch die heiligste Jungfrau, die ganz innig und unzertrennlich mit ihm verbunden ist,

mit ihm und durch ihn ewige Feindschaft mit der giftigen Schlange; sie triumphierte über sie in vollkommenster Weise und zertrat so ihren Kopf mit ihrem makellosen Fuß.

Ineffabilis Deus[322]

Diese Darstellung basiert jedoch auf einer falschen Übersetzung von 1. Mose 3,15 aus dem lateinischen Text der Vulgata, die seit dem 4. Jahrhundert die offizielle Bibel der römisch-katholischen Kirche ist. Bis in unsere Zeit diente die lateinische Vulgata als grundlegender Text für alle katholischen Übersetzungen, einschließlich der englischen *Rheims-Douai* Version.

Im hebräischen Text, dem Original des Alten Testaments, ist das Subjekt von 1. Mose 3,15 männlich und nicht weiblich. Deshalb heißt es nicht „sie wird dir den Kopf zertreten", wie in der *Rheims-Douai*, sondern vielmehr „er wird dir den Kopf zermalmen" (siehe alle nichtkatholischen und die neueren katholischen Ausgaben, zum Beispiel die *Pattloch-Bibel* sowie auch die katholisch geprägte *Einheitsübersetzung*). Dieser Satz spricht prophetisch von Christi Sieg über Satan und nicht von Maria.

Die neueren katholischen Übersetzer haben den Fehler zwar korrigiert, doch die römisch-katholische Theologie hält weiterhin an ihrer falschen Auslegung fest.

Lukas 2,34-35

Eine weitere Bibelstelle, die die Kirche zur Unterstützung ihrer Lehre von der „Verbindung der Mutter mit dem Sohn im Heilswerk"[323] heranzieht, ist Lukas 2,34-35. Josef und Maria hatten Jesus als Säugling nach Jerusalem gebracht, um ihn im Tempel darzustellen. Simeon, ein rechtschaffener Mann, der auf das Kommen des Messias wartete, nahm das Kind in seine Arme und sprach zu Maria:

Siehe, dieser ist gesetzt zum Fall und Aufstehen vieler in Israel und zu einem Zeichen, dem widersprochen wird –

aber auch deine eigene Seele wird ein Schwert durchdringen – damit Überlegungen aus vielen Herzen offenbar werden.
Lukas 2,34-35

Der Kirche zufolge spricht das Schwert hier von Marias Teilhabe an Christi Leiden für unsere Erlösung [618]. Sie leistete, so schrieb Papst Johannes Paul II. „einen Beitrag zur Erlösung aller"[324]:

... das Leiden Marias [erreichte] dann auf dem Kalvarienberg, vereint mit dem Leiden Jesu, einen Höhepunkt, wie er schon vom rein menschlichen Standpunkt aus in seiner Größe nur sehr schwer vorstellbar ist, der aber auf geheimnisvolle und übernatürliche Weise ganz gewiß fruchtbar wurde für das Heil der Welt.
Salvifici doloris[325]

Die römisch-katholische Behauptung, Maria habe für das Heil der Welt gelitten, ist aus drei Gründen unberechtigt.

1. *Maria litt nicht für Sünden.* Als Maria ihren Sohn am Kreuz hängen sah, hat sie zweifellos sehr gelitten. Gleiches könnte man jedoch auch von den anderen Dabeistehenden sagen, die den Herrn liebten und Zeugen seiner Leiden wurden: Johannes, Maria Magdalena, Salome und Maria, die Frau des Klopas (Johannes 19,25-27; Markus 15,40). Diese Art des Leides könnten wir als *Mitleidsschmerzen* bezeichnen.

Es ist ebenfalls wahrscheinlich, daß Maria, auch als Christin noch, den Spott und Hohn von bösen Menschen ertragen mußte. Das tat sie bereitwillig, denn sie wußte, daß Gott sie zur Mutter Jesu berufen hatte. Die Bibel beschreibt diese Art von Verfolgung als *Leiden um der Gerechtigkeit willen* (1. Petrus 3,14).

Diese beiden Arten von Leiden müssen wir jedoch von dem unterscheiden, was Christus am Kreuz durchmachte. Er *litt für Sünde.* Christus, der „ein Fluch für uns geworden ist" (Galater 3,13), wurde zum Zielpunkt von Gottes Zorn, denn der Vater „ließ ihn treffen unser aller Schuld" (Jesaja 53,6). Diese Art von Leiden erlitt der Herr Jesus, „von Gott geschlagen und niedergebeugt" (Jesaja 53,4) in seinem einsamen Todeskampf:

> Der Hohn hat mein Herz gebrochen, und es ist unheilbar; und ich habe auf Mitleid gewartet – aber da war keins; und auf Tröster, und ich habe keine gefunden.
> Psalm 69,21

Offensichtlich konnten es weder Maria noch irgend jemand anderes am Fuß des Kreuzes vollends erfassen, daß vor ihnen der Sohn Gottes für die Sünde der Welt litt.

2. *Maria erlitt nicht den Tod für die Sünde.* Trotz der Heftigkeit von Christi körperlichen Leiden verbindet die Schrift unsere Erlösung durchgängig nicht mit seinen Schmerzen sondern mit seinem Tod. Paulus schreibt, daß wir „mit Gott versöhnt wurden durch den *Tod* seines Sohnes" (Römer 5,10; Hervorhebung zugefügt). Der Schreiber des Hebräerbriefs erinnert uns, daß „der Tod geschehen ist zur Erlösung von den Übertretungen" (Hebräer 9,15). Johannes sagt uns, daß Jesus „uns von unseren Sünden erlöst hat durch sein Blut" (Offenbarung 1,5).

Der Grund dafür ist natürlich, daß die Strafe für die Sünde der *Tod* ist (1. Mose 2,17; Römer 6,23). Deshalb mußte ein Leben gegeben werden, um uns zu erlösen. Das ist es, weshalb Christus gekommen ist: „um ... sein Leben zu geben als Lösegeld für viele" (Markus 10,45). Christus hat „einmal für unsere Sünden gelitten, der Gerechte für die Ungerechten, damit er uns zu Gott führe ..." (1. Petrus 3,18). An keiner Stelle lehrt die Bibel, daß wir durch Christi gerechtes Leben, seinen treuen Gehorsam oder durch sein Leiden in den Händen von grausamen Menschen erlöst worden wären.

An dieser Stelle erweisen sich Marias Leiden wiederum als untauglich, um zur Erlösung beizutragen.[326] Die Kirche behauptet, „Maria litt und starb gleichsam beinahe mit ihrem leidenden Sohn"[327]; sie „starb vom Schwert der Schmerzen durchbohrt geistigerweise mit ihm"[328]. Aber unbestreitbare

Tatsache ist, daß Maria auf Golgatha nicht starb. Nur Christus allein gab sein Leben für unsere Erlösung.

3. *Maria war nicht imstande, die Menschheit zu erlösen.* Selbst wenn Maria auf Golgatha gestorben wäre, so hätte ihr Tod dennoch niemanden erlöst. Wie wir im vorangegangenen Kapitel gesehen haben, war Maria selber ein Sünder. Als ein solcher war sie vor Gott schuldig und unfähig, irgend jemand zu erlösen. Gleiches gilt für alle anderen Männer und Frauen. Die Schrift lehrt:

> Niemals kann ein Mann seinen Bruder loskaufen,
> nicht kann er Gott sein Lösegeld geben,
> denn zu kostbar ist das Kaufgeld für ihre Seele,
> und er muß davon ablassen auf ewig.
>
> Psalm 49,8-9

Das ist der Grund, weshalb Gott seinen Sohn sandte, den Herrn Jesus Christus, um uns zu erlösen. *Er allein war dazu fähig.* Da er der Sohn Gottes war, war sein Leben von unendlichem Wert und dazu imstande, alle Menschen zu erlösen. „Indem er den Menschen gleich geworden ist" (Philipper 2,7), konnte er sowohl sein Menschsein vor Gott darstellen als auch den leiblichen Tod erleiden (Hebräer 2,14-17). Da er ohne Sünde war, war sein Leben ein wohlannehmbares Opfer (1. Petrus 1,19; 2,22). Deshalb verdient *allein* Christus den Titel des Erlösers. „Würdig ist das Lamm, das geschlachtet worden ist" (Offenbarung 5,12).

ES GIBT NUR EINEN MITTLER

Es gibt keine biblische Unterstützung für die römisch-katholische Behauptung, Maria diene als Mittelsfrau oder Mittlerin zwischen Gott und dem Menschen. Ebensowenig gibt es ein biblisches Beispiel davon, daß ein Christ zu Maria gebetet oder einen Segen von Gott durch ihre himmlische Fürsprache empfangen hätte.

Die katholische Kirche widerspricht dem und gibt vor, es

gäbe eindeutig biblische Hinweise auf Marias Mittlerschaft. Sie verweist auf die Hochzeit zu Kana. Dort habe Maria, so die Kirche, „den Anfang der Zeichen Jesu als Messias durch ihre Fürbitte veranlaßt ... (vgl. Jo 2,1-11)"[329]. Die Kirche lehrt, daß auch heute noch auf die gleiche Weise „Marias Fürsprache bei ihrem göttlichen Sohn so mächtig"[330] ist.

Ein näherer Blick auf das Hochzeitsfest zeigt jedoch etwas ganz anderes. Als Maria bemerkt hatte, daß der Wein ausgegangen war, wendete sie sich mit diesem Problem an Jesus und sagte: „Sie haben keinen Wein" (Johannes 2,3). Jesus antwortete: „Was habe ich mit dir zu schaffen, Frau? Meine Stunde ist noch nicht gekommen" (Vers 4). Der Herr wollte Maria klarmachen, daß er in seinem göttlichen Auftrag nicht ihrer Aufforderung unterliegt. Er kam, um den Willen seines himmlischen Vaters zu tun und nicht den seiner irdischen Mutter. Als er das verdeutlicht hatte, sorgte der Herr wohlwollend für Wein für die Gäste, aber mit so wenig Aufsehen wie möglich. Wenn diese Begebenheit irgend etwas über ein fürsprechendes Gebet zu sagen hat, dann lehrt sie, daß wir uns mit unseren Anliegen, genau wie Maria es tat, unmittelbar an den Herrn Jesus wenden sollten. Er ist unser einziger Mittler: „Denn *einer* ist Gott, und *einer* ist Mittler zwischen Gott und Menschen, der Mensch Christus Jesus" (1. Timotheus 2,5).

Das Zweite Vatikanische Konzil bestätigte die einzigartige Mittlerschaft Christi und sagt, „ein einziger ist unser Mittler"[331], wobei es sogar 1. Timotheus 2,5 zitiert. Gleichzeitig macht es jedoch wiederum Marias Rolle als „Fürsprecherin ... Helferin ... Beistand und ... Mittlerin"[332] geltend [969].

Das Konzil bietet drei Erklärungen dafür an, weshalb Marias Rolle als Mittlerin Christi Rolle als alleiniger Mittler angeblich nicht beeinträchtigt:

1. Erklärung: Marias Mittlerschaft erweist die Macht von Christi Mittlerschaft
[970]

Marias mütterliche Aufgabe gegenüber den Menschen aber

verdunkelt oder vermindert diese einzige Mittlerschaft Christi in keiner Weise, sondern zeigt ihre Wirkkraft.

Zweites Vatikanisches Konzil[333]

Diese Leugnung besagt jedoch gar nichts, wenn man Marias Mittlerschaft als Mutter der Menschen und Mutter Gottes gänzlich versteht.

Der Kirche zufolge wurde Maria auf Golgatha zu unserer Mutter und Mittlerin. Als Christus am Kreuz hing, blickte er auf seine Mutter. Neben ihr stand der Apostel Johannes, zu dem der Herr dann sagte: „Siehe, deine Mutter" (Johannes 19,27). Die Kirche sagt, durch diese Worte wurde Maria zur „Mutter aller Menschen"[334] und zur „Mutter der Kirche"[963].

Der römische Katholizismus lehrt, daß der Gläubige sich deshalb „... natürlich an die mächtige Mutter Gottes wendet ... die für Katholiken in ihren Versuchungen stets die wichtigste und höchste Zuflucht ist"[335]. „Vertrau auf Maria, erflehe ihre Hilfe"[336], rät die Kirche, denn ihr Vermögen, ihren Sohn zu beeinflussen, ist unvergleichlich:

Die Katholische Kirche hat stets und mit Recht all ihre Hoffnung und ihr Vertrauen auf die Muttergottes gesetzt. Sie, die mit ihm im Werke der Erlösung des Menschen verbunden ist, hat mit ihrem Sohne Gunst und Macht, die größer ist als sie jemals ein Mensch oder ein Engelwesen erlangt hat oder je erlangen kann.

Supreme apostolatus[337]

Maria kann, so behauptet die Kirche, Gott zur Erhörung von Bitten überreden, die er andernfalls abgewiesen hätte:

Und sind wir nicht alle von der zuversichtlichen Hoffnung beseelt, Gott werde durch die Empfehlung seiner heiligsten Mutter das besonders huldvoll und wohlgefällig aufnehmen, was ihm weniger angenehm ist, wenn es von unseren unwürdigen Lippen allein kommt?

Octobri mense[338]

Maria wird als die weichherzige Mutter dargestellt:

> Einerseits ist Marias Fürbitte bei ihrem göttlichen Sohn so mächtig, daß alle Gnaden, die er den Menschen gewährt, stets auf ihre Vermittlung und Gutheißung hin geschenkt werden; andererseits ist Maria so gütig und gnädig und allezeit bereit, den Hilfsbedürftigen beizustehen, daß sie jenen, die sie anrufen, ihre Hilfe niemals verweigern kann. Und jene, die von der Kirche als „Mutter der Gnade und Mutter der Barmherzigkeit" angerufen wird, hat sich auch immer als gütige Mutter erwiesen, insbesondere jenen gegenüber, die im Rosenkranzgebet ihre Zuflucht zu ihr nahmen.
>
> *Fausto appetente*[339]

Gott wird dementgegen als ziemlich kaltherziger und widerwilliger Wohltäter dargestellt, dem man sich durch Maria nähern muß:

> Wir haben die zuversichtliche Hoffnung, daß sich Gott letztlich bewegen läßt und mit dem Zustand seiner Kirche Mitleid hat, und daß er sein Ohr zu den Gebeten neigen wird, die durch sie zu ihm gelangen, die er ja als Mittlerin aller himmlischen Gnaden ausersehen hat.
>
> *Superiore anno*[340]

Papst Pius lehrte: „So wie Petrus die Schlüssel des Himmels hat, so hat Maria die Schlüssel zum Herzen Gottes ..."[341] Wenn sie diesen Schlüssel umdreht, garantiert die Kirche, daß das Schloß sich öffnet:

> Wir können keine mächtigere oder für Gott unwiderstehlichere Beschützerin finden. Sie ist für uns die beste aller Mütter, unsere sicherste Vertraute und in der Tat der wahre Anlaß unserer Hoffnung; sie erlangt alles, um was sie bittet, und ihr Gebet wird immer erhört.
>
> *Exultavit cor nostrum*[342]

Als Christi Mutter ist „Marias Fürbitte bei ihrem göttlichen Sohn so mächtig"[343], denn „sie ist mächtig, da sie die Mutter des allmächtigen Gottes ist"[344]:

> Denn die Gebete derer, die im Himmel sind, haben sicherlich einen Anspruch auf das wachsame Auge Gottes, doch Marias Gebete haben ihre Sicherheit in ihren Rechten als Mutter. Deshalb, wenn sie zum Thron ihres göttlichen Sohnes kommt, bittet sie als Fürsprecherin, betet sie als Dienerin, aber befiehlt sie als Mutter.
> *Tanto studio*[345]

Marias Vollmacht in der Mittlerschaft, so sagt die Kirche, erstreckt sich sogar bis zur Errettung. Wenn Katholiken das *Gegrüßet seist du Maria* beten, bitten sie sie, „bitte für uns Sünder, jetzt und in der Stunde unseres Todes" [1014]. Die Kirche schreibt dazu:

> Wenn wir Maria bitten, für uns zu beten, bekennen wir uns als arme Sünder und wenden uns an die „Mutter der Barmherzigkeit", an die ganz Heilige. Wir vertrauen uns ihr „jetzt" an, im Heute unseres Lebens. Und unser Vertrauen weitet sich, so daß wir ihr jetzt schon „die Stunde unseres Todes" anvertrauen. Möge sie dann zugegen sein, wie beim Tod ihres Sohnes am Kreuz, und uns in der Stunde unseres Hinübergangs als unsere Mutter aufnehmen, um uns zu ihrem Sohn Jesus in das Paradies zu geleiten.
> *Katechismus der Katholischen Kirche* [2677]

Dies alles ist sicherlich irreführend. Die Vorstellung, Maria würde sich unserer Gebete eher annehmen als unser himmlischer Vater, der seinen einzigen Sohn für uns gab, widerspricht dem Wesen Gottes. Außerdem ist die Behauptung, Jesu Mutter hätte Autorität über ihn, eine theologische Unmöglichkeit. Der ewige Gott hat keine Mutter – und erst recht keine „mächtige Mutter"[346], der er gehorchen muß. Darüber hinaus hat Jesus Maria keineswegs zur Mutter der

Menschheit oder zur Mutter der Kirche erklärt, als er sterbend am Kreuz hing. Seine Worte sind klar und deutlich, wenn wir sie in ihrem Zusammenhang lesen:

> Als nun Jesus die Mutter sah und den Jünger, den er liebte, dabeistehen, spricht er zu seiner Mutter: Frau, siehe, dein Sohn! Dann spricht er zu dem Jünger: Siehe, deine Mutter! Und von jener Stunde an nahm der Jünger sie zu sich.
> Johannes 19,26-27

Jesus trifft Vorsorge für die Pflege seiner Mutter in der Zeit nach seinem Tod. Der Abschnitt sagt nichts davon, daß Christus Maria zur Mutter der Menschheit oder der Kirche gemacht hätte.

Katholiken, die die Stunde ihres Todes ganz in die Hände Marias gelegt haben [2677], werden bitter enttäuscht werden. Getrennt vom Herrn Jesus „ist in keinem anderen das Heil; denn auch kein anderer Name unter dem Himmel ist dem Menschen gegeben, in dem wir errettet werden müssen" (Apostelgeschichte 4,12).

2. Erklärung: Die Vollmacht von Marias Mittlerschaft ist von Christi Mittlerschaft hergeleitet
[970]

Der zweite Grund, den das Konzil als Erklärung dafür anbietet, wie Marias Mittlerschaft die Rolle Christi als alleiniger Mittler nicht beeinträchtigen soll, hat mit Verdienst zu tun. Das Konzil sagte, Marias Einfluß als Mittlerin –

> ... fließt aus dem Überfluß der Verdienste Christi, stützt sich auf seine Mittlerschaft, hängt von ihr vollständig ab und schöpft aus ihr seine ganze Wirkkraft.
> Zweites Vatikanisches Konzil[347]

Papst Pius X. kam zu demselben Schluß, fügte jedoch eine bedeutende Modifikation hinzu:

Wir sind, wie noch zu sehen sein wird, weit davon entfernt, der Muttergottes eine schaffende Macht der Gnade zuzuschreiben – eine Macht, die Gott allein zusteht. Doch da Maria dies alles in Heiligkeit und Verbundenheit mit Jesus Christus überführt, und da sie von Jesus Christus in das Erlösungswerk hineingenommen wurde, verdient sie für uns *de congruo*, in der Sprache der Theologen, was Jesus Christus für uns *de condigno* verdiente, und sie ist die höchste Dienerin in der Austeilung der Gnade.

Ad diem[348]

In anderen Worten, wenn man Verdienst strikt als das Recht auf einen gerade verdienten Lohn definiert, dann hat Christus allein Gnade verdient. Definiert man Verdienst jedoch im weniger engeren Sinne – wenn der Lohn zum Teil auf Gottes Großzügigkeit beruht – dann hat Maria, wie oben zitiert, für uns das verdient, „was Jesus Christus für uns verdiente". Darüber hinaus bilden ihre Verdienste zusammen mit den Verdiensten Christi und der Heiligen einen großen Vorrat [1476-1477]:

Darin besteht der „Kirchenschatz". Er ist nicht so etwas wie eine Summe von Gütern nach Art von materiellen Reichtümern, die im Lauf der Jahrhunderte angesammelt wurden. Vielmehr besteht er in dem unendlichen und unerschöpflichen Wert, den bei Gott die Sühneleistungen und Verdienste Christi, des Herrn, haben, die dargebracht wurden, damit die gesamte Menschheit von der Sünde frei werde und zur Gemeinschaft mit dem Vater gelange. Der Kirchenschatz ist Christus, der Erlöser selbst, insofern in ihm die Genugtuungen und Verdienste seines Erlösungswerkes Bestand und Geltung haben. Außerdem gehört zu diesem Schatz auch der wahrhaft unermeßliche, unerschöpfliche und stets neue Wert, den vor Gott die Gebete und guten Werke der seligen Jungfrau Maria und aller Heiligen besitzen. Sie sind den Spuren Christi gefolgt, haben sich geheiligt und das vom Vater aufgetragene Werk vollendet. So haben sie ihr eigenes Heil gewirkt und dadurch auch zum Heil ihrer Brüder in der Einheit des mystischen Leibes beigetragen.

> Apostolische Konstitution über die Neuordnung des Ablaßwesens, 1967[349]

Nicht allein werden Marias sogenannte „unerschöpflichen"[350] Verdienste dem Kirchenschatz zugeschrieben, sondern sie selbst ist es, die sich das Recht auf die Erteilung all dieser Schätze an die Gläubigen verdient hat:

> Und auf Grund dieser Gemeinschaft des Willens und der Leiden zwischen Christus und Maria verdiente sie würdigstlich, die Wiederherstellerin der verlorenen Welt und die Erteilerin all der Gaben zu werden, die unser Heiland durch seinen Tod und sein Blut erworben hat.
>
> *Ad diem*[351]

Im römischen Katholizismus ist nicht Christus, sondern Maria „die höchste Dienerin in der Austeilung der Gnade"[352].

3. Erklärung: Marias Mittlerschaft fördert die unmittelbare Vereinigung mit Christus

Der letzte Grund, den das Zweite Vatikanische Konzil zur Rechtfertigung von Marias Rolle als Mittlerin angibt, lautete wie folgt:

> Die unmittelbare Vereinigung der Glaubenden mit Christus wird dadurch aber in keiner Weise gehindert, sondern vielmehr gefördert.
>
> Zweites Vatikanisches Konzil[353]

Wie Marias Mittlerschaft die *unmittelbare* Vereinigung mit Christus fördern soll, bleibt unklar, denn die Kirche hält Katholiken in Wirklichkeit davon ab, sich direkt an Christus zu wenden. Das fängt damit an, daß sie den Gläubigen sagt, der Verwalter aller himmlischen Segnungen sei nicht Christus, sondern Maria. Sie ist „der Sitz, die Stätte aller göttlichen Gnaden ... mit allen Gaben des Heiligen Geistes geziert ... sogar ein unendlicher Schatz und unergründlicher Abgrund eben dieser Gaben"[354]. Die Kirche sagt:

> Gott hat ihr den Schatz aller guten Dinge übergeben, damit jeder wissen möge, daß durch sie jede Hoffnung, jede Gnade und jedes Heil erlangt wird. Denn das ist sein Wille, daß wir alles durch Maria empfangen.
> *Ubi primum*[355]

Wenn Katholiken irgend etwas von Gott empfangen möchten, müssen sie sich, so sagt die Kirche es ihnen, zuerst an Maria wenden. Sie sitzt „... zur Rechten ihres Sohnes – eine so sichere Zuflucht und eine so zuverlässige Hilfe gegen alle Gefahren, daß wir unter ihrem Schutz und Schirm nichts zu fürchten haben und an nichts verzweifeln brauchen"[356]. Dort fungiert sie als die „Mittlerin zum Mittler"[357]. Jede Bitte an den Thron Gottes muß erst ihre Kontrolle passieren: „... wie deshalb niemand zum Vater im Himmel kommen kann als durch den Sohn, so ähnlich kann niemand zu Christus kommen als durch seine Mutter."[358] Ein Versuch, zu Gott zu kommen, ohne sich zuvor an Maria gewandt zu haben, ist wie „ohne Flügel zu fliegen versuchen"[359].

Ferner müssen alle Segnungen, die vom Himmel zu uns herabkommen, zuerst an Maria vorbei:

> Jede den Menschen gewährte Gnade unterliegt drei aufeinanderfolgenden Schritten: Von Gott wird sie auf Christus übertragen, von Christus an die Jungfrau weitergereicht, und von der Jungfrau steigt sie zu uns hernieder.
> *Jucunda semper*[360]

Christus ist die Quelle des Segens, doch Maria ist der Kanal: „... jede Segnung, die vom Allmächtigen Gott zu uns gelangt, kommt zu uns durch die Hände Unserer Lieben Frau."[361] Das gilt auch für das Seelenheil. Maria wird „Mittlerin unseres Heils"[362] und „Werkzeug und Hüterin unseres Heils"[363] genannt. Papst Leo III. betete:

Niemand, o Heiligste, wird mit der Erkenntnis Gottes erfüllt als durch dich; niemand gelangt zum Heil als durch dich, o Gottesgebärerin; niemand erhält Gnade aus Barmherzigkeit als durch dich.

Adjutricem populi[364]

Papst Leos Gebet wäre trefflich gewesen, hätte er hier vom Herrn Jesus gesprochen anstatt von Maria. Nur durch Christus können wir Gott erkennen (Johannes 1,18), das Heil erlangen (Johannes 14,6) und Barmherzigkeit vor dem Thron der Gnade finden (Hebräer 4,14-16). „Durch ihn haben wir ... durch einen Geist den Zugang zum Vater" (Epheser 2,18). Das ist die biblische Art und Weise, auf die wir zu Gott kommen: durch den Sohn, im Geist, zum Vater. Christus lehrte seine Jünger, im Namen des Sohnes unmittelbar zum Vater zu beten (Johannes 16,26-27). Folglich beten bibeltreue Christen im Namen Jesu und nicht im Namen Marias (Johannes 14,13-14).

Der Gläubige, der im Namen Jesu an den Thron Gottes tritt, kann das mit ganzer Zuversicht tun: „Da wir nun, Brüder, durch das Blut Jesu Freimütigkeit haben zum Eintritt in das Heiligtum ..." (Hebräer 10,19). „In ihm haben wir Freimütigkeit und Zugang in Zuversicht durch den Glauben an ihn" (Epheser 3,12). Die Schrift ermuntert uns: „Laßt uns nun mit Freimütigkeit hinzutreten zum Thron der Gnade, damit wir Barmherzigkeit empfangen und Gnade finden zur rechtzeitigen Hilfe!" (Hebräer 4,16).

Die Lehre der katholischen Kirche, der Gläubige müsse durch Maria zu Jesus kommen, widerspricht diesen Wahrheiten. Sie zerstört diesen nahen und direkten Kontakt zwischen Christus und den Erlösten, was ja deren Privileg ist.

Die Bibel beschreibt diese Art von Beziehung mit dem Bild vom Leib. Christus „ist das Haupt des Leibes, der Gemeinde" (Kolosser 1,18). Alle Gläubigen „sind Glieder seines Leibes" (Epheser 5,30). Dieses Bild spricht von der unmittelbaren und ungehinderten Verbundenheit jedes Gläubigen mit Christus. Es läßt für die Mittlerschaft Marias, wie die katholische Kirche sie lehrt, keinen Raum mehr.

Die Kirche stimmt zwar zu, daß die Gläubigen der Leib Christi sind und daß er ihr Haupt ist [787-796], dennoch fügt sie hinzu, Maria ist –

... das verbindende Glied, dessen Aufgabe es ist, den Leib mit dem Haupt zu verbinden und den Leib dem Einfluß und der Willenskraft des Hauptes auszusetzen – Wir meinen den Hals. Ja, der hl. Bernhardin von Siena sagt, „sie ist der Hals unseres Hauptes, durch den er seinem mystischen Leib alle geistlichen Gaben darreicht".

Ad diem[365]

Marias Aufgabe als Hals des Leibes ist ebenso ohne biblische Unterstützung. Zwischen Gott und Menschen gibt es *einen* Mittler und nicht zwei (1. Timotheus 2,5). Marias Rolle als Erteilerin aller geistlichen Gaben ist gleichfalls unbiblisch. Die Schrift sagt, ohne Maria zu erwähnen, daß alle geistlichen Segnungen von unserem himmlischen Vater kommen:

Jede gute Gabe und jedes vollkommene Geschenk kommt von oben herab, von dem Vater der Lichter, bei dem keine Veränderung ist noch eines Wechsels Schatten.

Jakobus 1,17

EINE BIBLISCHE BEURTEILUNG

Obwohl Jesus während seines Dienstes auf der Erde viele Möglichkeiten dazu gehabt hätte, hat er doch niemals gelehrt, daß Maria besondere Ehren zustünden. Als der Herr einmal zum Volk sprach, rief ihm eine Frau aus der Menge zu: „Glückselig der Leib, der dich getragen, und die Brüste, die du gesogen hast!" (Lukas 11,27). Doch Jesus wies diese speziell Maria zugesprochene Ehre zurück und antwortete stattdessen: „Vielmehr glückselig, die das Wort Gottes hören und bewahren!" (Vers 28; UElb). Ein anderes Mal wurde dem Herrn Jesus gemeldet: „Siehe, deine Mutter und deine Brüder stehen draußen und suchen dich zu sprechen" (Matthäus 12,47). Wiederum weigerte Jesus sich, Maria zu erhöhen und antwortete entgegen den Erwartungen:

> Wer ist meine Mutter, und wer sind meine Brüder? Und er streckte seine Hand aus über seine Jünger und sprach: Siehe da, meine Mutter und meine Brüder! Denn wer den Willen meines Vaters tut, der in den Himmeln ist, der ist mein Bruder und meine Schwester und meine Mutter.
>
> Matthäus 12,48-49

Der Herr Jesus bestätigte hier seine Unabhängigkeit von rein menschlichen Verbindungen. Er lehrte, daß eine persönliche geistliche Beziehung zu ihm, die aus der Unterwerfung unter den Willen Gottes hervorgeht, von weit größerer Bedeutung ist, als eine auf Fleischesbanden beruhende natürliche Verbindung. Paulus wiederholt das und sagt von dem Herrn Jesus: „... wenn wir auch Christus nach dem Fleisch gekannt haben, so kennen wir ihn doch jetzt nicht mehr so" (2. Korinther 5,16).

Im Gegensatz zu Christi Vorbild nutzt der römische Katholizismus jede sich bietende Gelegenheit, um Maria zu erhöhen. Die Kirche drückt diese Absicht durch den lateinischen Glaubenssatz *De Maria nunquam satis* aus: „Über Maria kann man niemals genug sagen."

Wie wir gesehen haben, ist jedoch bereits zuviel über sie gesagt worden. Im Widerspruch zur Bibel hat die Kirche Maria zur Unbefleckten Empfängnis, zur Mutter Gottes, zur ewigen Jungfrau, zur Miterlöserin, als aufgenommen in den Himmel, zur Königin des Himmels und der Erde und zur Mittlerin aller Gnaden erklärt.

Diese Lehren haben Ehre von Gott genommen und zu unzähligen Katholiken geführt, die für Maria eine größere Hingabe zeigen als für Christus selbst. Man muß die Frage stellen: Hat die römisch-katholische Kirche ihre Anhänger zum Götzendienst verführt?

Um diese Frage beantworten zu können, müssen wir uns zunächst die biblische Bedeutung von Götzendienst anschauen. In den Zehn Geboten sagt Gott:

Ich bin der HERR, dein Gott ... Du sollst keine anderen Götter haben neben mir. Du sollst dir kein Götterbild machen ... Du sollst dich vor ihnen nicht niederwerfen und ihnen nicht dienen. Denn ich, der HERR, dein Gott, bin ein eifersüchtiger Gott ...

2. Mose 20,2-5

Wenn diese Verse so verstanden werden, daß sie einfach die Anbetung anderer Götter *über* dem Herrn verbieten, dann könnte niemand die römisch-katholische Kirche beschuldigen, Götzendienst unter ihren Leuten zu fördern. Der Katholizismus lehrt, daß Maria ein geschaffenes Wesen ist. Ihre Rolle in der Errettung ist neben der Rolle Christi zweitrangig. Die Verehrung, die sie laut katholischen Theologen verdient, ist eines niedrigeren Grades als die, welche Gott entgegengebracht werden soll.

Aber in den Zehn Geboten verbietet der Herr seinem Volk nicht, andere Götter *über* ihm zu haben, sondern *neben* ihm. Er gebietet, „du sollst keine anderen Götter haben neben mir" (2. Mose 20,3), oder wörtlich „zu meinem Angesicht hinzu". Im darauffolgenden Vers offenbart sich Gott selbst als „eifersüchtiger Gott" (Vers 5). Er verlangt *ungeteilte* Treue und Verehrung. Sein Volk soll keine anderen Götter „zusätzlich"[366] zu ihm haben.

An dieser Stelle überschreitet die römisch-katholische Marienverehrung zum ersten Mal die Grenze zum Götzendienst. Wenn fehlgeleitete Katholiken vor einer Marienstatue niederknien, ihre Füße küssen und ihr aus tiefstem Herzen Gebet und Fürbitte darbringen, dann geben sie einem Geschöpf die Verehrung, die allein Gott zusteht. Es ist irrelevant, daß die Kirche diese Verehrung als zweitrangig gegenüber der Verehrung Gottes definiert. Gott will keine anderen Götter *neben* ihm haben, gleich wie hoch oder niedrig deren Stellung sein soll. Und obwohl die Maria des Katholizismus kein unendliches und ewiges Wesen wie der Gott der Bibel ist, ist sie in jeder Hinsicht eine Göttin, so wie die falschen Götter und Göttinnen der Antike. Diese heidnischen Gottheiten wurden grundsätzlich als endliche Wesen mit sehr menschlichen Eigenschaften und Neigungen aufgefaßt. So wie Maria von der katholischen Kirche erhoben wird, übersteigt sie die meisten dieser Gottheiten an Vorzüglichkeit, Macht und Errungenschaften bei weitem.

Die Maria, die die römisch-katholische Kirche definiert, ist tatsächlich vom Sohn Gottes selbst an Vorzüglichkeit, Macht und Errungenschaft nicht mehr zu unterscheiden. Der Unterschied ist nur noch ein formeller.

Der Herr Jesus war laut Bibel ohne Sünde (zum Beispiel 1. Johannes 3,5). Maria war laut Kirche „in jeder Hinsicht unbefleckt"[367]. Die Kirche lehrt, wenn von Sünde gesprochen wird, „darf die heilige Jungfrau Maria nicht einmal erwähnt werden"[368].

Der Herr Jesus erfreute den Vater mit allem, was er tat (Lukas 3,22). Der Kirche zufolge fand in bezug auf Maria der Vater „... an ihr allein sein höchstes Wohlgefallen"[369].

So wie der Herr Jesus für unsere Erlösung litt und starb, so litt Maria „... in den Tiefen ihrer Seele mit seinen bittersten Leiden und Qualen ... [und] durchbohrt von dem Schwerte ihrer Nöte starb sie in ihrem Herzen mit ihm"[370]. Ferner sagt die Kirche aufgrund der leiblichen Verbundenheit Jesu und Maria, „daß das Blut, das Christus um unseretwegen vergossen hat, das Blut der reinsten Jungfrau war, und daß die Glieder, deren Wunden er dem Vater als Preis unserer Freiheit vorwies, wiederum nichts anderes sind als das Fleisch Marias"[371]. So „... erlöste sie mit Christus die Menschheit"[372] und hat „das giftige Haupt der grausamen Schlange zertreten"[373].

Als Marias Leben auf der Erde vollendet war, so sagt die Kirche, starb sie, wie auch Christus. Doch gleich wie ihr Sohn, starb Maria nicht wegen ihrer eigenen Sünden. Vielmehr starb Maria deshalb, damit sie „... in allem Jesus gleich werde; und so wie der Sohn starb, so mußte auch die Mutter sterben ..."[374]

Dann, so sagt die Kirche, wurde Maria, so wie Christus, leiblich auferweckt[375]. Sie „... starb den irdischen Tod, konnte aber von den Banden des Todes nicht niedergehalten werden ..."[376] Deshalb wurde sie „mit Leib und Seele in die himmlische Herrlichkeit aufgenommen und in Vorwegnahme der Erwartung aller Gerechten ihrem auferstandenen Sohn gleichgestaltet ..."[377]

Als Maria dann im Himmel war, so sagt die Kirche, wurde Maria „... als Königin des Alls vom Herrn erhöht, um vollkommener ihrem Sohn gleichgestaltet zu sein, dem Herrn der Herren ..."[378] [966]. So wie Christus jetzt zur Rechten Gottes sitzt (Hebräer 1,13), „sitzt Maria zur Rechten ihres Sohnes ..."[379] [1053]. So begann „... ihre Verherrlichung im Himmel nach dem Vorbild ihres Sohnes Jesus Christus ..."[380] Ihre Herrschaft ist die gleiche wie die Herrschaft Christi; sie ist die „Königin des Himmels und der Erde"[381]. Ihre Herrlichkeit kann allein mit der Herrlichkeit Christi verglichen werden:

> ... jene wundervolle Übereinstimmung und Verbindung zwischen den Gnadenvorzügen, die Gottes Vorsehung ihr, der hehren Gehilfin unseres Erlösers, hat zuteil werden lassen. Gnadenvorzüge von so unerreichter Höhe, daß nie ein anderes Geschöpf, die menschliche Natur Jesu Christi ausgenommen, so hoch emporgestiegen ist.
> *Munificentissimus Deus*[382]

Von dieser erhöhten Ebene lehrt der römische Katholizismus, daß Maria als „Fürsprecherin ... Helferin ... Beistand und ... Mittlerin"[383] dient [969]. Auf diese Weise erfüllt sie Aufgaben, die in der Bibel dem Vater (Jakobus 1,17), dem Sohn (1. Johannes 2,1; 1. Timotheus 2,5) und dem Heiligen Geist (Johannes 14,16) zugeschrieben sind.

Die Kirche zieht biblische Beschreibungen des Herrn Jesus heran und nennt Maria so das „unaussprechliche Geschenk des Allmächtigen"[384], den „Grund unserer Freude"[385], den „Morgenstern"[386], das „Himmelstor"[387], die „Zuflucht der Sünder"[388] und „Unsere Liebe Frau von der immerwährenden Hilfe"[389]. Sie soll mit Christus „... Werkzeug und Hüterin unseres Heils"[390] sein. Die Kirche verspricht, daß „all jene, die bei Maria Schutz suchen, für alle Ewigkeit gerettet werden"[391].

Zwischen Gott, dem Vater, und Maria zieht die katholische Kirche ähnliche Vergleiche. So wie Gott unser Vater ist, so „ist Maria unsere Mutter"[392]. So wie Jesus der eingeborene Sohn des Vaters ist, so blieb Maria eine Jungfrau, damit Jesus „der eingeborene Sohn seiner Mutter"[393] sei. Die Bibel beschreibt Gott als „Gott, der Allmächtige" (1. Mose 17,1). Die Kirche beschreibt Maria als die „Jungfrau, die mächtigste"[394]. Sie ist die „mächtige Mutter Gottes"[395]. Die Macht „in ihren Händen ist beinahe unbegrenzt"[396]. Die Bibel beschreibt Gott als die Quelle aller Weisheit (Jakobus 1,5). Die Kirche beschreibt Maria als den „Sitz der Weisheit"[397]. Die Bibel sagt, daß Gott der Gott der Lebenden ist (Markus 12,27). Die Kirche sagt, Maria sei die „Mutter der Lebendigen"[398]. Gott ist „der Vater der Barmherzigkeit" (2. Korinther 1,3; Schl). Maria ist die „Mutter der Barmherzigkeit"[2677]. Gott wohnt in vollkommener Heiligkeit auf einem von Seraphim bewachten Thron (Jesaja 6,1-3). Maria ist laut katholischer Kirche „die Ganzheilige (*Panhagia*)"[493]:

... die über allen steht, die von Natur aus schöner, vollendeter und heiliger ist als selbst die Cherubim und Seraphim und das ganze Heer der Engel, die zu preisen die Zungen des Himmels und der Erde keineswegs genügen.
Ineffabilis Deus[399]

Das ist die Maria des römischen Katholizismus, eine Frau, die von der Kirche über jedes andere geschaffene Wesen erhöht worden ist und der die Kirche Attribute, Titel, Mächte und Vorrechte zuschreibt, die der Bibel nach Gott allein zustehen. Für sie hat die Kirche Statuen, Heiligtümer, Kirchen, Kathedralen und Basiliken errichtet. Zu ihr sollen die Gläubigen dem Aufruf der Kirche nach ihre Gebete, Bitten und ihren Lob erheben.

Das ist nichts anderes als heidnische Anbetung einer Göttin im Gewand römisch-katholischen Stils. Es ist genauso Götzendienst wie die Anbetung der antiken semitischen Göttin Astarte, die in der Bibel auch Astarot und im alten Babylon Ischtar genannt wird. Gott verurteilte das abgefallene Juda, weil es diese Göttin – gleich wie die katholische Kirche heute – unter dem Titel der „Königin des Himmels" angebetet hatte (Jeremia 7,18; 44,17-19.25). Die im Katholizismus Maria entgegengebrachte Verehrung greift Gott nicht weniger an als die Anbetung, die der verdorbene König Manasse der tyrischen Göttin Aschera darbrachte. Er hatte im Haus des Herrn ein geschnitztes Bild von ihr aufgestellt (2. Könige 21,7). Wegen dieses Greuels brachte Gott „Unheil über Jerusalem und Juda" (2. Könige 21,12). In gleicher Weise hat die römisch-katholische Kirche mit ihren eigenen Händen ein Götzenbild angefertigt und es Maria genannt. Dieses Bildnis kann man in nahezu jeder römisch-katholischen Kirche finden. Mit ihren Lehren setzt die Kirche Maria im Himmel auf den Thron zur Rechten Christi. Gibt es für die römisch-katholische Kirche noch Hoffnung, dem Gericht Gottes zu entkommen?

Maria: Irrtum und Wahrheit

Die katholische Kirche lehrt	Die Bibel lehrt
1. Maria wurde vom ersten Augenblick ihrer Empfängnis an vor jedem Makel der Erbsünde bewahrt (Lehre von der Unbefleckten Empfängnis) [490-492].	Maria wurde als Nachkomme Adams in Sünde geboren (Psalm 51,5; Römer 5,12).
2. Maria, „die Ganzheilige" hat ein vollkommen sündloses Leben geführt [411, 493].	Maria hat gesündigt; Gott allein ist heilig (Lukas 18,19; Römer 3,23; Offenbarung 15,4).
3. Maria war vor, während und nach der Geburt Christi eine Jungfrau [496-511].	Maria war bis zur Geburt Jesu eine Jungfrau (Matthäus 1,25). Später bekam sie noch weitere Kinder (Matthäus 13,55-56; Psalm 69,8).
4. Maria ist die Mutter von Gott [963, 971, 2677].	Maria war die irdische Mutter Jesu (Johannes 2,1).
5. Maria ist die Mutter der Kirche [963, 975].	Maria ist Glied der Kirche (Apostelgeschichte 1,14; 1. Korinther 12,13.27).
6. Maria ist die Miterlöserin, denn sie hat Anteil am schmerzhaften Erlösungswerk gehabt [618, 964, 968, 970].	Christus ist der alleinige Erlöser, denn allein er litt und starb für die Sünde (1. Petrus 1,18-19).
7. Nach dem Ende ihres Lebens wurde Maria mit Leib und Seele in den Himmel aufgenommen (Lehre von der leiblichen Aufnahme Marias in den Himmel) [966, 974].	Nach ihrem Tod wurde Marias Körper zu Staub (1. Mose 3,19).

8. Maria ist die Mittlerin aller Gnaden, der wir alle unsere Sorgen und Bitten anvertrauen sollten [968-970, 2677].

Christus Jesus ist der eine Mittler, dem wir alle unsere Sorgen und Bitten anvertrauen sollen (1. Timotheus 2,5; Johannes 14,13-14; 1. Petrus 5,7).

9. Wir sollten uns selbst Maria anvertrauen und „die Stunde unseres Todes ganz ihrer Sorge" übergeben [2677].

Wir sollten uns dem Herrn Jesus anvertrauen und die Stunde unseres Todes ganz allein seiner Fürsorge überlassen (Römer 10,13; Apostelgeschichte 4,12).

10. Gott hat Maria in der Herrlichkeit des Himmels zur Königin des Himmels und der Erde erhöht [966]. Sie soll mit besonderer Verehrung gelobt werden [971, 2675].

Der Name des Herrn sei gelobt und gepriesen, denn er allein ist über Himmel und Erde erhöht (Psalm 148,13). Gott gebietet, „du sollst keine anderen Götter haben neben mir" (2. Mose 20,3).

Teil 4

AUTORITÄT

Wie wurde der Papst zum Führer der römisch-katholischen Kirche? Wer bestimmt, was Katholiken zu glauben haben? Weshalb ist das Evangelium nach Rom so verschieden von dem Christentum, das sich allein auf die Bibel gründet?

Teil 4 wird durch eine Untersuchung der Autoritätsstruktur der römisch-katholischen Kirche diese Fragen beantworten. Wir haben es hier mit einem System zu tun, das auf drei Grundsätzen basiert:

- Die katholischen Bischöfe sind mit dem Papst als ihrem Oberhaupt die Nachfolger der Apostel (Kapitel 10, *Der Papst und die Bischöfe*).
- Die katholischen Bischöfe sind die autoritativen Lehrer und Hüter des römisch-katholischen Glaubens (Kapitel 11, *Das Lehramt*).
- Der katholische Glaube ist in der geschriebenen Bibel und der ungeschriebenen Überlieferung enthalten (Kapitel 12, *Schrift und Überlieferung*).

In Teil 4 dieses Buches werden Sie auch einen Eindruck davon erhalten, wie die römisch-katholische Autorität funktioniert. In Kapitel 10 werden Sie in die Zeit des Römischen Reichs und dem Aufstieg der päpstlichen Macht zurückgeführt. Dort werden Sie Silvester, den Bischof von Rom, und seinen neuen mächtigen Verbündeten, Kaiser Konstantin, kennenlernen. In Kapitel 11 werden Sie das Erste Vatikanische Konzil besuchen. Bei diesem geschichtsträchtigen Treffen werden Sie dabei zuhören, wie die Bischöfe der römisch-katholischen Kirche über die Lehre der päpstlichen Unfehlbarkeit debattieren. Schließlich werden Sie in Kapitel 12 sehen, wie sich der römisch-katholische Glaube entwickelt. Dort werden Sie Papst Pius XII. dabei über die Schulter schauen, wie er gerade das Dokument unterzeichnet, das die leibliche Aufnahme Marias in den Himmel zu einem Dogma der Kirche erklärt.

Kapitel **10**

Der Papst und die Bischöfe

Rom, 20. Mai 325 n.Chr.

Von dem Balkon seines Palastes schaute Silvester, der Bischof von Rom, mit Begeisterung zu, wie unter ihm eine große Menge Arbeiter Steine zu einem angrenzenden Bauplatz trugen. *Dank sei Gott für den Kaiser!*, dachte Silvester bei sich selbst. Er war sich völlig darüber im klaren, daß er vielleicht selber jetzt dort unten Steine schleppen müßte, hätte Kaiser Konstantin der Christenverfolgung nicht ein Ende bereitet. Wahrscheinlicher war es, daß er im Bleiminenstraflager auf Sardinien gelandet wäre. Am allerwahrscheinlichsten wäre er jedoch bereits tot gewesen!

Silvester konnte sein glückliches Schicksal auf ein Ereignis zurückführen, daß sich vor 13 Jahren zugetragen hatte.[400] Im Jahre 312 hatte Kaiser Konstantin, der sich gerade auf eine Schlacht gegen seinen Erzrivalen Maxentius vorbereitete, in der Mittagssonne ein Kreuz gesehen, das die Aufschrift trug: *In diesem Zeichen wirst du siegen*. Konstantin befahl seinen Soldaten sofort, ihre Schilde mit dem Zeichen Christi zu versehen und den Feind anzugreifen. Es folgte ein bemerkenswerter Sieg, den alle der Hand des christlichen Gottes zuschrieben. Kurze Zeit später ordnete Konstantin für das ganze Reich die Beendigung der Christenverfolgungen an und begünstigte das Christentum von da an vor allen anderen Religionen.

Dank sei Gott für den Kaiser!, wiederholte Bischof Silvester, als er sich wieder in die Kühle seines Palastes zurückzog. Bis vor einiger Zeit war dieser die Residenz von Fausta gewesen, der zweiten Frau des Kaisers, doch nun hatte Konstantin ihn dem Bischof von Rom geschenkt. Drinnen ließ Silvester sich auf eine große Couch nieder. Sie war ebenfalls ein Geschenk des Kaisers, wie auch die ganze übrige Einrichtung, die Kunstwerke und die Diener. Alles was zu sehen war, stammte vom Kaiser – sogar die seidenen brokatgemusterten Gewänder, die der Bischof trug. Einfach alles! Und noch mehr war unterwegs.

Konstantin, ein tatkräftiger Mann, hatte große Pläne für die Kirche. Er hatte bereits dafür gesorgt, daß ein fester Betrag der Steuern aus den Provinzen seinen Weg direkt in die Kasse der Kirche nahm. Dem Klerus hatte er eine besondere Steuerbefreiung gewährt. Den Sonntag hatte er zum öffentlichen Ruhetag erklärt. Er machte Pläne, in Bethlehem, dem Geburtsort Jesu, und in Jerusalem beim heiligen Grab prachtvolle Heiligtümer zu bauen. Rom sollte mit drei großen Basiliken geschmückt werden: Eine für Petrus, eine für Paulus und eine für den Bischof von Rom.

Das letztere Gebäude, das sich neben Silvesters Palast bereits im Bau befand, sollte als Bischofskathedrale dienen. Der Entwurf sah sieben goldene Altäre vor. Handwerker stellten bereits einen Baldachin aus massivem Silber her, der den Hauptaltar überdachen sollte. Fünfzig Kronleuchter sollten die Kirche krönen.

Auch das Post- und Transportsystem des Reichs hatte der Kaiser dem Bischof von Rom zur Verfügung gestellt. Nun sollten weltweite Konzile möglich sein. Zur selben Zeit war sogar gerade die Eröffnung des ersten ökumenischen Konzils im Gange.[401] Es fand in Nizäa statt, etwa 2.000 km entfernt. Konstantin hatte dazu 300 Bischöfe eingeladen – und alle Kosten selbst getragen. Genau in diesem Augenblick hielt der Kaiser vor den Bischöfen die Eröffnungsrede.

◆ ◆ ◆

Die Vatikanstadt

Die Begünstigungen durch den Kaiser formten das Schicksal der Bischöfe von Rom und der römisch-katholischen Kirche mehr als jeder andere zeitliche Einfluß. Die Folgen davon kann man noch heute in der Kirche sehen.

Am augenscheinlichsten sind die gewaltigen Bauwerke. Die Basilika neben Silvesters Palast, St. Johannes Lateran, wird immer noch als höchstrangige römisch-katholische Kirche angesehen. Der Petersdom ist jedoch Zentrum der päpstlichen Zeremonien geworden. Ursprünglich im 4. Jahrhundert von Konstantin entworfen, wurde er im 16. Jahrhundert nach den Plänen Michelangelos neu gebaut. Der heutige Komplex hat eine Höhe von 40 Stockwerken und bietet Platz für 50.000 Menschen, das ist soviel wie ein modernes Sportstadion.

Der Petersdom befindet sich in der Vatikanstadt, einem unabhängigen Staat innerhalb der Stadt Roms. Mit der Größe eines Universitätscampus ist sie der kleinste selbständige Staat der Welt. Die Vatikanstadt hat ihre eigene Regierung, eine eigene Nationalfahne, eine eigene Post, eigene Münzen, einen eigenen Radiosender und einen eigenen Diplomatenkorps. Sie ist ferner die Residenz des Papstes und Standort der Ämter der römischen Kurie, dem verwaltenden und gerichtlichen Arm der Kirche.

Den formenden Einfluß des Römischen Reichs auf die katholische Kirche kann man auch noch an der geographischen Einteilung erkennen, die die Kirche der politischen Struktur des Reichs entliehen hat. Rund um die Welt sind benachbarte römisch-katholische Kirchen in *Pfarreien* eingeteilt [2179]. Diese sind wiederum zu etwa 2.000 Regionen zusammengefaßt, die *Diözesen, Bistümer* oder *Stühle* genannt werden und denen jeweils ein Bischof vorsteht [833, 1560]. Diese Diözesen hat die Kirche weiterhin in etwa 500 Bezirke eingeteilt, die *Patriarchate* oder *Regionen* heißen. Die Hauptdiözese einer Region heißt *Erzdiözese*, der ein *Erzbischof* vorsteht [887]. Rom wird als Haupt-Erzdiözese der Kirche betrachtet [834]. Diese Stadt ist der *Apostolische Stuhl*, denn der Kirche zufolge war Petrus der erste Bischof von Rom.

Das römisch-katholische Volk

Heute gibt es weltweit etwa 945 Millionen Katholiken.[402] Sie stellen 18% der Weltbevölkerung dar. In Südamerika sind die Katholiken mit 89% und in Mittelamerika mit 87% die stärkste religiöse Gruppierung. Ein hoher Prozentsatz der Europäer (40%), Ozeanier (27%) und Nordamerikaner (24%) sind ebenfalls römisch-katholisch. In Afrika sind es 14% und in Asien 3%.

Die Staaten mit der größten katholischen Bevölkerung sind Brasilien (135,2 Millionen), Mexiko (83,8 Millionen), die USA (56,4 Millionen), Italien (55,7 Millionen), die Philippinen (52,3 Millionen), Frankreich (47,6 Millionen), Spanien (37 Millionen), Polen (36,6 Millionen), Kolumbien (31,3 Millionen) und Deutschland (28,6 Millionen). Die Katholiken dieser zehn Staaten stellen nahezu 60% aller Mitglieder der römisch-katholischen Kirche dar.

Der Papst und die Bischöfe
[551-553, 857-896, 1555-1561]

Die römisch-katholische Kirche ist eine hierarchische Organisation, deren Einteilung in Ränge sehr der einer Armee ähnelt [771, 779]. Oben befinden sich die *Bischöfe* der Kirche. Sie werden als „Nachfolger der Apostel"[403] betrachtet [77, 861-862, 869, 880, 938, 1087, 1562, 1594]:

> ... die Heilige Synode [lehrt], daß die Bischöfe aufgrund göttlicher Einsetzung an die Stelle der Apostel als Hirten der Kirche getreten sind. Wer sie hört, hört Christus, und wer sie verachtet, verachtet Christus und ihn, der Christus gesandt hat.
>
> Zweites Vatikanisches Konzil[404]

Der römische Katholizismus lehrt, die Bischöfe der Kirche hätten eine dreifache Macht von den Aposteln ererbt:

- Lehrvollmacht [77, 888-892].
  Die Bischöfe haben die Vollmacht, „alle Völker zu lehren"[405]. Ihnen allein obliegt das Recht, göttliche Offenbarung mit Autorität auszulegen und zu lehren [85, 100].
- Heiligungsvollmacht [893].
  Die Kirche lehrt, die Bischöfe hätten die Vollmacht, „die Menschen in der Wahrheit zu heiligen und sie zu weiden"[406]. Nur Bischöfe haben die Autorität, Priester oder andere Bischöfe zu weihen [1559, 1575-1576]. Sie zeichnen sich auch verantwortlich für die Spendung der Sakramente [1369].
- Leitungsvollmacht [883, 894-896]
  Die Bischöfe hüten und leiten die Kirche. Sie sind „Träger der höchsten und vollen Gewalt über die ganze Kirche"[407].

Der römische Katholizismus anerkennt den Bischof von Rom als das Haupt der Bischöfe der Kirche [880-883]. Er ist der *Papst*, das heißt *Vater*, denn er ist der höchste Lehrer und Hirte der Kirche [882, 937].

Die päpstliche Autorität hat ihre Wurzeln in einer als *Primat* bezeichneten Lehre, was von dem lateinischen Wort für *Erster* stammt [881]. Petrus war, so sagt die Kirche, der erste der Apostel und der erste Regent der Kirche [552, 765, 862]:

> Wir lehren also und erklären: Nach den Zeugnissen des Evangeliums hat Christus der Herr den Vorrang der Rechtsbefugnis über die gesamte Kirche unmittelbar und direkt dem seligen Apostel Petrus verheißen und verliehen.
> Erstes Vatikanisches Konzil[408]

Der Kirche zufolge ging Petrus einige Zeit nach Pfingsten nach Rom und wurde dort der erste Bischof. Von dort aus regierte er die gesamte Kirche als Haupt der Bischöfe der ganzen Welt. Wer immer Petrus im Amt des Bischofs von Rom folgt, folgt ihm deshalb auch als Papst [834, 862, 880, 882, 936].

Der Katholizismus lehrt, der Papst sei der *Vicarius* oder

Stellvertreter Christi auf Erden [869, 936]. Zu seinen weiteren offiziellen Titeln gehören die folgenden: Nachfolger des hl. Petrus, Fürst der Apostel, Höchster Hirte der ganzen Kirche, Patriarch des Westens, Primas von Italien, Erzbischof der Metropoliten des römischen Patriarchats, Herrscher über den Staat Vatikanstadt.

Eine ausgewählte Gruppe von Männern, üblicherweise geweihte Bischöfe, die sogenannten *Kardinäle*, dienen dem Papst als seine obersten Berater und Verwalter. Sollte der Papst sterben oder abtreten, ist es die Pflicht der Kardinäle, den nächsten Papst zu wählen.

In der hierarchischen Ordnung unterhalb des Papstes und der Bischöfe befinden sich die *Priester* [1562-1568]. Die meisten Priester dienen in Pfarreien, wo sie für die Seelsorge und die Spendung der Sakramente zuständig sind [1595]. Ihre obersten Pflichten sind die Darbringung des Meßopfers und die Vergebung von Sünden durch das Bußsakrament [1566, 1411, 1461].

Die *Diakone* helfen dem Priester bei den Sakramenten, mit Predigen und der Verwaltung der Pfarrei [1569-1571]. Die vom Bischof geweihten Diakone können die Sakramente der Taufe und der Eheschließung vollziehen, dürfen jedoch nicht das Meßopfer feiern oder die Beichte hören [1256, 1411, 1495, 1570, 1596, 1630].

In Hunderten von religiösen Einrichtungen dienen auch nichtordinierte Männer und Frauen der Kirche [914-945]. Die Männer in diesen Organisationen heißen *Brüder* und die Frauen werden *Schwestern* oder *Nonnen* genannt. Diese Männer und Frauen dienen in einer Vielzahl von Gebieten, einschließlich Erziehung, Gesundheitswesen, Sozialwesen, Verwaltung und Mission.

Innerhalb der römisch-katholischen Kirche gibt es zwei hauptsächliche *Riten* oder *Formen der Liturgie* [1200-1209]. Der erste entwickelte sich im Westreich des Römischen Reichs und wird *westlicher*, *römischer* oder *lateinischer Ritus* genannt. Er breitete sich in ganz Westeuropa aus und wurde später von katholischen Missionaren nach Amerika gebracht. Er wird heute von der großen Mehrheit der Katholiken praktiziert, und in der ganzen Welt kann man katholische Kirchen finden, in denen er befolgt wird.

Etwa 14 Millionen Katholiken befolgen den *östlichen Ritus*.[409] Zu den Kirchen dieses Ritus gehören Maroniten, Griechen, Melchiten, Rumänen, Ukrainer und Syro-Malabaren (Indien). Sie bilden zusammen die sogenannte *katholische Ostkirche* oder die *katholische Kirche des östlichen Ritus*. Die führenden Bischöfe dieses Ritus werden *Patriarchen* genannt. Obwohl sich die Liturgie der *katholischen Ostkirche* von der des Westens unterscheidet, hat sie doch die gleiche Lehre. Dazu gehört natürlich auch die Unterwerfung unter den Bischof von Rom als obersten Hirten.

DIE RÖMISCH-KATHOLISCHE KIRCHE[410]

Papst	1
Kardinäle	148
Patriarchen	10
Erzbischöfe	777
Bischöfe	3250
Priester	404.031
Diakone	18.408
Brüder	62.184
Schwestern	875.332
Laien	943.213.859
Gesamt	944.578.000

EINE BIBLISCHE ANTWORT

Die Autorität der römisch-katholischen Hierarchie beruht auf drei Grundsätzen: Christus machte Petrus zum Haupt der Apostel und der ganzen Kirche; die Apostel haben Bischöfe als ihre Nachfolger bestimmt; der Papst ist als Bischof von Rom der Nachfolger von Petrus.

Keine dieser Behauptungen kann jedoch von der Bibel her aufrechterhalten werden. Wir werden sehen, daß:

- Petrus nicht das Haupt der Apostel und der Kirche war.
- die Bischöfe nicht die Nachfolger der Apostel sind.
- der Papst nicht der Nachfolger von Petrus ist.

PETRUS WAR NICHT DAS HAUPT DER APOSTEL UND DER KIRCHE

Die römisch-katholische Kirche stimmt zwar zu, daß die Bibel Christus als Haupt der Kirche lehrt (Kolosser 1,17-18), doch sie fügt dem hinzu, daß der Papst das „sichtbare Haupt der ganzen streitenden Kirche"[411] ist [669, 882, 936]:

> [Alle Christgläubigen müssen glauben] ... daß dieser römische Bischof Nachfolger des heiligen Petrus, des Apostelfürsten, wahrer Stellvertreter Christi, Haupt der gesamten Kirche und Vater und Lehrer aller Christen ist, daß ihm von unserem Herrn Jesus Christus im heiligen Petrus die volle Gewalt übergeben ist, die ganze Kirche zu weiden, zu regieren und zu verwalten ...
> Erstes Vatikanisches Konzil[412]

Wir werden nun die vier wichtigsten Argumente untersuchen, die die Kirche zur Rechtfertigung dieser Behauptungen aus der Bibel herleitet:

- Auf diesem Felsen
  Jesus sagte, daß Petrus der Fels ist, auf dem er seine Kirche bauen werde (Matthäus 16,18).
- Die Schlüssel des Reiches
  Jesus gab Petrus die Schlüssel des Reiches der Himmel (Matthäus 16,19).
- Hüte meine Schafe
  Jesus machte Petrus zum Hirten der ganzen Kirche (Johannes 21,16).
- Petrus führte die Apostel an
  Das Neue Testament bringt viele Beispiele von Petrus' Führerschaft über die Apostel und die Kirche.

Auf diesem Felsen

Im Matthäusevangelium lesen wir:

> Als aber Jesus in die Gegenden von Cäsarea Philippi gekommen war, fragte er seine Jünger und sprach: Was sagen die Menschen, wer der Sohn des Menschen ist? Sie aber sagten: Einige: Johannes der Täufer; andere aber: Elia; und wieder andere: Jeremia oder einer der Propheten. Er spricht zu ihnen: Ihr aber, was sagt ihr, wer ich bin? Simon Petrus aber antwortete und sprach: Du bist der Christus, der Sohn des lebendigen Gottes. Und Jesus antwortete und sprach zu ihm: Glückselig bist du, Simon, Bar Jona; denn Fleisch und Blut haben es dir nicht geoffenbart, sondern mein Vater, der in den Himmeln ist. Aber auch ich sage dir: Du bist Petrus, und auf diesem Felsen werde ich meine Gemeinde bauen, und des Hades Pforten werden sie nicht überwältigen.
>
> Matthäus 16,13-18

Die römisch-katholische Kirche versteht Jesus hier dahingehend, als ob er sagt „du bist Petrus, und auf dir, Petrus, werde ich meine Gemeinde bauen". Petrus sollte der Fels sein, auf dem die Kirche gebaut werden würde [552, 586, 881]. Dadurch sei er „zum Fürsten aller Apostel und zum sichtbaren Haupt der ganzen Streitenden Kirche aufgestellt worden"[413].

Diese Auslegung bereitet jedoch einige Probleme. Das erste ist folgendes: Wer das Evangelium nach Matthäus in Griechisch liest, der Ursprache des Neuen Testaments, wird nicht direkt schließen, Petrus sei der Fels. Als Jesus zu Simon sagte, so wie es im Matthäusevangelium wiedergegeben ist, „du bist Petrus, und auf diesem Felsen werde ich meine Gemeinde bauen" traf er dabei eine bezeichnende Wortwahl. Petrus' Name bedeutet zwar *Fels* (*petros*), doch Jesus sagte nicht, „du bist Petrus (*petros*), und auf diesem Felsen (*petros*) werde ich meine Gemeinde bauen"; er sagte vielmehr: „Du bist Petrus (*petros*), und auf diesem Felsen (*petra*) werde ich meine Gemeinde bauen."

Das Wort, das Jesus hier für Fels wählte, *petra*, ist feminin und hat die Bedeutung eines *Felsmassives*. Das Neue Testament verwendet dieses Wort in Matthäus 7,24-25 zur Bezeichnung des Fundamentes, auf dem ein weiser Mann sein Haus baut. Im weiteren Verlauf des Matthäusevangeliums findet sich dieses Wort noch in bezug auf Jesu Grab, das aus massivem Felsen ausgehauen war (Matthäus 27,60).

Petrus' Name wiederum ist eine maskuline Form und bedeutet ein *Felsstück* oder ein *größerer Stein*. In der griechischen Literatur wird es auch zur Bezeichnung eines Steins verwendet, der aufgehoben und geworfen werden kann.

Was Jesus zu Petrus sagte, könnte also übersetzt werden: „Du bist *Stein*, und auf diesem *Fundament* werde ich meine Gemeinde bauen." Seine Wortwahl verdeutlicht, daß der Fels, auf dem die Kirche errichtet werden sollte, etwas anderes war als Petrus.

Jeder, der das Matthäusevangelium in seiner Originalfassung liest, würde diesen Unterschied feststellen. Der Leser müßte innehalten und überlegen, was mit „auf diesem Felsen" gemeint ist. Er würde den Felsen (*petra*) nicht sofort mit Petrus (*petros*) gleichsetzen, denn es sind verschiedene Worte.

Wenn er die eigentliche Bedeutung verstehen will, muß der Leser sich den Zusammenhang näher ansehen. Hierin besteht die zweite und größte Schwachstelle der römisch-katholischen Auslegung: Sie versäumt, den Zusammenhang richtig zu beachten.

Im Textzusammenhang von Matthäus 16,13-20 geht es nämlich nicht um Petrus, sondern um Jesus. Der Abschnitt beginnt mit einer Frage, die Jesus bezüglich seiner Identität stellt: „Was sagen die Menschen, wer der Sohn des Menschen ist?" (Vers 13). Mit der Antwort des Petrus erreicht das Gespräch seinen Höhepunkt: „Du bist der Christus, der Sohn des lebendigen Gottes" (Vers 16). Der Abschnitt endet mit der Warnung des Herrn an seine Jünger, „daß sie niemanden sagten, daß er der Christus sei" (Vers 20).

Als Petrus auf die Frage Jesu nach seiner Identität die

richtige Antwort gab, sagte der Herr: „Glückselig bist du, Simon, Bar Jona; denn Fleisch und Blut haben es dir nicht geoffenbart, sondern mein Vater, der in den Himmeln ist" (Vers 17). Petrus' Einsicht in die wahre Identität Jesu war eine Offenbarung von Gott. In diesem Zusammenhang gebrauchte Jesus ein Wortspiel und sagt: „Du bist Petrus, und auf diesem Felsen werde ich meine Gemeinde bauen" (Vers 18).

Der Zusammenhang läßt darauf schließen, daß „auf diesem Felsen" sich auf die Offenbarung des Petrus und deren Inhalt bezieht. Anders gesagt, der Herr Jesus sollte als „der Christus, der Sohn des lebendigen Gottes" (Vers 16), das felsenfeste Fundament sein, auf dem der christliche Glaube ruht. Jede Lehre und jede Praxis wird auf ihm begründet sein. Jeder wahre Gläubige wird die gemeinsame Überzeugung haben: Jesus ist „der Christus, der Sohn des lebendigen Gottes".[414]

Vor dem kulturellen Hintergrund gesehen spricht dieser Abschnitt ebenfalls davon, daß Jesus in seiner Identität als der Sohn Gottes dieser Felsen ist. Matthäus schrieb dieses Evangelium für eine jüdische Leserschaft. Er erwartete von seinen Lesern, daß sie die Bildersprache des Alten Testaments kennen.

Wie würde ein jüdischer Leser den Ausdruck „auf diesem Felsen" verstehen? G. Campbell Morgan antwortet: „Wenn wir den bildhaften Gebrauch des Wortes Fels im hebräischen Schrifttum untersuchen, werden wir feststellen, daß es an keiner Stelle symbolisch für einen Menschen gebraucht wird, sondern stets für Gott."[415] Hier einige Beispiele:

Keiner ist so heilig wie der HERR,
denn außer dir ist keiner.
Und kein Fels ist wie unser Gott.
1. Samuel 2,2

Denn wer ist Gott außer dem HERRN?
Und wer ist ein Fels als nur unser Gott?
Psalm 18,31

> Gibt es einen Gott außer mir?
> Es gibt keinen Fels,
> ich kenne keinen.
>
> Jesaja 44,8

Der weitere Zusammenhang des Neuen Testaments bestätigt ebenfalls, daß Jesus, und nicht Petrus, der Fels ist. Beispielsweise schreibt Petrus selbst von Christus als von einem Felsen (*petra*):

> Denn es ist in der Schrift enthalten: „Siehe, ich lege in Zion einen auserwählten, kostbaren Eckstein; und wer an ihn glaubt, wird nicht zuschanden werden." Euch nun, die ihr glaubt, bedeutet er die Kostbarkeit; für die Ungläubigen aber gilt: „Der Stein, den die Bauleute verworfen haben, dieser ist zum Eckstein geworden", und: „ein Stein des Anstoßes und ein Fels [*petra*] des Ärgernisses".
>
> 1. Petrus 2,6-8

Auch Paulus gebraucht das Wort *petra* in bezug auf Christus. Im Römerbrief schreibt er von Christus als einem „Fels [*petra*] des Ärgernisses" (Römer 9,33), über den die Juden gestolpert sind. Im ersten Korintherbrief schreibt er von einem geistlichen Felsen, der das Volk Israel in der Wüste begleitet hatte. Diesen Felsen bezeichnet er mit den Worten: „Der Fels [*petra*] aber war der Christus" (1. Korinther 10,4).

Christus als den Felsen zu verstehen, auf dem die Kirche gebaut ist, harmoniert im übrigen gut mit anderen Aussagen der Schrift. Paulus warnte die Korinther: „Denn einen anderen Grund kann niemand legen außer dem, der gelegt ist, welcher ist Jesus Christus" (1. Korinther 3,11). Hier betont er, daß Christus die Grundlage ist, auf dem die Kirche steht. Im Epheserbrief spricht Paulus von der Gemeinde als „aufgebaut auf der Grundlage der Apostel und Propheten, wobei Christus Jesus selbst Eckstein ist" (Epheser 2,20). Hier schildert Paulus Christus als den *wichtigsten Stein*, wogegen die Apostel und Propheten zweitrangige Steine sind.

Verteidiger des katholischen Glaubens, die um Matthäus'

Gebrauch der unterschiedlichen Worte *petros* und *petra* wissen, verweisen darauf, daß Jesus ja schließlich in Aramäisch und nicht in Griechisch lehrte. Sie behaupten, daß Jesus bei den in Matthäus 16,18 wiedergegebenen Worten seine Worte nicht wechselte, sondern Petrus' aramäischen Namen *Kepha* wiederholte. Ihrer Behauptung nach sagte Jesus also: „Du bist *Kepha*, und auf diesem *Kepha* werde ich meine Gemeinde bauen." Und so ist es klar, so sagen sie, daß Petrus die Grundlage sein sollte, auf dem die Kirche errichtet ist.

Wirklich klar ist hingegen, daß Roms Auslegung von Matthäus 16,18 die Prüfung einer näheren Untersuchung nicht bestehen kann. Folglich müssen die Verfechter des Katholizismus die Diskussion auf Seiten der Inspiration verlassen und sich auf das Gebiet der Spekulation begeben.

Die inspirierten Texte des Neuen Testaments wurden in Griechisch und nicht in Aramäisch geschrieben. Was Jesus auf Aramäisch gesagt haben mag, ist bloße Vermutung. Wenn außerdem das Aramäische eindeutig ist, aber das Griechische unangemessen oder verwirrend, wie einige sagen, weshalb hat der Heilige Geist dann nicht einfach die aramäischen Worte übernommen? Dafür gibt es im Neuen Testament viele Beispiele.[416] Es gibt sogar neun Stellen, an denen die Schrift Petrus als *Kephas* bezeichnet, die aramäische Form seines Namens.[417] Oder weshalb hat der Heilige Geist nicht einfach das Wort *petros* wiederholt, wie die katholischen Glaubensverfechter spekulieren, daß es so im Aramäischen der Fall gewesen sei? Dann würde Matthäus 16,18 lauten: „Du bist Petrus (*petros*), und auf diesem Felsen (*petros*) werde ich meine Gemeinde bauen."

Aber wozu sollten wir spekulieren, anstatt einfach die Schrift für sich reden zu lassen? Als der Heilige Geist den griechischen Text des Neuen Testaments inspirierte, hat er eine Unterscheidung zwischen Petrus (*petros*) und dem Felsen (*petra*) getroffen. Der Grund für diese Unterscheidung wird aus dem Zusammenhang deutlich.

Die Schlüssel des Himmelreichs

Nachdem Jesus zu Petrus gesagt hatte, daß er seine Gemeinde bauen werde, erklärte er ihm:

> Ich werde dir die Schlüssel des Reiches der Himmel geben; und was immer du auf der Erde binden wirst, wird in den Himmeln gebunden sein, und was immer du auf der Erde lösen wirst, wird in den Himmeln gelöst sein.
> Matthäus 16,19

Die römisch-katholische Kirche lehrt, daß diese Schlüssel die *höchste Autorität* darstellen [553]. Petrus sollte das Haupt der Apostel und der Kirche sein [552-553, 1444-1445].

Schlüssel können tatsächlich für Autorität stehen. Da jedoch keine weitere Schriftstelle belegt, daß Petrus jemals *höchste* Autorität ausgeübt hätte, muß diese Auslegung abgelehnt werden.

Darüber hinaus verdeutlichen andere bildhafte Verwendungen von Schlüsseln in der Bibel ihre Bedeutung als die Autorität, *Zugang zu gewähren* oder *zu verwehren*, die Vollmacht, *zu öffnen* oder *zu schließen* (Jesaja 22,22; Lukas 11,52; Offenbarung 3,7-8; 9,1-2; 20,1-3). Für die Ausübung dieser Art von Autorität durch Petrus gibt es in der Bibel mehrere Beispiele.

Es war Petrus, durch den Gott zusammen mit den Elfen zuerst dem jüdischen Volk das Heil anbot, nachdem dessen Anführer Christus ans Kreuz gebracht hatten (Apostelgeschichte 2,14-36). Es war Petrus, durch den zusammen mit Philippus und Johannes das Evangelium zum ersten Mal zu den Samaritern kam (Apostelgeschichte 8,4-25). Gott gebrauchte Petrus auch, um den ersten heidnischen Gläubigen das Reich der Himmel zu öffnen (Apostelgeschichte 9,32-10,48). Petrus war anfänglich, später dann Paulus, das menschliche Werkzeug, durch das Gott „den Nationen eine Tür des Glaubens geöffnet" hat (Apostelgeschichte 14,27).

Der zweite Teil von Matthäus 16,19 verschafft weitere Einsicht über die Art der Autorität, die Petrus ausübte. Dort ist die Rede davon, daß Petrus die Vollmacht habe, zu „binden" und zu „lösen". In Matthäus 18,18 erteilt Christus diese Autorität allen Jüngern. Im dortigen Zusammenhang geht es um *Gemeindezucht*. Der Herr sagte seinen Jüngern, wenn sie seine Anweisungen befolgen, an einem unbußfertigen Gemeindeglied Zucht zu üben, dann wird Gott ihre Entscheidung anerkennen: „Wahrlich ich sage euch: Wenn ihr etwas auf der Erde bindet, wird es im Himmel gebunden sein, und wenn ihr etwas auf der Erde löst, wird es im Himmel gelöst sein" (Matthäus 18,18). Da dies die gleiche Verheißung ist, die Christus zuvor dem Petrus gegeben hatte, müssen wir schließen, daß beide Bibelstellen von der gleichen Art von Autorität reden.

Hüte meine Schafe

Christus sagte zu Petrus:

> Simon, Sohn des Johannes, liebst du mich? Er spricht zu ihm: Ja, Herr, du weißt, daß ich dich liebhabe. Spricht er zu ihm: Hüte meine Schafe!

Die römisch-katholische Kirche sagt, Christus habe in Johannes 21,15-17 erklärt, daß Petrus der höchste Hirte der gesamten Kirche sein sollte [553, 816, 937]. Katholische Gelehrte sagen, die beiden Wörter, die Jesus in diesem Abschnitt benutzt, „weide" (Verse 15 und 17) und „hüte" (Vers 16), bezeichnen –

> ... Autorität in der Gemeinschaft. Da diese Autorität allein Petrus verliehen ist, hat Petrus das wahre Primat inne, durch das er das Amt des höchsten Hirten der Kirche Christi ausübt.
>
> aus einem Handbuch für Dogmatik[418]

An anderen Stellen der Bibel tritt das Wort, das hier mit „weiden" übersetzt wird, jedoch nicht mit einer auch nur annähernd so gewichtigen und erhabenen Bedeutung auf, wie die katholischen Gelehrten es ihm hier beimessen. Noch sieben weitere Male kommt das Wort im Neuen Testament vor, doch dann hat es stets die Bedeutung, Schweine zu weiden oder zu füttern! Lukas schreibt beispielsweise vom verlorenen Sohn; dessen Arbeitgeber „schickt ihn auf seine Äcker, Schweine zu hüten" (Lukas 15,15). Es ist äußerst zweifelhaft, daß der verlorene Sohn diese Anweisung als eine Verleihung eines Primats irgendeiner Art auffaßte!

Das in Johannes 21,16 mit „hüten" übersetzte Wort bedeutet *Sorge tragen*, *beschützen* und *nähren*. Es kann auch *führen*, *leiten* und sogar *regieren* bedeuten. Im Zusammenhang von Johannes 21,1-23 weist jedoch nichts darauf hin, daß Jesus Petrus hier um irgend etwas mehr gebeten hätte, als für seine Schafe Sorge zu tragen – d.h. sich wie ein Hirte um die neubekehrten Christen zu kümmern.

Die Schrift lehrt, daß das Hüten der Herde eine gemeinsame Verantwortung ist. Paulus wies die Ältesten an, daß sie in der örtlichen Gemeinde die Verantwortung tragen, „die Gemeinde Gottes zu hüten" (Apostelgeschichte 20,28). Petrus selbst lehrte das gleiche:

> Die Ältesten unter euch nun ermahne ich, der Mitälteste und Zeuge der Leiden des Christus und auch Teilhaber der Herrlichkeit, die geoffenbart werden soll: Hütet die Herde Gottes, die bei euch ist, nicht aus Zwang, sondern freiwillig, Gott gemäß, auch nicht aus schändlicher Gewinnsucht, sondern bereitwillig, nicht als die, die über ihren Bereich herrschen, sondern indem ihr Vorbilder der Herde werdet! Und wenn der Oberhirte offenbar geworden ist, so werdet ihr den unverwelklichen Siegeskranz der Herrlichkeit empfangen.
>
> 1. Petrus 5,1-4

Petrus beschreibt hier das Hüten als ein Leiten durch Vorbildgeben. Es ist ein Dienst der Ältesten in der örtlichen Gemeinde. Er gibt sich selbst nicht als der *höchste Hirte* aus, sondern als *„der Mitälteste"* (Vers 1). Petrus verbietet ausdrücklich allen, durch „Herrschen" (Vers 3) Autorität über andere Christen auszuüben. Als „Oberhirten" (Vers 4) stellt er nicht sich selbst hin, sondern den Herrn Jesus Christus.

Petrus führte die Apostel an

Die römisch-katholischen Gelehrten behaupten, Petrus' Vorrangstellung werde im Neuen Testament gezeigt:

- Bei vielen Ereignissen spielte Petrus die Schlüsselrolle.
- In den Aufzählungen der Apostel steht Petrus an erster Stelle.
- Petrus war der Sprecher der Apostel.
- Petrus war der erste Zeuge der Auferstehung.
- Petrus schrieb zwei neutestamentliche Briefe.
- Beim sogenannten Apostelkonzil in Jerusalem übte Petrus höchste Führungsgewalt aus.
- Petrus war der erste, der sowohl zu Juden als auch zu Heiden predigte.

Beweisen diese Punkte nun tatsächlich, daß Petrus das Oberhaupt der Apostel und der ganzen Gemeinde war? Wir wollen diese Argumente zuerst einzeln und dann zusammen betrachten.

Hat Petrus bei vielen Ereignissen eine Schlüsselrolle gespielt?

Es steht außer Frage, daß Petrus während Jesu Dienst auf der Erde und in der Zeit der frühen Gemeinde eine wichtige Rolle gespielt hat. Als Apostel oblag ihm eine gewisse Vollmacht. Als Mann Gottes wurde er geachtet. Er war offenherzig, voller Überzeugung und mutig. Er war in vielerlei Hinsicht die herausragende Figur unter den Aposteln. Es gibt jedoch keinen Hinweis, daß Petrus über die anderen Apostel bestimmt oder über die Urgemeinde *höchste* Autorität ausgeübt hätte.

Weshalb steht Petrus' Name in den Aufzählungen der Apostel an erster Stelle (Matthäus 10,2-4; Markus 3,16-19; Lukas 6,14-16)?

Petrus wichtige und oftmals herausragende Rolle unter

den Aposteln könnte als Grund dafür ausreichen, daß sein Name zuerst aufgeführt wird. Die Reihenfolge könnte aber auch nichts weiteres bedeuten, als daß er der Älteste war. Die Juden waren damit sehr gewissenhaft, den Ältesten in einer solchen Liste durch seine Stellung auszuzeichnen.

Obwohl die Evangelien Petrus an erster Stelle anführen, stellte Paulus, als er die aufzählte, „die als Säulen angesehen werden" (Galater 2,9), Petrus an die zweite Stelle: „Jakobus und Kephas und Johannes". Paulus achtete diese drei als die, „die in Ansehen standen" (Galater 2,6), fährt dann aber fort: „Was immer sie auch waren, das macht keinen Unterschied für mich, Gott sieht keines Menschen Person an." Paulus hielt diese drei eindeutig nicht für die hierarchischen Führer der ganzen Kirche und ebensowenig Petrus für ihr Oberhaupt.

War Petrus der Sprecher der Apostel?

Es stimmt, daß Petrus gewöhnlich als erster der Apostel reagierte. Als junger Mann war er hemmungslos, ungestüm und selbstsicher (nach biblischem Maßstab keine positiven Charakterzüge). Was dabei herauskam, war nicht immer vorauszusehen. Als Jesus den Aposteln sagte, daß er bald sterben müsse, nahm Petrus ihn „beiseite und fing an, ihn zu tadeln, indem er sagte: Gott behüte dich, Herr! Dies wird dir keinesfalls widerfahren". Jesus antwortete Petrus daraufhin: „Geh hinter mich, Satan! Du bist mir ein Ärgernis, denn du sinnst nicht auf das, was Gottes, sondern auf das, was der Menschen ist" (Matthäus 16,22-23). Das war nicht gerade ein guter Start für den neuen „Papst"!

Ist der Herr zuerst dem Petrus erschienen?

Es ist nicht wahr, daß Christus nach seiner Auferstehung zuerst dem Petrus erschienen ist. Diese Ehre kam Maria Magdalena zu. Der Herr erschien zuerst Maria (Markus 16,9-11; Johannes 20,11-18). Dann erschien er einigen gläubigen Frauen (Matthäus 28,8-10). Dann erschien er Petrus als erstem Mann, der dieses Vorrecht erhielt (1. Korinther 15,5).

Schrieb Petrus zwei Bücher des Neuen Testaments?

Petrus hatte die Ehre, zwei Bücher des Neuen Testaments zu schreiben. Das beweist jedoch nichts über ein etwaiges

Primat. Dann wäre nämlich Paulus, der 13 Bücher schrieb, Papst gewesen.

> **Nennet niemanden Vater**
>
> Jesus lehrte:
>
> „Ihr aber, laßt ihr euch nicht Rabbi nennen! Denn einer ist euer Lehrer, ihr alle aber seid Brüder. Ihr sollt auch nicht jemanden auf der Erde euren Vater nennen; denn einer ist euer Vater, der im Himmel. Laßt euch auch nicht Meister nennen; denn einer ist euer Meister, der Christus. Der Größte aber unter euch soll euer Diener sein" (Matthäus 23,8-11).
>
> Die römisch-katholische Kirche hat ihre Hierarchie in völliger Mißachtung dieser Gebote aufgestellt und betitelt. Hier einige der gebräuchlichsten Titel, die die Kirche verleiht:
>
> *Abt:* Der Vorsteher eines Klosters. Von dem aramäischen Wort für *Vater*, *Abba*.
> *Kirchenlehrer*: Insgesamt 32 als Heilige kanonisierte und als für die Leitung der Gläubigen zuverlässig betrachtete Kirchenlehrer, die auch als *doctor ecclesiae* bezeichnet werden, von dem lateinischen Begriffen für *Lehrer* und *Kirche.*
> *Monsignore*: Einigen Priestern für außerordentliche Dienste verliehener Ehrentitel. Italienisch für *mein Herr.*
> *Vater* oder lateinisch *Pater*: Dieser Titel wurde zuerst den Bischöfen vorbehalten, später jedoch allen Priestern verliehen.
> *Heiliger Vater*: Einer der Titel des Papstes. In der Bibel ist er Gott allein vorbehalten (Johannes 17,11).
> *Papst*: Zuerst wurden alle Bischöfe damit bezeichnet, später war er dem Bischof von Rom vorbehalten. Von dem italienischen Wort *papa*, *Vater.*

Hatte Petrus beim Apostelkonzil in Jerusalem die höchste Führungsgewalt?

Beim Konzil in Jerusalem kamen die Apostel und viele Älteste zusammen, um eine Streitfrage bezüglich Judentum und Christentums zu klären (Apostelgeschichte 15,1-5). Genauer gesagt ging es darum, ob Bekehrte aus den Heiden sich beschneiden lassen müßten oder nicht. Um diese Frage gab es viel „Wortwechsel" (Vers 7). Petrus leistete einen wichtigen Beitrag, der jedoch nicht entscheidend war (Verse 7-11). Es war Jakobus, der die letzte Rede hielt (Verse 13-21). Er argumentierte vom Alten Testament her, welches die maßgebliche Richtschnur der Urgemeinde war, und brachte die Diskussion dadurch zu einer Entscheidung (Verse 19-21). Das Konzil kam zu einer Übereinstimmung, und so war die Frage geklärt. Weder hatte Petrus auf dem Konzil die Leitung, noch bestimmte er über sein Ergebnis.

Wenn wir Petrus' Leben als Ganzes betrachten, können wir zusammenfassend folgendes festhalten: Es ist offensichtlich, daß Petrus zwar *unter* den Aposteln und in der frühen Kirche eine Führungsposition innehatte, er jedoch nicht der höchste Führer *über* die Apostel und die Kirche war. Der Herr Jesus war das Haupt der Apostel (Johannes 13,13), und der Herr Jesus ist, wie die Bibel lehrt, das Haupt der ganzen Kirche:

> Und er ist das Haupt des Leibes, der Gemeinde. Er ist der Anfang, der Erstgeborene aus den Toten, damit er in allem den Vorrang habe.
>
> Kolosser 1,18

Diese Vorrangstellung steht allein Christus zu!

DIE BISCHÖFE SIND NICHT NACHFOLGER DER APOSTEL

Die Kirche behauptet, ihre Bischöfe seien durch göttliches Recht die Nachfolger der Apostel. Dazu ziehen die katholischen Gelehrten in erster Linie vier aus der Schrift hergeleitete Argumente heran:[419]

- Unfehlbarkeit der Kirche
  Die apostolische Sukzession ist notwendig, damit die Kirche vor den Mächten der Hölle standhält (Matthäus 16,18).
- Die Vollendung des Zeitalters
  Christus hat den Aposteln verheißen: „Ich bin bei euch alle Tage bis zur Vollendung des Zeitalters" (Matthäus 28,20).
- Anvertrauen an treue Menschen
  Paulus wies Timotheus an, sein Amt „treuen Menschen" anzuvertrauen, „die tüchtig sein werden, auch andere zu lehren" (2. Timotheus 2,2).
- Timotheus und Titus
  Paulus bestellte Timotheus und Titus zu Bischöfen und verlieh ihnen seine apostolische Vollmacht.

Unfehlbarkeit der Kirche

Christus hat verheißen:

> ... ich werde meine Gemeinde bauen; und des Hades Pforten werden sie nicht überwältigen.
> Matthäus 16,18

Die römisch-katholischen Gelehrten meinen, damit die Kirche bis zum Ende der Zeiten fortbestehen kann, sei es notwendig, daß die Macht des Petrus und der anderen Apostel zu lehren, zu heiligen und zu herrschen ebenfalls bis zum Ende fortbesteht [552]. Aus diesem Grund, so argumentieren sie, müssen die Apostel ihre Macht an die Bischöfe und deren Nachfolger weitergegeben haben.

Mit diesen Behauptungen gehen die katholischen Gelehrten jedoch über das hinaus, was in der Bibel geschrieben steht. In Matthäus 16,18 hat Christus verheißen, daß seine

Kirche fortbestehen werde. Er sagt nichts über das Erreichen dieses Zieles mittels apostolischer Sukzession.

Die Vollendung des Zeitalters

Bevor Jesus in den Himmel auffuhr, versprach er seinen Jüngern:

> Siehe, ich bin bei euch alle Tage bis zur Vollendung des Zeitalters.
>
> Matthäus 28,20

Die Kirche sagt, wenn Jesus bis zur Vollendung des Zeitalters bei den Aposteln sein wollte, dann müssen sie Nachfolger haben [860]. Diese, so wird behauptet, seien die Bischöfe der römisch-katholischen Kirche.

Auch an dieser Stelle sagt der angeführte Vers nichts über apostolische Sukzession. In dem Vers davor sagte Jesus seinen Aposteln, hinzugehen und „alle Nationen zu Jüngern" zu machen, und nicht in allen Diözesen Bischöfe einzusetzen. In Matthäus 28,20 verspricht Jesus, persönlich bei seinen Jüngern und den nachfolgenden Jüngergenerationen zu sein, die sie „machen", und zwar bis zur Vollendung des Zeitalters.

Anvertrauen an treue Menschen

Paulus wies Timotheus an:

> Was du von mir in Gegenwart vieler Zeugen gehört hast, das vertraue treuen Menschen an, die tüchtig sein werden, auch andere zu lehren!
>
> 2. Timotheus 2,2

Die römisch-katholischen Gelehrten sagen, dieser Vers lehre folgendes: So wie Paulus unter Handauflegung seine apostolische Vollmacht an Timotheus verliehen hat, so sollte auch Timotheus diese Vollmacht an andere weitergeben. Timotheus sollte treue Menschen auswählen und sie zu Bischöfen einsetzen. Diese Bischöfe sollten wiederum andere einsetzen und so fort über alle Jahrhunderte [861-862, 1556].

Diese Auslegung von 2. Timotheus 2,2 ist unzulässig. Paulus, der diesen Brief aus dem Gefängnis schrieb, erwartete jeder Zeit hingerichtet zu werden (2. Timotheus 4,6). Er schrieb Timotheus, den er ausgebildet hatte, er solle treue Menschen auswählen und ihnen das weitergeben, was er von Paulus „in Gegenwart vieler Zeugen gehört" hatte. Timotheus sollte die Wahrheiten und Kenntnisse weitervermitteln, die Paulus ihn gelehrt hatte. Diese Stelle sagt nichts darüber, daß Paulus seine Vollmacht auf Timotheus oder Timotheus diese Vollmacht samt einem Bischofsamt auf andere übertragen hätte.

Timotheus und Titus

Die römisch-katholischen Gelehrten behaupten, Paulus hätte Timotheus zum Bischof von Ephesus und Titus als Bischof von Kreta eingesetzt [1590]. Das sei, so sagen sie, in der dreifachen apostolischen Vollmacht ersichtlich, die sowohl Timotheus als auch Titus ausübten [1558]: Lehrvollmacht (2. Timotheus 4,2-5; Titus 2,1), Leitungsvollmacht (1. Timotheus 5,19-21; Titus 2,15) und Heiligungsvollmacht (1. Timotheus 5,22; Titus 1,5).

Diese Schriftstellen besagen jedoch nichts weiter, als daß Timotheus und Titus in Verbindung mit Paulus wichtige Dienste zu versehen hatten. Als Paulus an die Korinther schrieb, forderte er sie auf, Timotheus aufzunehmen, nicht weil er ein Bischof war, sondern Paulus schrieb: „Er arbeitet am Werk des Herrn, wie auch ich" (1. Korinther 16,10). Über Timotheus und Apollos schrieb Paulus den Korinthern, „daß auch ihr euch solchen unterordnet und jedem, der mitwirkt und sich abmüht" (1. Korinther 16,16). „Was Titus betrifft", schrieb Paulus, „er ist mein Gefährte und in bezug auf euch mein Mitarbeiter" (2. Korinther 8,23). Die Schrift nennt weder Timotheus noch Titus an irgendeiner Stelle Bischof. Nirgends finden wir sie (oder jemand anderen), wie sie mit einem Bischofskollegium zusammenkommen und über die gesamte Kirche bestimmen.

Die Kirche kann von der Schrift her noch nicht einmal begründen, daß, wie sie sagt, die besondere Vollmacht der Apostel an die Bischöfe weitergegeben wurde. An keiner Stelle lehrt die Bibel, daß die Apostel die gesamte Kirche leiteten. Der Bibel nach leitet Christus die Kirche (Kolosser 1,18). An keiner Stelle lehrt die Bibel, daß die Apostel eine Heiligungsvollmacht hatten. Der Bibel nach ist Heiligung ein Werk von Gott und nicht von Menschen (Epheser 5,26; 1. Thessalonicher 5,23; 2. Thessalonicher 2,13).

Die Apostel spielten eine bedeutende Rolle in der Lehre, besonders als Zeugen der Auferstehung Christi (Apostelgeschichte 1,22). Ihre Lehren bildeten zusammen mit den Propheten die Grundlage des christlichen Glaubens (Epheser 2,20). Doch diese Grundlage ist schon lange gelegt worden. Folglich kann ihr einzigartiges Lehramt heute von niemanden mehr beansprucht werden.

DER PAPST IST NICHT DER NACHFOLGER VON PETRUS

Die römisch-katholische Kirche bietet auch nicht eine einzige Schriftstelle zur Bestätigung ihrer Behauptung an, der Bischof von Rom sei der Nachfolger des Petrus und deshalb der Papst. Sie kann es auch nicht, weil es nämlich keine gibt. Anstatt sich auf die Schrift zu stützen, muß die Kirche auch hier wieder auf menschliche Ideen und Vermutungen zurückgreifen.

Der römisch-katholische Glaube, der Bischof von Rom sei der Nachfolger des Petrus, beruht nicht auf der Bibel, sondern auf einem Argument aus der Geschichtsschreibung [834, 882, 936]. Im Grunde besagt dieses Argument, der Bischof von Rom sei deshalb der Nachfolger Petri, weil es einfach eine historische Tatsache ist.

Genauer gesagt meint dieses Argument, Christus habe Petrus zum Haupt der Apostel und der Kirche gemacht. Damit habe der Herr eine „hierarchische und monarchische"[420]

Gemeinschaft gegründet – die römisch-katholische Kirche. Irgendwann nach Pfingsten, so geht die Argumentation weiter, hätten die Apostel Bischöfe als ihre Nachfolger eingesetzt. Als Petrus nach Rom zog und dort der erste Bischof wurde, habe er diese Stadt zum apostolischen Regierungssitz erklärt.

Auf Petrus, so die Kirche, folgte Linus (67-76) als Bischof von Rom und Oberhaupt der Kirche. Auf Linus folgte Anakletus (76-88), dem folgte Klemens (88-97), Evaristus (97-105), Alexander I. (105-115), Sixtus I. (115-125) und so weiter bis in die heutige Zeit. Die zehn letzten Päpste waren Pius IX. (1846-1878), Leo XIII. (1878-1903), Pius X. (1903-1914), Benedikt XV. (1914-1922), Pius XI. (1922-1939), Pius XII. (1939-1958), Johannes XXIII. (1958-1963), Paul VI. (1963-1978), Johannes Paul I. (1978) und Johannes Paul II. (1978-heute).

Die römisch-katholischen Gelehrten lehren, diese fortlaufende Sukzession, die Tradition und die unfehlbare Lehre der Bischöfe erweisen es als historisch gesichert, daß der römische Pontifex nach göttlichem Recht der Nachfolger Petri ist.

Diese Behauptungen können jedoch weder biblisch noch historisch gesehen aufrechterhalten werden. In der Schrift finden wir keinen Hinweis darauf, daß Petrus jemals Bischof von Rom war, die gesamte Kirche regiert oder einen Nachfolger gehabt hätte. Ebensowenig gibt es in der Bibel einen Hinweis auf Rom als Regierungssitz der frühen Kirche. Da Petrus' Apostelschaft in einer besonderen Weise mit dem jüdischen Volk verbunden war (Galater 2,7.8), ist nicht anzunehmen, daß er nach Rom gezogen ist. Dort lebten zwar einige Juden, aber es war kein jüdisches Zentrum. Vielmehr ist bekannt, daß etwa im Jahre 50 n.Chr. „... Klaudius befohlen hatte, daß alle Juden sich aus Rom entfernen sollten" (Apostelgeschichte 18,2). Darüber hinaus wissen wir aus den ersten 15 Kapiteln der Apostelgeschichte sowie dem Galaterbrief, daß Petrus seinen Dienst mindestens bis zum Jahre 49 im Mittleren Osten ausübte: Jerusalem, Judäa, Samaria, Galiläa und Antiochien.

Wenn Petrus seinen Dienst in Rom erst später angetreten ist, dann sollten wir annehmen, daß Paulus ihn in seinem Brief an die Römer erwähnt hätte. In diesem etwa 58 n.Chr. geschriebenen Brief adressiert Paulus jedoch den Brief weder an Petrus, noch erwähnt er ihn, obwohl er 26 andere Personen mit Namen grüßt (Römer 16,1-16). Paulus erwähnt Petrus auch in keinem seiner vier Briefe, die er etwa im Jahr 61 aus einem Gefängnis in Rom geschrieben hat: Epheser, Philipper, Kolosser, Philemon. In seinem letzten, ungefähr im Jahr 66 geschriebenen Brief schreibt Paulus, daß er sehr allein sei: „Bei meiner ersten Verteidigung stand mir niemand bei, sondern alle verließen mich; es werde ihnen nicht zugerechnet" (2. Timotheus 4,16).

Dessen ungeachtet glauben dennoch einige Gelehrte, daß Petrus nach Rom kam, bevor er dort im Jahr 67 den Märtyrertod starb. Als Hinweis verweisen sie auf die Abschlußgrüße seines ersten Briefs. Petrus schreibt dort: „Es grüßt euch die Miterwählte in Babylon und Markus, mein Sohn" (1. Petrus 5,13). Manche glauben, Babylon sei ein verschlüsselter Name für Rom gewesen.

Was Petrus angebliche Nachfolger betrifft, schweigt das Neue Testament. Aus anderen geschichtlichen Quellen ist aus den ersten zwei Jahrhunderten wenig über sie bekannt. Der Kirchenhistoriker Philip Schaff schreibt: „Die ältesten Glieder in der Kette der römischen Bischöfe sind in unergründliche Finsternis gehüllt."[421] Folglich ist es für die römisch-katholische Kirche unmöglich, ihren Anspruch auf päpstliche Sukzession von Petrus bis heute zu begründen.

Wenn die offiziellen Papstlisten über alle Jahrhunderte auch sehr beeindruckend aussehen, sollte man sich doch darüber im klaren sein, daß man beim Vergleichen der heutigen Liste mit einer Liste aus früherer Zeit eine fortlaufende Revision feststellen wird. Die letzte wurde im Jahre 1947 von A. Mercati vorgenommen. Seitdem hat man bereits weitere Änderungen für nötig befunden. Es ist noch nicht einmal klar, wie einige der angeführten Männer überhaupt einen Anspruch auf die Nachfolge des Petrus als Bischof von Rom haben, wählten doch in den Jahren 1305 bis 1378 sieben aufeinanderfolgende Päpste nicht Rom, sondern Avignon in Frankreich als ihre Residenz!

Eine Untersuchung der Reihenfolge der Päpste verdunkelt die Sache noch mehr. Die katholischen Gelehrten bezeichnen über 30 Männer als *Gegenpäpste*, die den Titel Papst unrechtmäßig für sich beansprucht haben. Die denkwürdigsten Gegenpäpste sind die der Zeit des 39 Jahre dauernden großen Papstschismas. Im Jahre 1378 hatten die Kardinäle Urban VI. zum Papst gewählt. Kurz darauf gaben sie bekannt, einen schrecklichen Fehler begangen zu haben. Urban war ihrer Meinung nach ein Abtrünniger, und so wählten sie einen neuen Papst, Klemens VII. Urban schritt zum Gegenzug und setzte ein neues Kardinalskollegium ein. Nach jahrelangem Streit, weiteren Nachfolgern und großer Verwirrung versammelten sich Kardinäle beider Seiten und wählten wiederum einen anderen Papst, Alexander V. Als auch das nicht die Kontroverse beilegte, berief Kaiser Sigismund zur Beendigung des Problems das Konzil zu Konstanz (1414 – 1418) ein. Als der Rauch sich schließlich lüftete, saß abermals ein anderer, Martin V., auf dem Petrusthron. Die heutigen offiziellen Papstlisten geben Martin V. als Nummer 206 der Nachfolger in der „ununterbrochen" Papstreihe an.

Für die römisch-katholische Kirche ist es in einem sehr treffenden Sinn irreführend, selbst Päpste aus den ersten fünf Jahrhunderten der Kirchengeschichte aufzulisten. Der Kirchenhistoriker Michael Walsh stellt fest:

> Die päpstliche Autorität, wie sie jetzt ausgeübt wird, mit den damit verbundenen Lehren wie zum Beispiel päpstliche Unfehlbarkeit, ist in den Vorstellungen über die Rolle der Päpste, wie sie die frühen Päpste und anderen Christen der ersten 500 Jahre der Christenheit hatten, nicht zu finden.
>
> Illustrierte Geschichte der Päpste[422]

Das Papsttum, wie wir es heute kennen, benötigte zu seiner Entwicklung Jahrhunderte. Sein Ursprung liegt im Auftreten der Bischöfe im 2. Jahrhundert und in den Ereignissen im

Zusammenhang der politischen Struktur des Römischen Reichs im 4. und 5. Jahrhundert. Um die Fährte der Entwicklung zum heutigen Papsttum aufzunehmen, müssen wir bis zur Kirche zur Zeit des Neuen Testaments zurückkehren.

Nach Pfingsten breiteten die Apostel das Evangelium über weite Gebiete der Mittelmeerländer aus. Unter der Leitung des Heiligen Geistes lehrten sie die neuen Gläubigen, sich zur Unterweisung, Gemeinschaft, zum Brechen des Brotes und zum Gebet (Apostelgeschichte 2,42) zu versammeln. In jeder Gemeinschaft von Gläubigen bestimmten die Apostel, daß zwei Gruppen von dienenden Leitern anzuerkennen sind.

Die erste Gruppe waren die *diakonoi* oder Diakone, was soviel wie Diener heißt (1. Timotheus 3,8-13). Ihre Aufgabe war es, den praktischen Dienst wie das Verteilen von Nahrungsmitteln an die Bedürftigen zu versehen und sich um die Witwen zu kümmern.

Die zweite Gruppe waren die *presbyteroi* (1. Timotheus 3,1-7; Titus 1,5-9). Dieser Begriff bedeutet wörtlich die *älteren Männer* und wird gewöhnlich mit *Älteste* übersetzt. Diese Bezeichnung betont die zur Tauglichkeit für diese Position nötige geistliche Reife und Erfahrung. Das Neue Testament bezeichnet die Ältesten auch als *episkopoi*, was zu Deutsch *Aufseher* heißt und auch mit *Bischof* (von dem lateinischen *episcopus*) übersetzt wird. Diese Bezeichnung legt Nachdruck auf die Aufgabe eines Ältesten, die Herde zu beaufsichtigen und zu hüten. Das Neue Testament macht deutlich, daß Älteste und Bischöfe ein und dieselbe Gruppe sind. Das läßt sich durch einen Vergleich von Apostelgeschichte 20,17 mit 20,28 und von Titus 1,5 mit 1,7 bestätigen.

Während des 2. und 3. Jahrhunderts zeichneten sich in der Kirche zwei bedeutende Entwicklungen ab. Zuerst trat über einige Gemeinschaften ein einzelner Bischof als hauptsächlicher Leiter auf. Das führte zu einer dreistufigen Hierarchie: ein einzelner Bischof, eine Gruppe Ältester und eine Gruppe Diakone [1554]. Ungeachtet der Ermangelung einer biblischen Grundlage für diese Änderung breitete sich dieses Muster schnell aus.

Als nächstes entwickelte sich unter den Bischöfen parallel zur politischen Struktur des Römischen Reichs eine Hierarchie. Bischöfe von städtischen Gemeinden erhielten größere Anerkennung als die von ländlichen Gemeinden. Bischöfe von Provinzhauptstädten stiegen über die kleinerer Städte auf. Im Osten nannte man diese Bischöfe *Metropoliten* und im Westen *Erzbischöfe*.

Im 4. Jahrhundert stieg die Macht und das Ansehen der Bischöfe durch reichspolitische Begünstigung zu noch größeren Höhen. Konstantin verlieh den Bischöfen den Status von Regierungsbeamten. Spätere Kaiser erhoben sie auf die Position von Reichsfürsten. Die größte Ehre widerfuhr den Bischöfen der vier Hauptstädte des Römischen Reichs: Rom, Konstantinopel, Alexandria und Antiochia. Der Bischof von Jerusalem, dem Sitz der ersten Gemeinde, wurde ebenfalls geehrt. Diese Bischöfe nannte man *Patriarchen*.

Im 5. Jahrhundert waren die Bischöfe dann die höchsten Lehrer und unangefochtenen Führer der Kirche. Für einen Patriarchen, dem Bischof von Rom, war nun der Weg bereitet, die Rechtsgewalt über die gesamte Kirche einzufordern. Diese Entwicklung sollte zu ihrem weiteren Fortschreiten jedoch noch einige Zeit benötigen. Der Historiker Bruce Shelley kommentiert: „Bis zur Zeit Konstantins [306 – 337] bietet die Geschichte keinen überzeugenden Beweis, daß der Bischof von Rom über die Grenzen Roms hinaus Rechtsgewalt ausübte. Ehre ja, aber keine Rechtsgewalt."[423]

Der zum heutigen Papsttum führende Aufstieg kann auf acht Bischöfe zurückgeführt werden, von denen Silvester (314 – 335) der erste ist. Als Konstantin im Jahre 330 seine Hauptstadt in den Osten nach Byzanz verlegte und diese Stadt in Konstantinopel umbenannte (das heutige Istanbul), blieb im Westen ein Machtvakuum zurück. Dies erwies sich zusammen mit dem Niedergang des Römischen Reichs als fruchtbarer Boden für die Absichten Silvesters und seiner Nachfolger.

Der nächste in der bemerkenswerten Folge von Päpsten war Leo I. (440 – 461). Die Kirche nennt ihn nicht ohne Grund Leo den Großen. Mit dem allmählichen Zerfall des

Römischen Reichs kamen Leos außerordentliche Fähigkeiten als Führungsperson zum Tragen. Als der Hunnenkönig Attila 452 die Alpen überquerte, war es Leo, der hinausging, ihm entgegenzutreten und diesen Barbaren eigenhändig zu überreden, in Frieden in seine Heimat zurückzukehren. Als die Vandalen im Jahre 455 Rom stürmten, war es wiederum Leo, der das Volk vor einem Massaker und die Stadt vor der Einäscherung bewahrte.

Viele Geschichtsforscher schreiben Leo auch zu, der erste Bischof gewesen zu sein, der den Anspruch des Bischofs von Rom auf das Primat als Nachfolger Petri erfolgreich durchsetzte. Leo sagte, die Bibel würde beweisen, daß Petrus das Oberhaupt der Apostel war. Als nächstes urteilte er, Rom sei der *Apostolische Stuhl*, denn Petrus sei ja der erste Bischof von Rom gewesen. Mit Hilfe des römischen Rechts erklärte Leo dann, in welcher Weise jeder nachfolgende Bischof von Rom der rechtmäßige Erbe von Petri Primat sei.[424]

Dem römischen Recht nach hatte Leo vielleicht recht. Aber biblisch gesehen gab es für seine Behauptungen keine Grundlage. Doch die Bischöfe im Westen nahmen das unbekümmert hin; von ihrer Position aus konnten sie Leo ja auch nichts entgegensetzen. Leo erfreute sich der vollen Unterstützung seitens des Kaisers Valentinian III., der einen Reichserlaß veröffentlichte, mit dem er das Primat des Bischofs von Rom bekräftigte. Die Bischöfe im Osten hingegen waren alles andere als fügsam. Der Historiker Will Durant schreibt:

> Die Bischöfe des Westens erwiesen dieser Vorherrschaft Anerkennung, die des Ostens Widerstand. Die Patriarchen von Konstantinopel, Antiochia, Jerusalem und Alexandria forderten die gleiche Autorität wie der römische Stuhl, und die wilden Streitereien der Ostkirche wurden mit mangelnder Ehrerbietung gegenüber dem Bischof von Rom fortgeführt.
>
> Kulturgeschichte der Menschheit[425]

Das Ansehen und die Macht des Papsttums stieg während der Amtszeit Gregors des Großen (590 – 604) noch weiter an. Einige Historiker sehen in ihm den ersten wirklichen Papst der Westkirche. Obwohl er Johannes IV., den Patriarchen von Konstantinopel, für seine arrogante Forderung auf den Titel des Bischofs der gesamten Kirche so scharf kritisierte, nutzte Gregor selbst jede Möglichkeit zur Ausweitung der Macht seines eigenen Amtes. Mit dem Ende seiner Regierungszeit hatte er den Weg für die Kirchentheologie des gesamten Mittelalters bereitet, eine spezielle musikalische Form der Liturgie (den gregorianischen Gesang) entwickelt, die Konvertierung der Angelsachsen auf den britischen Inseln eingeleitet und die römische Kirche zum größten Landbesitzer Italiens gemacht.

Bis zu dieser Zeit hatte man alle Bischöfe *papa* (lateinisch) oder *papas* (griechisch) genannt, was *Vater* heißt und ein Ehrentitel zur Anerkennung ihrer geistlichen Vaterschaft ist. In der Westkirche blieb dieser Titel jedoch seit Ende des 7. Jahrhunderts dem Bischof von Rom vorbehalten.

Ein weiterer Meilenstein in der Entwicklung des Papsttums wurde am Weihnachtstag des Jahres 800 gesetzt. An diesem Tag setzte Papst Leo III. (795 – 816) eine goldene Krone auf den Kopf Karls des Großen, dem Frankenkönig, und erklärte ihn zum Kaiser des wiederhergestellten christlichen Reichs. Wie das Blatt sich gewendet hatte! Durant schreibt: „... danach konnte im Westen niemand mehr als Kaiser anerkannt werden ohne die Salbung durch den Papst."[426] Als Gegenleistung dafür stellte Karl der Große sicher, daß im ganzen Reich die römische Liturgie und Kirchenzucht befolgt wurde.

Im 11. Jahrhundert wendeten sich die Interessen des Papsttums militärischer Eroberung zu. Im Jahre 1095 griff Papst Urban II. zum Schwert und rief zum ersten Kreuzzug zur Befreiung des Heiligen Landes von den Muslimen auf. Im Lauf der folgenden 200 Jahre sandten die Päpste Tausende von Kreuzrittern aus, um in acht vergeblichen Kreuzzügen zu töten und getötet zu werden. Der durch diese Kreuzzüge angerichtete Schaden, der vor allem in der Entfremdung von Millionen von Menschen vom wahren Evangelium Jesu Christi besteht, ist unermeßlich.

Während der Regierungszeit Papst Gregors IX. (1227 – 1241), war es der Papst selbst, der gekrönt wurde:

> Der Papst wurde nicht mehr bloß geweiht. Er wurde mit einer Tiara gekrönt, einer helmförmigen Kopfbedeckung, die ursprünglich die vergöttlichten Herrscher Persiens trugen. Das Krönungsritual, das so sehr nach kaiserlichen Vorrechten duftete, war von jener Zeit an bis 1978 bei der Einsetzung des Papstes üblich ...
>
> *Katholizismus*[427]

Als die Herrschermacht des Papstes nun vollends aufgestellt war, widmete Gregor IX. seine Aufmerksamkeit der Stärkung seiner Lehrautorität. Im Jahre 1231 führte er zur Säuberung der Kirche von Irrlehren die römische Inquisition ein. Diese und die spätere spanische Inquisition (1478 – 1820) führten zu Verhör, Folter und Einkerkerung von Tausenden. Wer sich weigerte zu widerrufen, wurde von den zivilen Autoritäten, die im Auftrag der Kirche handelten, hingerichtet – üblicherweise durch Verbrennen. Papst Bonifaz VIII. (1294 – 1303) verteidigte diese Beziehung zwischen Kirche und Staat durch seine Aussage, daß –

> ... zwei Schwerter, nämlich das geistliche und das weltliche ... beide in der Macht der Kirche stehen, das heißt ein geistliches und ein stoffliches Schwert. Letzteres aber muß tatsächlich für die Kirche ausgeübt werden, das erstere durch die Kirche. Das erstere [durch die Hand] von Priestern, das letztere durch die Hand von Königen und Soldaten, aber gemäß dem Willen und der Weisung des Priesters. Denn es ist notwendig, daß ein Schwert unter dem anderen und die weltliche Macht der geistlichen Macht unterworfen sei ...
>
> *Unam sanctam*[428]

Viele von denen, die durch die Inquisition umgekommen sind, waren Christen, die einfach den biblischen Glauben praktizieren wollten.

Der Höhepunkt des neuzeitlichen Papsttums wurde mit der Regierungszeit Papst Pius' IX. (1846 – 1878) erreicht. Seinerzeit erklärte das Erste Vatikanische Konzil (1869 – 1870), der Papst sei angesichts seiner höchsten apostolischen Autorität unfehlbar und in seinem Lehren göttlich vor Irrtümern bewahrt.

Obwohl das Papsttum in den vergangenen Jahren beträchtlich an öffentlichem Ansehen eingebüßt hat, hat es von keinem seiner früheren Ansprüche Abstand genommen. Ganz im Gegenteil hat das Zweite Vatikanische Konzil sie wieder bestätigt.[429]

WESHALB UNTERWERFEN SICH DIE KATHOLIKEN?

Wie wir gesehen haben, sind die Versuche der römisch-katholischen Hierarchie, ihre Autorität von der Schrift herzuleiten, erstaunlich schwach. Die Behauptung der Kirche, Christus habe Petrus zum Haupt der gesamten Kirche gemacht, beruht fast gänzlich auf der römisch-katholischen Auslegung von Matthäus 16,18-19. Die Annahme, die katholischen Bischöfe seien die Nachfolger der Apostel, basiert auf den allerdünnsten Argumenten. Die Kirche kann noch nicht einmal ein biblisches Fallbeispiel bringen, um ihre Behauptung zu stützen, weil der Papst Bischof von Rom ist, sei er auch Petrus' Nachfolger.

Diese Behauptungen bilden also die Grundlage, auf welcher der Machtanspruch der römisch-katholischen Hierarchie beruht. Doch die Kirche kann keine von ihnen von der Bibel her glaubhaft machen. Aber weshalb unterwerfen sich die Katholiken dann der Herrschaft des Papstes und der Bischöfe?

Viele Katholiken nehmen irrigerweise an, es gäbe für die römische Hierarchie starke biblische Beweise. „Du bist Petrus; und auf diesem Felsen werde ich meine Kirche bauen" (Matthäus 16,18; nach der englischen Rheims-Douai Version) ist einer der wenigen Verse, den Katholiken angeben können. Nur wenige haben jedoch innegehalten und gefragt, was dieser Vers überhaupt mit dem römisch-katholischen Papst und den Bischöfen zu tun hat.

Andere Katholiken geben sich mit auf der Tradition begründeten Argumenten und der bevollmächtigten Lehre von Papst und Bischöfen zufrieden.

Wieder andere haben sich der römischen Hierarchie unterworfen, ohne jemals nach einem Weshalb gefragt zu haben. Sie meinen, es sei für sie eine Beleidigung Gottes, überhaupt nur an eine Infragestellung der Befugnis von Papst und Bischöfen zu denken. Doch Christus lobte die Gemeinde zu Ephesus dafür, daß sie genau das getan hatte: „... du hast die geprüft, die sich Apostel nennen und es nicht sind, und hast sie als Lügner befunden ..." (Offenbarung 2,2).

Schließlich unterwerfen sich viele Katholiken dem Papst und den Bischöfen, weil sie von der Größe und dem Alter der römischen Kirche beeindruckt sind. „Gott", so denken sie, „muß die leitende Macht sein, die dahintersteht. Wie sonst", fragen sie, „könnten so wenige Männer über so viele Menschen und so großen Wohlstand bestimmen?"

Doch wenn es Gottes Absicht gewesen wäre, daß der römisch-katholische Papst und seine Bischöfe über die gesamte Kirche herrschen, hätte er dies sicherlich in seinem Wort deutlich gemacht. Da das offensichtlich nicht der Fall ist, müssen wir die Schlußfolgerung ziehen, daß die Macht des Papstes und der Bischöfe nicht von Gott kommt.

KAPITEL 11

Das Lehramt

ROM, 11. JULI 1870

Als das Erste Vatikanische Konzil wieder zur Sitzung rief, versammelten sich die Bischöfe aus der ganzen Welt leise in der Peterskirche.[430] Der Oberhirte des Königreichs Österreich, Bischof Vinzenz Ferrer Gasser, der sich bereits gesetzt hatte, verlieh seiner Rede, die er gleich vor dem Konzil halten wollte, den letzten Schliff. In dieser Rede wollte er dem Konzil die Vorteile des Vorhabens darlegen, daß die Kirche den Papst offiziell als unfehlbar – als unanfällig für jeglichen lehrmäßigen Irrtum – erklären will. Einige Bischöfe hatten bereits ihren Widerspruch verlauten lassen.

Bischof Gasser sah seine Rede rasch noch einmal durch. Zunächst wiederholte er leise seine Einleitung: „Meine ehrwürdigsten Vorsitzenden, ehrwürdige und erhabene Väter: Ich stehe hier heute mit großer Traurigkeit und noch größerer Furcht ... daß eine große Sache durch ihren Anwalt zugrunde gerichtet werden könnte. Dennoch fahre ich fort und verlasse mich dabei auf die Gnade Gottes und Eurem guten Willen."[431]

Niemand von den Mitgliedern des Komitees, die das Vorhaben entworfen hatten, teilte die Sorge Bischof Gassers, daß ihr Anliegen in seinen Händen etwa Schaden leiden könne. Ihrer Ansicht nach war er ein idealer Wortführer: ein ehemaliger Professor für dogmatische Theologie, ein angesehener Gelehrter, ein versierter Redner.

Bischof Gassers Ziel bestand in der Beweisführung, daß die päpstliche Unfehlbarkeit Bestandteil des von Christus empfangenen katholischen Glaubens war. Auf dieses Ziel würde er in seiner Rede bald zu sprechen kommen: „Da diese Unfehlbarkeit eine offenbarte Wahrheit ist, sollte sie vom

Ursprung der Offenbarung, d.h. von den heiligen Schriften und der Überlieferung her, bewiesen werden."[432]

Als die Zeit knapp wurde, ging Gasser schnell noch einmal die Liste der zu zitierenden Autoritäten durch. Er wollte mit der Schrift beginnen und sich dabei insbesondere auf die vier Evangelien und die Paulusbriefe beziehen. Dann käme er zu den Zeugen der heiligen Überlieferung. Von ihnen wollte er zwei frühe Kirchenväter zitieren, Irenäus und Epiphanius, und drei Kirchenlehrer: Hieronymus, Augustinus und Ambrosius. Als nächstes würde er sich dem 16. Jahrhundert zuwenden und die Schriften der Theologen Kardinal Cajetan und Melchior Cano anführen. Ferner wollte er die Bischöfe an eine wohlbekannte Inschrift in der Peterskirche erinnern: „Von diesem Platze erstrahlt ein Glaube auf die Welt." Zu guter Letzt wollte er drei ökumenische Konzile zitieren: die Allgemeine IV. Kirchenversammlung zu Konstantinopel und die Konzile zu Lyon und Florenz.

Als auch der letzte Bischof Platz genommen hatte, erwog Gasser noch einmal sorgfältig seine beiden Hauptargumente. Das erste war, daß Christus dem Petrus die Fähigkeit verliehen hatte, ohne Irrtum zu lehren. Das geschah, so wollte er es darlegen, als der Herr den Petrus zum Haupt der Apostel und der gesamten Kirche machte. Der zweite Punkt folgte logisch aus dem ersten: Da der Papst der Nachfolger des Petrus ist, ist er auch der Erbe von Petrus' Gabe der Unfehlbarkeit.

Das Läuten einer Glocke machte Bischofs Gassers Vorbereitungen ein jähes Ende. Das Erste Vatikanische Konzil war in Sitzung.

Bischof Gasser sprach an diesem Tag ausdrucksvoll und überzeugend; seine Rede dauerte vier Stunden. Als er zum Ende gekommen war, nahm er im vollen Bewußtsein der historischen Bedeutung dieses Augenblicks wieder Platz.

Es folgte eine erbitterte Diskussion. Die Bischöfe lehnten den ersten Entwurf des Dekrets in einer eigenen Wahl ab; 88 Bischöfe stellten sich dagegen. Das Dokument wurde zur Revision an das Komitee zurückgesandt.

Fünf Tage später, nach einer weiteren Diskussion, hielten die Bischöfe eine weitere Wahl ab. Dieses Mal billigten sie das Dekret: 533 Ja-Stimmen, 2 dagegen. Fortan sollte die römisch-katholische Kirche per offiziellem Dogma lehren, Gott habe offenbart, daß der römische Papst sogar vor der Möglichkeit eines lehrmäßigen Fehlers geschützt ist. Die Entscheidung sollte unwiderruflich, unabänderlich und für alle Katholiken bindend sein. *Roma locuta est; causa finita est* – Rom hat gesprochen; die Sache ist erledigt.

◆ ◆ ◆

LEHRAUTORITÄT
[85-90, 168-171, 888-892, 2032-2040, 2049-2051]

Der römische Katholizismus lehrt, Gott habe Bischöfe als Lehrer des katholischen Glaubens eingesetzt [77, 888-892]:

> Damit das Evangelium in der Kirche für immer unversehrt und lebendig bewahrt werde, haben die Apostel Bischöfe als ihre Nachfolger zurückgelassen und ihnen „ihr eigenes Lehramt überliefert".
> Zweites Vatikanisches Konzil[433]

Die Lehrautorität der Kirche besteht in den Bischöfen und wird *Lehramt* genannt. Nur die Bischöfe der Kirche haben das Recht, mit Autorität die wahre Bedeutung der Offenbarung zu bestimmen [85, 100, 939]:

> Die Aufgabe aber, das geschriebene oder überlieferte Wort Gottes verbindlich zu erklären, ist nur dem lebendigen Lehramt der Kirche anvertraut, dessen Vollmacht im Namen Jesu Christi ausgeübt wird.
> Zweites Vatikanisches Konzil[434]

Katholiken müssen deshalb den Bischöfen den gleichen Gehorsam entgegenbringen, wie Christus selbst [87, 862]:

> Aus diesem Grunde lehrt die Heilige Synode, daß die
> Bischöfe aufgrund göttlicher Einsetzung an die Stelle der
> Apostel als Hirten der Kirche getreten sind. Wer sie hört,
> hört Christus, und wer sie verachtet, verachtet Christus
> und ihn, der Christus gesandt hat (vgl. Lk 10,16).
> Zweites Vatikanisches Konzil[435]

Daraus folgt [891, 2034, 2037, 2041, 2050]:

> Die Gläubigen aber müssen mit einem im Namen Christi
> vorgetragenen Spruch des Bischofs in Glaubens- und Sittensachen übereinkommen und ihm mit religiös begründeten Gehorsam anhangen.
> Zweites Vatikanisches Konzil[436]

Mit *Glaubenssachen* sind hier die *Lehren* und *Dogmen* der römisch-katholischen Religion gemeint, wie zum Beispiel die Realpräsenz Christi in der Eucharistie und die unbefleckte Empfängnis Marias. Mit *Sittensachen* sind angemessene *Verhaltensweisen* gemeint, wie zum Beispiel Nächstenliebe und Gehorsam gegenüber den Geboten.

Die Kirchenlehre bezüglich *Glaubens- und Sittensachen* muß von der kirchlichen *Zucht und Praxis* unterschieden werden. Letzteres schließt bestimmte Aspekte der katholischen Religion mit ein, die freiwillig sind, wie zum Beispiel das Beten des Rosenkranzes, oder die sich ändern können, wie beispielsweise das Essen von Schweinefleisch am Freitag. Dementgegen ändert sich, wie die Kirche sagt, die römisch-katholische Lehre bezüglich Glaubens- und Sittensachen nie:

> Deshalb muß auch immer jener Sinn der heiligen Glaubenswahrheiten beibehalten werden, der einmal von der heiligen Mutter Kirche dargelegt worden ist; nie darf man von diesem Sinn unter dem Schein und Namen einer höheren Erkenntnis abweichen.
> Erstes Vatikanisches Konzil[437]

Die katholische Lehre, so behauptet die Kirche, bleibt immer dieselbe: „... dieselbe Glaubenslehre ... derselbe Sinn und ... dieselbe Auffassung"[438] [84]. Daher der lateinische Grundsatz *semper eadem*, „immer dieselbe".

UNFEHLBARKEIT
[890-891, 2032-2040, 2051]

Die Bischöfe

Der römische Katholizismus lehrt, Gott bewahre das Lehramt auf übernatürliche Weise vor Fehlern in der Lehre. Die Bischöfe irren nicht und können nicht irren, sofern sich die Lehre auf Glaubens- oder Sittensachen bezieht. Man schreibt ihnen die Gabe der *Unfehlbarkeit* zu.

Die Bischöfe werden nicht als einzelne, sondern als Gesamtheit in ihrer Lehre für unfehlbar gehalten. Anders ausgedrückt stellen die Glaubensüberzeugungen, die sie gemeinsam untereinander und in Übereinstimmung mit dem Papst teilen, den maßgebenden und irrtumsfreien katholischen Glauben dar [890-891, 939]. Dieses Prinzip ist generell für die Lehre des Bischofs gültig, ganz gleich, ob sie sich nun in Form eines allgemeinen Konzilsbeschlusses oder als alltäglicher Dienst ausdrückt [2033-2034, 2049].[439]

Der Papst

Der Katholizismus lehrt, die Gabe der Unfehlbarkeit erstrecke sich in besonderer Weise auf den Bischof von Rom. Das Erste Vatikanische Konzil (1869 – 1870) erklärte:

> ... erklären wir endgültig als von Gott geoffenbarten Glaubenssatz ...: Wenn der römische Bischof in höchster Lehrgewalt (*ex cathedra*) spricht, das heißt, wenn er seines Amtes als Hirte und Lehrer aller Christen waltend in höchster, apostolischer Amtsgewalt endgültig entscheidet, eine Lehre über Glauben oder Sitten sei von der ganzen Kirche festzuhalten, so besitzt er aufgrund des göttlichen

Beistandes, der ihm im heiligen Petrus verheißen ist, jene Unfehlbarkeit, mit der der göttliche Erlöser seine Kirche bei endgültigen Entscheidungen bei Glaubens- und Sittenlehren ausgerüstet haben wollte.

Erstes Vatikanisches Konzil[440]

Ex cathedra zu sprechen heißt wortwörtlich „sprechen *vom Lehrstuhl* der Autorität her". Das bedeutet, wenn der Papst als der höchste Lehrer der Kirche spricht, glaubt der Katholizismus, daß er keine falsche Lehre bringt und bringen kann. Aus diesem Grund kann die dogmatische Lehre des Papstes nicht in Frage gestellt werden:

> Dieser Unfehlbarkeit erfreut sich der Bischof von Rom, das Haupt des Bischofskollegiums, kraft seines Amtes, wenn er als oberster Hirte und Lehrer aller Christgläubigen ... eine Glaubens- oder Sittenlehre in einem endgültigen Akt verkündet. Daher heißen seine Definitionen mit Recht aus sich und nicht erst aufgrund der Zustimmung der Kirche unanfechtbar, da sie ja unter dem Beistand des Heiligen Geistes vorgebracht sind, der ihm im heiligen Petrus verheißen wurde. Sie bedürfen daher keiner Bestätigung durch andere und dulden keine Berufung an ein anderes Urteil.

Zweites Vatikanisches Konzil[441]

Jedoch wird von den Katholiken Gehorsam gegenüber dem Papst ohne jedes Hinterfragen erwartet, auch wenn er eine nicht dogmatische und somit unfehlbare Verkündigung verlauten läßt [892, 2037, 2050]:

> Dieser religiöse Gehorsam des Willens und Verstandes ist in besonderer Weise dem authentischen Lehramt des Bischofs von Rom, auch wenn er nicht kraft höchster Lehrautorität spricht, zu leisten; nämlich so, daß sein oberstes Lehramt ehrfürchtig anerkannt und den von ihm vorgetragenen Urteilen aufrichtige Anhänglichkeit gezollt wird,

entsprechend der von ihm kundgetanen Auffassung und Absicht.

Zweites Vatikanisches Konzil[442]

EINE BIBLISCHE ANTWORT

Trotz des Anspruchs der Bischöfe auf eine uneingeschränkte Lehrvollmacht über die Kirche denken die heutigen Katholiken so selbständig wie nie zuvor. Viele sind gebildet, aufgeschlossen und unabhängig. Was Glaube und Moral anbetrifft, sind die einzelnen Überzeugungen derart verschieden, daß man zur Bezeichnung der Haltung des beliebigen Auswählens aus dem Angebot an Glaubensansichten den Begriff *Cafeteria-Katholiken* erfunden hat. Jemand sagte einmal treffend: „Ich bin Katholik nach meiner eigenen Definition, und das ist für mich die einzige, die zählt."

Dessen ungeachtet zeigt der Vatikan keine Ambitionen, von seinem Anspruch auf „höchste Lehrautorität"[443] Abstand zu nehmen. Ganz im Gegenteil hat die Kirchenhierarchie in den letzten Jahren um so ausdrücklicher betont, daß *ihre* Definition von Katholizismus die einzige ist, die zählt [2039]. Und diese Definition wird zunehmend konservativer und traditioneller.

Die derzeitige Entwicklung der Kirche entspricht weitgehend der Führung Johannes Pauls II. Im Lauf der ersten 15 Jahre seines Pontifikats setzte Johannes Paul mehr als 1.600 Bischöfe neu ein, das ist beinahe 40% der gegenwärtigen Gesamtzahl von Bischöfen und Erzbischöfen. Kürzlich gelangte ein internes Kirchendokument über die Prinzipien, anhand derer der Vatikan die Kandidaten auf eine Beförderung zum Bischofsamt aussucht, an die Presse. Zu den Kriterien gehörte u.a. „die tägliche Feier der Messe", „Marienverehrung", „überzeugtes und treues Anhängen an der Lehre und dem Lehramt der Kirche", „Gehorsam gegenüber dem Heiligen Vater", „Treue zur wahren Kirchentradition", „Hingabe an das Zweite Vatikanische Konzil und der daraus folgenden Erneuerung, gemäß der päpstlichen Anweisungen" und die Unterstützung von *Humanae Vitae*, der Enzyklika Papst Pauls VI. aus dem Jahre 1978, mit der er den Gebrauch von künstlichen Verhütungsmitteln verbietet [2366-2372].[444]

Angesichts der konservativen Richtung des Vatikan und dem Absolutheitsanspruch der Kirchenhierarchie auf die Lehrautorität soll der Blickpunkt dieses Buches, wie im Prolog dargestellt, auf den hauptsächlichen, traditionellen Katholizismus gerichtet sein, wie er vom offiziellen Lehramt gelehrt wird. In diesem Kapitel werden wir die Lehre des Lehramts bezüglich seiner eigenen Autorität beleuchten. Wir werden hier sehen, daß entgegen der römisch-katholischen Doktrin die Bibel lehrt, daß –

- für Christen die Bibel und nicht das kirchliche Lehramt die unfehlbare Richtschnur zur Auslegung der Bibel ist.
- für Christen der Heilige Geist und nicht das kirchliche Lehramt der unfehlbare und bevollmächtigte Lehrer ist.

DIE BIBEL IST DIE EINZIGE UNFEHLBARE RICHTSCHNUR FÜR CHRISTEN

Das hauptsächliche Argument, das die römisch-katholische Kirche zur Verteidigung der unfehlbaren Lehrautorität ihres Lehramts heranzieht, ist das der Vererbung. Es beruht auf zwei Voraussetzungen. Erstens verlieh Christus den Aposteln mit Petrus als ihrem Haupt Lehrautorität über die Kirche sowie die Gabe der Unfehlbarkeit [890-891]. Zweitens haben die Apostel an die Bischöfe als ihre Nachfolger „ihr eigenes Lehramt überliefert"[445] [77].

Was die erste dieser Prämissen betrifft, können wir zumindest soweit zustimmen: Die Apostel lehrten mit Autorität. Die Bibel sagt uns, die ersten Christen „verharrten in der Lehre der Apostel" (Apostelgeschichte 2,42). Die Bibel veranlaßt uns jedoch nicht zu glauben, die Apostel seien unfehlbar gewesen – ausgenommen ihre inspirierten Schriften.

Die römisch-katholische Kirche verweist bei ihren Versuchen, die apostolische Unfehlbarkeit zu belegen, auf eine lange Liste von Versen.[446] Die meisten dieser Schriftstellen werden dabei jedoch auf eine so krumme Weise mit diesem Thema in Verbindung gebracht, daß es ohne weitere Erklärung schwierig wäre, überhaupt eine Beziehung dazu zu entdecken.

Der Apostel Paulus hielt sich ganz sicher nicht für unfehlbar. Ebensowenig wollte er andere dazu anhalten, sich für über jeden Irrtum erhaben zu achten. An die Galater schrieb er:

> Wenn aber auch wir oder ein Engel aus dem Himmel euch etwas als Evangelium entgegen dem verkündigten, was wir euch als Evangelium verkündigt haben: er sei verflucht!
> Galater 1,8

Dann fuhr er fort, wobei er für eine Unfehlbarkeit des Petrus oder irgend jemand anderes wenig Platz ließ:

> Wie wir früher gesagt haben, so sage ich auch jetzt wieder: Wenn jemand euch etwas als Evangelium verkündigt entgegen dem, was ihr empfangen habt: er sei verflucht!
> Galater 1,9

Paulus lehrte, niemandes Lehre solle ohne sorgfältige Prüfung angenommen werden: „Prüft aber alles, das Gute haltet fest!" (1. Thessalonicher 5,21). Johannes lehrte die ersten Christen, sie sollten jeden argwöhnisch beurteilen, der von sich in Anspruch nimmt, von Gott her zu sprechen:

> Geliebte, glaubt nicht jedem Geist, sondern prüft die Geister, ob sie aus Gott sind! Denn viele falsche Propheten sind in die Welt hinausgegangen.
> 1. Johannes 4,1

Der Maßstab, anhand dessen in der frühen Kirche Lehre geprüft wurde, war nicht Petrus oder die Apostel, sondern die Schrift. Ursprünglich diente das Alte Testament zu diesem Zweck. Später nahmen die inspirierten Schriften der

Apostel und ihrer Mitarbeiter ihren Platz neben den hebräischen Schriften ein.

Sogar die Apostel selbst unterwarfen sich der höchsten Autorität der Schrift. Zum Beispiel legte Petrus auf dem sogenannten Apostelkonzil zu Jerusalem nach einer langen Diskussion zunächst seine Meinung dar. Daraufhin stimmte Jakobus dem mit den Worten zu: „Hiermit stimmen die Worte der Propheten überein, wie geschrieben steht: ..." (Apostelgeschichte 15,15). Dann zitierte er Amos 9,11-12. Jakobus verglich Petrus' Rat mit dem der alttestamentlichen Prophetie, kam so zur Zustimmung und wußte, daß das von den Aposteln und Ältesten erlangte Ergebnis richtig war. Erst dann war Jakobus in der Lage, sein Urteil abzugeben (Apostelgeschichte 15,19).

Die Unterwürfigkeit der Apostel gegenüber der Schrift ist ferner aus der Lehre des Paulus ersichtlich. Obwohl er ein Apostel war und seine Offenbarung direkt von Gott erhalten hatte (Galater 1,12; Epheser 3,3), gebrauchte er in seinen Schriften dennoch regelmäßig die Worte „wie geschrieben steht". An diesen Stellen zitiert er stets eine treffende alttestamentliche Schriftstelle als Untermauerung seiner Aussagen über Gottes Wahrheit. In seinem Brief an die Römer nimmt Paulus 45 solcher Verweise auf die Schrift vor. Er wußte, daß die Christen des 1. Jahrhunderts von jeder neuen Lehre erwarteten, daß diese anhand eines Vergleichs mit früheren Offenbarungen bestätigt wird.

Das war das Erbe, das die frühen Christen aus ihren jüdischen Wurzeln übernahmen. Paulus' Erfahrung in der mazedonischen Stadt Beröa ist hierfür ein gutes Beispiel. Als Paulus zuerst den dortigen Juden das Evangelium verkündete, zogen diese sofort ihre unfehlbare Glaubensgrundlage heran: die Schriften des Alten Testaments. Lukas schreibt:

Die katholische Kirche

Es gab eine Zeit, in der sich jeder Christ freuen durfte, zur katholischen Kirche gehören zu dürfen – allerdings nicht zur römischen. Nach Pfingsten verbreitete sich das Evangelium sehr schnell. Trotz Phasen heftiger und grausamer Verfolgung traten die Christen im Römischen Reich scharenweise auf. Diese frühen Christen hatten einen gemeinsamen Glauben und erfreuten sich der gottgegebenen Verwandtschaft untereinander, wo immer sie zusammenkamen. Paulus' Lehre von der Kirche als dem einen Leib, zu dem alle wahren Gläubigen gehören, verschaffte ein theologisches Verständnis dieser neuen Beziehung (1. Korinther 12,12-31).

Die ersten Christen verwendeten den Ausdruck *katholikos*, ein griechisches Wort, das soviel wie „das Ganze, alle betreffend" bedeutet, um dieses weltweite Wesen der Kirche zu beschreiben. Wenn die ersten Christen von dem *katholischen Glauben* sprachen, dann meinten sie damit den Glauben der gesamten oder allgemeinen Kirche. Das älteste Schriftstück, daß diesen Ausdruck enthält, ist ein Brief von Ignatius aus dem frühen 2. Jahrhundert. Er schrieb: „Wo immer Jesus Christus ist, dort ist die katholische Kirche."[447] In den ersten drei Jahrhunderten bezog sich „die katholische Kirche" auf alle Gläubigen der ganzen Welt, die den gleichen christlichen Glauben hatten.

Bei einem solch ehrwürdigen Erbe überrascht es nicht, daß heute nicht nur die römisch-katholische Kirche sondern die meisten christlichen Denominationen behaupten, den *katholischen* Glauben zu haben – d.h. den Glauben der gesamten Kirche der apostolischen Zeit. Das charakteristische Merkmal der römischen Katholiken ist ihre Unterwerfung unter den Papst, dem Bischof von Rom, als Christi Stellvertreter auf Erden [834, 837, 936]. Dennoch bezeichnet sich die Kirche nur selten als die *römisch*-katholische Kirche. Sie zieht es vor, sich selbst als die *katholische Kirche* zu bezeichnen, damit ihr Anspruch auf universale Rechtsprechung als die eine, heilige, katholische und apostolische Kirche in keinster Weise eingeschränkt wird [811-812].

> Diese aber waren edler als die in Thessalonich; sie nahmen mit Bereitwilligkeit das Wort auf und untersuchten täglich die Schriften, ob es sich so verhielte.
>
> Apostelgeschichte 17,11

Da sie zwischen der Lehre des Paulus und dem Wort Gottes eine deutliche Übereinstimmung feststellten, konnte Lukas fortfahren: „Viele nun von ihnen glaubten, und von den griechischen vornehmen Frauen und Männern nicht wenige" (Vers 12).

Die zweite Prämisse – die römisch-katholischen Bischöfe seien die Erben der unfehlbaren Lehrautorität der Apostel – beruht vollständig auf der Theorie der apostolischen Sukzession. Wie in den vorangegangenen Kapiteln gezeigt, kann diese Theorie nicht aus der Schrift hergeleitet werden: Petrus war nicht das Haupt der Apostel und der Kirche; die römisch-katholischen Bischöfe sind nicht die Nachfolger der Apostel, und der Papst ist nicht der Nachfolger des Petrus. Das Lehramt der Kirche hat deshalb keinen Anspruch auf das Lehramt des Petrus oder der Apostel, ganz gleich, ob sie nun unfehlbar waren oder nicht.

Der Heilige Geist ist für die Christen der einzige unfehlbare und bevollmächtigte Lehrer

Ein zweites Argument, das römisch-katholische Gelehrte zur Verteidigung des Lehramtes aufbringen, handelt von „sittlicher Notwendigkeit"[448]. Seine Grundaussage ist, eine starke und unfehlbare Lehre sei höchst wünschenswert, um den Glauben zu bewahren, zu verteidigen und zu erklären [77, 889]. Ohne das Lehramt, so argumentieren sie, würde inmitten eines schrillen Durcheinanders von Meinungen das Chaos herrschen. Verfechter des Katholizismus verweisen auf die stetig wachsende Zahl von protestantischen Denominationen, was der volle Beweis für die Notwendigkeit eines einzigen bevollmächtigten Lehramts sei. Ein katholischer Gelehrter kommt zu der Schlußfolgerung:

Deshalb sollten wir aller Wahrscheinlichkeit nach glauben, daß Christus, der sein Evangelium an alle Geschöpfe verkündet wissen wollte, eine religiöse Autorität als lebendiges und unfehlbares Lehramt erwählte.

aus einem Handbuch für Dogmatik[449]

Oberflächlich betrachtet mag diese Vorstellung eines Lehramts sinnvoll erscheinen. Wenn Gott ein bevollmächtigtes Lehrgremium eingesetzt und dazu verheißen hat, dieses auf übernatürliche Weise vor jeglichem Irrtum zu bewahren, wäre das christliche Leben in mancher Hinsicht sicherlich einfacher. Weil aber die Schrift nicht lehrt, daß Gott ein solches Lehramt eingesetzt hat, kann ein Erfinden desselben aus einer „sittlichen Notwendigkeit" heraus und ein Erachten dessen Lehren als unfehlbar nur zu einer tragischen Falschlehre führen.

Außerdem ist die römisch-katholische Kirche auch mit ihrem Lehramt nicht gerade eine Oase lehrmäßiger Harmonie in einer theologisch verwirrten Welt. Die eigentliche Absicht des *Katechismus der Katholischen Kirche* ist nämlich gerade die Bezwingung der unaufhörlich zunehmenden Uneinigkeit innerhalb der Kirche. In einem die Notwendigkeit des *Katechismus* darlegenden Buch führt Monsignore Michael J. Wrenn, ein besonderer Berater Kardinal O'Connors für Religionsunterricht, nur einige der Gebiete auf, in denen unabhängig gesinnte römisch-katholische Priester und Theologen die offizielle Lehre der Kirche herausfordern: die Existenz von Engeln, die unmittelbare Schöpfung der menschlichen Seele, der Fall des Menschen durch Adam, die Jungfrauengeburt Christi, das Versöhnungsopfer Christi, die Fortsetzung des Kreuzes im Meßopfer, die Realpräsenz Christi in der Eucharistie, die Unfehlbarkeit des Lehramts, die hierarchische Autorität des Papstes und der Bischöfe, die Wirksamkeit der Sakramente, die Dreifaltigkeit, das Fegefeuer und Lehren zur Sexualethik.[450]

Das Lehramt hat es ferner versäumt, unter den Laien einen gemeinsamen Glauben erwachsen zu lassen. Viele Katholiken widersetzen sich dem kirchlichen Verbot von

Verhütungsmitteln und dem Ausschluß der Frauen vom Priesteramt. Sie sympathisieren mit einer wachsenden Zahl von Klerikern, die glauben, daß das auferlegte priesterliche Zölibat mehr Schlechtes als Gutes anrichtet. Einige Katholiken haben insgesamt aufgegeben, auf das Lehramt zu hören.

Und schlußendlich ist das Lehramt keine sittliche Notwendigkeit. Christus verhieß seinen Jüngern: „Ich werde euch nicht verwaist zurücklassen ... Der Beistand aber, der Heilige Geist, den der Vater senden wird in meinem Namen, der wird euch alles lehren und euch an alles erinnern, was ich euch gesagte habe" (Johannes 14,18.26).

Der Heilige Geist – und nicht der Papst und die Bischöfe – ist die lebendige Lehrautorität der Kirche (Johannes 16,13-15). Als Helfer und Tröster wohnt der Heilige Geist in jedem Gläubigen (Johannes 14,16-18; Epheser 1,13). Er leitet den Gläubigen (Römer 8,14). Er weist den Weg im Dienst (Apostelgeschichte 8,29).

Der Heilige Geist verleiht auch einigen Christen die besondere Fähigkeit, die biblische Wahrheit mit Deutlichkeit und Vollmacht zu lehren (1. Korinther 12,28). Diese Vollmacht kommt jedoch nicht aus diesen Lehrern selbst heraus, sondern stammt von der Quelle ihres Lehrens, dem inspirierten Wort Gottes.

Darüber hinaus bildet der Heilige Geist Älteste aus, damit sie die örtliche Gemeinde beaufsichtigen, die Herde hüten und die Gläubigen vor falscher Lehre bewahren. Aus diesem Grund müssen Älteste „fähig sein, sowohl mit der gesunden Lehre zu ermahnen als auch die Widersprechenden zu überführen" (Titus 1,9).

Das hauptsächliche Werkzeug des Heiligen Geistes zur Unterweisung der Gemeinde ist das Wort Gottes. Die Bibel ist das „Schwert des Geistes" (Epheser 6,17). Wenn Gläubige die Bibel lesen und studieren, erleuchtet der Geist ihren Sinn, wobei er ihnen Verständnis gibt und persönlich zu ihnen spricht (1. Korinther 2,10-16; Hebräer 4,12).

Im Vertrauen auf den lehrenden Dienst des Heiligen Geistes versteht das biblische Christentum die Bibel als ein offenes Buch – ein Buch für das Volk. Persönliches Studium, selbständige Auslegung und eigene Anwendung werden empfohlen.

Gleiches galt in der Urkirche. Lange Zeit bevor irgend jemand überhaupt etwas von einem Lehramt oder dessen Ansprüchen wußte, lasen Christen die Schrift und richteten ihr Leben nach ihr aus. Schließlich richtete ja der Heilige Geist die Bücher des Neuen Testaments an *gewöhnliche Menschen* – und nicht an die Apostel, nicht an die Bischöfe, nicht an einen Papst und nicht an ein Lehramt. Nicht einmal Paulus' Brief an die Römer war an die römisch-katholische Kirche gerichtet, sondern an „alle Geliebten Gottes, berufenen Heiligen in Rom" (Römer 1,7).

Gott hat auch nicht den christlichen Glauben dem Papst und den Bischöfen anvertraut. Vielmehr übergab er diesen Glauben „den Heiligen" (Judas 3). Die Aufgabe, den Glauben zu verteidigen, oblag ebenfalls nicht nur den Bischöfen, sondern jedem Gläubigen (Judas 3). Die Gemeinde, die Versammlung von Gottes Auserwählten, ist „der Pfeiler und die Grundfeste der Wahrheit" (1. Timotheus 3,15).

Mit dem Heiligen Geist als ihren Lehrer und den inspirierten Schriften als ihrem Lehrbuch hat die Gemeinde keinen Bedarf auf ein römisches Lehramt. Der Heilige Geist, über dessen Salbung jeder Gläubige verfügt, ist der einzige bevollmächtigte Lehrer, den man braucht:

Und ihr! Die Salbung, die ihr von ihm empfangen habt, bleibt in euch, und ihr habt nicht nötig, daß euch jemand belehre, sondern wie seine Salbung euch über alles belehrt, so ist es auch wahr und keine Lüge. Und so wie sie euch belehrt hat, so bleibt in ihm!

1. Johannes 2,27

Die Bibel und das Lehramt

Die römisch-katholische Kirche anerkennt den lehrenden Dienst des Geistes und die Autorität der Bibel [101-108, 737-741, 788]. Sie hält jedoch daran fest, daß das Lehramt und nicht die Bibel das hauptsächliche Lehrorgan des Geistes ist [108, 113, 119]. Matthias Premm erklärt:

> ... das Lehramt der Kirche ist wichtiger als die Bibel: Nur eine unfehlbare Kirche kann uns sagen, welche Bücher zur Schrift gehören, und nur eine unfehlbare Kirche kann die wahre Bedeutung der Heiligen Schrift auslegen; niemand kann dies für sich selbst tun. So kann der Katholik nur eine Bibel lesen – die von der Kirche herausgegebene Bibel. Anders ausgedrückt: *Die unmittelbare und höchste Richtschnur des Glaubens ist das lebendige Lehramt der Kirche.*
>
> aus einem Handbuch für Dogmatik[451]

Manche glauben, die untergeordnete Rolle der Bibel im römischen Katholizismus erfährt heute eine Wandlung. Sie verweisen dazu auf die Lehre des Zweiten Vatikanischen Konzils. „Die Schrift nicht kennen heißt Christus nicht kennen"[452], sagte das Konzil mit einem Zitat von Hieronymus [133]. Es ordnete an, daß „der Zugang zur Heiligen Schrift ... für die an Christus Glaubenden weit offenstehen" muß[453] [131, 2653]. Auch der Klerus wurde dazu angehalten, „in beständiger heiliger Lesung und gründlichem Studium sich mit der Schrift [zu] befassen"[454] [132]. Ein katholischer Kommentator schrieb: „Seit den ersten Jahrhunderten der Kirche hat kein offizielles Dokument die Verfügbarkeit der Schrift für alle gefordert."[455]

Nach dem Zweiten Vatikanischen Konzil fingen katholische Pfarreien damit an, das Bibelstudium zu fördern, und Gemeindeschulen begannen, in ihrem eigenen Lehrplan dem Studium der Schrift einen besonderen Stellenwert beizumessen. Als Folge davon hat bei vielen Katholiken die Wertschätzung und Kenntnis der Bibel zugenommen.

Dessen ungeachtet ist die römisch-katholische Bibel immer noch kein Buch für das Volk, sondern ein Buch der Kirche. Die Offenbarung, so das Zweite Vatikanische Konzil, ist „der Kirche überlassen"[456]. Die Aufgabe, eine zuverlässige Auslegung des Wortes zu bestimmen ist ebenfalls

„nur dem lebendigen Lehramt der Kirche anvertraut"[457]. Das Erste Vatikanische Konzil sagte:

> ... daß in Sachen des Glaubens und der Sitten, die zum Aufbau christlicher Lehre gehören, der als der wahre Sinn der Schrift anzunehmen ist, den die heilige Mutter der Kirche festhielt und festhält. Ihr steht das Urteil über den wahren Sinn und die Erklärung der heiligen Schriften zu. Niemand darf also gegen diesen Sinn oder gegen die einstimmige Väterlehre die Heilige Schrift erklären.
>
> Erstes Vatikanisches Konzil[458]

Folglich mögen die Katholiken zwar zum Bibellesen aufgefordert sein, doch steht es ihnen nicht zu, ihre Bedeutung festzustellen [113, 119]. Das Auslegen ist alleiniges Vorrecht des Lehramts [85, 100, 890]. Um sicherzustellen, daß bibellesende Katholiken zu den vorgegebenen Ergebnissen kommen, ordnete das Zweite Vatikanische Konzil die Ausgabe von mit „notwendigen und wirklich ausreichenden Erklärungen"[459] versehenen Bibeln an. Auch das Kirchenrecht schreibt römisch-katholische Bibeln mit „notwendigen und hinreichenden Erklärungen" vor.[460]

Die gleichen Vorschriften gelten auch für die katholischen Gelehrten und Theologen. Sie müssen ihre Arbeit „unter Aufsicht des kirchlichen Lehramts"[461] verrichten. Sie sollen der Kirche zwar zu einer „tieferen Erfassung und Auslegung des Sinnes der Heiligen Schrift verhelfen"[462], doch allein das Lehramt hat das Recht, eine Beurteilung zu geben und die Bibel auszulegen. Papst Pius XII. schrieb:

> ... es sei die vornehmste Aufgabe der Theologie zu zeigen, wie eine von der Kirche definierte Lehre in den Glaubensquellen enthalten sei ... „in eben dem Sinn, in dem sie von der Kirche definiert worden ist".
>
> *Humani generis*[463]

Anders ausgedrückt ist das Ziel römisch-katholischen Bibelstudiums nicht unbedingt ein Verständnis der Schrift in ihrem ursprünglichen Sinn, mit dem sie geschrieben wurde, sondern ein Verständnis in dem Sinn, mit dem sie von der Kirche verstanden wird. Von dem katholischen Gelehrten wird erwartet, mit der Grundannahme anzufangen, daß die Auslegung der Kirche richtig ist, und dann mit dem Bibelstudium fortzufahren, um festzustellen weshalb.

Ein Beispiel: 2. Mose 20,4-5

Was kommt dabei heraus, wenn die Lehrautorität in Händen einer bestimmten Gruppe von Klerikern liegt, die ihre Auslegungen als maßgebend und sogar unfehlbar hinstellt? Um eine Antwort zu finden, werfen wir einmal einen Blick darauf, wie die Kirche mit Schriftstellen umgeht, die für römisch-katholische Lehren oder Bräuche eine Herausforderung darstellen. Betrachten wir dazu beispielsweise diesen Abschnitt aus den Zehn Geboten:

> Du sollst dir kein Götterbild machen, auch keinerlei Abbild dessen, was oben im Himmel oder was unten auf der Erde oder was in den Wassern unter der Erde ist. Du sollst dich vor ihnen nicht niederwerfen und ihnen nicht dienen ...
>
> 2. Mose 20,4-5

Diese Gebot verbietet das Herstellen von Bildnissen zu religiösen Zwecken. Es untersagt auch die Verehrung solcher Gegenstände. Die hauptsächliche Bedeutung des hebräischen Wortes, das hier mit „niederwerfen" übersetzt ist, heißt tatsächlich *sich niederbeugen*[464]. Aufgrund dieses Gebots meiden sowohl Juden als auch nichtkatholische Christen in ihrer Glaubensausübung den Gebrauch von sakralen Gegenständen wie zum Beispiel Statuen.

Die römisch-katholische Kirche hat jedoch ihre eigene Auslegung von 2. Mose 20,4-5 [2129-2132]:[465]

> [Dieses Gebot] verbietet nicht Bildnisse von Christus und den Heiligen. Aber die Herstellung und Verehrung von

Bildnissen von Christus, unserem Herrn, seiner heiligen und jungfräulichen Mutter und den Heiligen, die alle mit der menschlichen Natur bekleidet waren und in Menschengestalt erschienen, wird nicht nur durch dieses Gebot nicht verboten, sondern ist allezeit als ein heiliger Brauch und ein allersicherstes Zeichen der Dankbarkeit erachtet worden. Dieser Standpunkt wird durch die Denkmäler des apostolischen Zeitalters, den Allgemeinen Konzilen der Kirche und den Schriften so vieler Väter bestätigt, die hervorragend in Heiligkeit und Lehre waren und die allesamt über diese Sache einmütig sind.
Catechismus Romanus[466]

Es ist bemerkenswert, wie in dieser Erklärung der Brauch der Kirche zur Auslegung der Schrift herangezogen wird. Der gleiche Versuch wurde vom Kongregationsdienst für den Gottesdienst der römisch-katholischen Kirche vorgenommen:

Nach altem und begründetem kirchlichem Brauch befinden sich in den Gottesdiensträumen Darstellungen des Herrn, der Jungfrau Maria und der Heiligen, damit die Gläubigen sie verehren können.
Allgemeine Einführung in das Römische Meßbuch[467]

Die katholische Auslegung von 2. Mose 20,4-5 ist das Ergebnis der auf die Bibel angewendeten höchsten Lehrgewalt des römischen Lehramts: Die maßgebende Bedeutung jedes Bibelverses ist das, was das Lehramt der Kirche bestimmt [119]. Oder anders ausgedrückt: Das, was die Kirche *glaubt* und *praktiziert*, bestimmt, was die Schrift *lehrt* oder *bedeutet*. Katholiken müssen deshalb „die Schrift in der lebendigen Überlieferung der Gesamtkirche"[113] verstehen, „nach dem geistlichen Sinn, den der Geist der Kirche schenkt"[113].

Diese Herangehensweise an das Bibelstudium ist wertlos. Sie kann nur zu einer Selbstrechtfertigung der Kirche führen. Korrektur ist unmöglich, weil nicht die schlichte Bedeutung der Schrift, wie sie sich aus dem Vergleich mit anderen

Schriftstellen ergibt, der Maßstab der Wahrheit ist, sondern die autoritative Lehre der Kirche, die wiederum durch Glauben und Bräuche der Kirche bestätigt wird. Die sanfte Stimme des durch die inspirierten Schriften redenden Heiligen Geistes kann bei den dogmatischen Verkündigungen des römischen Lehramtes nicht vernommen werden.

KAPITEL **12**
Bibel und Überlieferung

ROM, 1. NOVEMBER 1950

Papst Pius XII. saß auf einem roten Thron in der Mitte des Petersplatzes und blickte zufrieden auf das vor ihm liegende Dokument. Dieses Schriftstück stellte den Höhepunkt eines fast 100 Jahre zuvor begonnenen Prozesses und die Erfüllung eines persönlichen Versprechens von ihm an die selige Jungfrau Maria dar. Mehr als 700.000 Katholiken waren zum Vatikan gekommen, um Zeugen der Unterzeichnung des Dokuments zu werden.

Die Wahl des als Eugenio Maria Giuseppe Pacelli geborenen Pius XII. zum Papst hatte im Jahre 1939 niemanden überrascht. Die Pacelli-Familie hatte dem Vatikan bereits jahrzehntelang gedient. Sein Großvater war im Vatikan Sekretär für innere Angelegenheiten gewesen. Sein Vater und sein Bruder gehörten zu den ausgezeichnetsten Juristen des Vatikans. Eugenio selbst war ein Experte für Kirchenrecht und ein erfahrener Diplomat. Der vorige Papst, Pius XI., hatte ihn zum Staatssekretär des Vatikans erwählt. Schon bald war offensichtlich geworden, daß der Papst Eugenio als seinen Nachfolge vorbereitete. Als Pius XI. starb, wählten die Kardinäle Eugenio mit der kürzesten Konklave der Neuzeit zum neuen Papst. Zur Ehre seines Vorgängers nahm Eugenio den Namen Pius XII. an.

Eines der ersten Ziele des neuen Papstes war die Förderung der Marienverehrung, doch der Ausbruch des Zweiten Weltkriegs verzögerte seine Pläne. Als der Krieg vorüber war, ließ Pius jedoch im Jahre 1946 eine Enzyklika, *Deipare Virginis Mariae*, an die Bischöfe der Welt ergehen. In diesem Schreiben blickte er darauf zurück, wie die Katholiken den Vatikan seit nunmehr fast 100 Jahren gebeten hatten, die leibliche Aufnahme Marias in den Himmel offiziell zu erklären. Papst Pius bat die Bischöfe dann um ihre Stellungnahme zu dieser Sache:

> ... Seid ihr, Ehrwürdige Brüder, vermöge eurer hervorragenden Einsicht und Klugheit der Meinung, daß die leibliche Aufnahme Marias in den Himmel als Glaubenssatz vorgelegt und definiert werden kann? Und wünscht ihr dies mit eurem Klerus und eurem Volk?
>
> *Deiparae virginis Mariae*[468]

Die Reaktion auf diesen Brief übertraf die Erwartungen des Papstes. Der Vatikan wurde von Bittschriften, die den Papst zur Fortführung aufforderten, regelrecht überflutet.

Dennoch veranlaßte Pius' Ausbildung in Kirchenrecht ihn zur Verzögerung dieses Schrittes. Es war ein wohlbegründetes Prinzip der römisch-katholischen Kirche, daß die Lehre im Glaubensgut enthalten sein muß – d.h. in der Bibel und der Überlieferung. Die Bibel sagt nichts über den Tod Marias, ihr Begräbnis oder ihre etwaige Himmelfahrt. Die Zeugen der Überlieferung aus den ersten Jahrhunderten schwiegen ebenfalls. In einem solchen Fall war nicht klar, ob der Papst das Vorrecht hat, eine Lehre zu definieren. Pius studierte die Angelegenheit sorgfältig und entschied, es sei noch zu früh, um auf die ihm vorliegenden Bittschriften einzugehen. Zuerst mußte er die Reichweite der kirchlichen Lehrvollmacht klarstellen.

Am 12. August 1950 erließ Papst Pius XII. eine weitere Enzyklika an die Bischöfe: *Humani generis*. Es schien ein gewöhnlicher Hirtenbrief mit einer Warnung vor den Gefahren der modernen theologischen Strömungen zu sein. Einige katholische Gelehrte stellten jedoch etwas anderes fest:

> Bald wurde ersichtlich, daß sich hinter der Enzyklika ein tieferer Nährboden päpstlicher Gedanken befand. In einem Abschnitt des Dokuments wurde ein scheinbarer Sprung nach vorn in der Entwicklung der Lehre anerkannt.
>
> *Das Papsttum heute*[469]

Der Abschnitt in Papst Pius' Brief, der die Aufmerksamkeit der Theologen auf sich zog, war kurz aber bedeutsam:

> ... zugleich mit jenen heiligen Quellen hat Gott seiner Kirche das lebendige Lehramt geschenkt, um auch das zu erhellen und zu enthüllen, was im hinterlegten Glaubensgut nur dunkel und sozusagen miteingeschlossen enthalten ist. Und zwar hat der göttliche Erlöser dieses Glaubensgut weder den einzelnen Christgläubigen, noch selbst den Theologen zur authentischen Auslegung anvertraut, sondern einzig und allein dem Lehramt der Kirche.
>
> *Humani generis*[470]

Offensichtlich bereitete Pius die dogmatische Verkündigung der Aufnahme Marias in den Himmel vor. Das heißt, er war dabei, „zu erhellen und zu enthüllen", daß die Aufnahme Marias in den Himmel „im hinterlegten Glaubensgut ... enthalten ist", wenn auch „nur dunkel und sozusagen miteingeschlossen"[471]. Er würde dieses Dogma trotz des Fehlens eines klaren Belegs aus der Schrift und aus den frühen Zeugen der Überlieferung erlassen.

Drei Monate später, am 1. November 1950, setzte Papst Pius sich vor einem überfüllten Petersplatz auf seinem Thron. Vor ihm lag der letztendliche Entwurf eines Dokuments mit dem Titel *Munificentissimus Deus*, d.h. *gütigster Gott*. Es verfolgte die Geschichte des weitverbreiteten katholischen Glaubens an die Himmelfahrt Marias. Das Dokument endete mit der Erklärung:

> Nachdem Wir nun immer wieder inständig zu Gott gefleht und den Geist der Wahrheit angerufen haben, verkünden, erklären und definieren Wir .... in Kraft der Vollmacht unseres Herrn Jesus Christus, der heiligen Apostel Petrus und Paulus und Unserer eigenen Vollmacht: es ist eine von Gott geoffenbarte Glaubenswahrheit, daß die unbefleckte, immer jungfräuliche Gottesmutter Maria nach Vollendung ihres irdischen Lebenslaufes mit Leib

und Seele zur himmlischen Herrlichkeit aufgenommen worden ist.

Munificentissimus Deus[472]

Papst Pius XII. unterzeichnete das Dokument mit seiner charakteristischen Genauigkeit: „Ich, Pius, der Bischof der Katholischen Kirche, habe also definiert und unterzeichnet."[473] Als die Volksmenge jubelte und applaudierte, ließen auch die Glocken der 400 Kirchen Roms ihren Beifall erschallen.

An diesem Tag erreichte Papst Pius nicht nur sein Ziel, Maria Ehre zuteil werden zu lassen, sondern damit auch ein neues Beispiel für die Entwicklung von Lehre innerhalb des römischen Katholizismus. Um die Bedeutung dieses Ereignisses zu begreifen, müssen wir uns jedoch zunächst mit dem römisch-katholischen Verständnis von göttlicher Offenbarung und ihrer Weitergabe über die Jahrhunderte auseinandersetzen.

◆ ◆ ◆

Göttliche Offenbarung
[50-141]

Ursprung in Jesus Christus
[65-67, 73, 75]

Der römisch-katholischen Kirche zufolge gab der Herr Jesus Christus seinen Aposteln durch seine Gegenwart und Selbstoffenbarung den katholischen Glauben [65, 75]. Das tat er durch seine –

> ... Worte und Werke, durch Zeichen und Wunder, vor allem aber durch seinen Tod und seine herrliche Auferstehung von den Toten, schließlich durch die Sendung des Geistes der Wahrheit ...
>
> Zweites Vatikanisches Konzil[474]

Christus war Gottes letzte Offenbarung. Er hat „die Offenbarung erfüllt und abgeschlossen"[475]. Daher lehrt die Kirche: „Es ist keine öffentliche Offenbarung mehr zu erwarten vor der Erscheinung unseres Herrn Jesus Christus in Herrlichkeit"[476] [66, 73].

WEITERGABE DURCH SCHRIFT UND ÜBERLIEFERUNG [74-83]

Die Kirche lehrt, der Herr habe den Aposteln befohlen, die Offenbarung an andere weiterzugeben, damit sie „für alle Zeiten unversehrt erhalten bleibe und allen Geschlechtern weitergegeben wird"[477] [74, 75, 96]. Das fand auf zweierlei Weisen statt.

Erstens gaben die Apostel den Glauben in *ungeschriebener* Form weiter, d.h. „durch mündliche Predigt, durch Beispiel und Einrichtungen ..."[478] [76]. Die römisch-katholische Kirche bezeichnet die in ungeschriebener Form von den Aposteln weitergegebene Offenbarung als *Überlieferung* [81].

Zweitens gab es eine Weitergabe in *schriftlicher* Form: „... durch jene Apostel und apostolischen Männer, die unter der Inspiration des gleichen Heiligen Geistes die Botschaft vom Heil niederschrieben"[479] [76]. Aus diesen Schriften entstand dann das Neue Testament [81].

Römisch-katholische Theologen vergleichen die göttliche Offenbarung mit einer Quelle. Sie stellen die Weitergabe der Offenbarung an die heutige Kirche als zwei aus einer Quelle fließende Ströme dar. Der eine Strom steht für die Schrift, der andere für die Überlieferung. Zusammen bewahren und übergeben sie die von Christus den Aposteln anvertraute Offenbarung.

Eines der erklärten Ziele des Zweiten Vatikanischen Konzils (1962 – 1965) war, „die echte Lehre über die göttliche Offenbarung und deren Weitergabe"[480] fortzuführen. Im ersten Entwurf des Konzilsbeschlusses, der „dogmatischen Konstitution über die göttliche Offenbarung", gebrauchten die Schreiber weiterhin das Bild von Quelle und Strömen. In der endgültigen Version der Konstitution waren aus den zwei Strömen jedoch einer geworden.[481] Die Offenbarung wurde immer noch als eine einzige Quelle dargestellt, als ein „heiliger Schatz"[482], aber das Konzil hatte Schrift und Tradition zu einem Strom zusammengefügt [84, 86, 97]. Auf diese Weise war die Kirche fähig, die Einheit der Organe zu betonen, durch welche die Offenbarung an die Kirche von heute weitergegeben wird [80]:

> Die Heilige Überlieferung und die Heilige Schrift sind eng miteinander verbunden und haben aneinander Anteil. Demselben göttlichen Quell entspringend, fließen beide gewissermaßen in eins zusammen und streben demselben Ziel zu.
> Zweites Vatikanisches Konzil[483]

DAS WORT GOTTES
[80-85]

Die Kirche bezeichnet diese „in eins zusammen"[484]-geflossene Offenbarung aus Schrift und Überlieferung als das *Wort Gottes* [84-85, 97, 182]:

> Die Heilige Überlieferung und die Heilige Schrift bilden den einen der Kirche überlassenen heiligen Schatz des Wortes Gottes.
> Zweites Vatikanisches Konzil[485]

Hier definiert die Kirche, daß Schrift und Überlieferung *zusammen* das Wort Gottes bilden. Wenn sich ein römisch-katholischer Theologe auf das *geschriebene* Wort Gottes bezieht, dann meint er damit die Bibel. Spricht er von dem *ungeschriebenen* Wort Gottes, meint er damit die Überlieferung. Wenn er aber einfach von dem *Wort Gottes* die Rede ist, dann meint er wahrscheinlich Bibel und Überlieferung zusammen.

Anders ausgedrückt ist der römisch-katholischen Kirche zufolge die Bibel allein nicht das vollständige Wort Gottes. In der Überlieferung gibt es wesentliche Wahrheiten, die in der Bibel nicht eindeutig gelehrt werden [81-82]. Will man die vollständige Offenbarung Jesu Christi verstehen, muß man deshalb sowohl die Bibel als auch die Überlieferung kennen [113-114]. Das Lehramt schreibt dazu:

> So ergibt sich, daß die Kirche ihre Gewißheit über alles Geoffenbarte nicht aus der Heiligen Schrift allein schöpft. Daher sollen beide mit gleicher Liebe und Achtung angenommen und verehrt werden.
> Zweites Vatikanisches Konzil[486]

Abbildung 12.1 ***Die Grundlage des Evangeliums nach Rom***

Das Zweite Vatikanische Konzil schreibt: „Die heilige Theologie ruht auf dem geschriebenen Wort Gottes, zusammen mit der Heiligen Überlieferung, wie auf einem bleibenden Fundament."[488]

Und noch einmal:

> In ihnen [den Schriften] zusammen mit der Heiligen Überlieferung sah sie [die Kirche] immer und sieht sie die höchste Richtschnur ihres Glaubens ...
> Zweites Vatikanisches Konzil[487]

EINE BIBLISCHE ANTWORT

Dieses letzte Kapitel führt uns zu dem Fundament, aufgrund dessen der römische Katholizismus ist, was er ist, und aufgrund dessen er sich so gravierend von dem allein auf die Schrift gegründeten Christentum unterscheidet. Um die Wichtigkeit dieses Themas zu begreifen, stellen Sie sich bitte einmal für einen Augenblick einen Menschen in einer entlegenen Gegend auf einem anderen Kontinent vor. Er weiß nichts von Christus, von der Geschichte der Christenheit oder von römischem Katholizismus. Doch angerührt vom Heiligen Geist sehnt er sich nach Gotteserkenntnis. Wenn ein solcher Mensch eine Bibel erhält und auf ihren Seiten aufrichtig Gott sucht, was wird er dann entdecken?

In den vier Evangelien würde unser Gottsucher einen Bericht über Christi Leben und Lehre mit „Zuverlässigkeit der Dinge" (Lukas 1,4) finden. Wenn er zur Apostelgeschichte und den Briefen kommt, würde er auf die Predigten und Lehren der Apostel stoßen. In kurzer Zeit hätte er eine Kenntnis der Schriften, „die Kraft haben ... weise zu machen zur Rettung durch den Glauben, der in Christus Jesus ist" (2. Timotheus 3,15).

Nehmen wir nun an, unser einsamer Gottsucher hätte Christus und das Heil durch den Glauben an ihn angenommen und setzt sein Bibelstudium fort. Er hat jetzt das Ziel, möglichst alles darüber zu entdecken, wie er Gott dienen und verehren kann und wie er sein Leben führen soll. Was würde er lernen?

In der Apostelgeschichte würde er die inspirierte Geschichte der ersten 30 Jahre der Kirche lesen. In den Briefen von Petrus, Paulus, Johannes, Jakobus und Judas sähe er sich einer Fülle christlicher Glaubenslehre gegenüber. Er würde lernen, wie er sich zu verhalten hat (1. Timotheus 3,15), wie er anderen dienen kann (1. Korinther 12-14), wie die Zusammenkünfte der ersten Christen aussahen (1. Korinther 11, 17-34; 14,26-40) und wie eine örtliche Gemeinde organisiert ist (1. Timotheus 3,1-13; Titus 1,5-9). Kurz gesagt, er würde alles vorfinden, was er für das Führen eines Lebens als Christ wissen müßte. Das ist, wie Paulus schreibt, die erklärte Absicht der Bibel:

> Alle Schrift ist von Gott eingegeben und nütze zur Lehre, zur Überführung, zur Zurechtweisung, zur Unterweisung in der Gerechtigkeit, auf daß der Mensch Gottes vollkommen sei, zu jedem guten Werke völlig geschickt.
> 2. Timotheus 3,16-17; UElb

Stellen wir uns jetzt vor, dieser frischbekehrte Gläubige hat die Grundlagen des christlichen Glaubens gelernt und macht sich nun auf die Suche nach anderen Christen. Nach vielen Tagen kommt er am frühen Sonntagmorgen in eine Stadt und stößt dort auf eine römisch-katholische Kirche. Er findet eine frei Bank, wo er viele Stunden lang sitzenbleibt. Als er dort sitzt, beobachtet er, wie der Priester die Messe zelebriert, die Beichte hört und vor einer Marienfigur den Rosenkranz vorbetet. Nach alledem bittet er dann den Priester, ihm die grundlegenden Lehren des Katholizismus zu erklären. Was würde dieser junge Gläubige wohl schlußfolgern?

Mit Sicherheit würde er den römischen Katholizismus höchst seltsam finden. Aus seinem Bibelstudium wüßte er absolut nichts über Taufwiedergeburt und -rechtfertigung, jahrelange Vorbereitungsprogramme auf die Rechtfertigung, sieben Sakramente, heiligmachende Gnade, Transsubstantiation, ein fortgesetztes Opfer, Ohrenbeichte, zeitliche Strafe, Ablässe, Fegefeuer, verdienten Lohn für die Ewigkeit, Priesterweihe, das Papsttum, herrschende Bischöfe, das Lehramt oder Marias unbefleckte Empfängnis, ihre Aufnahme in den Himmel, Miterlösung und Gnadenvermittlung. Unser suchender Freund würde merken, daß diese Lehren nicht nur in der Bibel fehlen, sondern sogar im Widerspruch zu Gottes Wort stehen. So käme er zu dem Ergebnis, daß, was immer diese Religion sein mag, sie nicht das ist, was er sucht und würde weiter seines Weges ziehen.

Aus Sichtweise der römisch-katholischen Kirche wäre die obige Schlußfolgerung einer solchen Person bedeutungslos. Die Katechese dieses Menschen, seine Einführung in den katholischen Glauben, war äußerst mangelhaft [875]. „Niemand kann für sich allein glauben", sagt die Kirche, „wie auch niemand für sich allein leben kann"[166] [166-171, 1253]. Unabhängig von seiner eigenen Überzeugung, die Bibel zu kennen, hat dieser Mensch nur einen Teil der Geschichte gehört [81]. Insbesondere weiß er nichts von der durch die Überlieferung weitergegebene göttliche Offenbarung. Ihm fehlt es an zum Verständnis der Schrift notwendiger Einsicht und Information [113]. Folglich ist er nicht imstande, die nicht ausdrücklich in der Bibel genannten römisch-katholischen Lehren und Bräuche richtig zu verstehen. Außerdem weiß er nichts von der maßgebenden Auslegung der Offenbarung durch Gottes Lehramt [85]. Dieser Mensch hat weder das Wissen noch die Bevollmächtigung, die Kirche zu beurteilen.

Diese kleine Geschichte stellt uns zwei entgegengesetzte Sichtweisen darüber vor Augen, wie der von Christus empfangene Glaube verstanden und gelebt werden soll. Der Katholizismus lehrt, der katholische Glaube sei in Bibel und Überlieferung enthalten. Zusammengenommen und von Papst und Bischöfen ausgelegt stellen sie die höchste Richtschnur der Kirche dar. Das biblische Christentum hält hingegen daran fest, daß die klare Lehre der Schrift, so wie der Heilige Geist sie beleuchtet, alle zur Errettung und zum Leben als Christ notwendigen Informationen enthält. Es sieht allein die Bibel als höchste Richtschnur des Glaubens an. Biblisches Christentum schätzt zwar die Information, die eine Beschäftigung mit biblischen Ursprachen, Archäologie, Geschichte und frühen christlichen Schreibern für das Studium der Schrift mit sich bringt, lehnt es jedoch strikt ab, die Überlieferung gleichwertig neben die Bibel als Richtschnur des Glaubens hinzustellen. Der Grund für diese Ablehnung ist, daß die Schrift das inspirierte Wort Gottes ist, wohingegen die Überlieferung fehlbares Menschenwort ist.

DIE BIBEL IST INSPIRIERT – DIE ÜBERLIEFERUNG NICHT

Der Unterschied zwischen Bibel und Überlieferung wird deutlich, wenn man versteht, was die römisch-katholische Kirche tatsächlich mit Überlieferung meint. Dieser Begriff ist schwierig zu erfassen, doch für das Verständnis des römischen Katholizismus ist er von wesentlicher Bedeutung. Betrachten wir zunächst zwei Dinge, was die römisch-katholische Überlieferung *nicht* ist.

Wenn die Kirche von Überlieferung spricht, meint sie damit nicht das kulturelle Erbe oder die übernommenen Bräuche, die aus rein menschlichen Quellen oder aus kirchlicher Disziplin und Liturgie entspringen [83]. Mit der Heiligen Überlieferung sind nicht Lehren gemeint wie das priesterliche Zölibat (eine seit dem 11. Jahrhundert bestehende Verpflichtung), die Blickrichtung des Priesters beim Lesen der Messe (die mit dem Zweiten Vatikanischen Konzil geändert wurde), oder die Frage, ob außer Knaben auch Mädchen Ministrantendienst verrichten dürfen (1994 bestätigt). Dies kann man insofern als *Traditionen* (die *Überlieferung* wird im Deutschen auch [83] im Lateinischen und Englischen ausschließlich *Tradition* genannt; Anm. d. Übers.) bezeichnen, als daß darin Bräuche eingeschlossen sind, die aus früheren Generationen *weitergegeben* wurden; sie sind jedoch keine Heilige Überlieferung, denn die Kirche betrachtet sie nicht als aus der göttlichen Offenbarung entspringend.

Die römisch-katholische Überlieferung stellt auch nicht die Ergebnisse der Gelehrten dar, die auf der Suche nach dem ursprünglichen christlichen Glauben die Dokumente, die Geschichte und die Archäologie der ersten Jahrhunderte studiert haben. Die Überlieferung besteht nicht in den Schriften der frühen Kirchenführer, alten Liturgien oder auch den Beschlüssen von Synoden und ökumenischen Konzilen. Diese mögen zum Teil *Ausdruck* oder *Zeugnis* der Überlieferung sein, aber sie sind nicht Heilige Überlieferung an sich.

Aber was ist Überlieferung dann? „Die Tradition [= Überlieferung] ist das fortwährend in den Herzen der Gläubigen lebende Wort"[489], „das lebendige Gedächtnis des Gotteswortes"[113] [78, 113, 2650, 2661]. Römisch-katholische Überlieferung ist nicht irgend etwas, was man lesen oder anfassen könnte.

> [Überlieferung] ... ist nicht eine leblose Sache, die von Hand zu Hand weitergegeben wird; sie ist, streng genommen, keine in Büchern oder anderen Denkmälern festgehaltene Ansammlung von Lehren und Einrichtungen ... sie muß dargestellt werden als ein Strom von Leben und Wahrheit, der von Gott durch Christus und die Apostel bis zum letzten Gläubigen kommt, der sein Glaubensbekenntnis aufsagt und seinen Katechismus lernt.
> aus einer katholischen Enzyklopädie[490]

Die Überlieferung, so erklären die katholischen Gelehrten, ist nicht in Büchern enthalten, sondern in Menschen, im Leben der Kirche. Sie ist die *Lebenserfahrung* des katholischen Gläubigen. Sie ist Offenbarung, jedoch „... eher ins Herz der Kirche als auf Pergament geschrieben"[113].

Der römische Katholizismus beschreibt die Überlieferung als „lebendige Weitergabe"[78], und durch sie „führt die Kirche in Lehre, Leben und Kult durch die Zeiten weiter und übermittelt allen Geschlechtern alles, was sie selber ist, alles, was sie glaubt"[491] [78, 98]. Sie ist der lebendige Glaube, bewirkt durch die „überlieferten Worte und Dinge"[492]. Das, so erklären die katholischen Gelehrten, wird auf verschiedenste Weise erreicht:

> Tradition, Übermittlungsform des Glaubens, kann grundsätzlich alles sein in der Kirche: das Kreuzeszeichen, das eine Mutter ihrem Kind auf die Stirn macht, die Vermittlung der Grundgebete der Christenheit – besonders das „Vater unser" – in Elternhaus und Religionsunterricht,

das Leben, Beten, Singen einer Gemeinde, in die der junge Mensch hineinwächst, das christliche Beispiel im Alltag und die christliche Tat bis hin zum Martyrium, Zeugnisse christlicher Musik (besonders Kirchenlieder, Choräle), von Baukunst und darstellender Kunst (vor allem die Kreuzesdarstellungen, die als bevorzugtes christliches Symbol gelten) und nicht zuletzt die Liturgie der Kirche.
Katholischer Erwachsenen-Katechismus[493]

Man könnte mit gutem Grund fragen: Wie kann Information mittels solch formloser Methoden überhaupt über Jahrhunderte weitergegeben werden, ohne dabei ihren eigentlichen Gehalt zu verlieren? Die Kirche antwortet darauf [77, 81]:

Damit das Evangelium in der Kirche für immer unversehrt und lebendig bewahrt werde, haben die Apostel Bischöfe als ihre Nachfolger zurückgelassen und ihnen „ihr eigenes Lehramt überliefert".
Zweites Vatikanisches Konzil[494]

Der römische Katholizismus lehrt, daß die Überlieferung durch die Bischöfe „... in ununterbrochener Folge bis zur Vollendung der Zeiten bewahrt werden"[495] mußte [77]. Der Kirche nach geht die Überlieferung mit der Zeit nicht verloren, sondern wird mit der Zeit sogar durch die Lehre des Lehramts vielmehr noch deutlicher [66, 79, 94]:

Diese apostolische Überlieferung kennt in der Kirche unter dem Beistand des Heiligen Geistes einen Fortschritt: es wächst das Verständnis der überlieferten Dinge und Worte ...
Zweites Vatikanisches Konzil[496]

Die wahre Bedeutung von römisch-katholischer Überlieferung und dem Prozeß, durch den sie in der Kirche einen Fortschritt macht, läßt sich am besten anhand eines Beispiels erklären. Betrachten wir dazu noch einmal die dogmatische

Definition der Aufnahme Marias in den Himmel aus dem Jahre 1950.

ÜBERLIEFERUNG ALS QUELLE FÜR EIN DOGMA: DIE HIMMELFAHRT MARIAS

Wie wir bereits gesehen haben, schickte Papst Pius im Jahre 1946 einen Brief bezüglich der Himmelfahrt Marias an die Bischöfe der Welt:

> ... Seid ihr, Ehrwürdige Brüder, vermöge eurer hervorragenden Einsicht und Klugheit der Meinung, daß die leibliche Aufnahme Marias in den Himmel als Glaubenssatz vorgelegt und definiert werden kann?
> *Deiparae virginis Mariae*[497]

Das war keine beiläufige Einladung an die Bischöfe, ihre Meinung abzugeben, sondern der Ausgangspunkt eines feierlichen kollegialen Prozesses, durch den sich die römisch-katholische Lehre entwickelt [877, 888-892]. Der Papst wollte wissen, ob die Bischöfe es als angemessen erachten, den Glauben an die Himmelfahrt Marias als Dogma des römisch-katholischen Glaubens einzuordnen – als unfehlbar definierte Lehre, die Katholiken glauben müssen [88-90].[498] Wer einen solchen feierlich definierten Glaubenssatz der Kirche abstreitet, ist damit gleichsam vom ganzen Glauben abgefallen [2089].[499]

Um dem Papst antworten zu können, mußten die Bischöfe die Glaubensquellen zur Himmelfahrt Marias aufzeigen. War sie lediglich eine nur von einigen wenigen frommen Katholiken geglaubte Legende? Oder war sie Teil des Glaubensschatzes, der von den Aposteln überlieferten Offenbarung? Nur wenn sich das letztere erwies, könnte die Kirche es als Dogma definieren [88, 891]. So durchforschten die Bischöfe die beiden Ströme, durch welche der apostolische Glaube der Kirche zufolge weitergegeben wird: Bibel und Überlieferung.

Zunächst widmeten sie sich der Bibel. Dort konnten sie jedoch keine klaren Aussagen über Marias Tod, Begräbnis und etwaige Auferstehung und Himmelfahrt finden.[500]

Als nächstes wandten die Bischöfe sich der Überlieferung zu. War die Himmelfahrt Marias Bestandteil des in ungeschriebener Form überlieferten Glaubensgutes?

Diese Frage war nicht einfach zu beantworten. Die Überlieferung besteht im Leben der Kirche. Sie gibt die Offenbarung als „Worte und Dinge"[501] weiter – als *ungeschriebene* Worte. Die Bischöfe konnten nicht einfach ein Verzeichnis der in der Überlieferung enthaltenen Glaubenssätze und Bräuche zur Hand nehmen und nachschauen, ob die Himmelfahrt Marias dort steht. Die Bischöfe mußten vielmehr den katholischen Glauben durchforschen, wie er von Papst, Bischöfen und Gläubigen gelebt wird und gelebt wurde. Diese drei Gruppen sind die *Organe* oder *Werkzeuge*, durch die die Überlieferung *zum Ausdruck kommt* und sich *darstellt*. Die Suche nach Belegen für den Glauben an die Himmelfahrt Marias sollte sich auf sieben Gebiete erstrecken:

- Die dogmatischen Beschlüsse des Lehramts
- Die Glaubensbekenntnisse der Kirche
- Die Lehre der Kirchenväter
- Die Lehre der Kirchenlehrer
- Die einmütige Lehre der Bischöfe
- Der allgemeine Brauch der Kirche
- Das übliche Verständnis seitens der Gläubigen

Was entdeckten der Papst und die Bischöfe nun? Papst Pius XII. gab die Ergebnisse der Bischöfe in der dogmatischen Bulle *Munificentissimus Deus* wieder, dem Dokument, das die Aufnahme Marias in den Himmel schließlich als Dogma definierte. Die Ergebnisse können wie folgt zusammengefaßt werden:

War die Himmelfahrt Bestandteil der dogmatischen Lehre des Lehramts?

Die Antwort lautete natürlich nein. Die eigentliche durch das Lehramt zu beantwortende Frage war ja gerade, ob die

Himmelfahrt Marias in die dogmatische Lehre der Kirche aufgenommen werden sollte oder nicht.

Der römische Katholizismus lehrt, daß die feierlichen Beschlüsse der Bischöfe eines ökumenischen Konzils unfehlbar und für alle Katholiken verbindlich sind [88, 89]. Aber keines der ersten von der römisch-katholischen Kirche anerkannten ökumenischen Konzile hat jemals verkündigt, Maria sei in den Himmel aufgenommen worden. Ebensowenig hat einer der Päpste diese Lehre dogmatisch gelehrt. Das sind Beispiele für das, was die Kirche *außerordentliches Lehramt* nennt. Zu dieser Zeit war die Überzeugung von der Himmelfahrt Marias noch ungewiß.

Kam der Glaube an die Himmelfahrt Marias in einem Glaubensbekenntnis zum Ausdruck?

Glaubensbekenntnisse sind Zusammenfassungen der grundlegenden Inhalte des Glaubens [185-192]. Die Kirche anerkennt zwei Glaubensbekenntnisse: das Apostolische und das Nizäno-konstantinopolitanische Glaubensbekenntnis [193-195]. Bezüglich der Himmelfahrt Marias schweigen beide. Gleiches gilt für alle anderen von der frühen Kirche anerkannten Glaubensbekenntnisse.

War die Himmelfahrt Marias Bestandteil der Lehre der Kirchenväter?

Der römische Katholizismus anerkennt 88 Männer als Kirchenväter. Die meisten von ihnen waren Bischöfe. Zehn waren Päpste. Andere waren Äbte, Priester, Mönche und Apologeten. Sie alle lebten irgendwann in den ersten acht Jahrhunderten, und die meisten von ihnen hat die Kirche als Heilige kanonisiert. Zu ihnen zählt u.a. Klemens von Rom, Polykarp, Ignatius, Irenäus, Tertullian, Origenes, Eusebius von Cäsarea, Benedikt, Papst Leo der Große und Papst Innozenz I.

Die Kirche räumt den Schriften der Kirchenväter einen hohen Stellenwert ein, sieht sie jedoch nicht als unfehlbar an. Ganz im Gegenteil anerkennt die Kirche, daß die Väter sich nicht nur manchmal untereinander widersprechen, sondern bisweilen sogar Irrtümer lehren. Papst Leo XIII. schrieb, daß die Kirchenväter „... manchmal die Vorstellungen ihrer eigenen Zeit ausgedrückt und so Aussagen getroffen haben, die heute als falsch aufgegeben worden sind"[502].

Welchen Wert besitzen die Schriften der Kirchenväter dann? Der katholische Gelehrte William A. Jurgens erklärt [688]:

> Der Wert der Väter und Schreiber ist dieser: daß sie als Ganzes zeigen, was die Kirche geglaubt und gelehrt hat und jetzt glaubt und lehrt. Als Ganzes sind sie ein Zeugnis für den Gehalt der Überlieferung – jener Überlieferung, die selbst ein Träger der Offenbarung ist.
> *Der Glaube der frühen Väter*[503]

Oder, in den Worten des Konzils:

> Die Aussagen der heiligen Väter bezeugen die lebensspendende Gegenwart dieser Überlieferung, deren Reichtümer sich in Tun und Leben der glaubenden und betenden Kirche ergießen.
> Zweites Vatikanisches Konzil[504]

Was wußten die Kirchenväter nun zur Himmelfahrt Marias zu sagen? Bezeichnenderweise fanden die Bischöfe in den Schriften von nur zwei Kirchenvätern Hinweise auf diesen Glauben.[505] Beide stammen aus dem 7. Jahrhundert: Germanus von Konstantinopel (634 – 733) und Johannes Damascenus (675 – 749).

Der Umstand jedoch, daß die Bischöfe in den Schriften der übrigen 86 Kirchenväter keinen Hinweis auf den Glauben an die Himmelfahrt Marias finden konnten, brachte den Papst und die Bischöfe nicht von ihrem Vorhaben ab. Die Kirche achtet zwar die Schriften der Väter, doch sie behält sich „... höchste Unabhängigkeit von diesen Schriften" vor: „Sie beurteilt sie vielmehr, als daß sie von ihnen beurteilt wird."[506] Aus dem gleichen Grund beweist der Glaube der beiden Kirchenväter an die Himmelfahrt Marias nicht, daß diese Lehre authentisch ist. Jurgens schreibt dazu:

> ... wir müssen betonen, daß ein einzelner Text der Kir-

chenväter auf keinen Fall als „Beweis" einer bestimmten Lehre angesehen werden darf. Dogmen werden nicht durch Aussagen von Kirchenvätern „bewiesen", sondern durch die unfehlbare Lehre der Werkzeuge der Kirche.
Der Glaube der frühen Väter[507]

War die Himmelfahrt Marias Bestandteil der Lehre der Kirchenlehrer?

Die römisch-katholische Kirche hat einige wenige Lehrer mit dem Titel *Kirchenlehrer* geehrt, die sie als vertrauenswürdige Hüter des katholischen Glaubens betrachtet. Einige von ihnen zählen auch zu den Kirchenvätern. Sie sind allesamt als Heilige kanonisiert.

Die ersten acht Männer, die von der Kirche mit dem Titel Kirchenlehrer versehen wurden, waren: Athanasius (297 – 373), Basilius der Große (329 – 397), Gregor von Nazianz (330 – 390), Ambrosius (340 – 397), Hieronymus (343 – 420), Johannes Chrysostomus (347 – 407), Augustinus von Hippo (354 – 430) und Papst Gregor der Große (540 – 604). Diese acht sind die *Großen Kirchenlehrer*. Im 16. Jahrhundert wurden Thomas von Aquin (1225 – 1274), der „Doctor angelicus", und Bonaventura (1217 – 1274), der „Doctor seraphicus", als *Kleine Kirchenlehrer* anerkannt. Heute gibt es in der römisch-katholischen Kirche insgesamt 32 Kirchenlehrer, einschließlich zweier Frauen, beide Mystikerinnen: Katherina von Siena (1347 – 1380) und Teresa von Avila (1515 – 1582).

Wie bei den Kirchenvätern sieht der Katholizismus auch die Lehre der Kirchenlehrer nicht als unfehlbar oder für die Kirche verbindlich an.

Was hatten die Kirchenlehrer nun zur Himmelfahrt Marias zu sagen? Der Papst und die Bischöfe fanden bei den Großen Kirchenlehrern keine Bestätigung dieser Lehre. Desgleichen lehrte auch keiner der Kleinen Kirchenlehrer der ersten elf Jahrhunderte die Himmelfahrt Marias, abgesehen von einer Ausnahme: Johannes Damascenus (675 – 749), den wir bereits als Kirchenvater erwähnt hatten.

Von den Kirchenlehrern späterer Jahrhunderte führte

Papst Pius folgende auf, die den Glauben an die Himmelfahrt Marias vertraten: Antonius von Padua (1195 – 1231), Albertus Magnus (1200 – 1280), Bonaventura (1217 – 1274), Thomas von Aquin (1225 – 1274), Robert Bellarmine (1542 – 1621), Franz von Sales (1567 – 1622) und Alfons von Liguori (1696 – 1787).[508]

War die Himmelfahrt Marias Bestandteil der einmütigen Lehre der Bischöfe?

Die offizielle Lehre der Bischöfe durch gewöhnliche, alltägliche Mittel wie zum Beispiel Katechismus, Predigten und Briefe wird *ordentliches Lehramt* genannt [2032-2034]. Die Kirche sieht den gemeinsamen Glauben der Bischöfe, der durch diese üblichen Lehrmittel Ausdruck findet, als unfehlbare Richtschnur des katholischen Glaubens an [890, 892].

Das Anliegen des Rundschreibens von Papst Pius aus dem Jahre 1946 bestand in erster Linie in dem Zusammentragen der Meinungen der Bischöfe als Stimme des ordentlichen Lehramts. Der Papst stellte ihnen zwei Fragen: „Seid ihr ... der Meinung, daß die leibliche Aufnahme Marias in den Himmel als Glaubenssatz vorgelegt und definiert werden kann? Und wünscht ihr dies mit eurem Klerus und eurem Volk?"[509]

Die Antwort der Bischöfe war eindeutig; sie „antworteten in fast vollständiger Einmütigkeit auf beide Fragen zustimmend"[510].

Fand der Glaube an die Himmelfahrt Marias Ausdruck im allgemeinen Brauch der Kirche?

Da die Kirche das widerspiegelt, was sie glaubt, wird der allgemeine Brauch der Kirche ebenfalls als verläßlicher Zeuge des römisch-katholischen Glaubens angesehen. In seiner Bulle *Munificentissimus Deus* stellte Papst Pius heraus, daß die Kirche „zahllose Kirchen, die zu Ehren der Aufnahme Marias in den Himmel Gott geweiht wurden" errichtet, in ihren Kirchen „fromme Bilder" der Himmelfahrt ausgestellt und „Städte, Diözesen und Länder ... unter den besonderen Schutz der in den Himmel aufgenommenen Gottesmutter gestellt" hat.[511] Darüber hinaus erinnert das vierte glorreiche

Geheimnis des Rosenkranzes an Marias Himmelfahrt[512], und der Kirchenkalender feiert am 15. August das Fest „Maria Himmelfahrt".[513]

Außerdem bezieht sich die Liturgie der Kirche mehrfach auf Marias Aufnahme in den Himmel.[514] Die Liturgie, der öffentliche Gottesdienst der Kirche, wird als besonders vertrauenswürdiger Ausdruck des katholischen Glaubens betrachtet, da sie der Billigung durch das Lehramt unterliegt [1069-1070, 1124-1125]. Papst Pius XII. schrieb: „Die Liturgie als Ganzes enthält daher den katholischen Glauben, insofern sie den Glauben der Kirche öffentlich bezeugt."[515]

Zusammengenommen zeigen uns diese Bräuche einen Glauben an die Himmelfahrt Marias unter den Katholiken, der mehrere Jahrhunderte zurückreicht.

War die Himmelfahrt Marias Bestandteil des allgemeinen Verständnisses der Gläubigen?

1946 hatte die Marienverehrung bei den Katholiken einen Höhepunkt erreicht. Berichte über ihre Erscheinungen und die damit verbundenen Wunder hatten die Phantasie der Menschen gefesselt. Die jüngste Lehre der Kirche hatte Marias Rolle in der Erlösung herausgestellt. Außerdem hatte das Dogma der unbefleckten Empfängnis Marias aus dem Jahr 1854 marienverehrende Katholiken ermutigt, den Vatikan zu bitten, auch die Himmelfahrt zum Glaubensdogma zu erklären.

Aus Sicht der Kirche bedeuteten diese Entwicklungen einen heilsamen Fortschritt des Verständnisses der Gläubigen von Überlieferung [94]. Die Katholiken erfanden keine neue Lehre über Maria. Ganz im Gegenteil, sie kamen mit einem alten Glauben in Berührung, der seit Jahrhunderten in der Kirche lebte. Nun kam dieser Glaube durch neue Einsichten ans Licht und zum Ausdruck [66, 93, 99]. Das ist, so die Kirche, eine der Weisen, auf welche die Überlieferung in der Kirche fortschreitet [94]:

> Es wächst das Verständnis der überlieferten Dinge und Worte durch das Nachsinnen und Studium der Gläubi-

gen, die sie in ihrem Herzen erwägen (vgl. Lk 2,19.51), durch innere Einsicht, die aus geistlicher Erfahrung stammt ...

Zweites Vatikanisches Konzil[516]

Daß so viele Katholiken bereits den Glauben an die Himmelfahrt Marias vertraten, war von großer Bedeutung. Der römische Katholizismus lehrt, daß die Gläubigen einen „übernatürlichen Glaubenssinn"[517] besitzen, *sensus fidelium* genannt [67, 91-93, 785, 904]. Er ist ein „... instinktiver Sinn und ein Unterscheidungsvermögen, über das Kirchenmitglieder in Glaubenssachen verfügen"[518]. In dem, was die Gläubigen gemeinsam als den wahren katholischen Glauben erachten, sind sie unfehlbar und können „im Glauben nicht irren"[519] [889].

Wie die Gläubigen zum unfehlbaren Erkennen der Wahrheit imstande sein sollen, ist nicht klar. Die meisten katholischen Laien haben nur eine oberflächliche Kenntnis sowohl der Bibel als auch der römisch-katholischen Theologie.

Dessen ungeachtet betrachtete Papst Pius in Übereinstimmung mit dem katholischen Glauben die Volksfrömmigkeit als vertrauenswürdigen Zeugen des wahren katholischen Glaubens. Aus diesem Grund bat der Papst die Bischöfe in seinem 1946er Rundbrief auch über, „... die Hingabe unseres Klerus und des Volkes (dessen Glaube und Frömmigkeit berücksichtigt werden soll) an die Aufnahme der allerseligsten Jungfrau Maria in den Himmel"[520] zu informieren. Damit wollte der Papst das allgemeine Empfinden des Volkes feststellen.

Das durch diese Frage nach seiner Meinung ermunterte Volk wie auch der Klerus antworteten mit Begeisterung. Bis zum Jahre 1950 erhielt der Vatikan zusammen mit früheren Bittschriften Antworten von 32.000 Priestern und Brüdern, 50.000 Nonnen und 8.000.000 Laien![521] Papst Pius bezeichnete die Reaktion als „heiligen Wettstreit"[522].

Nach eingehender Prüfung aller Indizien für den Glauben an Marias Himmelfahrt und nach dem Nachforschen der Theologen der Kirche kam Papst Pius zu dem Ergebnis:

Diese Bestrebungen und Forschungen zeigten immer deutlicher, daß auch die Lehre von der Himmelfahrt Marias in dem der Kirche anvertrauten Glaubensgut enthalten ist.

Munificentissimus Deus[523]

Bei dieser Entscheidung war sich der Papst über die eindeutige Lehre der Bibel im klaren, daß Gott Adam und seinen Nachkommen als Folge der Sünde erklärt hatte, „Staub bist du, und zum Staub wirst du zurückkehren" (1. Mose 3,19). Dennoch bestimmte Pius: „Von diesem allgemein gültigen Gesetz wollte Gott die Allerseligste Jungfrau Maria ausgenommen wissen."[524] Und so erklärte er am 1. November 1950 als höchster Lehrer der Kirche, die leibliche Aufnahme Marias in den Himmel sei ein „Dogma des göttlichen und katholischen Glaubens"[525].

BIBEL, ÜBERLIEFERUNG UND DAS LEHRAMT

Der Prozeß, durch den die Himmelfahrt Marias zum Dogma wurde, zeigt uns drei wichtige Punkte auf. Der erste ist, daß katholische Definitionen, die die Überlieferung mit der mündlichen Lehre der Apostel gleichsetzen, irreführend sind [81, 83, 96]. Beispielsweise beschrieb das Zweite Vatikanische Konzil Überlieferung als Offenbarung, die die Apostel „... durch mündliche Predigt, durch Beispiel und Einrichtungen weitergaben ..."[526] [76]. Zur Unterstützung dieser Definition zieht das Konzil Paulus' Anweisung an die Thessalonicher heran:[527]

> Also nun, Brüder, steht fest und haltet die Überlieferung, die ihr gelehrt worden seid, sei es durch Wort oder unseren Brief.
>
> 2. Thessalonicher 2,15

Mit dem Zitat dieses Verses möchte die Kirche uns glauben machen, die römisch-katholische Überlieferung sei mit der mündlichen Lehre des Apostels Paulus gleichzusetzen. Das ist jedoch irreführend, denn, wie wir gesehen haben, ist römisch-katholische Überlieferung ein weit umfassenderer Begriff. Sie ist nicht die unmittelbare mündliche Lehre der Apostel wie sie in 2. Thessalonicher 2,15 gemeint ist. Römisch-katholische Überlieferung ist vielmehr „ein Strom von Leben und Wahrheit"[528]. Sie kann so vergeistigt sein wie eine Vorstellung, die nach jahrhundertelangem Schlummer, wie im Fall der Himmelfahrt Marias, in der heutigen Zeit auf einmal durch fromme Betrachtung zum Leben erwacht. Zwischen römisch-katholischer Überlieferung und der persönlichen und direkten Unterweisung der Thessalonicher im christlichen Glauben durch den Apostel Paulus kann kein vernünftiger Vergleich gezogen werden. (Siehe Anhang D für einen Überblick über das Vorkommen des Begriffs „Überlieferung" im Neuen Testament.)

Zweitens sind Bibel und römisch-katholische Überlieferung nicht dasselbe. Die römisch-katholische Kirche lehrt: „Daher sollen beide [Bibel und Überlieferung] mit gleicher Liebe und Achtung aufgenommen und verehrt werden"[529] [82]. Aber die Bibel ist eine *geschriebene* Aufzeichnung der Offenbarung. Sie ist greifbar, unabänderlich und für alle zugänglich. Außerdem ist sie eine *inspirierte* Aufzeichnung, „gottgehaucht" (2. Timotheus 3,16; Anmerkung Elb.), und „vom Heiligen Geist getrieben redeten heilige Menschen, von Gott gesandt" (2. Petrus 1,21; Schl). Die Bibel wird daher zu Recht als Gottes Wort bezeichnet.

Die römisch-katholische Überlieferung ist hingegen ein amorphes Gebilde aus Lehren und Bräuchen, von den die Kirche behauptet, sie seien über 60 Generationen lang als „menschliche Formen"[530] weitergegeben worden: ein lehrender Bischof, ein Priester bei seiner Sonntagspredigt, ein schreibender Theologe, eine Mutter, die vor ihren Kindern Gebete aufsagt, ein Lied, ein bemaltes Kirchenfenster oder die den Gläubigen gemeinsamen unausgesprochenen „geistlichen Erfahrungen"[531]. Ein Kind kann wohl den Unterschied zwischen dieser Überlieferung und der Bibel erkennen, doch die Kirche kann oder will das nicht.

Drittens ist sich das Lehramt, das von sich behauptet, für Gott selbst zu sprechen, sein eigenes Gesetz. Es schuldet niemand Rechenschaft. Was dieses Lehramt sagt, ist die einzige Richtschnur des Glaubens, den die meisten Katholiken kennen, denn das Lehramt hat sich zwischen Gottes Wort und dem Volk gestellt:

> Die *Katholiken* bekennen sich zu einer zweifachen Richtschnur des Glaubens, einer entfernten Richtschnur und einer naheliegenden Richtschnur. Die *entfernte* Richtschnur ist das geschriebene oder durch die Überlieferung weitergegebene Wort Gottes. Die *naheliegende* Richtschnur ist das lebendige und unfehlbare Lehramt der Kirche, und dieses Lehramt führt das Wort Gottes auf vollmächtige und vertrauenswürdige Weise fort.
> aus einem Handbuch für Dogmatik[532]

Oder in anderen Worten: Da von den Katholiken die Unterwerfung unter die offizielle Lehre der Kirche erwartet wird, ist das Lehramt selbst eine Richtschnur des Glaubens [119, 169-171, 182]. Es ist die *naheliegende* Richtschnur, denn es ist den Menschen zugänglicher und bekannter als die *entfernte* Richtschnur, das Wort Gottes.

Das Lehramt braucht sich weder den Menschen noch den klaren Aussagen der Bibel gegenüber zu rechtfertigen. In seiner für die dogmatische Definition der Himmelfahrt Marias wegbereitenden Enzyklika schrieb Papst Pius XII., das Lehramt sei befähigt, „... zu erleuchten und zu erklären, was im Glaubensgut nur dunkel oder verborgen enthalten ist"[534] [66, 88, 2035, 2051]. Der katholische Gelehrte John Harder schreibt dazu:

> Der Grad der Verborgenheit, mögen wir hinzufügen, ist dabei unwichtig. Da der Kirche diese Fähigkeit von ihrem Begründer verliehen wurde, dessen Geist der Wahrheit allezeit in ihr bleibt, kann sie auf unfehlbare Weise entscheiden, was zur Offenbarung gehört, ganz gleich, wie verschwommen der Inhalt auch sein mag.

12. BIBEL UND ÜBERLIEFERUNG • 333

*Abbildung 12.2 **Die vollständige Grundlage des Evangeliums nach Rom***

Das Zweite Vatikanische Konzil schreibt: „Es zeigt sich also, daß die Heilige Überlieferung, die Heilige Schrift und das Lehramt der Kirche gemäß dem weisen Ratschluß Gottes so miteinander verknüpft und einander zugesellt sind, daß keines ohne die anderen besteht und daß alle zusammen, jedes auf seine Art, durch das Tun des einen Heiligen Geistes wirksam dem Heil der Seelen dienen."[533] [95]

> Folglich tat Pius XII. mit der Definition der Himmelfahrt mehr, als nur das Dogma den Gläubigen zur Annahme vorzulegen oder ihnen einen weiteren Grund für die Verehrung der seligen Mutter zu geben. Er zeigte das Recht der Kirche, eine berechtigte Entwicklung in Lehre und Frömmigkeit zu autorisieren, welches die Protestanten empörte und sogar Katholiken verblüffte.
>
> aus einem Katechismus[535]

Hier sehen wir die wahre Beziehung zwischen der Lehre des kirchlichen Lehramts und der Offenbarung. Obgleich sowohl die Bibel als auch sämtliche theologischen Dokumente bis zum 7. Jahrhundert über eine etwaige Himmelfahrt Marias schweigen, erklärte Papst Pius XII. diese Lehre dennoch mit einem Akt des außerordentlichen Lehramts der Kirche zu einem göttlich offenbarten Dogma. Damit bestätigte er die Unabhängigkeit der Kirche sowohl von der Schrift als auch vom katholischen Glauben der frühen Kirche.

Eine biblische Beurteilung

Zwischen der autoritären Struktur des heutigen römischen Katholizismus und der Struktur des Judentums des 1. Jahrhunderts kann man bemerkenswerte Parallelen ziehen. So wie Roms Papst und Bischöfe, so war auch Jerusalem, die zentrale Stadt der jüdischen Autorität, der Stützpunkt eines Konzils aus der „Ältestenschaft des Volkes, Hohenpriestern und Schriftgelehrten" (Lukas 22,66), die „Ältestenschaft der Söhne Israels" (Apostelgeschichte 5,21), das sogenannte *Synedrium*. Die jüdischen Hohenpriester standen dieser Körperschaft vor und fungierten als deren Oberhaupt (Matthäus 26,3.57.62-65; Apostelgeschichte 5,21.27; 7,1; 9,1; 22,5; 23,2-5). Von einigen Beschränkungen abgesehen erlaubte die römische Regierung dem Synedrium die Ausübung der Rechte als höchste politische, religiöse und juristische Instanz der Juden in Judäa (Matthäus 5,22; Johannes 3,1; 7,26.48; Apostelgeschichte 3,17; 4,5.8).

Unter den Mitgliedern des Synedriums waren mindestens zwei Denkschulen vertreten (Apostelgeschichte 23,6-8). Die aristokratischen hohenpriesterlichen Familien und deren Angehörige gehörten zur Sekte der Sadduzäer (Apostelgeschichte 5,17). Andere gehörten zum Lager der Pharisäer. Die für ihre strenge und genaue Auslegung des Gesetzes bekannten Pharisäer (Matthäus 5,20; 23,23) pflegten „den ersten Sitz in den Synagogen" (Lukas 11,43) einzunehmen. Einige von ihnen waren Schriftgelehrte, die das Gesetz abschrieben, auslegten und lehrten (Matthäus 5,20; 12,38; 15,1; 22,35; 23,2; Markus 2,16; Lukas 5,17.21). Ganz ähnlich wie das römische Lehramt, so sahen auch die Schriftgelehrten und Pharisäer sich selbst als die bevollmächtigten Gesetzeslehrer an und waren darauf bedacht, dem gewöhnlichen Volk die richtige Einhaltung jeden Aspektes des jüdischen Glaubens vorzuschreiben (Matthäus 9,11; 12,2; 23,2-36).

So wie es heute im römischen Katholizismus der Fall ist, so hielten auch die Schriftgelehrten und Pharisäer an der gemeinsamen Autorität von Schrift und Überlieferung fest (Matthäus 15,2; Markus 7,3.5.9.13). Sie lehrten, Mose habe das auf dem Berg Sinai empfangene Gesetz auf zweierlei Weise weitergegeben: zum einen durch die mündliche Lehre, die sie *ungeschriebene Thora* oder *mündliche Überlieferung* nannten,[536] zum anderen durch die *geschriebene Thora* oder *die Schrift*. Sie lehrten, das geschriebene und das ungeschriebene Gesetz bildeten zusammen die vollständige Thora, das Wort Gottes.

Die Schriftgelehrten und Pharisäer hatten ihre Autorität nicht von Gott. Im Gegenteil – Jesus sagte: „Die Schriftgelehrten und Pharisäer haben sich auf Moses' Stuhl gesetzt" (Matthäus 23,2). Die hebräische Bibel forderte an keiner Stelle die Juden zur Errichtung eines Synedriums, zur Unterwerfung unter die Lehren der Schriftgelehrten und Pharisäer oder zur Anerkennung der mündlichen Überlieferung neben der Schrift auf. Dennoch war genau das im 1. Jahrhundert der Fall, und die meisten Juden machten ohne weiteres Hinterfragen mit.

Jesus war da eine Ausnahme. Er weigerte sich, seinen Dienst dem Synedrium, den Schriftgelehrten und Pharisäern und der Überlieferung zu unterwerfen. Als sein Ansehen unter dem Volk zunahm, wurde eine endgültige Auseinandersetzung unumgänglich.

Es geschah während des letzten Jahres des Dienstes Jesu in Galiläa und ist in Matthäus 15,1-9 und Markus 7,1-13 aufgezeichnet: Eine Gruppe Schriftgelehrter und Pharisäer kam von Jerusalem, um Jesus herauszufordern, anscheinend im Interesse des Synedriums. Um die Kontroverse mit Christus auszulösen, stellten sie ihm eine Frage: „Warum leben deine Jünger nicht nach der Überlieferung der Ältesten, sondern essen das Brot mit unreinen Händen?" (Markus 7,5).

Hier ging es nicht um die schmutzigen Hände, sondern um die Einhaltung einer genauen Vorschrift aus dem ungeschriebenen Gesetz, der Überlieferung. Die heute als Mischna vorliegende Überlieferung der Alten spezifizierte jedes Detail des Händewaschens vor dem Essen. Die Pharisäer hatten einige Jünger Christi „mit unreinen, das ist ungewaschenen, Händen Brot essen" gesehen (Markus 7,2). Nun verlangten die autoritativen Lehrer des jüdischen Volkes eine Erklärung.

Jesus ließ sich dadurch nicht einschüchtern. Er unterwarf sich nicht ihrem Anspruch, wie sie es erwarteten, sondern er tadelte sie vielmehr für ihre Heuchelei:

> Treffend hat Jesaja über euch Heuchler geweissagt, wie geschrieben steht: „Dieses Volk ehrt mich mit den Lippen, aber ihr Herz ist weit entfernt von mir. Vergeblich aber verehren sie mich, indem sie als Lehren Menschengebote lehren."
>
> Markus 7,6-7

Mit ihrem Eifer für die genaue Einhaltung der Überlieferung erschienen die Schriftgelehrten und Pharisäer besonders gottesfürchtig, aber der Herr wußte, daß es eine fromme Täuschung war. Ihre Herzen waren weit weg von Gott. Ihre Verehrung war vergeblich - wertlos in den Augen Gottes.

Der Herr bezichtigte die Pharisäer, daß sie „als Lehren Menschengebote lehren" (Vers 7). Die Schrift sagt über das Händewaschen vor dem Essen absolut nichts. Dennoch verlangten die Pharisäer ein zeremonielles Waschen der Hände, so als ob Gott selbst es angeordnet hätte. Auf diese Weise hatten sie Lehren von Menschen auf die gleiche Autoritätsstufe mit Gottes inspirierter Schrift gestellt.

Der Herr setzte seinen Tadel zielstrebig fort und bezeichnete die mündliche Thora als „Überlieferung der Menschen" (Vers 8). Jesus beschuldigte sie, Menschenwort vor Gottes Wort gestellt zu haben: „Ihr verlasset das Gebot Gottes und haltet die Überlieferung der Menschen fest ... Wohl fein verwerft ihr das Gebot Gottes, um eure Überlieferung festzuhalten" (Verse 8-9; Schl). Anders gesagt, wenn die Pharisäer der Schrift nicht gehorchten, dann taten sie das mit Stil. Sie taten es „wohl fein" (Vers 9; Schl). Jesus zollte ihnen gewissermaßen Anerkennung für ihre Gerissenheit, mit der sie Gottes Gebote beiseitesetzten und so den Weg für strikte Einhaltung ihrer eigenen Überlieferung freimachten. Durch ihre Überlieferung, so sagte Jesus, machten sie „das Wort Gottes ungültig" (Vers 13) und stempelten die Schrift als null und nichtig ab.

> **Sola scriptura!**
>
> „Allein die Schrift!" lautete der Schlachtruf der Reformation. Niemand trat dafür mehr ein als Martin Luther. Er war Augustinermönch und Professor für katholische Theologie an der Universität Wittenberg. Luther protestierte gegen die päpstlichen Abgesandten, die zur Finanzierung des Neubaus der Peterskirche Ablässe für das Fegefeuer verkauften. Im Jahre 1517 erstellte er eine Liste mit 95 Begründungen, weshalb so etwas falsch ist, und nagelte sie an die Schloßkirche zu Wittenberg. Als man ihn zum Widerrufen aufforderte, antwortete Luther: „Mein Gewissen ist gefangen für das Wort Gottes." Die Überlieferung und die Lehrautorität des Papstes und der Bischöfe als unfehlbare Hüter des christlichen Glaubens lehnte er ab. Er verkündete allein die Schrift als Richtschnur und Maßstab für den christlichen Glauben. (Siehe Anhang E für Antworten auf die heutigen Herausforderungen an *sola scriptura*.)

Auf diese Weise verwarf Jesus die menschengemachte Autoritätsstruktur des Judentums des 1. Jahrhunderts. Er lehnte es ab, sich der Überlieferung, der Lehrautorität der Schriftgelehrten und Pharisäer oder der herrschenden Gewalt des Synedriums zu unterwerfen.

Was Jesus ablehnte, hat die römisch-katholische Kirche nun wieder aufgerichtet. Sie hat die Überlieferung auf die gleiche Autoritätsstufe mit Gottes inspirierter Schrift gestellt. Ihr Papst und ihre Bischöfe erheben Anspruch auf eine allgemeine Rechtsprechung und alleinige Lehrvollmacht. Bei alledem ehrt die römisch-katholische Hierarchie Gott, ebenso wie die Pharisäer, mit ihren Lippen, und behauptet:

> Das Lehramt ist nicht über dem Wort Gottes, sondern dient ihm, indem es nichts lehrt, als was überliefert ist ...
> Zweites Vatikanisches Konzil[537]

Geistliche Autorität: Irrtum und Wahrheit

Die katholische Kirche lehrt	**Die Bibel lehrt**
1. Petrus war das Haupt der Apostel [552, 765, 880].	Christus war das Haupt der Apostel (Johannes 13,13).
2. Die Bischöfe sind die Nachfolger der Apostel [861-862, 938].	Die Apostel hatten keine Nachfolger, denn dazu hätten die Nachfolger Augenzeugen des auferstandenen Christus sein müssen (Apostelgeschichte 1,21-22).
3. Der Papst ist als Bischof von Rom der Nachfolger des Petrus [882, 936].	Petrus hatte keinen Nachfolger.
4. Die Bischöfe leiten mit dem Papst als ihr Haupt die gesamte Kirche [883, 894-896].	Christus, das Haupt des Leibes, leitet die gesamte Kirche (Kolosser 1,18).
5. Gott hat den römisch-katholischen Bischöfen seine Offenbarung anvertraut [81, 86].	Gott hat den Heiligen und damit allen wahrhaft gläubigen Christen die Offenbarung anvertraut (Judas 3).
6. Das Lehramt ist der bevollmächtigte Lehrer der Kirche [85-87].	Der Heilige Geist ist der vollmächtige Lehrer der Kirche (Johannes 14,26; 16,13; 1. Johannes 2,27).
7. Das Lehramt ist der unfehlbare Ausleger der Schrift [890-891, 2034-2035].	Die Bibel ist der einzige unfehlbare Ausleger der Bibel (Apostelgeschichte 17,11).
8. Der Papst ist unfehlbar, wenn er maßgebende Lehren erläßt [891].	Gott allein ist unfehlbar (4. Mose 23,19).

9. Allein das Lehramt hat die Fähigkeit und das Recht zur Auslegung der Bibel [85, 100, 939].	Jeder vom Heiligen Geist geleitete Christ hat die Fähigkeit und das Recht, die Schrift auszulegen (Apostelgeschichte 17,11; 1. Korinther 2,12-16).
10. Die Bibel muß in dem Sinn ausgelegt werden, wie es vom Lehramt bestimmt worden ist [113, 119].	Die Bibel muß in dem ursprünglichen, vom Heiligen Geist beabsichtigten Sinn ausgelegt werden (2. Petrus 3,14-16).
11. Das Lehramt hat das Recht, Wahrheit zu definieren, die nur dunkel oder verborgen in der Offenbarung zu finden ist [66, 88, 2035, 2051].	Niemand hat das Recht, über das hinauszugehen, was in der Bibel geschrieben steht (1. Korinther 4,6; Sprüche 30,6).
12. Bibel und Überlieferung sind zusammen Gottes Wort [81, 85, 97, 182].	Die Bibel ist das Wort Gottes (Johannes 10,35; 2. Timotheus 3,16-17; 2. Petrus 1,20-21). Die Überlieferung ist Menschenwort (Markus 7,1-13).
13. Bibel und Überlieferung sind zusammen die höchste Richtschnur des Glaubens [80, 82].	Die Bibel ist für die Kirche die einzige Richtschnur des Glaubens (Markus 7,7-13; 2. Timotheus 3,16-17).

Epilog
Die Weggabelung

An den katholischen Leser

Vor fast 20 Jahren stand ich, so wie vielleicht Sie jetzt oder schon sehr bald, vor einer Weggabelung. Vor mir stand die schwierigste Entscheidung meines Lebens. In der einen Richtung lag der Glaube meiner Jugend, mein religiöses Erbe und meine Kirche. In der anderen Richtung lag das Christentum, wie ich es aus Gottes Wort kennengelernt hatte. Durch das Wissen, daß meine Familie bei meinem Verlassen der Kirche sehr verletzt sein würde, wurde die Entscheidung noch zusätzlich erschwert. Doch da ich nicht mehr glaubte, die römisch-katholische Kirche sei die eine, heilige, katholische und apostolische, von Christus gegründete Kirche, wußte ich, daß ich sie verlassen mußte. Ich mußte Gott mehr gehorchen als Menschen (Apostelgeschichte 4,19; 5,29).

Mein Gebet ist, daß Gott Sie ebenso führen wird, wie er mich auch in den schwierigsten Zeiten geführt hat. Ich möchte Ihnen, wenn Sie nun selbst die Entscheidung abwägen, zu Ihrer Führung die folgenden biblischen Prinzipien darlegen.

Folgen Sie dem Vorbild der Beröer, die die Bibel beschreibt als „edler gesinnt als die in Thessalonich, indem sie das Wort mit aller Bereitwilligkeit aufnahmen und täglich in der Schrift forschten, ob es sich also verhalte" (Apostelgeschichte 17,11). Bitten Sie Gott im Glauben, daß er Ihnen die Weisheit zum Verstehen der Bibel gibt (Jakobus 1,5-8). Wenn Sie bereit sind, Gottes Willen zu tun, verspricht er Ihnen alle notwendige Einsicht und Erkenntnis (Johannes 7,17). Wann immer Sie etwas aus Gottes Wort lernen, handeln Sie auch danach (Jakobus 1,22-25). Wenn Sie das tun, wird der Herr Ihnen mehr von der Wahrheit zeigen (Lukas 19,26). Ich empfehle Ihnen, das Bibellesen mit dem Johannesevangelium zu beginnen und dann mit der Apostelgeschichte und den Briefen an die Galater und an die Römer fortzufahren.

Glauben Sie Gott und seinen Verheißungen (Hebräer 11,6). Am wichtigsten ist, daß Sie Christus völlig vertrauen, daß er Sie retten wird (Römer 10,8-13). Sagen Sie sich, was Ihr Seelenheil betrifft, vom Vertrauen auf die Kirche, auf die Sakramente, auf gute Werke und auf Maria los (Apostelgeschichte 4,12; Philipper 3,7-11).

Meinen Sie bitte nicht, Sie könnten die römisch-katholische Kirche ändern, wenn Sie in ihr verbleiben. Obwohl jeder in diesem Buch aufgeführte Fehler schon vor langer Zeit von anderen aufgezeigt worden ist, weigert sich die Kirche, der Korrektur Gehör zu schenken. Sie hat niemals auch nur den kleinsten lehrmäßigen Fehler eingestanden. Sie kann das auch gar nicht, da ansonsten ihre Behauptung auf Unfehlbarkeit als Bluff entlarvt würde. Weit davon entfernt, Fehler einzugestehen, hat sich die römisch-katholische Kirche ihren Kritikern schamlos widersetzt und ihre Hände alle Jahrhunderte über mit deren Blut befleckt.

Gott ruft den Christen zu, die sich in einer unbiblischen religiösen Institution befinden, diese zu verlassen:

> Geht aus ihr hinaus, mein Volk, damit ihr nicht an ihren Sünden teilhabt und damit ihr nicht von ihren Sünden empfangt! Denn ihre Sünden sind aufgehäuft bis zum Himmel, und Gott hat ihrer Ungerechtigkeit gedacht.
> Offenbarung 18,4-5

> Darum geht aus ihrer Mitte hinaus und sondert euch ab! spricht der Herr. Und rührt Unreines nicht an!
> 2. Korinther 6,17

Wer gehorcht, dem gibt der Herr diese Zusage:

> Und ich werde euch annehmen und werde euch Vater

sein, und ihr werdet mir Söhne und Töchter sein, spricht der Herr, der Allmächtige.

2. Korinther 6,17-18

Wenn Sie erst einmal dem Nebel des Katholizismus entkommen sind, werden Sie die Wahrheiten der Bibel immer deutlicher sehen. Suchen Sie die Gemeinschaft einer Gemeinde von Christen, die den Herrn lieben und deren höchste Autorität allein die Bibel ist. Dort werden Sie in der Erkenntnis Gottes wachsen, ohne dabei von falschen Lehren gehindert zu werden. Sie werden dort auch Möglichkeiten finden, dem Herrn zu dienen und seine Frohe Botschaft weiterzusagen.

Was ist mit Ihren katholischen Familienangehörigen und Freunden? Das Beste, was Sie für sie tun können, ist selber die römisch-katholische Kirche zu verlassen und sich einer starken, biblisch fundierten Gemeinde anzuschließen. Wenn Sie immer mehr lernen, wie Christus zu leben, dann wird Ihr Leben ein Zeugnis von der verändernden Kraft des Evangeliums sein. Sie werden in Ihrem Verständnis der Wahrheit wachsen sowie in der Fähigkeit, diese weiterzuvermitteln. Sie werden sich ferner an einem guten Ausgangspunkt befinden, um anderen auf der Suche nach Gott zu helfen. Wenn Sie die katholische Kirche verlassen, werden Ihre Angehörigen und Freunde den Grund wissen wollen. Nutzen Sie diese Gelegenheit und erklären Sie, was Sie entdeckt haben, aber tun Sie das „mit Sanftmut und Ehrerbietung" (1. Petrus 3,16) und „wahrhaftig in der Liebe" (Epheser 4,15; Schl).

AN DEN NICHTKATHOLISCHEN LESER

Hoch über dem Hauptaltar der Peterskirche befindet sich eine Inschrift rund um die Innenseite der Kuppel dieser großen Basilika, groß genug, damit sie von allen gelesen werden kann. Es ist der Wahlspruch des römischen Katholizismus: „Du bist Petrus, und auf diesem Felsen werde ich meine Kirche bauen" (Matthäus 16,18).

Wie treffend, daß es der entscheidende Anspruch der

römisch-katholischen Kirche ist, eine auf einem Menschen gebaute Institution zu sein! Und so ist es auch. Wir wollen der Kirche diesen Status gerne gewähren. Wie die Theologie dieser Kirche erweist, beruht der römische Katholizismus auf einem allzu menschlichen Fundament, einer Kombination aus Gottes Wegen und menschlichen Wegen, eine Mischung von Wahrheit und Irrtum. Er ist ein auf Schrift (dem Wort Gottes) plus Überlieferung (dem Wort von Menschen) basierendes System. Dieses System bietet Versöhnung an durch das Opfer Jesu plus die Opfer von Priestern. Es lehrt Errettung durch das Werk Christi plus die Werke von Menschen. Es unterweist die Menschen, sich Gott durch die Mittlerschaft des Herrn Jesus Christus plus die Mittlerschaft der seligen Jungfrau Maria zu nahen. Mit jeder dieser charakteristischen Lehren ist der Katholizismus „ein Weg, der einem Menschen gerade erscheint, aber zuletzt sind es Wege des Todes" (Sprüche 14,12). Sehr trefflich hat die Kirche den Hauptaltar der Peterskirche auf einer Krypta voller toter Menschengebeine errichtet, unter denen sich angeblich auch die sterblichen Überreste des Apostels Petrus selbst befinden.

Doch, so könnte man fragen, wie kann so viel Irrtum gepaart mit so viel christlicher Wahrheit bestehen? Der Blick in die Zukunft sollte uns nicht schockieren. Die biblische Prophetie warnt ausdrücklich, daß der Abfall, das Aufgeben der christlichen Wahrheit, der Wiederkunft Christi vorausgeht (2. Thessalonicher 2,3). Für die letzten Tage sagt die Bibel voraus, daß „falsche Propheten unter dem Volk, wie auch unter euch falsche Lehrer sein werden, die verderbenbringende Parteiungen heimlich einführen werden ..." (2. Petrus 2,1). Diese falschen Lehrer werden den christlichen Glauben nicht öffentlich angreifen. Ganz im Gegenteil werden sie im Namen Christi beten, in ihren Zeremonien die Schrift benutzen und ihren Anhängern das Seelenheil versprechen. Sie werden „eine Form der Gottseligkeit haben, deren Kraft aber verleugnen" (2. Timotheus 3,5) und „wie Jannes und Jambres Mose widerstanden, so widerstehen auch sie der Wahrheit" (Vers 8). Jannes und Jambres waren die beiden Zauberer des Pharao, die Moses' Autorität durch Nachahmen seiner Wunderzeichen angriffen (2. Mose 7,11.22; 8,7). In ähnlicher Weise werden die falschen Lehrer der Endzeit mit einer trügerischen Nachahmung des Christentums viele Menschen in die Irre führen. Die Bibel sagt: „Viele werden ihren Ausschweifungen nachfolgen, um derentwillen der Weg der Wahrheit verlästert wird. Und aus Habsucht werden sie euch mit betrügerischen Worten kaufen ..." (2. Petrus 2,2-3).

Wer steht hinter dieser großen Verführung? Der Bibel nach sagt „der Geist ... ausdrücklich, daß in späteren Zeiten manche vom Glauben abfallen werden, indem sie auf betrügerische Geister und Lehren von Dämonen achten ..." (1. Timotheus 4,1). Letztendlich kann man die Lüge auf Satan selbst zurückführen, der Verführer von Anbeginn und der „Lügner und der Vater derselben" (Johannes 8,44).

Das heißt nicht unbedingt, daß sich Papst, Bischöfe und Priester der römisch-katholischen Kirche bewußt sind, daß sie Satans Zielen dienen. Zweifellos sind viele von ihnen aufrichtig. Zum größten Teil handeln sie, wie Paulus vor seiner Bekehrung, „unwissend und im Unglauben" (1. Timotheus 1,13); sie sind „verführt" (2. Timotheus 3,13). Trotzdem sind sie vor Gott verantwortlich, weil sie es versäumt haben, auf Gottes Wort zu achten. Da sie an ein falsches Evangelium glauben, sind sie noch in ihren Sünden. Folglich wird, wenn nicht noch eine große Ausgießung des Heiligen Geistes in diesen letzten Tagen geschieht, die große Mehrheit der heute lebenden Katholiken, Geistliche wie Laien, in ihren Sünden sterben.

Wir müssen zu Gott flehen – und zu den Verlorenen gehen.

Beten Sie für Katholiken

Die Bibel sagt uns, das Evangelium ist „bei denen verdeckt, die verlorengehen, den Ungläubigen, bei denen der Gott dieser Welt den Sinn verblendet hat, damit sie den Lichtglanz von der Herrlichkeit des Christus, der Gottes Bild ist, nicht sehen" (2. Korinther 4,3-4). Beten Sie, daß Gott die Augen der Katholiken öffnen möge, „ob ihnen Gott nicht etwa Buße gebe zur Erkenntnis der Wahrheit und sie wieder aus dem Fallstrick des Teufels heraus nüchtern werden, nachdem sie von ihm gefangen worden sind für seinen Willen" (2. Timotheus 2,25-26).

Knüpfen Sie Freundschaften

Da der Katholizismus sich zumeist über ganze Familien und Völkerschaften erstreckt, haben viele Katholiken nicht einmal einen einzigen nichtkatholischen Freund. Relativ wenige haben überhaupt jemals das klare Evangelium hören dürfen.

Bitten Sie Gott, daß er Ihre Liebe und Hingabe für Katholiken steigert. Halten Sie dann Ausschau nach Möglichkeiten, um Freundschaften mit ihnen zu pflegen. Sie werden feststellen, daß sich die besten Gelegenheiten zur Mitteilung des Glaubens in einer neuen Bekanntschaft üblicherweise sehr bald ergeben, deshalb versäumen Sie diese nicht. Katholiken sind heute offener, als man zumeist meint. Jedes Jahr bekehren sich Tausende zu Christus. Und haben Sie auch keine Hemmungen, mit Priestern oder Nonnen zu sprechen. Viele von ihnen sind einsam und auf der Suche nach Antworten.

Regen Sie zum Nachdenken an

Viele Katholiken sind eher pflichtbewußt als fromm. Sie interessieren sich nicht sehr für die Kirche, und die Kirche interessiert sich nicht sehr für sie. Die Erwartungen der Familie werden erfüllt und das Gewissen in einem Gleichgewicht des friedlichen Miteinanders mit der Kirche beruhigt.

Wenn die Liebe Gottes in uns wohnt, können wir da nicht untätig zusehen. Ergreifen Sie die Initiative. Halten Sie Ihren katholischen Freund zum Nachdenken über seine geistliche Situation an. Versuchen Sie beispielsweise, Ihrem Freund ein christliches Buch oder Video anzubieten. Fragen Sie ihn (oder sie), ob er weiß, was nach seinem Tod mit seiner Seele geschieht.

Lassen Sie sich nicht durch die Angst vor Widerstand lähmen. Ihren Freund mit den Irrtümern der katholischen Kirche zu konfrontieren, ist wohl das Beste, was Sie für ihn tun können. Manche Katholiken werden sehr ärgerlich, bevor sie sich bekehren, doch später werden sie Ihnen dankbar sein für Ihre anhaltende Liebe, mit der Sie ihnen die Wahrheit gezeigt haben.

Regen Sie zum Bibellesen an

Der Durchschnittskatholik vertraut auf die Kirche, daß sie für seine Seele sorgt und ihm sagt, was er über Gott und die Errettung glauben soll. Wenn ein solcher Katholik zu Christus finden will, muß er lernen, selbständig zu denken, eine persönliche Verantwortung für seine Seele zu tragen und seinen Glauben auf Gottes Wort zu begründen. Das erfordert in seinem Denken eine erhebliche Umstellung.

Sie können Ihrem katholischen Freund helfen damit anzufangen, indem Sie ihn zum Lesen der Bibel ermuntern. Stellen Sie sicher, daß er im Besitz einer lesbaren und handlichen Bibel ist, nicht einer übergroßen Familienausgabe. Erklären Sie ihm, wie die Bibel aufgebaut ist und wie man eine bestimmte Bibelstelle auffinden kann. Schlagen Sie ihm vor, was er zuerst lesen sollte. Laden Sie Ihren Freund zum gemeinsamen Bibelstudium ein. Ein Bibelstudium in Form eines Gesprächskreises (bei dem Gäste einfach feststellen können, ob sie mitmachen möchten) ist am besten. Wenn jemand erst einmal entdeckt hat, daß er direkt aus der Bibel lernen kann, wird ihn nichts mehr aufhalten.

Sprechen Sie das eigentliche Problem an

Das größte Problem Ihres Freundes ist nicht die römischkatholische Kirche, sondern seine Sünde. Machen Sie deshalb nicht den Katholizismus zum Mittelpunkt Ihrer Gespräche. Wie in Kapitel 4 besprochen, haben viele Katholiken ein mangelhaftes Verständnis von der Ernsthaftigkeit von Sünde und ihrer Konsequenzen. Sie meinen, nur weil sie getauft sind und moralisch ein einigermaßen gutes Leben führen, sei alles in Ordnung. Helfen Sie Ihrem Freund zu sehen, was Gott in der Bibel über Sünde sagt. Beten Sie, daß ihm seine Sündhaftigkeit wirklich bewußt wird.

Erklären Sie ihm den Weg der Errettung. Tun Sie das direkt anhand der Bibel. Dadurch wird Ihr katholischer Freund leicht einsehen können, daß die Autorität Ihrer Aussagen nicht aus Ihnen selbst oder aus Ihrer Gemeinde stammt, sondern aus Gottes inspiriertem Wort. Stellen Sie sicher, daß er die Bibel versteht, indem Sie ihn bitten, mit seinen eigenen Worten die Aussagen der Schrift zu wiederholen. Da Katholiken und Nichtkatholiken vielfach die gleichen Begriffe mit unterschiedlichen Bedeutungen verwenden, seien Sie mit Ihrer Wortwahl vorsichtig.

Gehen Sie langsam vorwärts! Führen Sie Ihren Freund nicht vorzeitig in ein Annahmegebet an Christus. Wie wir gesehen haben, ist der Katholizismus eine endlose Folge von Ritualen und Gebeten. Je mehr, desto besser – so oder ähnlich denken sie. Ihr Freund könnte Ihre Aufforderung zum Annahmegebet an Christus als lediglich ein weiteres Ritual auffassen und Ihre Worte einfach wiederholen, ohne dabei verstanden zu haben, um was es geht. Warten Sie, bis der Katholik eindeutig von seiner Sündhaftigkeit überführt ist und das Evangelium verstanden hat. Ermutigen Sie ihn dann, eine Entscheidung für Christus zu treffen und mit seinen eigenen Worten zu Gott zu beten.

Fordern Sie zu einem klaren Bruch auf

Der Herr Jesus hat uns beauftragt, Jünger zu machen, sie zu taufen und sie gründlich im christlichen Glauben zu unterweisen (Matthäus 28,19-20). Das Werk der Verkündigung ist deshalb nicht eher erfüllt, bis Ihr katholischer Freund gerettet, getauft und in eine gesunde, bibeltreue Gemeinde integriert ist.

Fordern Sie zu einem klaren Bruch mit der römisch-katholischen Kirche auf. Auch eine gründliche Hausreinigung könnte angebracht sein. Erklären Sie ihm die Wichtigkeit, alles wegzuschaffen, was mit unbiblischen Lehren und Bräuchen in Verbindung steht: Figuren, Rosenkränze, Skapuliere, wundertätige Medaillen, heilige Karten, Weihwasser usw. (Apostelgeschichte 19,17-20; Judas 23). Unterschätzen Sie nicht, wie tief verwurzelt der Katholizismus auch in einem ehemaligen Katholiken noch sein kann. Beten Sie um geistliche Befreiung und ermutigen Sie Ihren Freund regelmäßig.

Wenn ein frisch geretteter Katholik Probleme mit dem Verlassen der römisch-katholischen Kirche hat, versuchen Sie ihm ausführlicher zu erklären, was der Katholizismus lehrt und weshalb diese Lehren unbiblisch sind. Fangen Sie mit der Messe an. Wenn der Katholik wirklich gerettet ist, wird er bald erkennen, daß er nicht länger an einem fortgesetzten Opfer Christi oder an der Anbetung von Brot und Wein teilnehmen kann. Wenn Marienverehrung das Problem ist, stellen Sie die Herrlichkeit des Herrn Jesus Christus und seine Vollkommenheit heraus. So wie man ein Kind dazu bringt, einen gefährlichen Gegenstand in seiner Hand loszulassen, ist es auch hier die beste Methode, etwas Besseres dafür anzubieten.

Weisen Sie auf kommende Erprobungen hin

Jesus lehrte, daß seine Nachfolge oft mit Widerstand verbunden ist, insbesondere von Familienmitgliedern (Matthäus 10,34-39). Bereiten Sie einen neubekehrten Katholiken darauf vor, Erprobungen zu erleiden. Üblicherweise fangen diese an, wenn die Person die römisch-katholische Kirche verläßt oder sich entscheidet, getauft zu werden. Geben Sie Ihrem Freund Ratschläge, wie er heftigen Streitereien und regelmäßigen, unwillkommenen Angriffen bei seinen Versuchen, die Angehörigen zu bekehren, entgehen kann. Halten Sie den neubekehrten Katholik vielmehr dazu an, durch ein christusähnliches Leben seiner Familie ein Zeugnis zu geben, wie zum Beispiel durch freundliche Gesten, durch Demut und Geduld.

Lernen Sie weiter

Je besser Sie den römischen Katholizismus verstehen, desto besser werden Sie imstande sein, Katholiken das Evangelium wirksam zu verkünden. Ziehen Sie es in Erwägung, den *Katechismus der Katholischen Kirche* zu lesen. Verwenden Sie ihn dann bei Ihrer Evangelisation, um Katholiken aufzuzeigen, was der Katholizismus lehrt und ihm die biblische Wahrheit entgegenzustellen. Vielleicht wünschen Sie sich auch einen einfacheren Katechismus und ein katholisches Wörterbuch. Lesen Sie schließlich regelmäßig eine katholische Zeitung um mit den aktuellen Trends innerhalb der römisch-katholischen Kirche auf dem laufenden zu bleiben.

Widersetzen Sie sich der Ökumene

Eines der wichtigsten Themen des Zweiten Vatikanischen Konzils war die Förderung der Ökumene, die Wiederherstellung der Einheit unter den christlichen Kirchen aller Art. Das Konzil stellte zur Leitung der ökumenischen Bewegung drei Prinzipien auf. Erstens sollten sich die Katholiken darüber im klaren sein, daß Christus die römisch-katholische Kirche gegründet und ihr die Eucharistie, den Heiligen Geist und die Bischöfe mit dem Papst als ihr Oberhaupt gegeben hat, so daß die Kirche geeint sein kann.[538] Zweitens lehrte es, daß mittels der Taufe gerechtfertigte, nichtkatholische Christen als *getrennte Brüder* anzusehen seien [818, 1271]. Sie hätten ein gültiges Errettungsmittel, sagte die Kirche, aber nicht in der Fülle wie die römisch-katholische Kirche [819, 824].[539] Drittens forderte das Konzil, alle Katholiken sollten die Ökumene fördern, indem sie unfaire Kritik gegenüber anderen Christen vermeiden. Um die Verständigung und die Zusammenarbeit zu fördern, sollten sich kompetente Fachleute für den Dialog einsetzen [821].[540]

Das Konzil erklärte die Einheit aller christlichen Kirchen durch Gemeinschaft mit der römisch-katholischen Kirche zum Ziel der ökumenischen Strategie der Kirche:

Wenn dies alles von den Gläubigen der katholischen Kirche unter der Aufsicht ihrer Hirten mit Klugheit und Geduld vollzogen wird, trägt es zur Verwirklichung der Gerechtigkeit und Wahrheit, Eintracht und Zusammenarbeit, der brüderlichen Liebe und Einheit bei, so daß dadurch allmählich die Hindernisse, die sich der völligen kirchlichen Gemeinschaft entgegenstellen, überwunden und alle Christen zur selben Eucharistiefeier, zur Einheit der einen und einzigen Kirche versammelt werden, die Christus seiner Kirche von Anfang an geschenkt hat, eine Einheit, die nach unserem Glauben unverlierbar in der katholischen Kirche besteht, und die, wie wir hoffen, immer mehr wachsen wird bis zur Vollendung der Zeiten.
Zweites Vatikanisches Konzil[541]

Obwohl Rom sein höchstes Ziel noch erreichen muß, war die Kirche mit der Zerstörung des Eifers so vieler Christen für die Evangelisierung von Katholiken bereits erfolgreich. Als Beispiel sei hier das 1994 in den USA unterzeichnete Abkommen mit dem Titel *Evangelikale und Katholiken zusammen: die Christliche Mission im dritten Jahrtausend*[542] genannt. Evangelikale und römisch-katholische Führungspersönlichkeiten erklärten darin, daß „Evangelikale und Katholiken Brüder und Schwestern in Christus sind". Sie bezeichneten das Evangelisieren von aktiven Mitgliedern der jeweils anderen Herde als widerrechtliche Theologie und als „Schafe stehlen" und beschlossen, „Vorbilder der Zusammenarbeit und des gemeinsamen Zeugnisses zu geben, um den einen Auftrag Christi zu erfüllen".

Einem solchen ökumenischen Kompromiß muß man sich widersetzen. Im biblischen Christentum gibt es keinen Platz für die Einheit oder Zusammenarbeit mit Rom und seinem falschen Evangelium, seinem fortgesetzten Opfer und seiner götzendienerischen Verehrung einer Gestalt, die als Maria ausgegeben wird. So lange die römisch-katholische Kirche die Bibel nur „zusammen mit der Heiligen Überlieferung" als „die höchste Richtschnur ihres Glaubens"[543] ansieht, gibt es für einen Dialog noch nicht einmal eine gemeinsame Grundlage.

ANHÄNGE

ANMERKUNGEN

BIBELSTELLEN-VERZEICHNIS

STICHWORT-VERZEICHNIS

Anhang A
Rechtfertigung durch die Säuglingstaufe

Der römische Katholizismus lehrt, das Taufsakrament sei die „werkzeugliche Ursache"[544] der Rechtfertigung. Die Kirche kann jedoch keinen einzigen Vers der Bibel aufzeigen, der diese Lehre bestätigen würde. Deshalb muß sie bei ihrem Versuch, dennoch eine biblische Grundlage aufzuzeigen, auf indirekte Methoden ausweichen. Im wesentlichen sieht dieser Versuch so aus, daß Bibelstellen angeführt werden, die von der Taufe im gleichen Zusammenhang sprechen mit den Auswirkungen der Rechtfertigung (die Aufhebung der Schuld durch göttliche Vergebung, eine rechtmäßige Stellung vor Gott) und der Wiedergeburt (neue Natur, ewiges Leben). Die Kirche stellt die Taufe dann als werkzeugliche Ursache dieser Auswirkungen hin. Die folgenden Bibelstellen sind die hauptsächlichen Texte, die der Katholizismus zur Begründung der Säuglingstaufe heranzieht.

Markus 16,16

> Wer gläubig geworden und getauft worden ist, wird errettet werden; wer aber ungläubig ist, wird verdammt werden.

Die römisch-katholische Kirche sagt, Jesus lehre hier, daß die Taufe heilsnotwendig ist [977, 1257]. Um gerettet zu werden, muß man getauft sein.

Im Gegensatz dazu klärt die zweite Hälfte des Verses die zunächst verursachte Betonung auf: „... wer aber ungläubig ist, wird verdammt werden." Der Gläubige wird hier dem Ungläubigen gegenübergestellt. Der Gläubige wird errettet werden. Der Ungläubige wird verdammt werden. Jesus sagt nichts über jemanden, der gläubig, aber nicht getauft ist. Gläubig und getauft sein verbindet er hier, weil im Neuen Testament wahre Gläubige auch getaufte Gläubige sind. Zuerst glaubten sie; dann wurden sie getauft.

Dieser letzte Punkt gibt uns eine gute Gelegenheit, unser Thema noch einmal in den Blickpunkt zu stellen. Wer sich entscheidet, Jesus nachzufolgen, sollte getauft werden – da gibt es gar keine Frage. Das Neue Testament spricht eine deutliche Sprache: Jeder Christ sollte getauft werden (Matthäus 28,19). Die Frage ist, ob die Taufe das *Mittel zum Empfang* der Rechtfertigung ist. Genauer gesagt: Kann das Taufsakrament einen Säugling rechtfertigen?

Lukas 18,16-17

Manchmal wird gesagt, das Unterlassen der Taufrechtfertigung von Säuglingen sei Ungehorsam gegen ein Gebot des Herrn. Als einige Eltern ihre Kinder zu Jesus bringen wollten, versuchten die Jünger des Herrn, sie daran zu hindern. Jesus tadelte seine Jünger und sagte:[545]

> Laßt die Kinder zu mir kommen und wehrt ihnen nicht! Denn solchen gehört das Reich Gottes. Wahrlich, ich sage euch: Wer das Reich Gottes nicht aufnehmen wird wie ein Kind, wird nicht hineinkommen.
> Lukas 18,16-17

Katholische Eltern, die ihre Kinder zu Jesus bringen wollen, können wir nur dazu ermuntern. Doch diese Bibelstelle lehrt nicht, daß die Säuglingstaufe die Art und Weise ist, wie man Kinder zu Jesus bringt. Die jüdischen Eltern brachten ihre Kinder zu Jesus, „damit er ihnen die Hände auflege und bete" (Matthäus 19,13). Und genau das tat Jesus auch. Er taufte weder sie noch sonst irgend jemanden (Johannes 4,2).

Johannes 3,5

> Jesus antwortete: Wahrlich, wahrlich, ist sage dir: Wenn jemand nicht aus Wasser und Geist geboren wird, kann er nicht in das Reich Gottes hineingehen.

Von diesem Vers gibt es fünf verbreitete Auslegungen:

Aus der Taufe geboren

Das ist die von der römisch-katholischen Kirche gelehrte Auslegung [782, 1215, 1238, 1257, 1262]. Sie besagt, der Ausdruck „aus Wasser geboren" sei ein Hinweis auf das Taufsakrament. Dadurch würde ein Säugling wiedergeboren und für den Himmel fähig gemacht.

Die Schwäche dieser Auslegung besteht darin, daß sie Gottes klare Heilsbotschaft verzerrt, die sich doch wie ein roter Faden durch die ganze Bibel zieht. Die Bibel lehrt, daß sowohl für Juden als auch für Heiden das Heil stets durch Glauben erlangt wurde (1. Mose 15,6; Habakuk 2,4; Apostelgeschichte 20,21). In Johannes 3 spricht Jesus zu einem Juden namens Nikodemus, einem Pharisäer und Mitglied des Synedriums. Jesus sagte zu Nikodemus: „So hat Gott die Welt geliebt, daß er seinen eingeborenen Sohn gab, damit jeder, der *an ihn glaubt*, nicht verloren geht, sondern ewiges Leben hat" (Johannes 3,16; Hervorhebungen zugefügt). Glaube, die grundlegende Antwort, die Gott erwartet, ist bei der Säuglingstaufe das fehlende Element. Außerdem wurde die christliche Taufe erst drei Jahre nach diesem Gespräch praktiziert, so daß durch die römisch-katholische Auslegung die Anweisung Jesu an Nikodemus bedeutungslos wäre.

Natürlich und geistlich geboren

Diese Auslegung versteht „aus Wasser ... geboren" (Johannes 3,5) als Hinweis auf die natürliche Geburt, „aus ... Geist geboren" hingegen als auf die geistliche Geburt bezogen. Diese Deutung wird dadurch unterstützt, daß Nikodemus dachte, Jesus spräche über die natürliche Geburt (Vers 4). Jesus fuhr auch mit den Worten fort: „Was aus dem Fleisch geboren ist, ist Fleisch, und was aus dem Geist geboren ist, ist Geist" (Vers 6). Hier spricht Jesus eindeutig von natürlicher und geistlicher Geburt. Diese Auslegung mag zwar nützlich sein, scheint jedoch die volle Bedeutung von Jesu Worten nicht zu erklären.

Geboren aus dem Wort Gottes und dem Heiligen Geist

Im Titusbrief wird die Errettung und Wiedergeburt wie folgt beschrieben: „... hat er ... uns gerettet durch das Bad der Wiedergeburt und Erneuerung des Heiligen Geistes" (Titus 3,5; Schl). Von einem Bad lesen wir auch in Epheser 5,26, jedoch nicht von einem Bad in natürlichem Wasser, sondern: „... daß er sie [die Gemeinde] heilige, nachdem er sie gereinigt durch das Wasserbad im Wort" (Schl). Wasser ist in der Schrift häufig ein Bild für das Wort Gottes und das Bad eine Veranschaulichung für die reinigende Kraft dieses Wortes. Der Herr Jesus sagte zu seinen Jüngern: „Ihr seid schon rein um des Wortes willen, das ich zu euch geredet habe" (Johannes 15,3). Auch in 1. Petrus 1,23 und Jakobus 1,18 wird gesagt, daß die Wiedergeburt durch das Wort Gottes geschieht. Wenn die beiden Bedingungen erfüllt sind, das Hören des Wortes Gottes und das Wirken des Heiligen Geistes am Herzen eines Menschen, dann wird dieser Mensch, sofern er glaubt, wiedergeboren.

Aus Wasser, gleich dem Geist, geboren

In dem Ausdruck „aus Wasser und Geist geboren" kann das hier mit „und" wiedergegebene griechische Wort auch mit „gleich" übersetzt werden. Dann lautet dieser Halbsatz, „aus Wasser, gleich dem Geist, geboren". Diese Sichtweise wird dadurch unterstützt, daß in Johannes 7,38-39 Wasser als Symbol für den Heiligen Geist gebraucht wird.

Geboren aus Bekehrung und Glauben

Etwas vorher im Johannesevangelium lesen wir, daß Johannes der Täufer sagte, er sei gekommen, „in Wasser zu taufen" (Johannes 1,31), aber ein anderer werde kommen, Christus, „der mit Heiligem Geist tauft" (Vers 33). Diese vorausgehenden Hinweise auf Wasser und Geist würden die Auslegung von Jesu Worte aus Kapitel 3,5 dahingehend unterstützen, daß sie sich auf die Notwendigkeit der Annahme der Botschaften von Johannes und Jesus beziehen. Johannes rief die Juden zur Umkehr auf (Matthäus 3,2). Jesus rief sie zu Umkehr und Glauben (Markus 1,15). Und so kann die von Jesus an Nikodemus gerichtete Botschaft vom „aus Wasser und Geist" Geborenwerden so verstanden werden, daß für Wiedergeburt und Eingang ins Reich Gottes Umkehr gefolgt von Glauben notwendig ist. Das ist dieselbe Botschaft, die auch die Apostel verkündeten: Sie bezeugten ernstlich „sich zu Gott zu bekehren und an Jesus Christus, unseren Herrn, zu glauben" (Apostelgeschichte 20,21; Einh).

Unter Christen gibt es verschiedene Auffassungen darüber, welche der letzten vier Auslegungen dem Zusammenhang am besten gerecht wird.

APOSTELGESCHICHTE 2,38

> Petrus antwortete ihnen: Kehrt um, und jeder von euch lasse sich auf den Namen Jesu Christi taufen zur Vergebung seiner Sünden; dann werdet ihr die Gabe des Heiligen Geistes empfangen. (Einh)

Katholische Gelehrte wollen von diesem Vers ableiten, daß der Apostel die Taufe als den Ritus der christlichen Initiation ansah [1226; 1262; 1287; 1427]. Durch sie würden Säuglinge „... eine wiederherstellende Gnade empfangen, durch welche alle Sünden und Sündenstrafen völlig vergeben werden"[546].

Petrus sprach jedoch nicht zu Säuglingen sondern zu Juden, denen gerade gesagt worden war, daß sie den Messias gekreuzigt haben. Die Bibel sagt von ihnen: „Als sie aber das hörten, drang es ihnen durchs Herz, und sie sprachen zu Petrus und den anderen Aposteln: Was sollen wir tun, ihr Brüder?" (Apostelgeschichte 2,37).

Unmittelbar darauf antwortet Petrus: „Kehrt um und jeder von euch lasse sich auf den Namen Jesu Christi taufen zur Vergebung seiner Sünden ..." Anders ausgedrückt verhieß Petrus, Gott werde ihnen ihre Sünden vergeben – sogar die Sünde, daß sie Christus gekreuzigt hatten – wenn sie wirklich glaubten und bereit waren, durch die Taufe auf Jesu Christi Namen ihren Glauben an ihn öffentlich zu bezeugen. Allen war klar, daß ein solches Bekenntnis schwere Verfolgungen durch die herrschenden Juden, durch Familienangehörige und Freunde nach sich ziehen konnte. Doch *„die nun sein Wort aufnahmen*, ließen sich taufen; und es wurden an jenem Tag etwa dreitausend Seelen hinzugetan" (Vers 41). Die Verheißung des Petrus aus Apostelgeschichte 2,38 ist heute noch genauso wahr wie an Pfingsten, wenn sie nur im richtigen Zusammenhang angewendet wird.

APOSTELGESCHICHTE 10; 16; 18
UND ANDERE HAUSTAUFEN

Die römisch-katholische Kirche zieht zur Begründung der Rechtfertigung durch Säuglingstaufe auch neutestamentliche Beispiele von Taufen heran, bei denen nicht nur eine Einzelperson, sondern ein „Haus" getauft wurde [1226; 1252]. Paulus und seine Begleiter tauften Kornelius und sein Haus (Apostelgeschichte 10,48; 11,14), Lydia „und ihr Haus" (Apostelgeschichte 16,15), den Kerkermeister von Philippi „und alle die Seinen" (Apostelgeschichte 16,33), Krispus „mit seinem ganzen Haus" (Apostelgeschichte 18,8) und „das Haus des Stephanas" (1. Korinther 1,16).

Dieses Argument setzt voraus, daß zu jedem dieser Häuser auch Säuglinge gehörten. Die Schlußfolgerung, Paulus habe Säuglinge getauft, ist deshalb ebenfalls eine Annahme – und dazu noch nicht einmal eine gute.

Lukas beschreibt bei der Bekehrung des Kerkermeisters von Philippi Einzelheiten, die vermuten lassen, daß keine Säuglinge dabeiwaren. Lukas schreibt, Paulus und Silas „redeten das Wort des Herrn zu ihm samt allen, die in seinem Haus waren" (Apostelgeschichte 16,32). Der Kerkermeister war „mit seinem ganzen Haus an Gott gläubig geworden" (Vers 34; Schl). Das Haus des Kerkermeisters hörte das Evangelium und glaubte – was Lukas wohl kaum einem Säugling zuschreiben würde. Die Bibel sagt auch, daß der Taufe des Kornelius und seines Hauses ebenfalls der persönliche Glaube vorausging (Apostelgeschichte 10,44-48), wie auch bei Krispus' Haus (Apostelgeschichte 18,8).

APOSTELGESCHICHTE 22,16

> Und nun, was zögerst du? Steh auf, laß dich taufen und deine Sünden abwaschen, indem du seinen Namen anrufst!

Die Verteidiger der Taufrechtfertigung folgern aus diesem Vers, daß die Taufe das Mittel sei, durch das Erbsünde und persönliche Schuld abgewaschen wird. Du mußt „getauft werden", damit „deine Sünden abgewaschen" sind.

Die Grammatik dieses Verses zeigt jedoch etwas anderes. „Laß dich taufen" und „... deine Sünden abwaschen" sind beides Befehle im Imperativ. „Steh auf" und „anrufst" sind beides Partizipien. Wörtlich müßte der Vers folgenderweise übersetzt werden: „Aufstehend, sei getauft und wasche deine Sünden ab, seinen Namen anrufend." Die Sündenvergebung ist hier nicht mit der Taufe verbunden, sondern mit dem Anrufen des Namens Christi. Die gleiche Wahrheit kann man an anderen Stellen des Neuen Testaments finden, zum Beispiel: „Jeder, der den Namen des Herrn anrufen wird, wird errettet werden" (Römer 10,13).

RÖMER 6,3-4

Oder wißt ihr nicht, daß wir, so viele auf Christus Jesus getauft wurden, auf seinen Tod getauft worden sind? So sind wir nun mit ihm begraben worden durch die Taufe in den Tod, damit, wie Christus aus den Toten auferweckt worden ist durch die Herrlichkeit des Vaters, so auch wir in Neuheit des Lebens wandeln.

In bezug auf diese Verse sagt das Zweite Vatikanische Konzil, daß durch den heiligen Ritus der Taufe „die Vereinigung mit Tod und Auferstehung Christi dargestellt und bewirkt"[547] wird [628, 1214, 1227, 1987].

Wir stimmen alle darin überein, daß die Taufe die Vereinigung des Christen mit Christus in Tod und Auferstehung *darstellt*. Die Behauptung, durch den Ritus der Taufe werde diese Vereinigung *bewirkt*, muß jedoch aufgrund des Zusammenhangs von Römer 6 aufs schärfste zurückgewiesen werden.

Paulus eröffnet den lehrmäßigen Teil seines Briefs an die Römer durch die Verdeutlichung des grundsätzlichen Problems der Menschen: Wegen der Sünden befinden sich alle unter Gottes Gerichtsurteil (Römer 1,18 – 3,18). Dann legt er Gottes Lösung dar: Rechtfertigung durch Glauben an Jesus Christus (Römer 3,19 – 5,21). In Römer 6,1 – 8,39, wozu auch unser Abschnitt zählt, geht es dann um Heiligung: wie die Gerechtfertigten ein christliches Leben führen sollen. In Römer 6,1-14 lehrt Paulus, daß die Erkenntnis der in der Taufe symbolisierten persönlichen Vereinigung mit Christus für den Sieg über die Sünden unabkömmlich ist.[548] Die Auslegung der römisch-katholischen Kirche von Römer 6,3-4, daß ein Taufsakrament das Mittel sei, durch welches Säuglinge sowie Mündige gerechtfertigt werden, ist dem Zusammenhang fremd.

KOLOSSER 2,11-12

> In ihm seid ihr auch beschnitten worden mit einer Beschneidung, die nicht mit Händen geschehen ist, sondern im Ausziehen des fleischlichen Leibes, in der Beschneidung des Christus, mit ihm begraben in der Taufe, in ihm auch mit auferweckt durch den Glauben an die wirksame Kraft Gottes, der ihn aus den Toten auferweckt hat.

Der Katholizismus lehrt, die Beschneidung sei ein Vorbild auf die Taufe [527]. Wie zu alttestamentlichen Zeiten die Beschneidung die Erbsünde entfernte, so die Kirche, so geschieht das heute durch die Taufe.

Die jüdische Beschneidung entfernte jedoch nicht die Sünde von einem Kind, sondern brachte es unter Gottes Bund mit Abraham (1. Mose 17,11). Der Katholizismus glaubt, die Taufe rechtfertige den Säugling infolge des durchgeführten Rituals. Außerdem spricht Paulus in Kolosser 2,11-12 weder von der Wassertaufe noch von jüdischer Beschneidung. Er spricht von der Taufe in dem Heiligen Geist (1. Korinther 12,13; Galater 3,27; Epheser 4,5), einer „Beschneidung, die nicht mit Händen geschehen ist" (Kolosser 2,11), einem geistlichen Werk des Heiligen Geistes an dem inneren Menschen des Gläubigen.

TITUS 3,5

> ... errettete er uns, nicht aus Werken, die in Gerechtigkeit vollbracht, wir getan hätten, sondern nach seiner Barmherzigkeit durch die Waschung der Wiedergeburt und Erneuerung des Heiligen Geistes.

Die römisch-katholische Kirche zieht Titus 3,5 für die Lehre heran, das Taufsakrament sei „das Bad der Wiedergeburt"[549] [1215]. Die katholische *New American Bible* geht so weit, den zweiten Teil dieses Verses zu übersetzen: „... errettete er uns ... durch die Taufe der neuen Geburt und Erneuerung durch den Heiligen Geist." Hier hat man die Übersetzung des Textes entstellt, um die Lehre der Kirche von der Taufwiedergeburt zu belegen. Der englische Begriff für Taufe, „baptism", stammt von dem griechischen Wort *baptisma*. Folglich würde man an den Stellen, wo in einer englischen Bibel das Wort „baptism" auftaucht, im griechischen Urtext das Wort *baptisma* erwarten. Aber in dieser katholischen Übersetzung ist das griechische Wort *loutron*, was soviel wie *Bad* oder *Waschung* heißt, fälschlicherweise mit „baptism", also „Taufe" übersetzt worden.

Hätte Paulus lehren wollen, daß die Errettung durch die „Taufe der neuen Geburt" geschieht, wie es die katholische Bibel ausdrückt, dann hätte er sicherlich das griechische Wort *baptisma* verwendet. Anstatt dessen benutzt er für die „Waschung der Wiedergeburt" den Ausdruck *loutron*. Das spricht von der mit der Errettung einhergehenden Reinigung von Schuld. Das ist eine Handlung „Gottes, unseres Retters" (Titus 3,4; Einh). „Er hat uns gerettet" (Vers 5). Die Errettung ist nicht Ergebnis eines sakramentalen Rituals.

1. Petrus 3,21

> Als Abbild davon rettet nun auch uns die Taufe, welche nicht ein Abtun fleischlichen Schmutzes ist, sondern die an Gott gerichtete Bitte um ein gutes Gewissen, durch die Auferstehung Jesu Christi. (Schl)

Dieser Vers ist Teil eines der am schwierigsten auszulegenden Abschnitte des Neuen Testaments. Dennoch ist zumindest eines klar: Er unterstützt nicht die römisch-katholische Lehre, die Taufe sei das Mittel zur Rechtfertigung. Petrus sagt nicht, „... rechtfertigt nun auch uns die Taufe", sondern „rettet nun auch uns die Taufe". Der katholischen Lehre zufolge rettet die Taufe nicht, sondern sie rechtfertigt. Wie in Kapitel 5, *Das letzte Schicksal*, dargelegt, ist die römisch-katholische Errettung nicht die unmittelbare oder mittelbare

Folge der Taufe oder eines anderen Sakraments. Sie ist das Ziel eines lebenslangen Prozesses von Mitwirken mit der Gnade.

Ferner ist ebenfalls klar, daß Petrus mit seinen Worten „rettet nun auch uns die Taufe" von der typologischen oder symbolischen Bedeutung der Taufe spricht. Das wird durch das griechische Wort *antitypos* mitgeteilt, was soviel heißt wie *entsprechender Typus* oder *entsprechende Gestalt* und mit „Abbild" oder „Gegenbild" übersetzt wird. Es erklärt uns den folgenden Ausdruck, „rettet nun auch uns die Taufe", als eine bildhafte Illustration, die den Symbolismus eines vorangegangenen Bildes ergänzt. Dieses Bild finden wir einen Vers vorher. Dort lesen wir von Noah und dem Bau der Arche, „in die wenige, das sind acht Seelen, durchs Wasser hindurch gerettet wurden" (Vers 20).

Um zu verstehen, wie diese Teile zusammenpassen, müssen wir den weiteren Zusammenhang dieses Abschnitts untersuchen. Der erste Brief des Petrus war an Christen gerichtet, die wegen ihres Glaubens verfolgt wurden (1. Petrus 1,6-9). Petrus verfolgte mit diesem Brief das Ziel, diese Gläubigen zu unterweisen, wie sie damit umgehen sollten. Insbesondere sollen sie sich von fleischlichen Lüsten enthalten wie zum Beispiel Rachgier (1. Petrus 2,11-12), sich der von Gott eingesetzten Obrigkeit unterwerfen (Kapitel 2,13 – 3,7), ungerechter Behandlung Liebe entgegensetzen (Kapitel 3,8-14) und sich nicht fürchten (Kapitel 3,14-15).

In ihrem ganzen Verhalten sollten diese Christen „ein gutes Gewissen" bewahren (Kapitel 3,16). Als Folge davon würden ihre Verfolger beschämt werden (Kapitel 3,16). Sollte es Gottes Wille sein, daß sie leiden müssen, dann ist es für sie besser, das wegen Gutem zu tun als dafür, Böses getan zu haben (Kapitel 3,17). Das war auch das Vorbild Christi (Vers 18).

Petrus bekräftigt dann seine Lehre mit zwei bildhaften Illustrationen. Die erste ist die Arche, durch die Gott acht Menschen durch die Gefahren der Sintflut sicher rettete (Kapitel 3,20). Offensichtlich will Petrus hier zeigen, daß so, wie Gott Noah und seine Familie in ihrer Erprobung bewahren konnte, er auch jetzt die Leser dieses Briefs in ihren Versuchungen bewahren würde.

Das zweite Bild hat mit der Taufe zu tun und veranschaulicht auf ganz ähnliche Weise Gottes Rettungswege. Die Taufe, so erklärt Petrus, ist „die Bitte an Gott um ein gutes Gewissen". Das Behalten dieses guten Gewissens auch in der Verfolgungszeit würde zu ihrer Rettung oder Bewahrung durch die gegenwärtige Erprobung führen.

Dieser Abschnitt ist zugegebenermaßen schwierig. Damit jedoch niemand eine falsche Vorstellung bekommt, fügt Petrus eine wichtige Verständnishilfe in den Vers ein. Die Taufe, so schreibt er, ist „nicht ein Ablegen der Unreinheit des Fleisches" (Vers 21). Das Taufwasser kann nicht das Fleisch reinigen, das ja der Sitz der menschlichen Sünde (Galater 5,16-21; 1. Johannes 2,16), der Unreinheit, des Schmutzes und moralischer Befleckung ist. Entgegen der römisch-katholischen Lehre befreit die Taufe den Sünder nicht von der Erbsünde und erneuert nicht seine Seele. Sie ist „die Bitte an Gott um ein gutes Gewissen" und nicht das Mittel oder die Quelle eines guten Gewissens vor Gott. Bezeichnenderweise geht es im Zusammenhang dieses Abschnitts nicht über die Weise der Errettung vor der ewigen Strafe, sondern um die Bewahrung in einer Zeit heftiger Verfolgung.

ANHANG B
Die sieben römisch-katholischen Sakramente

DIE DREI SAKRAMENTE DER INITIATION

Taufe
[1213-1284]

Der römisch-katholischen Kirche zufolge ist es der Zweck des Taufsakraments, die Auswirkungen von Adams Sünde rückgängig zu machen. Die Taufe soll dies bewerkstelligen, indem sie die Erbsünde aus der Seele entfernt und ihr heiligmachende Gnade eingibt [1262-1266]. Dadurch werde der Täufling gerechtfertigt, vor Gott geheiligt, ein Teilhaber des Gnadenlebens und ein Mitglied der römisch-katholischen Kirche [1265-1270].

Eucharistie
[1322-1419]

Die Eucharistie ist der Mittelpunkt des römischen Katholizismus. Sie ist das „Sakrament der Sakramente"[1211] und „alle anderen Sakramente sind auf sie als auf ihr Ziel hingeordnet"[1211] [1113]. Katholiken empfangen das Eucharistiesakrament bei der Messe. Man glaubt, es reiche den Leib und das Blut Christi als geistliche Speise dar [1392]. Das gewöhnlich als heilige Kommunion bezeichnete Sakrament soll die Katholiken inniger mit Gott vereinen [1391]. Die Kirche betrachtet die Eucharistie als das größte der sieben Sakramente, als das *gesegnete Sakrament*, und hält die Katholiken zu häufiger Teilnahme an [1389]. Viele fromme Katholiken gehen täglich zur Messe und empfangen die Eucharistie.

Firmung [1285-1321]

Die Firmung ist eine besondere Stärkung durch den Heiligen Geist, damit der Katholik Versuchungen widerstehen und die römisch-katholische Kirche sowohl verteidigen als auch unterstützen kann [1285, 1392-1305]. Katholiken empfangen die Firmung gewöhnlich mit etwa zwölf Jahren nach dem Absolvieren eines vorbereitenden Unterrichts in der Lehre der Kirche [1306-1311]. Ein Bischof oder einer seiner Abgesandten erteilt das Sakrament. Der Spender des Sakraments taucht seinen rechten Daumen in Salböl und salbt den Firmling mit einem Kreuzzeichen auf der Stirn. Dabei spricht er: „Sei besiegelt durch die Gabe Gottes, den Heiligen Geist"[1300] [1300, 1312-1314]. Die Firmung wird manchmal auch als persönliches Pfingsten bezeichnet [1288, 1302].

DIE ZWEI SAKRAMENTE DER HEILUNG

Buße
[1422-1498]

Dieses üblicherweise Beichte genannte Sakrament soll zur Vergebung von ernstlichen, nach der Taufe begangenen Sünden dienen [1446]. Es wird gewöhnlich zum ersten Mal im Alter von etwa acht Jahren kurz vor der Erstkommunion gespendet [1457]. Die Beichte soll die heiligmachende Gnade wieder in den getauften Katholiken eingeben, wenn er aufgrund schwerer Sünde gefallen ist. Deshalb nennt man sie auch das Sakrament der Versöhnung [1424].

Heute gibt es drei verschiedene Riten für das Beichtsakrament [1482-1484, 1497]. Die erste und wohl immer noch verbreitetste ist die traditionelle Form, bei der eine Einzelperson das Sakrament persönlich empfängt, so wie in der Einleitung zu Kapitel 4, *Wiederrechtfertigung*, dargestellt. Bei der zweiten Form des Ritus empfangen mehrere Personen den ersten Teil des Sakraments gemeinsam. Daraufhin bekennen sie ihre Sünden einzeln und persönlich einem Priester und empfangen die Lossprechung. Die dritte Form, auch Bußandacht genannt, ist ebenfalls für mehrere Pönitenten gedacht. Dabei erhalten die Teilnehmer das gesamte Sakrament als Gruppe. Anstelle eines persönlichen Sündenbekenntnisses in einem Zwiegespräch mit einem Priester sagen sie lediglich ein Gebet auf, mit dem sie ihre grundsätzliche Schuld in Gedanken, Worten und Werken bekennen. Der Priester hält zur gemeinsamen Buße an und erteilt der ganzen Gruppe die Absolution. Wer sich jedoch einer schweren Sünde schuldig gemacht hat und auf diese dritte Weise die Absolution empfängt, muß diese Sünde immer noch innerhalb eines Jahres persönlich einem Priester bekennen.[550]

Krankensalbung
[1499-1532]

Ältere Katholiken kennen dieses Sakrament unter dem Namen *Letzte Ölung* [1512]. Der Zweck dieses Sakraments besteht in der körperlichen oder geistlichen Stärkung eines schwer kranken oder in Todesgefahr befindlichen Katholiken [1499, 1511, 1514-1515, 1520-1523, 1532]. Ist ein Katholik vom Tode bedroht, bereitet die Krankensalbung seine Seele auf den Himmel vor. Unter bestimmten Umständen verspricht dieses Sakrament auch körperliche Genesung [1512]. Die Krankensalbung wird gewöhnlich zusammen mit zwei weiteren Sakramenten empfangen: Beichte und Eucharistie [1524-1525]. Diese drei werden gemeinsam als die *letzten Riten* bezeichnet.

DIE BEIDEN SAKRAMENTE DES DIENSTES

Priesterweihe
[1536-1600]

Die Priesterweihe, die auch Ordination oder einfach Weihe genannt wird, ist das Sakrament, durch das Männer als Bischöfe in das Episkopat, als Priester in das Presbyterat oder als Diakone in das Diakonat aufgenommen werden. Das sind die drei Stufen der römisch-katholischen Ordination [1536, 1537].

Ehe
[1601-1666]

Das Ehesakrament ist die römisch-katholische Hochzeitszeremonie [1601]. Durch dieses Sakrament wird die Beziehung geheiligt und das Paar empfängt eine besondere Gnade als Beistand für das Eheleben [1638-1642].

ANHANG C
Die römisch-katholische Bibel

ALTES TESTAMENT
[120-123, 138]

Das römisch-katholische Alte Testament ist um ungefähr 20% umfangreicher als das nichtkatholischer Bibeln. Die über 4.000 zusätzlichen Verse befinden sich in 15 seit alters her als *Apokryphen* bekannten Schriften, was soviel heißt wie *verborgen* oder *schwer zu verstehen*.

Die Apokryphen enthalten wertvolle historische Informationen über die 400 Jahre zwischen Altem und Neuem Testament. Frühe christliche Schreiber zitierten die Apokryphen, und manche, so wie Augustinus, hielten sie zum Teil für inspiriert. Im 4. Jahrhundert nach Christus angefertigte Handschriften der Septuaginta, einer griechischen Übersetzung des Alten Testaments aus dem 3. Jahrhundert vor Christus, enthalten ebenfalls die Apokryphen. Wann die Apokryphen dieser Übersetzung zugefügt worden sind, ist unbekannt.

Im Jahre 1546 erklärte die römisch-katholische Kirche offiziell, Gott habe 12 der 15 apokryphen Schriften inspiriert, genauer gesagt sieben Bücher:

- Tobit
- Judit
- 1. Makkabäer
- 2. Makkabäer
- Die Weisheit Salomos
- Jesus Sirach
- Baruch

und fünf Abschnitte:

- Der Brief des Jeremia, der zu Baruch 6 wurde
- Eine 107 Verse umfassende Erweiterung des Buches Esther
- Das Gebet des Asarja, das zu Daniel 3,24-90 wurde
- Susanna, das zu Daniel 13 wurde
- Bel und der Drache, das zu Daniel 14 wurde

Die Behauptung der katholischen Kirche, diese apokryphen Schriften seien inspiriert, muß aus folgenden Gründen zurückgewiesen werden:

1. Die Apokryphen geben sich selbst nicht als inspiriert aus. Der Schreiber von 2. Makkabäer sagt, dieses Buch sei die Zusammenfassung des Werkes eines anderen (2. Makkabäer 2,23). Er schließt das Buch mit den Worten: „Ist sie gut und geschickt erzählt, habe ich mein Ziel erreicht; ist sie aber schlecht oder mittelmäßig – ich habe mein Bestes getan" (2. Makkabäer 15,38; Einh). „Mittelmäßig" ist eine gute Beschreibung der Apokryphen. Trotz ihres historischen Wertes enthalten sie zweifelhafte Sitten (Judit 9-11), phantasievolle Legenden (Tobit) und Lehren, die der Bibel widersprechen (Tobit 4,10; 12,9).

2. Die Juden von Palästina haben die Apokryphen niemals als Teil der Heiligen Schrift anerkannt. In der Zeit, als die Apokryphen geschrieben wurden (300-30 v.Chr.), gab es auch keinen jüdischen Propheten.

3. Jesus und die Schreiber des Neuen Testaments behandeln die Apokryphen nicht als inspiriert. Das Neue Testament zitiert zwar im Grunde genommen jedes Buch des Alten Testaments, doch aus den Apokryphen gibt es nicht das kleinste Zitat.

4. Die frühe Kirche hat als ganzes die Apokryphen niemals als inspiriert anerkannt. Außerdem sprachen sich viele christliche Führungspersönlichkeiten gegen die Apokryphen aus, einschließlich Hieronymus, Origenes, Athanasius und Cyril von Jerusalem.

5. Selbst die römisch-katholische Kirche hatte bis zum Konzil zu Trient im 16. Jahrhundert die Apokryphen nicht dogmatisch als inspiriert erklärt. Der katholische Priester

H.J. Schroeder, ein Übersetzer der Beschlüsse des Tridentinums, schreibt: „Das tridentinische Verzeichnis war die erste unfehlbare und als gültig verkündete Erklärung des Kanons der Heiligen Schriften."[551] Ziel des Tridentinums war die Bekämpfung der protestantischen Reformation. Die Protestanten lehnten die Apokryphen ab. Rom reagierte darauf mit einer dogmatischen Erklärung der meisten Apokryphen als inspiriert. Die Apokryphen enthielten auch Lehren, die Rom zur Verteidigung seiner Lehren gegen die zunehmende protestantische Kritik nützlich waren. Martin Luther war beispielsweise hartnäckig gegen Roms Verkauf von Ablässen zur Entlassung aus dem Fegefeuer vorgegangen. Doch Tobit 12,9 unterstützt diese Praxis: „Barmherzigkeit rettet vor dem Tod und reinigt von jeder Sünde." Sogar einige katholische Autoren erkennen an, daß Trients Entscheidung, die Apokryphen als inspiriert zu erklären, problematisch ist.[552]

Neues Testament
[120, 124-127, 138-139]

Die Bücher des römisch-katholischen Neuen Testaments sind dieselben, wie auch der protestantischen Bibel, und die Übersetzungen sind weitgehend zuverlässig. Einige Verse sind jedoch mit merklich katholischem Unterton übersetzt. Die katholische *New American Bible* gibt beispielsweise eine Warnung Jesu an die Juden folgenderweise wieder: „Aber ich sage euch, ihr werdet alle auf gleiche Weise enden, wenn ihr euch nicht bessert" (Lukas 13,5, nach der englischen NAB). Das griechische Wort *metanoeo*, das soviel bedeutet wie *die Gesinnung ändern* oder *bereuen*, wird hier mit „bessern" übersetzt. Um die Sache noch schlimmer zu machen, versahen die Herausgeber der katholischen *New American Bible* das Kapitel Lukas 13 mit der Überschrift: „Durch Vorsehung bewirktes Ereignis ruft zur Buße auf."

ANHANG D

Neutestamentliche Aussagen zur Überlieferung

Das im Neuen Testament mit *Überlieferung* übersetzte Wort bezeichnet etwas *Weitergereichtes* oder *Ausgehändigtes*. Es kommt 13 mal vor.

Jüdische Überlieferung

Zehn der 13 Vorkommen von Überlieferung im Neuen Testament beziehen sich auf die jüdische Überlieferung. Acht davon befinden sich in den parallelen Berichten von den Gesprächen zwischen Jesus und den Pharisäern (Matthäus 15,2-3.6; Markus 7,3.5.8-9.13). Diese Begebenheiten wurden bereits am Ende von Kapitel 12, *Schrift und Überlieferung*, eingehend diskutiert.

Die anderen zwei Vorkommen von jüdischer Überlieferung sind:

Galater 1,14

Paulus schrieb über sein Leben vor seiner Bekehrung:

> ... daß ich ... im Judentum mehr Fortschritte machte als viele Altersgenossen in meinem Volk; ich war ja für meine väterlichen Überlieferungen in viel höherem Maße ein Eiferer.

Paulus sprach hier von seinen Erfahrungen als Mitglied der Pharisäer (Philipper 3,5). Die Überlieferung, die er hier meint, sind die von den Rabbinern weitergegebenen jüdischen Vorschriften, die sein Leben bestimmten. Durch Christus hatte er Befreiung von ihnen gefunden.

Kolosser 2,8

Paulus unterwies die Christen zu Kolossä:

> Seht zu, daß niemand euch einfange durch die Philosophie und leeren Betrug nach der Überlieferung der Menschen, nach den Elementen der Welt und nicht Christus gemäß!

In diesen Versen spricht Paulus von betrügerischen Lehren, die falsche Lehrer versuchten in die Gemeinde von Kolossä hineinzubringen. Aus dem Kontext wissen wir, daß diese Überlieferung der Menschen eine Mischung aus jüdischer Gesetzlichkeit und griechischer Philosophie war. Paulus warnte die Kolosser, daß das Befolgen der Überlieferung von Menschen in die Sklaverei führt.

Paulus' Lehren

Die verbleibenden drei Vorkommen von Überlieferung im Neuen Testament beziehen sich auf die Lehren von Paulus.

1. Korinther 11,2

> Ich lobe euch aber, daß ihr in allem meiner gedenkt und die Überlieferungen, wie ich sie euch überliefert habe, festhaltet.

Dieser Vers leitet einen Abschnitt zu dem Thema ein, ob es angemessen ist, seinen Kopf beim Beten oder Weissagen zu bedecken oder nicht (1. Korinther 11,2-16). Paulus lobte die Korinther dafür, daß sie weiterhin das praktizierten, was er ihnen zuvor durch sein mündliches Lehren *weitergegeben* hatte.

2. Thessalonicher 2,15

> Also nun, Brüder, steht fest und haltet die Überlieferung, die ihr gelehrt worden seid, sei es durch Wort oder durch unseren Brief.

Aus dem Zusammenhang von 2. Thessalonicher 2,15 wissen wir, daß sich die Überlieferung, von der Paulus hier spricht, auf die Phasen der Wiederkunft des Herrn bezieht. Paulus nannte dies „Überlieferungen", um herauszustellen, daß es sich hier um Wahrheiten handelt, die er durch Offenbarung vom Herrn empfangen und der Gemeinde in Thessalonich *weitergegeben* hatte. Sie stammten nicht von ihm selbst. Da sie vom Herrn waren, forderte Paulus die Thessalonicher zum Festhalten daran auf.

2. Thessalonicher 3,6

> Wir gebieten euch aber, Brüder, im Namen unseres Herrn Jesus Christus, daß ihr euch zurückzieht von jedem Bruder, der unordentlich und nicht nach der Überlieferung wandelt, die ihr von uns empfangen habt.

Der Zusammenhang dieses Verses erklärt, daß einige Thessalonicher einen früheren Brief von Paulus mißverstanden hatten. Sie hatten ihre Arbeit aufgegeben und waren zu lästigen Herumtreibern geworden. Paulus sagte ihnen hier, daß sie ein diszipliniertes Leben führen und seinem Beispiel harter Arbeit folgen sollten. Sein persönliches Vorbild eines disziplinierten Lebensstils ist das, was er den Thessalonichern *weitergegeben* hatte, als er bei ihnen weilte.

Diese drei letzten Verse zeigen, daß Paulus nicht nur durch seine Briefe christliche Glaubensinhalte an die junge Kirche *weitergab*, sondern auch durch sein mündliches Lehren und sein Vorbild. Um den Inhalt von Paulus' mündlicher Lehre zu kennen, brauchen wir nicht eine zweite Offenbarungsquelle zu öffnen wie die römisch-katholische Überlieferung. Die 13 Briefe des Paulus stellen eine reichhaltige inspirierte Schriftensammlung der Offenbarungen Gottes an Paulus dar, die er an die frühe Kirche weitergegeben hat. Außerdem ist eine Gleichsetzung dieser drei Hinweise auf Paulus' mündliches Lehren mit der römisch-katholischen Überlieferung unberechtigt. Ersteres bezieht sich auf direktes apostolisches Lehren. Letzteres bezieht sich auf die Lehren und Bräuche im Herzen der römisch-katholischen Kirche von heute, die beinahe 2000 Jahre durch fehlbare Mittel weitergegeben worden sind. Das ist eindeutig nicht dasselbe.

Anhang E
Sola scriptura

Wie zur Zeit der Reformation, so verlassen auch heute weltweit Tausende von Katholiken die Kirche Roms und wenden sich einem biblischen Christentum zu. Und wiederum ist der Sammelruf des 16. Jahrhunderts zu hören: *sola scriptura*, allein die Schrift.

Die Verteidiger des Katholizismus antworten auf diese Herausforderung mit eigener Offensive. Ein typisches Argument hört sich in etwa so an:

> Die Bibel kann nicht die alleinige Richtschnur des Glaubens sein, weil die ersten Christen das Neue Testament nicht hatten. Anfänglich war die Überlieferung, die mündliche Lehre der Apostel, die Glaubensrichtschnur der Kirche. Das Neue Testament kam später, als ein Teil der Überlieferung aufgeschrieben worden war. Es war die römisch-katholische Kirche, die uns das Neue Testament gab, und es war die Kirche, die uns unfehlbar sagte, welche Bücher zur Bibel gehören. Deshalb ist die Kirche der vollmächtige Lehrer der Bibel. *Sola scriptura* wird noch nicht einmal in der Bibel selbst gelehrt. Die Richtschnur des römisch-katholischen Glaubens ist deshalb zu Recht Schrift und Überlieferung zusammen.

Wenn Christen mit solchen Argumenten konfrontiert werden, sollten sie an die folgenden Punkte denken.

Christen waren niemals ohne Schrift

Die unvergeßliche Erfahrung zweier Jünger zeigt die Hinfälligkeit des Arguments, die ersten Christen hätten keine Schrift als Richtschnur ihres Glaubens gehabt. Drei Tage nach der Kreuzigung befanden sich zwei der Jünger Jesu auf dem Weg zurück nach Hause. Ein Mitreisender, den sie für einen Fremden hielten, begleitete sie ein Stück des Weges. In ihrem Gespräch ging es schon bald um die Ereignisse der letzten Tage in Jerusalem. Mit großer Traurigkeit erzählten die Jünger die Geschichte, wie die Hohenpriester und Obersten des Landes Jesus zum Tod verurteilt und ihn von den zivilen Mächten kreuzigen lassen hatten.

Zum Erstaunen der Jünger tadelte der Fremde sie: „O ihr Unverständigen und im Herzen zu träge, an alles zu glauben, was die Propheten geredet haben!" (Lukas 24,25). Ausgehend von Mose und allen weiteren Propheten erklärte der Fremde ihnen dann die Wahrheit über Jesus aus den alttestamentlichen Schriften.

Schließlich erkannten die beiden Jünger, daß ihr Reisegefährte gar kein Fremder war, sondern der Herr Jesus selbst! Später erinnerten sie sich: „Brannte nicht unser Herz in uns, wie er auf dem Weg zu uns redete und wie er uns die Schrift öffnete?" (Lukas 24,32).

Das Erlebnis dieser beiden Jünger war nicht einzigartig. Mit dem Kommen des Heiligen Geistes zu Pfingsten und mit Hilfe der Lehre der Apostel, entdeckten die jüdischen Christen ihre eigenen Schriften wieder. Ihre gemeinsame Überzeugung war, daß das Alte Testament, richtig verstanden, eine Offenbarung Christi ist. Dort fanden sie prophetische Aussagen über Jesu Leben, Lehren, Tod und Auferstehung.

Die alttestamentlichen Schriften dienten der jungen Kirche, Juden wie Heiden gleicherweise, als Norm der Wahrheit. Innerhalb kurzer Zeit nahmen die neutestamentlichen Schriften ihren Platz neben den alttestamentlichen ein. Folglich war die frühe Kirche niemals ohne das geschriebene Wort Gottes.

Die Schrift ist nicht lediglich aufgeschriebene Überlieferung

Römisch-katholische Beschreibungen über die Entstehung

des Neuen Testaments betonen, daß das mündliche Lehren der Apostel, die Überlieferung, der schriftlichen Aufzeichnung dieser Lehren vorausging. Das Neue Testament wird oft als nicht viel mehr als eine schriftliche Aufzeichnung der Überlieferung dargestellt, die Erinnerungen der Schreiber, und eine teilweise Erläuterung der Lehren Christi [126].[553] Das erhebt natürlich die Überlieferung auf die gleiche Autoritätsstufe wie die Schrift – oder, genauer gesagt, setzt die Schrift auf die Ebene der Überlieferung herab.

Doch die neutestamentlichen Schriften sind viel mehr als eine schriftliche Aufzeichnung der mündlichen Lehren der Apostel; sie sind eine *inspirierte* Aufzeichnung. Ein biblisches Verständnis von Inspiration macht die Tragweite dieses Unterschieds deutlich. Petrus schreibt:

> ... indem ihr dies zuerst wißt, daß keine Weissagung der Schrift aus eigener Deutung geschieht. Denn niemals wurde eine Weissagung durch den Willen eines Menschen hervorgebracht, sondern von Gott her redeten Menschen, getrieben vom Heiligen Geist.
>
> 2. Petrus 1,20-21

Hier sehen wir, daß die Schrift nicht „aus eigener Deutung" (Vers 20) der Schreiber hervorgegangen ist. Das hier mit „Deutung" übersetzte Wort bedeutet soviel wie *lösen* oder *erklären*. Petrus sagt, daß kein Schreiber des Neuen Testaments einfach seine eigene Erklärung der von ihm gehörten Worte und gesehenen Werke Jesu aufschreibt. Die Schrift wurde nicht „durch den Willen eines Menschen hervorgebracht" (Vers 21). Die Schreiber der Bibel haben nicht den Entschluß gefaßt, eine prophetische Aufzeichnung oder einen Bestandteil der Schrift zu verfassen. Vielmehr wurden sie „getrieben vom Heiligen Geist" (Vers 21).

Das mit „getrieben" übersetzte Wort findet sich im Neuen Testament auch in Markus 2,3. Hier wird es in bezug auf den Gelähmten verwendet, dessen Freunde ihn zu Jesus *bringen* oder *tragen*, damit er von ihm geheilt wird. Genauso wie auch der Gelähmte nicht durch eigene Kraft gehen konnte, so schreibt auch ein wahrer Prophet nicht durch eigenen Willen. Er wird „getrieben vom Heiligen Geist". Menschen schrieben das Neue Testament, „Menschen redeten". Ihre Schriften spiegeln ihre Persönlichkeit und Erfahrungen wider, aber diese Menschen „redeten von Gott her". Menschen schrieben, doch Gott war der Autor.

Aus diesen Gründen ist die Bibel eine in von Gott gegebenen Worten vollkommen mitgeteilte Offenbarung:

> Die ganze Schrift ist von Gottes Geist eingegeben und nützlich zu Belehrung, zur Überführung, zur Zurechtweisung, zur Erziehung in der Gerechtigkeit, damit der Mensch Gottes vollkommen sei, zu jedem guten Werke ausgerüstet.
>
> 2. Timotheus 3,16-17 (Schl)

Der Ausdruck „von Gottes Geist eingegeben" ist die Übersetzung eines zusammengesetzten Begriffs aus den Worten *Gott* und *atmen*. Der Vers kann wörtlich übersetzt werden: „Die ganze Schrift ist gottgehaucht ..." Die Bibel wird deshalb zu Recht *Wort Gottes* genannt.

Mit der Abwertung der Bibel zu lediglich aufgeschriebener Überlieferung können die katholischen Gelehrten der Wichtigkeit von Überlieferung auf die Sprünge helfen. Doch damit entstellen sie die Bedeutung von biblischer Inspiration und schrauben den grundsätzlichen Unterschied zwischen Schrift und Überlieferung auf ein Minimum herab.

Die römisch-katholische Kirche gab uns nicht die Bibel

Manche Verteidiger der römisch-katholischen Kirche sagen, das Lehramt der Kirche sei der rechtmäßige Ausleger und bevollmächtigte Lehrer der Schrift, weil die Kirche der Christenheit die Bibel gegeben habe. Wenn das nicht die Sache der Kirche wäre, so argumentieren sie, könne niemand mit Sicherheit sagen, welche Bücher überhaupt zur Bibel gehören.

Dieses Argument beruht auf falschen Annahmen. Die

ersten Christen erhielten die Bibel nicht von der römisch-katholischen Kirche. Sie erhielten die Bibel vom Heiligen Geist, der sie inspiriert hat. Katholiken, die das Gegenteil behaupten, vertreten damit nicht die offizielle Lehre der römischen Kirche. Das Erste Vatikanische Konzil sagte über die Bücher der beiden Testamente:

> Nicht deshalb faßt die Kirche diese Bücher als heilig und kanonisch auf, weil sie etwa bloß durch menschliches Bemühen zusammengestellt und dann durch ihre eigene Vollmacht anerkannt worden wären; auch nicht nur deshalb, weil sie die Offenbarung ohne Irrtum enthalten; sondern deshalb, weil sie, geschrieben auf Eingebung des Heiligen Geistes, Gott zum Urheber haben und als solche der Kirche übergeben worden sind.
> Erstes Vatikanisches Konzil[554]

Der Prozeß des Schreibens und Anerkennens der neutestamentlichen Bücher begann lange bevor es die römisch-katholische Kirche überhaupt gab. Am Abend vor seiner Kreuzigung sagte der Herr seinen Jüngern, daß sie, durch den Heiligen Geist gestärkt, von seinem Leben und seiner Lehre Zeugnis geben werden:

> Wenn der Beistand gekommen ist, den ich euch von dem Vater senden werde, der Geist der Wahrheit, der von dem Vater ausgeht, so wird der von mir zeugen. Aber auch ihr zeugt, weil ihr von Anfang an bei mir seid.
> Johannes 15,26-27

Durch den Heiligen Geist sollten die Jünger auch noch weitere Offenbarungen empfangen:

> Noch vieles habe ich euch zu sagen, aber ihr könnt es jetzt nicht tragen. Wenn aber jener, der Geist der Wahrheit, gekommen ist, wird er euch in die ganze Wahrheit leiten; denn er wird nicht aus sich selbst reden, sondern was er hören wird, wird er reden, und das Kommende wird er

euch verkündigen. Er wird mich verherrlichen, denn von dem Meinen wird er nehmen und euch verkündigen.

Johannes 16,12-14

Die ersten Christen erkannten in bestimmten Schriften der Apostel und ihrer Mitarbeiter das prophetische und vollmächtige Lehren des Heiligen Geistes. Jesus hatte gelehrt: „Meine Schafe hören meine Stimme ... und sie folgen mir" (Johannes 10,27). In diesen Schriften hörten die ersten Christen die Stimme ihres Heilands. Sie verglichen den lehrmäßigen Inhalt dieser neuen Schriften mit den alttestamentlichen Büchern und entdeckten völlige Übereinstimmung. Sie wendeten die Lehre auf ihr Leben an und erfuhren ihre umwandelnde Macht. In diesen Schriften erkannten sie die kraftvolle Wechselwirkung zwischen Wort und Leser, die für die Schrift so kennzeichnend ist:

> Denn das Wort Gottes ist lebendig und wirksam und schärfer als jedes zweischneidige Schwert und durchdringend bis zur Scheidung von Seele und Geist, sowohl der Gelenke als auch des Markes, und ein Richter der Gedanken und Gesinnungen des Herzens.
>
> Hebräer 4,12

Die Schriften erwiesen sich selbst als echtes Wort Gottes.[555] Anhand ihrer einzigartigen göttlichen Weisheit und Macht zeigten sie, daß Gott ihr Urheber ist.

Folglich lasen, kopierten und verbreiteten die ersten Christen diese Bücher in großem Umfang. Lehrer fingen an, in ihren Predigten und Briefen diese Schriften als maßgeblich zu zitieren. Noch zu Lebzeiten der Apostel wurden einige der Bücher bereits als gottgegebene „Weisheit" (2. Petrus 3,15) bezeichnet und in einem Atemzug mit den „übrigen Schriften" (Vers 16) genannt.

Die Geschichte der Ereignisse, die zur allgemeinen Anerkennung der 27 Bücher des Neuen Testaments als inspirierte Schrift führten, erstreckt sich über mehrere Jahrhunderte und ist zu umfangreich, als daß sie an dieser Stelle dargelegt werden könnte. Bemerkenswert ist jedoch, daß Katholiken die Rolle der Kirchenkonzile bei diesem Prozeß oftmals übertrieben darstellen.

Die ersten Konzile, die mit der Frage konfrontiert wurden, welche Bücher inspiriert und rechtmäßig Bestandteil der Bibel sind, scheinen die nordafrikanischen Konzile zu Hippo (393) und Karthago (397) gewesen zu sein. Die Liste der vom Konzil zu Hippo akzeptierten Bücher existiert nicht mehr. Das Konzil zu Karthago, so glaubt man, habe jedoch dieselbe Liste wiederholt, und sein Beschluß zu dieser Frage existiert auch heute noch.

Beide Konzile waren regionale Synoden. Sie waren keine allgemeinen oder ökumenischen Konzile. Zu beiden kamen jeweils etwa 50 Bischöfe aus den Provinzen Afrikas. Diese Konzile konnten nicht für die ganze Kirche des 4. Jahrhunderts sprechen.

Ferner ist es wichtig zu bedenken, daß zu der Zeit, als die Konzile gegen Ende des 4. Jahrhunderts diese Frage behandelten, der Kanon oder das Verzeichnis der als zum Neuen Testament gehörend anerkannten Bücher bereits vorlag. F.F. Bruce schreibt dazu:

> Besonders wichtig zu bedenken ist, daß der neutestamentliche Kanon nicht von dem eigenmächtigen Beschluß eines Kirchenkonzils aufgestellt wurde. Als schließlich ein Kirchenkonzil – die Synode von Karthago im Jahre 397 – die 27 Bücher des Neuen Testaments auflistete, erteilte es diesen Schriften damit nicht eine Autorität, die sie nicht bereits besessen hätten, sondern hielten lediglich ihre zuvor bestätigte Kanonizität schriftlich fest.
> *The Books and the Parchments*[556]

Außerdem ist die von diesen Konzilen erreichte Entscheidung niemals allgemein anerkannt worden. Die Kontroverse dreht sich um die Schriften, die von römisch-katholischen Gelehrten als *deuterokanonisch* und von Protestanten als *apokryph* bezeichnet werden. Da die Nichtkatholiken die Entscheidung der Konzile, die Apokryphen als Teil der Bibel anzuerkennen, niemals akzeptiert haben, kann man wohl kaum behaupten, daß ohne die römisch-katholische Kirche niemand mit Sicherheit wüßte, welche Bücher zur Bibel gehören. (Für eine Erklärung, weshalb die Apokryphen von Nichtkatholiken nicht als inspiriert angesehen werden, siehe Anhang C.)

Die Bibel enthält alle notwendige Offenbarung

Es stimmt, daß das Neue Testament nicht alles berichtet, was Jesus getan hat. Johannes macht das am Ende seines Evangeliums deutlich:

> Es gibt aber auch viele andere Dinge, die Jesus getan hat; wenn diese alle einzeln niedergeschrieben würden, so würde, scheint mir, selbst die Welt die geschriebenen Bücher nicht fassen.
>
> Johannes 21,25

Was Johannes mit diesen abschließenden Worten seines Evangeliums sagen wollte, war die Anerkennung der Tatsache, daß das Leben des Herrn Jesus bei weitem zu wunderbar war, um vollständig in einem Buch aufgeschrieben werden zu können. Er äußerte sich damit nicht über den allgemeinen Zweck von Schrift oder der Notwendigkeit von Überlieferung. Er sagte damit auch nicht, er hätte in seinem Buch wesentliche von Christus empfangene Offenbarungen weggelassen. An früherer Stelle in seinem Evangelium sagt er vielmehr das Gegenteil:

> Auch viele andere Zeichen hat nun zwar Jesus vor den Jüngern getan, die nicht in diesem Buch geschrieben sind. Diese aber sind geschrieben, damit ihr glaubt, daß Jesus der Christus ist, der Sohn Gottes, und damit ihr durch den Glauben Leben habt in seinem Namen.
>
> Johannes 20,30-31

Aus dieser Aussage können wir ableiten, daß Johannes alle

wichtigen und zur Errettung notwendigen Lehren Christi in sein Evangelium aufgenommen hat. Bezeichnenderweise schreibt er nichts von sieben Sakramenten, einem Meßopfer, heiligmachender Gnade, Beichte, Fegefeuer oder einer Institution wie die römisch-katholische Kirche – was laut römischem Katholizismus alles heilsnotwendig ist.

Die Bibel erreicht ihr erklärtes Ziel: „... auf daß der Mensch Gottes vollkommen sei, zu jedem guten Werke völlig geschickt" (2. Timotheus 3,17; UElb). Sie ist die vollkommene Richtschnur des christlichen Glaubens. Anders als die Überlieferung ist die Bibel für jeden offen und zugänglich. In allen wichtigen Sprachen der Welt sind Übersetzungen der ganzen Bibel angefertigt worden, insgesamt 276.[557] Sie ist das weitverbreiteste und am meisten gelesene Buch der Geschichte.

Die römisch-katholische Überlieferung als eine Quelle außerbiblischer Offenbarung zu definieren, heißt Gottes Wort etwas hinzuzufügen. Die Bibel warnt uns, „nicht über das hinaus zu denken, was geschrieben ist" (1. Korinther 4,6). „Füge zu seinen Worten nichts hinzu, damit er dich nicht überführt und du als Lügner dastehst!" (Sprüche 30,6). Das letzte Buch des Neuen Testaments endet mit dieser ernsten Warnung:

> Ich bezeuge jedem, der die Worte der Weissagung dieses Buches hört: Wenn jemand zu diesen Dingen hinzufügt, so wird Gott ihm die Plagen hinzufügen, die in diesem Buch geschrieben sind; und wenn jemand von den Worten des Buches dieser Weissagung wegnimmt, so wird Gott seinen Teil wegnehmen von dem Baum des Lebens und aus der heiligen Stadt, von denen in diesem Buch geschrieben ist.
>
> Offenbarung 22,18-19

Die Autorität der Überlieferung steht in Frage und nicht die der Bibel

In der Bibel gibt es Hunderte von Versen, die die Wahrheit erhärten, daß das Wort Gottes für die Christen die hinlängliche und höchste Richtschnur des Glaubens ist. Allein Psalm 119 widmet dem unvergleichlichen Wert des Wortes Gottes 176 Verse. Der Herr Jesus lehrte:

> Nicht von Brot allein soll der Mensch leben, sondern von jedem Wort, das durch den Mund Gottes ausgeht.
>
> Matthäus 4,4

Wir könnten hier noch zahlreiche Schriftstellen zu diesem Thema anführen, doch das ist nicht notwendig. Die römisch-katholische Kirche stimmt zu, daß die Bibel Gottes Wort als höchste Richtschnur des Glaubens lehrt, und daß die ganze Theologie auf diesem Wort gegründet sein muß.[558] Was die Hinlänglichkeit und die Autorität des Wortes Gottes betrifft, gibt es keine Frage.

Die Streitfrage lautet, was denn nun eigentlich das Wort Gottes ist. Besteht das Wort Gottes aus Bibel plus Überlieferung? Oder ist die Bibel allein das Wort Gottes?

Bei der folgenden Diskussion genießen es die katholischen Verfechter, die Offensive zu ergreifen und die Nichtkatholiken auf die Probe zu stellen. Sie sollten doch beweisen, daß Gott beabsichtigt hat, daß allein die Bibel der Kirche als Glaubensrichtschnur dienen sollte. „An welcher Stelle lehrt die Bibel *sola scriptura*?" fragen sie.

Diese Taktik ist zwar insofern wirkungsvoll, als daß sie ihre Gegner in die Defensive drängt, doch in Wirklichkeit ist sie irreführend. Beide Seiten sind sich darin einig, daß die *Bibel* Gottes Wort ist und daß sie als solches mit göttlicher Autorität spricht. Der Herr Jesus selbst bezeichnet in Johannes 10,35 „das Wort Gottes" als „die Schrift".

Bei dieser Streitfrage geht es um die *Überlieferung*. Die römisch-katholische Kirche behauptet, die Überlieferung sei ebenfalls Wort Gottes.

Deshalb muß die römisch-katholische Kirche die Frage beantworten: Wo lehren Jesus, die Propheten oder die Apostel, daß die Überlieferung Wort Gottes ist? Oder, genauer gesagt: Wo in der Bibel steht, daß Schrift und Überlieferung zusammen, ausgelegt durch den Papst und die Bischöfe der römisch-katholischen Kirche, für die Christen die Richtschnur des Glaubens sind? Das ist die eigentliche Behauptung des Katholizismus und sollte damit auch der Punkt sein, der zuallererst geklärt werden muß. Und da die römisch-katholische Kirche diejenige ist, die auf die Autorität von Überlieferung und Lehramt besteht, liegt die Beweislast auf Rom.

Anmerkungen

Bei Zitaten aus offiziellen katholischen Quellen wurden die Texte, soweit die Dokumente in Deutsch vorlagen – was weitgehend der Fall ist –, aus kirchlich genehmigten deutschen Ausgaben zitiert. Hier ist dann jeweils die deutsche Quelle angegeben. Fehlt eine deutsche Quellenangabe, wurde der Text aus dem Englischen übersetzt.

1. „What Happens When Christians Use Bad Language" (21. Februar 1994, Nachrichtensendung der Barna Research Group, Ltd.).
2. Papst Johannes Paul II., „Pope Approves Universal Catechism", in *L'Osservatore Romano*, 1. Juli 1992, S. 1.
3. Papst Johannes Paul II., *Letter to Priests for Holy Thursday 1993*, veröffentlicht in *L'Osservatore Romano*, 31. März 1993, S. 1.
4. Einige der in diesem Buch dem Zweiten Vatikanischen Konzil (1962 – 1965) zugeschriebenen Dokumente sind nachkonziliar. Diese Dokumente geben die durch das Konzil autorisierten Entwicklungen wieder, die jedoch von der Kirchenhierarchie bis zum Ende der Synode noch nicht abgeschlossen waren. Die deutschen Quellenangaben zu diesen Dokumenten führen hier stets die Reihe *Nachkonziliare Dokumentation* an.
5. Papst Pius XII., *Humani generis*, Nr. 20; in: Neuner-Roos, *Der Glaube der Kirche in den Urkunden der Lehrverkündigung* (Regensburg: Pustet, 8. Aufl. 1971), Nr. 460.
6. Siehe Papst Pius XII., *Humani generis*, Nr. 20; Zweites Vatikanisches Konzil, „Dogmatische Konstitution über die Kirche", Nr. 25.
7. Papst Pius XII. schrieb: „Es ist also nicht so, daß die heilige Liturgie einfachhin und aus eigener Autorität den katholischen Glauben umschreibt und bestimmt, wohl aber kann sie, da auch sie ein stets dem obersten kirchlichen Lehramt unterstelltes Bekenntnis der übernatürlichen Wahrheiten ist, nicht zu unterschätzende Beweise und Zeugnisse zur Klarstellung eines einzelnen Punktes der christlichen Lehre an die Hand geben" (Papst Pius XII., *Mediator Dei*, Nr. 48; in: *Heilslehre der Kirche*, Freiburg: Paulusverlag, 1953, S. 155.) In diesem Buch wird die Liturgie der Kirche gemäß dem römischen Ritus verwendet.

8. Codex Iuris Canonici, Kanon 252, § 3, lateinisch-deutsche Ausgabe, Kevelaer: Butzon & Bercker 1983.
9. Der katholische Taufritus ist in dieser Einleitung verkürzt wiedergegeben. Der vollständige Ritus in deutscher Sprache ist in *Die Feier der Kindertaufe* (Benzinger, Herder u.a., 1971) einzusehen.
10. Die römisch-katholische Kirche lehrt, daß die Taufe „durch Untertauchen oder durch Übergießen zu spenden" ist (Codex Iuris Canonici, Kanon 854, lateinisch-deutsch, a.a.O.). Das Bespritzen eines Säuglings mit Wasser wird nicht mehr als angemessen angesehen.
11. Konzil zu Trient, 6. Sitzung, 2. Kapitel; in: Neuner-Roos, *Der Glaube der Kirche in den Urkunden der Lehrverkündigung* (Regensburg: Pustet, 8. Aufl. 1971), Nr. 792.
12. Konzil zu Trient, 6. Sitzung, 3. Kapitel; in: Neuner-Roos, a.a.O., Nr. 793.
13. Thomas von Aquin, *Summa theologica*, Anhang 1, Frage 1, Artikel 1.
14. *Die Feier der Kindertaufe* (Benzinger, Herder u.a., 1971), S. 58.
15. *Die Feier der Kindertaufe*, a.a.O., S. 59.
16. Konzil zu Trient, 6. Sitzung, 4. Kapitel; in: Neuner-Roos, a.a.O., Nr. 794.
17. Ebd., 7. Kapitel; in: Neuner-Roos, a.a.O., 799.
18. Ebd., 5. Sitzung, Nr. 3; in: Neuner-Roos, a.a.O., Nr. 355.
19. Ebd., 6. Sitzung, 7. Kapitel; in: Neuner-Roos, a.a.O., Nr. 799.
20. Ebd.
21. Dieses Prinzip wird von der römisch-katholischen Theologie durch den Ausdruck *ox opere operato* bezeichnet, was soviel heißt wie *durch die Handlung bewirkt*. Es wird in Kapitel 3, *Vermehren und Bewahren der Rechtfertigung*, noch weiter erläutert werden.
22. *Die Feier der Kindertaufe*, a.a.O., S. 61.
23. Heilige Kongregation für den Gottesdienst, *Introduction to the Rite of Christian Initiation* (Washington, D.C.: United States Catholic Conference, 1977), S. 17.
24. Deutscher Text von Manfred Siebald; Rechte: Hänssler-Verlag, Neuhausen-Stuttgart.
25. Konzil zu Trient, 6. Sitzung, 5. Kapitel; in: Neuner-Roos, a.a.O., Nr. 795.
26. Ebd., 6. Kapitel; in: Neuner-Roos, a.a.O., Nr. 796.

27. Ebd., Lehrsatz 9; in: Neuner-Roos, a.a.O., Nr. 827.
28. Ebd., 6. Kapitel; in: Neuner-Roos, a.a.O., Nr. 796.
29. Ebd., 7. Kapitel; in: Neuner-Roos, a.a.O., Nr. 799.
30. Ebd., in: Neuner-Roos, a.a.O., Nr. 800.
31. Der römisch-katholische *Ritus der christlichen Initiation* ist in der folgenden Darstellung verkürzt wiedergegeben. Der vollständige Ritus ist in *The Rites of the Catholic Church* (New York: Pueblo Publishing Co., 1990), Bd. 1, S. 15-244, einzusehen.
32. *The Rites of the Catholic Church*, a.a.O., Bd. 1, S. 56.
33. Ebd., S. 60.
34. Ebd., S. 70.
35. Ebd., S. 70.
36. Ebd., S. 71.
37. Ebd., S. 94.
38. Ebd., S. 99-100.
39. Ebd., S. 101.
40. Ebd., S. 109.
41. Konzil zu Trient, 6. Sitzung, 7. Kapitel.
42. Ebd., 8. Kapitel; in: Neuner-Roos, a.a.O., Nr. 803.
43. Die katholischen Theologen unterteilen Verdienst in zwei Kategorien. *Verdienst de condigno* ist ein wirkliches Verdienst, dessen Lohn der gerechte und verdiente Wert des geleisteten Werkes ist. *Verdienst de congruo* ist ein unangemessenes Verdienst, bei dem der empfangene Lohn den Wert des geleisteten Werkes aufgrund der Großzügigkeit Gottes übersteigt. Dieser letztere Verdienst trägt zu dem Empfang einer Gunst bei, aber verdient sie nicht vollständig.

    Einige katholische Theologen, einschließlich Thomas von Aquin, lehren, daß die zuvorkommende Gnade von einer bereits gerechtfertigten Person zugunsten eines Sünders verdient werden kann. Sie sagten zum Beispiel, daß Stephanus, der erste Märtyrer der Kirche, *de congruo* die Bekehrung des Paulus verdiente, der bei dessen Steinigung dabeistand. Gleicherweise verdiente die hl. Monika *de congruo* die zuvorkommende Gnade für ihren Sohn Augustinus. Außerdem meinen manche katholischen Theologen, daß der unter dem Einfluß der zuvorkommenden Gnade handelnde Sünder sich selbst *de congruo* einen Zuwachs an helfender Gnade verdienen kann, die ihm weiter bei der Vorbereitung auf die Rechtfertigung hilft. Da die Gnade in diesen beiden

Fällen *de congruo* ist, kann die katholische Rechtfertigung immer noch als völlig von reiner Gnade abhängig bezeichnet werden. So sehen es jedenfalls die katholischen Theologen.

Für weitere Erläuterungen siehe A. Tanquery, *Manual of Dogmatic Theology* (New York: Desclee Co, 1959), Bd. 2. S. 181-182.

44. *The Rites of the Catholic Church*, a.a.O., Bd. 1, S. 71.
45. Konzil zu Trient, 6. Sitzung, Lehrsatz 12; in: Neuner-Roos, a.a.O., Nr. 830.
46. Ebd., Lehrsatz 9; in: Neuner-Roos, a.a.O., Nr. 827.
47. Ebd., 8. Kapitel, in: Neuner-Roos, a.a.O., Nr. 803.
48. *The Rites of the Catholic Church*, a.a.O., Bd. 1, S. 70.
49. Ebd., S. 90.
50. Ebd., S. 94.
51. Ebd., S. 99-100.
52. Ebd., S. 99-100.
53. Ebd., S. 71.
54. Ebd., S. 71.
55. Diese Geschichte beruht auf einer Begebenheit, die beschrieben ist in: Joan Carrol Cruz, *Eucharistic Miracles* (Rockford, IL: Tan Books, 1987), S. 38-46.
56. Konzil zu Trient, 6. Sitzung, 7. Kapitel; in: Neuner-Roos, a.a.O., Nr. 801.
57. Ebd., 7. Sitzung, Lehrsatz 6; in: Neuner-Roos, a.a.O., Nr. 511.
58. Tanquery, *A Manual of Dogmatic Theology*, (New York: Desclee, 1959), Bd. II, S. 197.
59. Konzil zu Trient, 7. Sitzung, Lehrsatz 8; in: Neuner-Roos, a.a.O., Nr. 513. Das Prinzip, von dem hier die Rede ist, wird oftmals mit dem lateinischen Ausdruck *ex opere operato* bezeichnet, dessen Übersetzung der Wortlaut dieses Zitates ist.
60. Konzil zu Trient, 7. Sitzung, Lehrsatz 4, (siehe: Neuner-Roos, a.a.O., Nr. 509).
61. Da die römisch-katholische Theologie lehrt, daß die Taufe zur Erlangung des ewigen Lebens in der Gegenwart Gottes notwendig ist, hat die Kirche es für nötig befunden, drei Arten von gültigen Taufen zu definieren:

- Die *Wassertaufe* ist die übliche Form des Sakraments [1257].
- Die *Bluttaufe* erfahren Menschen, die für den katholischen Glauben als Märtyrer sterben, bevor sie das Taufsakrament

empfangen haben. Das Märtyrertum selbst soll den Segen des Sakraments erwirken [1258, 1281].

- Das *Verlangen nach der Taufe* wird jenen Menschen zugerechnet, die keine Möglichkeit zum Empfang des Taufsakraments haben, sich aber taufen lassen würden, wenn sie könnten [1259-1260, 1281]. „Den *Katechumenaten*, die vor der Taufe sterben, sichert das ausdrückliche Verlangen nach der Taufe, die Reue über ihre Sünden und die Liebe jenes Heil zu, das sie nicht durch das Sakrament empfangen konnten."[1259]

Die Bibel kennt weder Bluttaufe oder eine Zurechnung von Verlangen nach der Taufe.

62. Zweites Vatikanisches Konzil, „Konstitution über die heilige Liturgie", Nr. 11; in: Rahner-Vorgrimler, *Kleines Konzilskompendium* (Freiburg: Herder, 1966), S. 56.
63. Konzil zu Trient, 6. Sitzung, 10. Kapitel, (siehe: Neuner-Roos, a.a.O., Nr. 805).
64. Diese Zusammenfassung basiert auf einer Analyse von A. Tanquery, a.a.O., Bd. II., S. 177.
65. Konzil zu Trient, 6. Sitzung, 10. Kapitel; in: Neuner-Roos, a.a.O., Nr. 805.
66. Zweites Vatikanisches Konzil, „Dogmatische Konstitution über die Kirche", Nr. 42.
67. Konzil zu Trient, 6. Sitzung, 7. Kapitel; in: Neuner-Roos, a.a.O., Nr. 801.
68. John A. McHugh, O.P., und Charles J. Callan, O.P., Übers., *The Roman Catechism: The Catechism of the Council of Trient* (Rockford, IL: Tan Books and Publishers, 1982), S. 255.
69. Ludwig Ott, *Fundamentals of Catholic Dogma* (Rockford, IL: Tan Books and Publishers, 1960), S. 255.
70. Vergl. Thomas von Aquin, *summa theologica*, Teile I-II, Frage 110, Artikel 1-4.
71. Konzil zu Trient, 6. Sitzung, Lehrsatz 32; in: Neuner-Roos, a.a.O., Nr. 850.
72. Ebd., 7. Sitzung, Lehrsatz 8; in: Neuner-Roos, a.a.O., Nr. 513.
73. Zweites Vatikanisches Konzil, „Dogmatische Konstitution über die Kirche", Nr. 14; in: Rahner-Vorgrimler, a.a.O., S. 139.
74. Konzil zu Trient, 6. Sitzung, 10. Kapitel; in: Neuner-Roos, a.a.O., Nr. 805.

75. Ebd., Lehrsatz 24; in: Neuner-Roos, a.a.O., Nr. 842.
76. Zitiert von William J. Cogan, *A Catechism for Adults* (Youngtown, AZ: Cogan Productions, 1975), S. 30.
77. Der katholische Ritus der Beichte ist in dieser Einleitung verkürzt dargestellt. Der vollständige Ritus ist in *The Rites of the Catholic Church*, a.a.O., S. 517-548, einzusehen.
78. Matthias Premm, *Dogmatic Theology for the Laity* (Rockford IL: Tan Books, 1967), S. 373.
79. Ebd., S. 374.
80. Der katholischen Theologie nach kommen, wie in Kapitel 1 dargelegt, mit der Eingabe der heiligmachenden Gnade auch die Gaben des Heiligen Geistes und die Verleihung der Tugenden, insbesondere der Nächstenliebe [1803-1845]. In der katholischen Theologie setzt man deshalb den Besitz von Nächstenliebe mit dem Stand der Gnade gleich. Wer andersherum durch Todsünde die Nächstenliebe verloren hat, hat auch die heiligmachende Gnade in seiner Seele eingebüßt. Der *Katechismus der Katholischen Kirche* schreibt zum Beispiel: „Todsünde ... zieht den Verlust der göttlichen Tugend der Liebe und der heiligmachenden Gnade, das heißt des Standes der Gnade, nach sich."[1861] An anderer Stelle sagt der Katechismus schlicht und einfach: „Die Todsünde zerstört die Liebe im Herzen des Menschen ..."[1855]
81. Obwohl in diesem Buch zwei Begriffe verwendet werden, *Entrechtfertigung* und *Wiederrechtfertigung*, die in römisch-katholischen Dokumenten nicht benutzt werden, gibt es dort entsprechende Ausdrücke. Das Konzil zu Trient schrieb:

> Die aber durch die Sünde von der Höhe der Rechtfertigungsgnade, die sie empfangen haben, wieder herabgefallen sind, können aufs neue gerechtfertigt werden, wenn sie, geweckt von Gott, Sorge tragen, durch das Bußsakrament aufgrund der Verdienste Christi die verlorene Gnade wiederzugewinnen. (Konzil zu Trient, 6. Sitzung, 14. Kapitel; in: Neuner-Roos, a.a.O., Nr. 812.)

Der Vorgang, durch den getaufte Katholiken „durch die Sünde von der Höhe der Rechtfertigungsgnade, die sie empfangen haben, wieder herabgefallen sind", wird in diesem Buch als *Entrechtfertigung* zusammengefaßt. Der Vorgang, durch den Katholiken „aufs neue gerechtfertigt werden" können, wird als *Wiederrechtfertigung* bezeichnet.

Entrechtfertigung sollte nicht als eine Rückkehr in den Zustand vor der Taufe verstanden werden. Die Kirche lehrt, daß die Taufe der Seele eine unauslöschbare Eigenschaft verleiht [1272-1274, 1280]. Außerdem soll dieses Sakrament in erster Linie die Erbsünde austilgen. Wenn ein Katholik eine Todsünde begeht, verliert er zwar die rechtfertigende Gnade in seiner Seele, doch die Erbsünde kehrt nicht zurück und das Siegel der Taufe bleibt. Deshalb kann ein Mensch nur einmal getauft werden, und die nach der Taufe verlorene Gnade muß durch das Bußsakrament zurückerlangt werden.

Ebenso sollte die *Wiederrechtfertigung* nicht als Tilgung der Erbsünde, der Spendung des Taufsiegels oder einer anderen, allein mit der Taufe verbundenen Wirkung verstanden werden. Dieser Begriff soll hier vielmehr die Wiederherstellung des Gnadenlebens durch das Bußsakrament bezeichnen. (Vergl. Konzil zu Trient, 7. Sitzung, Lehrsatz 9; und Thomas von Aquin, *summa theologica*, Teil III, Frage 66, Artikel 9.)

82. Der Codex Iuris Canonici, Kanon 960, nennt die Bedingung für die Einzelbeichte, wobei er gleichzeitig Ausnahmen gestattet: „Das persönliche und vollständige Bekenntnis und die Absolution bilden den einzigen ordentlichen Weg, auf dem ein Gläubiger, der sich einer schweren Sünde bewußt ist, mit Gott und der Kirche versöhnt wird; allein physische oder moralische Unmöglichkeit entschuldigt von einem solchen Bekenntnis; in diesem Fall kann die Versöhnung auch auf andere Weisen erlangt werden." (lateinisch-deutsch, a.a.O.)

Die Art und Weise vollkommener Reue erklärt die Kirche so: „Wenn die Reue aus der Liebe zu Gott, der über alles geliebt wird, hervorgeht, wird sie ‚vollkommene' oder ‚Liebesreue' (contritio) genannt. Eine solche Reue läßt die läßlichen Sünden nach; sie erlangt auch die Vergebung der Todsünden, wenn sie mit dem festen Entschluß verbunden ist, sobald als möglich das sakramentale Bekenntnis nachzuholen"[1452] [1492].

83. Konzil zu Trient, 6. Sitzung, 14. Kapitel; in: Neuner-Roos, a.a.O., Nr. 812.
84. Ebd., 14. Sitzung, 5. Kapitel; in: Neuner-Roos, a.a.O., Nr. 652.
85. Der Codex Iuris Canonici definiert die Rolle des Priesters bei der

Beichte als die eines Richters: „Der Priester soll beim Beichthören dessen eingedenk sein, daß er in gleicher Weise die Stelle eines Richters wie die eines Arztes einnimmt und von Gott zugleich zum Diener der göttlichen Gerechtigkeit wie auch Barmherzigkeit bestellt ist, der der Ehre Gottes und dem Heil der Seelen dient" (Kanon 978, § 1, lateinisch-deutsche Ausg., a.a.O.). „Wenn der Beichtvater keinen Zweifel an der Disposition des Pönitenten hat und dieser um die Absolution bittet, darf diese weder verweigert noch aufgeschoben werden" (Kanon 980, lateinisch-deutsche Ausg., a.a.O.).

86. Konzil zu Trient, 14. Sitzung, 3. Kapitel; in: Neuner-Roos, a.a.O., Nr. 647.
87. Ebd., Lehrsatz 9; in: Neuner-Roos, a.a.O., Nr. 668.
88. Ebd., 8. Kapitel.
89. William J. Cogan, a.a.O., S. 80.
90. Codex Iuris Canonici, Kanon 989, lateinisch-deutsch, a.a.O.
91. Ebd., Kanon 960, lateinisch-deutsch, a.a.O.
92. Es gibt bestimmte Umstände, unter denen ein Christ seine Schuld auch noch einem Menschen bekennen muß. Wenn ein Christ zum Beispiel fälschlicherweise jemanden angegriffen hat, sollte er die Sünde nicht nur Gott bekennen, sondern auch der anderen Person und sich mit ihr versöhnen (Matthäus 5,23-24). Ein anders Beispiel ist der Fall, daß jemand aufgrund fortdauernder Sünde unter die Gemeindezucht gestellt wurde (Matthäus 18,15-20; 1. Korinther 5,1-13). Um wieder die volle Gemeinschaft der Gemeinde zu erlangen, muß der Schuldige seine Sünde der Gemeindeleitung bekennen. Auf die Buße des Sünders hin soll die Gemeinde „vergeben und ermuntern" (2. Korinther 2,7). Ein letzter Fall wäre, daß jemand wegen geheimer Sünde unter der direkten Züchtigung Gottes steht. Möglicherweise hat Gott ihn mit schwerer Krankheit geschlagen (Jakobus 5,14). Die Bibel sagt, ein solcher soll die Ältesten der Gemeinde rufen und ihnen seine Sünde bekennen (Jakobus 5,14). Gott verheißt, „das Gebet des Glaubens wird den Kranken retten, und der Herr wird ihn aufrichten, und wenn er Sünden begangen hat, wird ihm vergeben werden" (Vers 15). In diesem Zusammenhang fordert die Bibel auf: „Bekennt nun einander die Sünden und betet füreinander, damit ihr geheilt werdet" (Vers 16).
93. D.E. Dana und Julius R. Mantey, *A Manual Grammar of the*

Greek New Testament (Toronto: Macmillan Company, 1955), S. 200.
94. A. Tanquery, a.a.O., Bd. II, S. 330.
95. Ebd.
96. Einige katholische Gelehrte verweisen auf 1. Johannes 5,17 als biblische Grundlage für die Unterteilung von Sünde in Tod- und läßliche Sünden [1854]. Johannes schreibt dort: „Jede Ungerechtigkeit ist Sünde; und es gibt Sünde, die nicht zum Tod ist." Die „Sünde, die nicht zum Tod ist", sei die läßliche Sünde, sagen sie. Die Sünde, die zum Tod führt, sei eben die Todsünde.

Diese Auslegung mißachtet den Zusammenhang des Verses. Der Brief ist an Christen gerichtet, die von der Irrlehre der Gnosis beeinflußt waren. Falsche Propheten lehrten, es käme nur auf das Geistliche an. Das Benehmen im Fleisch sei belanglos. Sie bestritten sogar, daß Christus im Fleisch gekommen ist.

Johannes ermahnt die Christen, an der Wahrheit festzuhalten. Er versichert ihnen, daß sie voller Zuversicht zu Gott beten können, und daß er sie erhört (1. Johannes 5,14-15). Johannes macht bei dieser Verheißung jedoch eine Ausnahme: „Wenn jemand seinen Bruder sündigen sieht, eine Sünde nicht zum Tod, soll er bitten, und er wird ihm das Leben geben, denen, die nicht zum Tod sündigen. Es gibt Sünde zum Tod; nicht im Hinblick auf sie sage ich, daß er bitten solle" (Vers 16). Die Christen sollten nicht im Gebet für die eintreten, die Christus verleugnet und den Gnostizismus angenommen hatten. Der Grund für diese Einschränkung ist, daß es für die, die Gottes einzigen Ausweg aus der Sünde, den Heiland Jesus Christus, ablehnen, keine Vergebung der Sünde gibt (Hebräer 6,4-8).

1. Johannes 5,17 spricht deshalb nicht von verschiedenen Bestrafungsstufen für Sünden, sondern vielmehr über einen bestimmten Fall, bei dem eintretendes Gebet zwecklos ist. Wenn jemand eine „Sünde zum Tod" (Vers 16) begeht, in diesem Fall die Sünde des Abfallens, kann keine Fürbitte geleistet werden, da Gott sie nicht gewähren wird.
97. Matthias Premm, a.a.O., S. 373-374.
98. Melvin L. Farrell, *A Catholic Catechism for Parents and Teachers* (Milwaukee: Hi-Time Publishers, 1977), S. 133.
99. Der katholische Ritus der Krankensalbung wird in dieser Einleitung verkürzt dargestellt. Der vollständige Ritus ist einsehbar

in: *Die Feier der Krankensakramente* (Benzinger, Herder u.a., 1974).
100. Ebd., S. 168.
101. Konzil zu Florenz, 6. Sitzung.
102. Konzil zu Trient, 6. Sitzung, 9. Kapitel.
103. *Nachkonziliare Dokumentation*, Bd. 2, „Apostolische Konstitution über die Neuordnung des Ablaßwesens" (Trier: Paulinus-Verlag, 1967), Nr. 2, S. 73-75.
104. M. Premm, a.a.O, S. 434.
105. Konzil zu Florenz, 6. Sitzung.
106. Thomas von Aquin, *summa theologica*, Anhang 1, Frage 2, Artikel 6.
107. *Nachkonziliare Dokumentation*, Bd. 2, „Apostolische Konstitution über die Neuordnung des Ablaßwesens", a.a.O., Nr. 5, S. 89-91.
108. Siehe A. Tanquerey, *A Manual of Dogmatic Theology* (New York: Desclee Company, 1959), Bd. 2, S. 321-322.
109. Konzil zu Trient, 6. Sitzung, Lehrsatz 32.
110. Konzil zu Trient, 6. Sitzung, 16. Kapitel; in: Neuner-Roos, a.a.O., Nr. 815.
111. Zweites Vatikanisches Konzil, „Dogmatische Konstitution über die Kirche", Nr. 48; in: Rahner-Vorgrimler, a.a.O., S. 181.
112. Eine vollständige Erklärung der in Matthäus 25,31-46 beschriebenen Ereignisse, und wie diese innerhalb der biblischen Endzeitprophetie einzuordnen sind, ginge über den Rahmen dieses Buchs hinaus. An dieser Stelle soll jedoch zumindest gesagt sein, daß *lehrhafte* Stellen der Bibel zur Auslegung von *Prophetien* herangezogen werden sollten und nicht umgekehrt. Die römisch-katholische Kirche verwendet Matthäus 25,31-46, eine prophetische Aussage, um davon ihre Heilslehre abzuleiten. Das führt zu der Lehre der Kirche, das Heil beruhe auf Glauben und auf Werken.
113. Konzil zu Trient, 6. Sitzung, Lehrsatz 32; in: Neuner-Roos, a.a.O., Nr. 850.
114. Thomas von Aquin, *summa theologica*, Teil 1-11, Frage 114, Artikel 3.
115. Ebd., in: *Die deutsche Thomas-Ausgabe* (Heidelberg: F.H. Kerle, 1955), Bd. 14, S. 217.
116. A. Tanquery, a.a.O., Bd. 2, S. 174.

117. Konzil zu Trient, 6. Sitzung, 16. Kapitel; in: Neuner-Roos, a.a.O., Nr. 816.
118. M. Premm, a.a.O., S. 262.
119. Das Zweite Vatikanische Konzil beschäftige sich in zwei Dokumenten mit der Beziehung der katholischen Kirche zu nichtkatholischen Religionen: „Dogmatische Konstitution über die Kirche", Nr. 16, und „Erklärung über das Verhältnis der Kirche zu den nichtchristlichen Religionen", Nr. 1-5.
120. Zweites Vatikanisches Konzil, „Dogmatische Konstitution über die Kirche", Nr. 16; in: Rahner-Vorgrimler, a.a.O., S. 141.
121. Obwohl die römisch-katholische Kirche lehrt, daß die Taufe heilsnotwendig ist, läßt ihre Theologie dennoch Platz für die Errettung ungetaufter Anhänger nichtchristlicher Glaubensrichtungen: „Die Taufe ist für jene Menschen heilsnotwendig, denen das Evangelium verkündet worden ist und die die Möglichkeit hatten, um dieses Sakrament zu bitten."[1257] „Jeder Mensch, der ohne das Evangelium Christi und seine Kirche zu kennen nach der Wahrheit sucht und den Willen Gottes tut, soweit er ihn kennt, kann gerettet werden. Man darf annehmen, daß solche Menschen *ausdrücklich die Taufe gewünscht* hätten, falls ihnen deren Notwendigkeit bewußt gewesen wäre."[1260]
122. Zweites Vatikanisches Konzil, „Dogmatische Konstitution über die Kirche", Nr. 16; in: Rahner-Vorgrimler, a.a.O., S. 141.
123. Ebd., Nr. 14, S. 140.
124. Konzil zu Trient, 6. Sitzung, 12. Kapitel; in: Neuner-Roos, a.a.O., Nr. 809.
125. Ebd., 25. Sitzung, „Lehrentscheid über den Reinigungsort".
126. Erstes Vatikanisches Konzil, 2. Sitzung, „Glaubensbekenntnis".
127. Zweites Vatikanisches Konzil, „Dogmatische Konstitution über die Kirche", Nr. 49 und 51.
128. *Nachkonziliare Dokumentation*, Bd. 2, „Apostolische Konstitution über die Neuordnung des Ablaßwesens", a.a.O., Nr. 2., S. 75.
129. Zitiert nach dem 2. Konzil zu Lyon, 4. Sitzung.
130. *Nachkonziliare Dokumentation*, Bd. 2, „Apostolische Konstitution über die Neuordnung des Ablaßwesens", a.a.O., Nr. 3., S. 81.
131. Papst Johannes Paul II. opfert am 28. September, dem Todestag Johannes Pauls I., die Messe für Johannes Paul I. und Paul VI.

("The Lord Gives Us Confidence"; in: *L'Osservatore Romano*, 7. Oktober 1992, S. 1)
132. McHugh und Callan, a.a.O., S. 255.
133. Die römisch-katholische Meßliturgie ist in dieser Einleitung verkürzt dargestellt. Der vollständige Ritus ist zum Beispiel einsehbar in: *Der große Sonntags-Schott* (Freiburg: Herder, 1975), S. 619ff.
134. Zweites Vatikanisches Konzil, "Sacred Liturgy", "On Holy Communion and the Worship of the Eucharistic Mystery Outside of Mass", Nr. 6.
135. Ebd.
136. Ebd.
137. McHugh und Callan, a.a.O., S. 228.
138. Zweites Vatikanisches Konzil, "Sacred Liturgy", "On Holy Communion and the Worship of the Eucharistic Mystery Outside of Mass", Nr. 6.
139. In den Worten der Kirche: "Und so ist es ganz wahr, daß ebensoviel unter jeder der beiden Gestalten enthalten ist wie unter beiden. Denn der ganze und unversehrte Christus ist da unter der Gestalt des Brotes und unter jedem Teil dieser Gestalt, und ebenso ist er ganz da unter der Gestalt des Weines und unter ihren Teilen" (Konzil zu Trient, 13. Sitzung, 3. Kapitel; in: Neuner-Roos, a.a.O., Nr. 571).
140. Zweites Vatikanisches Konzil, "Sacred Liturgy", "On Holy Communion and the Worship of the Eucharistic Mystery Outside of Mass", Nr. 6.
141. *Nachkonziliare Dokumentation*, Bd. 19, "Allgemeine Einführung in das Römische Meßbuch", (Trier: Paulinus-Verlag, 1974), Nr. 268, S. 189.
142. Konzil zu Trient, 13. Sitzung, 2. Kapitel; in: Neuner-Roos, a.a.O., Nr. 570.
143. *Nachkonziliare Dokumentation*, Bd. 6, "Instruktion über die Eucharistie", (Trier: Paulinus-Verlag, 1967), Nr. 7, S. 47. Zitat von Leo dem Großen, *Sermo* 63,7.
144. Der Codex Iuris Canonici definiert im Kanon 1246, der Sonntag sei "in der ganzen Kirche als der gebotene ursprüngliche Feiertag zu halten". Kanon 1247 sagt: "Am Sonntag und an anderen gebotenen Feiertagen sind die Gläubigen zur Teilnahme an der Meßfeier verpflichtet ..." Kanon 1248 gewährt zur Erfüllung

dieser Verpflichtung die Möglichkeit, die Messe am Abend des vorausgehenden Tages zu besuchen. (lateinisch-deutsch, a.a.O.)
145. Codex Iuris Canonici, Kanon 920.
146. Papst Paul VI., *Mysterium fidei*, Nr. 39; in: *Katechismus der Katholischen Kirche*, Nr. 1374.
147. Codex Iuris Canonici, Kanon 898, lateinisch-deutsch, a.a.O.
148. Zweites Vatikanisches Konzil, „Sacred Liturgy", „On Holy Communion and the Worship of the Eucharistic Mystery Outside of Mass", Nr. 21.
149. Zweites Vatikanisches Konzil, „Sacred Liturgy", „Second Instruction on the Proper Implementation of the Constitution on the Sacred Liturgy", Nr. 3ff, Zitat vom Konzil zu Trient, 13. Sitzung, 5. Kapitel; in: Neuner-Roos, a.a.O., Nr. 573.
150. Albert Tesniere, *Saint Peter Julian Eymard* (Cleveland: Emmanuel Publications, 1962), S. 90.
151. John J. Cardinal Carberry, *Reflections and Prayers for Visits with Our Eucharistic Lord* (Boston: St. Pauls Books and Media, 1992), S. 15.
152. Konzil zu Trient, 13. Sitzung, Lehrsatz 1; in: Neuner-Roos, a.a.O., Nr. 577.
153. Ebd., 4. Kapitel.
154. McHugh und Callan, a.a.O., S. 228.
155. *Nachkonziliare Dokumentation*, Bd. 6, „Instruktion über die Eucharistie", a.a.O., Nr. 1, S. 29.
156. McHugh und Callan, a.a.O., S. 239.
157. Ebd.
158. Ebd., S. 228.
159. Ebd.
160. Papst Paul VI., *Mysterium fidei*, Nr. 5 in: *Herder Korrespondenz*, Bd. 21, Jahrgang 1964-65, S. 653.
161. Zweites Vatikanisches Konzil, „Dogmatische Konstitution über die Kirche", Nr. 11; in: Rahner-Vorgrimler, a.a.O., S. 135.
162. Zweites Vatikanisches Konzil, „Sacred Liturgy", „General Instruction on the Roman Missal", Nr. 55.
163. *Nachkonziliare Dokumentation*, Bd. 6, „Instruktion über die Eucharistie", a.a.O., Nr. 6, S. 45; Zitat vom Zweiten Vatikanischen Konzil, „Dekret über Leben und Dienst der Priester", Nr. 5.
164. Codex Iuris Canonici, Kanon 898, lateinisch-deutsch, a.a.O.

165. Die römisch-katholische Meßliturgie ist in dieser Einleitung verkürzt dargestellt. Der vollständige Ritus ist zum Beispiel einsehbar in: *Der große Sonntags-Schott* (Freiburg: Herder, 1975), S. 639ff.
166. Gebet nach der Kommunion am 15. August, Fest der Aufnahme Marias in den Himmel; in: *Der große Sonntags-Schott*, a.a.O., S. 1500.
167. Konzil zu Trient, 22. Sitzung, 1. Kapitel; in: Neuner-Roos, a.a.O., Nr. 597.
168. Ebd.
169. Ebd.
170. Ebd.
171. Ebd., Lehrsatz 1; in: Neuner-Roos, a.a.O., Nr. 606.
172. *Nachkonziliare Dokumentation*, Bd. 6, „Instruktion über die Eucharistie", a.a.O., Nr. 9, S. 51.
173. *Nachkonziliare Dokumentation*, Bd. 19, „Allgemeine Einführung in das Römische Meßbuch", a.a.O., Nr. 55, S. 89.
174. Papst Johannes Paul II., *On the Mystery and Worship of the Eucharist*, Nr. 9.
175. *Nachkonziliare Dokumentation*, Bd. 19, „Allgemeine Einführung in das Römische Meßbuch", a.a.O., Nr. 2, S. 33.
176. Papst Pius XI., *Ad catholici sacerdotii*; in: *Heilslehre der Kirche* (Freiburg: Paulusverlag, 1953), S. 807.
177. M. Premm, a.a.O., S. 354.
178. Zweites Vatikanisches Konzil, „Konstitution über die heilige Liturgie", Nr. 47; in: Rahner-Vorgrimler, a.a.O., S. 67.
179. *Nachkonziliare Dokumentation*, Bd. 19, „Allgemeine Einführung in das Römische Meßbuch", a.a.O., Nr. 2, S. 33.
180. Konzil zu Trient, 22. Sitzung, 1. Kapitel; in: Neuner-Roos, a.a.O., Nr. 597.
181. McHugh und Callan, a.a.O., S. 227.
182. Papst Pius XII., *Mediator Dei*, Nr. 70; in: *Heilslehre der Kirche*, a.a.O., S. 162.
183. *Nachkonziliare Dokumentation*, Bd. 6, „Instruktion über die Eucharistie", a.a.O., Nr. 3b, S. 35. Zitat von Paul VI., *Mysterium fidei*.
184. Papst Pius XII., *Mediator Dei*, Nr. 68; in: *Heilslehre der Kirche*, a.a.O., S. 161.
185. McHugh und Callan, a.a.O., S. 258.
186. Codex Iuris Canonici, Kanon 899, lateinisch-deutsch, a.a.O.

187. Gedächtnisgebet aus dem ersten eucharistischen Hochgebet; in: *Der große Sonntags-Schott*, a.a.O., S. 639.
188. Papst Pius XII., *Mediator Dei*, Nr. 68; in: *Heilslehre der Kirche*, a.a.O., S. 161.
189. *Nachkonziliare Dokumentation*, Bd. 19, „Allgemeine Einführung in das Römische Meßbuch", a.a.O., Nr. 270, S. 191.
190. Papst Pius XII., *Mediator Dei*, Nr. 79; in: *Heilslehre der Kirche*, a.a.O., S. 166.
191. Zweites Vatikanisches Konzil, „Instruction on the Manner of Distributing Holy Communion", Nr. 55.
192. Eucharistisches Hochgebet; in: *Der große Sonntags-Schott*, a.a.O., S. 639.
193. McHugh und Callan, a.a.O., S. 255.
194. Konzil zu Trient, 22. Sitzung, 2. Kapitel; in: Neuner-Roos, a.a.O., Nr. 599.
195. Ebd.
196. Ebd.
197. McHugh und Callan, a.a.O., S. 259. Zitat aus einem eucharistischen Gebet; vergl. dazu *Der große Sonntags-Schott*, a.a.O., S. 1209.
198. Drittes eucharistisches Hochgebet; in: *Der große Sonntags-Schott*, a.a.O., S. 665.
199. Ebd., S. 667.
200. Konzil zu Trient, 22. Sitzung, 1. Kapitel; in: Neuner-Roos, a.a.O., Nr. 598.
201. Harris, Archer and Waltke, Hg., *Theological Wordbook of the Old Testament* (Chicago: Moody, 1980), Bd. II, S. 796.
202. Konzil zu Trient, 22. Sitzung, 1. Kapitel; in: Neuner-Roos, a.a.O., Nr. 598.
203. Dieses Prinzip gilt für alle Sakramente. Die Kirche lehrt, ein Sakrament sei dann gültig, wenn der Priester alle wichtigen Einzelheiten des Ritus ordnungsgemäß beachtet. Es ist nicht erforderlich, daß er selbst im Stand der Gnade ist. (Konzil zu Trient, 7. Sitzung, Lehrsatz 12.)
204. M. Premm, a.a.O., S. 355.
205. Erstes eucharistisches Hochgebet; in: *Der große Sonntags-Schott*, a.a.O., S. 639.
206. A. Tanquery, a.a.O., S. 267-268.
207. Dana und Mantey, a.a.O., S. 230.

208. Dana und Mantey beschreiben das futurische Präsens wie folgt:

> Dieser Gebrauch des Präsens bezeichnet ein Ereignis, das noch nicht eingetreten ist, das aber als so kurz bevorstehend betrachtet wird, daß es in Gedanken als bereits geschehen erachtet werden kann (Dana und Mantey, a.a.O., S. 185).

Ein Beispiel dafür finden wir in Matthäus 26,2. Dort gebraucht der Herr Jesus für sein zukünftiges Leiden den Präsens und sagt wortwörtlich: „... daß nach zwei Tagen das Passah ist, und der Sohn des Menschen wird überliefert zum Gekreuzigtwerden." Der Zusammenhang macht deutlich, daß er das *futurhafte* Präsens gebraucht, und so behandeln die meisten Bibelübersetzer diesen Vers auch: „... daß in zwei Tagen das Passah ist; *dann* wird der Sohn des Menschen überliefert, damit er gekreuzigt werde" (nach Schl; vergl. auch Einh).

209. A. Tanquery, a.a.O., Bd. II, S. 268.
210. Konzil zu Trient, 22. Sitzung, 1. Kapitel; in: Neuner-Roos, a.a.O., Nr. 597.
211. Zweites Vatikanisches Konzil, „Dogmatische Konstitution über die Kirche", Nr. 3; in: Rahner-Vorgrimler, a.a.O., S. 124.
212. In 1. Korinther 5,7 steht das Verb „ist geopfert worden" im Aorist Indikativ.
213. Konzil zu Trient, 22. Sitzung, 1. Kapitel; in: Neuner-Roos, a.a.O., Nr. 598.
214. Colin Brown, Hg., *New International Dictionary of New Testament Theology*, Bd. 2, S. 520.
215. Dana und Mantey, a.a.O., S. 200.
216. Kenneth S. Wuest, *The New Testament, An Expanded Translation* (Grand Rapids: Eerdmans Publishing Company, 1956), S. 262.
217. Papst Pius XII., *Mediator Dei*, Nr. 79; in: *Heilslehre der Kirche*, a.a.O., S. 166.
218. Papst Pius XI., *Quas primas*, 11. Dezember 1925; in: *Heilslehre der Kirche*, a.a.O., S. 64.
219. Diese Zahl basiert auf folgender Berechnung: Die weltweit insgesamt 404.031 römisch-katholischen Priester feiern jeweils ca. 300 mal jährlich die Messe, was zusammen 121,2 Millionen Messen sind. Die Zahl der Priester ist entnommen aus: *1994*

Catholic Almanac (Huntington, IN: Our Sunday Visitor Publishing Division, 1993), S. 367. Sie entspricht dem Stand vom 31. 12. 1991.
220. Papst Pius XII., *Mediator Dei*, Nr. 68; in: *Heilslehre der Kirche*, a.a.O., S. 161.
221. Ebd.
222. Drittes eucharistisches Hochgebet; in: *Der große Sonntags-Schott*, a.a.O., S. 665.
223. *Nachkonziliare Dokumentation*, Bd. 19, „Allgemeine Einführung in das Römische Meßbuch", a.a.O., Nr. 2, S. 33.
224. Erstes eucharistisches Hochgebet; in: *Der große Sonntags-Schott*, a.a.O., S. 639.
225. Konzil zu Trient, 22. Sitzung, 2. Kapitel; in: Neuner-Roos, a.a.O., Nr. 599.
226. A. Tanquery, a.a.O., Bd. II, S. 279. Vergl. auch Ludwig Ott, *Fundamentals of Catholic Dogma*, (Rockford, IL: Tan Books and Publishers, 1960), S. 414.
227. Konzil zu Trient, 22. Sitzung, 1. Kapitel; in: Neuner-Roos, a.a.O., Nr. 598.
228. Ebd.
229. Papst Pius XII., *Mediator Dei*, Nr. 79; in: *Heilslehre der Kirche*, a.a.O., S. 165.
230. Papst Paul VI., *Mysterium fidei*, Nr. 33; in: *Herder Korrespondenz*, Bd. 21, Jahrgang 1964-65, S. 656.
231. Konzil zu Trient, 22. Sitzung, 2. Kapitel; in: Neuner-Roos, a.a.O., Nr. 599.
232. Der katholische Gelehrte Fr. A. Tanquery erklärt die römisch-katholische Position folgenderweise:

> Es ist nicht unmöglich, daß der *Leib Christi gleichzeitig im Himmel und auf allen Altären, auf denen Brot und Wein konsekriert werden*, gegenwärtig ist. Es wäre tatsächlich unvereinbar, daß der Leib gleichzeitig an vielen Orten gemäß örtlicher Gegenwart anwesend ist: dann wäre dieser Leib örtlich von sich selbst entfernt und getrennt. Jeder Widerspruch löst sich jedoch auf, wenn der Leib *örtlich* nur an einem Platz ist, und an anderen Orten *substanzhafte* Weise; denn dann ist er nicht von sich selbst entfernt oder getrennt. Nun ist Christi Leib nur im Himmel auf *örtliche Weise*, nicht

jedoch in der Eucharistie, sondern dort ist er auf *substanzhafte* Weise (a.a.O., Bd. II, S. 262).

233. John A. Hardon, S.J., *The Catholic Catechism* (Garden City, NY: Doubleday, 1975), S. 467.
234. Zweites Vatikanisches Konzil, „Dekret über Leben und Dienst der Priester", Nr. 13; in: Rahner-Vorgrimler, a.a.O., S. 584. Siehe auch Codex Iuris Canonici, Kanon 904.
235. Papst Pius XII., *Mediator Dei*, Nr. 73; in: *Heilslehre der Kirche*, a.a.O., S. 163.
236. *Der große Sonntags-Schott*, a.a.O., S. 1209. Dieses Gebet wird auch vom Zweiten Vatikanischen Konzil zitiert: „Dekret über Leben und Dienst der Priester", Nr. 13, Fußnote 14; in: Rahner-Vorgrimler, a.a.O., S. 584.
237. Papst Pius XII., *Mediator Dei*, Nr. 79; in: *Heilslehre der Kirche*, a.a.O., S. 164.
238. Zweites Vatikanisches Konzil, „Dekret über Leben und Dienst der Priester", Nr. 2.
239. Ebd. und Zweites Vatikanisches Konzil, „Dogmatische Konstitution über die Kirche", Nr. 10.
240. Zweites Vatikanisches Konzil, „Dekret über Leben und Dienst der Priester", Nr. 2; in: Rahner-Vorgrimler, a.a.O., S. 562-563.
241. Konzil zu Trient, 23. Sitzung, Lehrsatz 1; in: Neuner-Roos, a.a.O., Nr. 713.
242. John A. Hardon, S.J., *Pocket Catholic Dictionary* (New York: Image Books, 1985), S. 256.
243. Der *Katechismus der Katholischen Kirche* zitiert Titus 1,5 [1577, 1590] und Jakobus 5,14 [1510, 1516, 1519, 1526] ebenfalls, um das Priesteramt zu rechtfertigen.
244. Zweites Vatikanisches Konzil, „Dogmatische Konstitution über die Kirche", Nr. 8; in: Rahner-Vorgrimler, a.a.O., S. 130.
245. Ebd.
246. Zweites Vatikanisches Konzil, „Die pastorale Konstitution über die Kirche in der Welt von heute", Nr. 44; in: Rahner-Vorgrimler, a.a.O., S. 495.
247. Erstes Vatikanisches Konzil, 4. Sitzung, „Erste dogmatische Konstitution über die Kirche Christi", Kapitel 1.
248. Konzil zu Trient, 13. Sitzung, 3. Kapitel; in: Neuner-Roos, a.a.O., Nr. 571.

249. Ebd., 23. Sitzung, 1. Kapitel; in: Neuner-Roos, a.a.O., Nr. 706.
250. Ebd., 22. Sitzung, 1. Kapitel; in: Neuner-Roos, a.a.O., Nr. 597.
251. Zweites Vatikanisches Konzil, „Dogmatische Konstitution über die Kirche", Nr. 53; in: Rahner-Vorgrimler, a.a.O., S. 187.
252. Ebd.
253. Ebd.
254. Berichtet von Virgilio Levi, *L'Osservatore Romano*, 18. Mai 1991, S. 7.
255. Das Motto *totus tuus* stammt aus einem lateinischen Gebet von St. Louis de Montfort (1673-1716): *Totus tuus ego sum, et omnia mea tua sunt, O Virgo super omnia benedicta*: „Ich bin dein, ganz und gar, und alles Meine gehört dir, o du über alles gebenedeite Jungfrau"; aus: Arthur Burton Calkins, *Totus Tuus* (Libertyville, IL: Academy of the Immaculate, 1992), S. 27.
256. Der Dialog basiert auf einem Interview mit Monsignore Stanislaus, das von Andre Frossard durchgeführt und aufgezeichnet wurde: *Be Not Afraid!* (New York; St. Martin's Press, 1982), S. 226.
257. Alfons von Liguori, *The Glories of Mary*, (Brooklyn, NY: Redemptorist Fathers, 1931), S. 235.
258. Papst Pius IX., *Ineffabilis Deus*; in: *Heilslehre der Kirche*, a.a.O., S. 307-308.
259. Ebd., S. 319.
260. Ebd., S. 323.
261. Ebd., S. 320.
262. Ebd., S. 308.
263. McHugh und Callan, a.a.O., S. 46.
264. Ebd.
265. Ebd., S. 45-46.
266. Ebd.
267. Litanei der seligen Jungfrau Maria, von Papst Sixtus V.
268. Ebd.
269. Papst Pius XII., *Munificentissmus Deus*, Nr. 44; in: *Heilslehre der Kirche*, a.a.O., S. 346-347.
270. Die römisch-katholische Kirche sagt, Maria sei in der Frau aus 1. Mose 3,15 vorausschattiert. Der unmittelbare Zusammenhang spricht hier jedoch von Eva und nicht von Maria.
271. Einige katholische Gelehrte verstehen „die Frau" aus Offenbarung 12,1 als einen Hinweis auf Maria (zum Beispiel Papst

Johannes Paul II., *Redemptoris mater*, Nr. 24). Andere sehen in der „Frau" einen Hinweis auf Israel. Letzteres scheint besser in den Zusammenhang zu passen.
272. Konzil zu Ephesus, „Dritter Brief Cyrills gegen Nestorius", Lehrsatz 1.
273. McHugh und Callan, a.a.O., S. 46.
274. Thomas von Aquin, *summa theologica*, Teil III, Frage 28, Artikel 3.
275. Ebd., in: *Die deutsche Thomas-Ausgabe*, a.a.O., Bd. 26, S. 260.
276. Ebd., S. 261.
277. Ebd.
278. Ebd.
279. Ebd.
280. Ebd.
281. M. Premm, a.a.O., S. 313.
282. McHugh und Callan, a.a.O., S. 371-372; Zitat von Augustinus.
283. Papst Pius IX., *Ineffabilis Deus*; in: *Heilslehre der Kirche*, a.a.O., S. 323.
284. Ebd., S. 317.
285. Papst Pius XII., *Mystici corporis*; in: *Heilslehre der Kirche*, a.a.O., S. 525.
286. Papst Pius IX., *Ineffabilis Deus*; in: *Heilslehre der Kirche*, a.a.O., S. 323.
287. Manche römisch-katholischen Dokumente vermeiden die Aussage, daß Maria überhaupt starb. Anstatt dessen verwenden sie zweideutige Umschreibungen wie: „nach Vollendung ihres irdischen Lebenslaufes"[974], „am Ende ihres irdischen Lebens" (Papst Paul VI., *Das Credo des Gottesvolkes*, Nr. 15) und noch einmal „nach Vollendung ihres irdischen Lebenslaufs" (Zweites Vatikanisches Konzil, „Dogmatische Konstitution über die Kirche, Nr. 59; im Englischen anders als unter [974]). In der dogmatischen Definition der Himmelfahrt Marias wollte Papst Pius XII. diese Frage nicht klären. Er schrieb über Maria lediglich, „nachdem sie ihren irdischen Lebenslauf vollendet hatte" (*Munificentissimus Deus*; in: *Heilslehre der Kirche*, a.a.O., S. 347). Manche katholischen Theologen streiten sich zwar immer noch um diese Frage, doch die meisten lehren, daß Maria gestorben ist.
288. Alfons von Liguori, a.a.O., S. 407.
289. 1. Mose 3,15; Psalm 131,8; 44,10-14; Hohelied 3,6; 4,8; 6,9; 8,5;

Jesaja 61,13; Lukas 1,28; Römer 5,6; 1. Korinther 15,21-26.54-57; Offenbarung 12.
290. Papst Pius XII., *Munificentissmus Deus*, Nr. 26; in: *Heilslehre der Kirche*, a.a.O., S. 338-339.
291. Johannes Paul II., *Predigt bei der feierlichen Messe in Fatima am 13. Mai 1982*; in: *Der Apostolische Stuhl 1982* (Liberia Editrice Vaticana), S. 397.
292. Johannes Paul II., *Portugal: Message of Fatima* (Boston: St. Paul's Editions, 1983), S. 49-50.
293. Basiert auf einem Interview mit Monsignore Stanislaus, das von Andre Frossard durchgeführt und aufgezeichnet wurde: *Be Not Afraid!* (New York; St. Martin's Press, 1982), S. 251.
294. Das war weder das erste noch das letzte Mal, daß ein Papst die Welt an Maria geweiht hat. Zur Geschichte des römisch-katholischen Standpunkts von Johannes Pauls Programm der Marienweihe siehe Arthur Burton Calkins, a.a.O.
295. Papst Johannes Paul II., *L'Osservatore Romano*, 24. Mai 1982, S. 5 u. 12; in: *Der Apostolische Stuhl 1982*, a.a.O., S. 404-407.
296. Zweites Vatikanisches Konzil, „Dogmatische Konstitution über die Kirche", Nr. 56; in: Rahner-Vorgrimler, a.a.O., S. 188-189.
297. Papst Benedikt XV., *Inter sodalicia*. Dieses und einige der folgenden Zitate sind in einer Sammlung von Aussagen neuzeitlicher Päpste einzusehen: Francis J. Ripley, Hg., *Mary, Mother of the Church* (Rockford, IL: Tan Books, 1969); zum Teil lag auch, wie jeweils angegeben, die entsprechende deutsche Quelle vor.
298. Papst Pius XII., *Mystici corporis*; in: *Heilslehre der Kirche*, a.a.O., S. 525.
299. Zweites Vatikanisches Konzil, „Dogmatische Konstitution über die Kirche", Nr. 58; in: Rahner-Vorgrimler, a.a.O., S. 190.
300. Papst Pius XI, *Explorata res*.
301. Papst Benedikt XV., *Inter sodalicia*.
302. Papst Pius XII., *Ad coeli Reginam*.
303. Papst Leo XIII., *Ubi Primum*.
304. Dekret der Kongegration des Heiligen Offiziums, „Ablässe", 26. Juni 1913, veröffentlicht in: *Acta apostolicae Sedis*. Siehe auch: Denzinger-Hünermann, *Kompendium der Glaubensbekenntnisse und kirchlichen Lehrentscheidungen* (Freiburg: Herder, 1991), Nr. 1978a und Fußnote 2; A. Tanquery, a.a.O., Bd. 2, S. 108-109; L. Ott, a.a.O., S. 212-213.

305. Papst Pius IX., *Ineffabilis Deus*; in: *Heilslehre der Kirche*, a.a.O., S. 308 u. 316.
306. Papst Leo XIII., *Adiutrice populi*.
307. Papst Pius XII., *Ad coeli Reginam*.
308. Papst Pius X., *Ad diem illum laetissimum*, Nr. 12.
309. Papst Benedikt XV., *Fausto appetente*; in. *Heilslehre der Kirche*, a.a.O., S. 1175.
310. Papst Leo XIII., *Octobri mense*.
311. Papst Pius IX., *Ineffabilis Deus*; in: *Heilslehre der Kirche*, a.a.O., S. 317.
312. Ebd., S. 325.
313. Papst Leo XIII., *Octobri mense*.
314. Papst Pius X., *Ad diem illum laetissimum*, Nr. 13.
315. Papst Leo XIII., *Octobri mense*.
316. Zweites Vatikanisches Konzil, „Dogmatische Konstitution über die Kirche", Nr. 66; in: Rahner-Vorgrimler, a.a.O., S. 195.
317. Papst Pius XII., *Mystici corporis*.
318. Papst Benedikt XV., *Inter sodalicia*.
319. Papst Johannes Paul II., *Salvifici doloris*, Nr. 25; in: *Der Apostolische Stuhl 1984* (Liberia Editrice Vaticana), S. 984-985.
320. Ebd.
321. Zweites Vatikanisches Konzil, „Dogmatische Konstitution über die Kirche", Nr. 61; in: Rahner-Vorgrimler, a.a.O., S. 192.
322. Papst Pius IX., *Ineffabilis Deus*; in: *Heilslehre der Kirche*, a.a.O., S. 316.
323. Zweites Vatikanisches Konzil, „Dogmatische Konstitution über die Kirche", Nr. 57; in: Rahner-Vorgrimler, a.a.O., S. 190.
324. Papst Johannes Paul II., *Salvifici doloris*, Nr. 25; in: *Der Apostolische Stuhl 1984* (Liberia Editrice Vaticana), S. 984.
325. Ebd., S. 985.
326. Die römisch-katholische Theologie versäumt es eine klare Unterscheidung zwischen den erlösenden Leiden Christi zu unserer Errettung und den persönlichen Leiden von Menschen zu treffen [618, 964, 1505, 1521, 1532]. Siehe dazu zum Beispiel Papst Johannes Pauls II. Abhandlung über das menschliche Leiden in seinem apostolischen Schreiben *Salcifici doloris*, „über den christlichen Sinn des menschlichen Leidens", aus dem Jahre 1984 (*Der Apostolische Stuhl 1984*, a.a.O, S. 957-999). Seinen ganzen Gedankengang baut er auf Kolosser 1,24 auf, wo Paulus schreibt:

> Jetzt freue ich mich in den Leiden für euch und ergänze in meinem Fleisch, was noch aussteht von den Bedrängnissen des Christus für seinen Leib, das ist die Gemeinde.

Der Papst sagt, der Apostel erkläre hier „die heilbringende Kraft des Leidens" (*Salvifici doloris*, Nr 1). Über Maria schreibt er:

> Sie hat tatsächlich ein ganz besonderes Anrecht darauf, von sich sagen zu können, daß sie an ihrem Leib – wie schon in ihrem Herzen – ergänze, was an den Leiden Christi noch fehlt.
> *Salvici doloris*, Nr. 25

In ähnlicher Weise hat dem Papst zufolge jedes menschliche Leiden Anteil an der Erlösung:

> Jeder Mensch hat auf seine Weise teil an der Erlösung ... Indem er die Erlösung durch das Leiden bewirkte, hat Christus zugleich das menschliche Leiden auf die Ebene der Erlösung gehoben. Darum kann auch jeder Mensch durch sein Leiden am erlösenden Leiden Christi teilhaben.
> *Salvifici doloris*, Nr. 19

Der Zusammenhang von Kolosser 1,24 sagt jedoch nichts über ein etwaiges Leiden des Paulus *zur Errettung* oder *zur Teilnahme an der Erlösung*. Er spricht vielmehr von seinen Leiden um der Gerechtigkeit Willen im Verlauf seines Dienstes. Wenn Christen, Glieder am Leib Christi auf Erden, leiden, dann teilt der Herr im Himmel ihre Leiden (Apostelgeschichte 9,4; 1. Korinther 12,26). In diesem Sinn ergänzt die Gemeinde die Leiden Christi. Diese Leiden von Christen sollten nicht mit dem erlösenden Leiden und Sterben Christi für unsere Sünden am Kreuz durcheinandergebracht werden.

327. Papst Benedikt XV., *Inter sodalicia*.
328. Papst Leo XIII., *Jucunda semper*; in: *Heilslehre der Kirche*, a.a.O., S. 672.
329. Zweites Vatikanisches Konzil, „Dogmatische Konstitution über die Kirche", Nr. 58; in: Rahner-Vorgrimler, a.a.O., S. 190.
330. Papst Benedikt XV., *Fausto appetente*; in: *Heilslehre der Kirche*, a.a.O., S. 1175.

331. Zweites Vatikanisches Konzil, „Dogmatische Konstitution über die Kirche", Nr. 60; in: Rahner-Vorgrimler, a.a.O., S. 191.
332. Ebd., Nr. 62, S. 192.
333. Ebd., Nr. 60, S. 191.
334. Codex Iuris Canonici, Kanon 1186, lateinisch-deutsch, a.a.O.
335. Papst Leo XIII., *Ubi primum*.
336. Papst Leo XIII., *Adiutricem populi*.
337. Papst Leo XIII., *Supreme apostulatus*.
338. Papst Leo XIII., *Octrobri mense*; in: *Heilslehre der Kirche*, a.a.O., S. 303.
339. Papst Benedikt XV., *Fausto appetente*; in: *Heilslehre der Kirche*, a.a.O., S. 1175.
340. Papst Leo XIII., *Superiore anno*.
341. Papst Pius XII., Ansprache vom 21. April 1940.
342. Papst Pius IX., *Exultavit cor nostrum*.
343. Papst Benedikt XV., *Fausto appetente*; in: *Heilslehre der Kirche*, a.a.O., S. 1175.
344. Papst Leo XIII., *Octobri mense*; in: *Heilslehre der Kirche*, a.a.O., S. 302.
345. Papst Pius X., *Tanto studio*.
346. Papst Leo XIII., *Octobri mense*.
347. Zweites Vatikanisches Konzil, „Dogmatische Konstitution über die Kirche", Nr. 60; in: Rahner-Vorgrimler, a.a.O., S. 191-192.
348. Papst Pius X., *Ad diem*, Nr. 14.
349. *Nachkonziliare Dokumentation*, Bd. 2, „Apostolische Konstitution über die Neuordnung des Ablaßwesens", a.a.O., Nr. 5, S. 87-89.
350. Ebd.
351. Papst Pius X., *Ad diem*, Nr. 12.
352. Ebd., Nr. 14.
353. Zweites Vatikanisches Konzil, „Dogmatische Konstitution über die Kirche", Nr. 60; in: Rahner-Vorgrimler, a.a.O., S. 192.
354. Papst Pius IX., *Ineffabilis Deus*; in: *Heilslehre der Kirche*, a.a.O., S. 317.
355. Papst Pius IX., *Ubi primum*.
356. Papst Pius X., *Ad diem*.
357. Papst Leo XIII., *Fidentem piumque*; in: *Heilslehre der Kirche*, a.a.O., S. 689.

358. Papst Leo XIII., *Octobri mense*; in: *Heilslehre der Kirche*, a.a.O., S. 301.
359. Papst Leo XIII., *Augustissimae*.
360. Papst Leo XIII., *Jucunda semper*.
361. Papst Pius XI., *Ingravescentibus malis*.
362. Papst Leo XIII., *Jucunda semper*.
363. Papst Leo XIII., *Parta humano generi*.
364. Papst Leo XIII., *Adiutricem populi*; in: *Heilslehre der Kirche*, a.a.O., S. 290.
365. Papst Pius X., *Ad diem*, Nr 13.
366. Übersetzung des hebräischen „zu meinem Angesicht hin" (2. Mose 20,3) von C.F. Keil und F. Delitzsch, *Commentary on the Old Testament* (Grand Rapids: Eerdmanns, Reprint 1985), The Pentateuch, Bd. 2, S. 114.
367. Papst Pius IX., *Ineffabilis Deus*.
368. Ebd.
369. Ebd., in: *Heilslehre der Kirche*, a.a.O., S. 308.
370. Papst Leo XIII., *Jucunda semper*; in: *Heilslehre der Kirche*, a.a.O., S. 670.
371. Papst Leo XIII., *Fidentem piumque*; in: *Heilslehre der Kirche*, a.a.O., S. 689.
372. Papst Benedikt XV., *Inter sodalicia*.
373. Papst Pius IX., *Ineffabilis Deus*; in: *Heilslehre der Kirche*, a.a.O., S. 324.
374. Alfons von Liguori, a.a.O., S. 407.
375. Vergl. Papst Pius XII., *Munificentissmus Deus*, Nr. 39.
376. Papst Pius XII., *Munificentissimus Deus*, Nr. 17; in: *Heilslehre der Kirche*, a.a.O., S. 335.
377. Papst Paul VI., *Das Credo des Gottesvolkes*, Nr. 15.
378. Zweites Vatikanisches Konzil, „Dogmatische Konstitution über die Kirche", Nr. 59; in: Rahner-Vorgrimler, a.a.O., S. 191.
379. Papst Pius X., *Ad diem*, Nr. 14.
380. Papst Pius XII., *Munificentissimus Deus*, Nr. 20; in: *Heilslehre der Kirche*, a.a.O., S. 337.
381. Papst Pius IX., *Ineffabilis Deus*; in: *Heilslehre der Kirche*, a.a.O., S. 325.
382. Papst Pius XII., *Munificentissimus Deus*, Nr. 14; in: *Heilslehre der Kirche*, a.a.O., S. 334.

383. Zweites Vatikanisches Konzil, „Dogmatische Konstitution über die Kirche", Nr. 62; in: Rahner-Vorgrimler, a.a.O., S. 192.
384. *Katechismus der Katholischen Kirche*, Nr. 722, vergl. 2. Korinther 9,15.
385. Litanei der seligen Jungfrau Maria, von Papst Sixtus V., vergl. Johannes 15,11.
386. Ebd., vergl. Offenbarung 22,16.
387. Ebd., vergl. Johannes 10,9; 14,6.
388. Ebd., vergl. Matthäus 11,19.28.
389. Die Verehrung Marias unter dem Titel „Unsere Liebe Frau von der immerwährenden Hilfe" wurde von Papst Pius IX. (1846-1878) offiziell empfohlen. Vergl. Hebräer 7,25; 13,5-6.
390. Papst Leo XIII., *Parta humano generi*, vergl. 1. Petrus 2,25.
391. Papst Benedikt XV., *Inter soladicia*, vergl. Römer 10,13.
392. Papst Pius VIII., *Praestantissiumum sane*.
393. Thomas von Aquin, *summa theologica*, Teil 3, Frage 28, Artikel 3; in: *Die deutsche Thomas-Ausgabe*, a.a.O., Bd. 26, S. 260.
394. Litanei der seligen Jungfrau Maria, von Papst Sixtus V.
395. Papst Leo XIII., *Octobri mense*.
396. Papst Leo XIII., *Adiutricem populi*.
397. Litanei der seligen Jungfrau Maria, von Papst Sixtus V.
398. Zweites Vatikanisches Konzil, „Dogmatische Konstitution über die Kirche", Nr. 56; in: Rahner-Vorgrimler, a.a.O., S. 189. Siehe auch *Katechismus der Katholischen Kirche*, Nr. 726.
399. Papst Pius IX., *Ineffabilis Deus*; in: *Heilslehre der Kirche*, a.a.O., S. 320.
400. Die römisch-katholische Kirche betrachtet Militiades (311-314) als Bischof von Rom zur Zeit der angeblichen Bekehrung Konstantins. Silvester (314-335) war der erste Bischof, dem die ganzen Vorteile der Gunst des Kaisers zufielen.
401. Einige Historiker sehen den 19. Juni 325 als Eröffnungstag des Konzils an.
402. Die Zahlen gelten für den 31. Dezember 1991. Veröffentlicht von Felician A. Foy, Hg., *1994 Catholic Almanach* (Huntington, IA: Our Sunday Visitor Publishing Division, 1993), S. 367.
403. Zweites Vatikanisches Konzil, „Dekret über die Hirtenaufgabe der Bischöfe in der Kirche", Nr. 8; in: Rahner-Vorgrimler, a.a.O., S. 260.

404. Zweites Vatikanisches Konzil, „Dogmatische Konstitution über die Kirche", Nr. 20; in: Rahner-Vorgrimler, a.a.O., S. 146.
405. Zweites Vatikanisches Konzil, „Dekret über die Hirtenaufgabe der Bischöfe in der Kirche", Nr. 2; in: Rahner-Vorgrimler, a.a.O., S. 257.
406. Ebd.
407. Ebd., Nr. 4; in: Rahner-Vorgrimler, a.a.O., S. 259.
408. Erstes Vatikanisches Konzil, 4. Sitzung, 1. Kapitel; in: Neuner-Roos, a.a.O., Nr. 438.
409. Die katholischen Ostkirchen dürfen nicht mit den östlich-orthodoxen Kirchen verwechselt werden. Die volle Gemeinschaft der östlich-orthodoxen Kirchen mit Rom endete mit dem Schisma von 1054. Zu den östlich-orthodoxen Gemeinschaften gehören die griechisch- und die russisch-orthodoxe und andere Kirchen. Die orthodoxen Kirchen erkennen die Jurisdiktion des Bischofs von Rom nicht an. Deshalb sind sie nicht römisch-katholisch [838, 1399].
410. Die Zahlen gelten für den 31. Dezember 1991. Veröffentlicht von Felician A. Foy, Hg., *1994 Catholic Almanac* (Huntington, IA: Our Sunday Visitor Publishing Division, 1993), S. 367.
411. Erstes Vatikanisches Konzil, 4. Sitzung, 1. Kapitel; in: Neuner-Roos, a.a.O., Nr. 440.
412. Ebd., 3. Kapitel; in: Neuner-Roos, a.a.O., Nr. 444.
413. Ebd., 1. Kapitel; in: Neuner-Roos, a.a.O., Nr. 440.
414. Der *Katechismus der Katholischen Kirche* sagt, Petrus sei der Fels, auf dem Christus seine Kirche gegründet habe [552, 586, 881]. Das ist die offizielle römisch-katholische Position. Merkwürdigerweise sagt der Katechismus ferner auch:

> Durch die Gnade des Heiligen Geistes bewegt und vom Vater angezogen, glauben und bekennen wir von Jesus: „Du bist der Messias, der Sohn des lebendigen Gottes" (Matthäus 16,16). Auf den Felsen dieses Glaubens, den der hl. Petrus bekannte, hat Christus seine Kirche gebaut.
> *Katechismus der Katholischen Kirche* [424]

415. G. Campbell Morgan, *The Gospel According to Matthew* (New York: Fleming H. Revell Co.), S. 211.
416. Zu den Beispielen aramäischer Wörter im griechischen Neuen

Testament zählen *raca* (Matthäus 5,22), *Eloi* (Markus 15,34) und *Rabbuni* (Johannes 20,16).
417. Johannes 1,42; 1. Korinther 1,12; 3,22; 9,5; 15,5; Galater 1,18; 2,9.11.14
418. A. Tanquery, a.a.O., Bd. 1, S. 120.
419. Die römisch-katholische Lehre von der apostolischen Sukzession ist der Glaube, daß die Apostel Bischöfe als ihre Nachfolger eingesetzt und ihnen ihre dreifache Vollmacht des Lehrens, Heiligens und Leitens verliehen haben. Sie ist nicht der Glaube, daß die Bischöfe neue Apostel seien [860]. Deshalb beruft sich die Kirche zur Untermauerung ihres Anspruchs nicht auf Apostelgeschichte 1,15-26, wo Matthias als Ersatz für Judas Iskariot gewählt wird.
420. A. Tanquery, a.a.O., Bd. 1, S. 104.
421. Philip Schaff, *History of the Christian Church* (Grand Rapids: Eerdmanns, 1910), Bd. 2, S. 164-165.
422. Michael Walsh, *An Illustrated History of the Popes: Saint Peter to John Paul II* (New York: St. Martin's Press, 1980), S. 9.
423. Bruce L. Shelley, *Church History in Plain Language* (Waco, TX: Word, 1982), S. 151.
424. Für eine vollständige Erläuterung, wie Leo I. das römische Recht auf den Anspruch des Papsttums anwandte, sie F.A. Sullivan, „Papacy", in *The New Catholic Encyclopedia* (New York, McGraw-Hill, 1967), Bd. 10, S. 952-953.
425. Will Durant, *The Story of Civilisation*, „The Age of Faith" (New York: Simon und Schuster, 1950), Bd. 4, S. 50.
426. Ebd., S. 525.
427. Richard P. McBrien, *Catholicism* (San Francisco, CA: Harper Collins, 1994), Bd. 2, S. 622. Obwohl der Autor römisch-katholischer Priester und Vorsitzender der Fakultät für Theologie der Universität von Notre Dame ist, trägt dieses Buch nicht die offizielle Erklärungen der Kirche *Nihil obstat* und *Imprimatur*.
428. Papst Bonifaz VIII., *Unam sanctam*.
429. Zweites Vatikanisches Konzil, „Dogmatische Konstitution über die Kirche", Nr. 18.
430. Diese Darstellung basiert auf Berichten von dem Ereignis von James T. O'Conner, *The Gift of Infallibility* (Boston: Daughters of St. Paul, 1986) und von Dom Cuthbert Butler, *The Vatican Council* (Westminster, MD: Newman Press, 1962).
431. O'Conner, a.a.O., S. 19.

432. Ebd., S. 19-20.
433. Zweites Vatikanisches Konzil, „Dogmatische Konstitution über die göttliche Offenbarung", Nr. 7, Zitat von Irenäus, *Adv. Haer. III, 3,1*; in: Rahner-Vorgrimler, a.a.O., S. 370.
434. Ebd., Nr. 10; S. 372.
435. Zweites Vatikanisches Konzil, „Dogmatische Konstitution über die Kirche", Nr. 20; in: Rahner-Vorgrimler, a.a.O., S. 146.
436. Ebd., Nr. 25; S. 152.
437. Erstes Vatikanisches Konzil, 3. Sitzung, 4. Kapitel; in: Neuner-Roos, a.a.O., Nr. 44.
438. Ebd.
439. Zweites Vatikanisches Konzil, „Dogmatische Konstitution über die Kirche", Nr. 25.
440. Erstes Vatikanisches Konzil, 4. Sitzung, 4. Kapitel; in: Neuner-Roos, a.a.O., Nr. 454.
441. Zweites Vatikanisches Konzil, „Dogmatische Konstitution über die Kirche", Nr. 25; in: Rahner-Vorgrimler, a.a.O., S. 153.
442. Ebd., S. 152-153; siehe auch Codex Iuris Canonici, Kanon 752.
443. Zweites Vatikanisches Konzil, „Dogmatische Konstitution über die Kirche", Nr. 25; in: Rahner-Vorgrimler, a.a.O., S. 152.
444. *National Catholic Reporter*, 4. Februar 1994, S. 14.
445. Zweites Vatikanisches Konzil, „Dogmatische Konstitution über die göttliche Offenbarung", Nr. 7, Zitat von Irenäus, *Adv. Haer. III, 3,1*; in: Rahner-Vorgrimler, a.a.O., S. 370.
446. Die wichtigsten Verse, die die Kirche zur Unterstützung der Unfehlbarkeit von Petrus und den Aposteln heranzieht, sind: Jesaja 59,21; Matthäus 16,18-19; 28,18-20; Markus 16,20; Lukas 10,16; 22,31-32; Johannes 14,16-26; 16,31; 21,15-17; Apostelgeschichte 1,8; 5,32; 15,28; 2. Korinther 10,5-6; 1. Timotheus 3,15; 6,20-21; 2. Timotheus 1,13-14; 2. Thessalonicher 2,14.
447. Ignatius, Brief an die Smyrner 8,2.
448. Siehe beispielsweise A. Tanquery, a.a.O., Bd. 1, S. 99-103.
449. Tanquery, a.a.O., Bd. 1, S. 103.
450. Michael J. Wrenn, *Catechism and Controversies* (San Francisco: Ignatius Press, 1991), S. 144-147.
451. M. Premm, a.a.O., S. 29.
452. Zweites Vatikanisches Konzil, „Dogmatische Konstitution über die göttliche Offenbarung", Nr. 25; in: Rahner-Vorgrimler, a.a.O., S. 381.

453. Ebd., Nr. 22; S. 379.
454. Ebd., Nr. 25; S. 381.
455. Walter M. Abbot, S.J., Hg., *The Documents of Vatican II* (New York: 1966), S. 125, Fußnote 50.
456. Zweites Vatikanisches Konzil, „Dogmatische Konstitution über die göttliche Offenbarung", Nr. 10; in: Rahner-Vorgrimler, a.a.O., S. 372.
457. Ebd.
458. Erstes Vatikanisches Konzil, 3. Sitzung, 2. Kapitel; in: Neuner-Roos, a.a.O., Nr. 96.
459. Zweites Vatikanisches Konzil, „Dogmatische Konstitution über die göttliche Offenbarung", Nr. 25; in: Rahner-Vorgrimler, a.a.O., S. 381.
460. Codex Iuris Canonici, Kanon 825; lateinisch-deutsch, a.a.O.
461. Zweites Vatikanisches Konzil, „Dogmatische Konstitution über die göttliche Offenbarung", Nr. 23; in: Rahner-Vorgrimler, a.a.O., S. 380.
462. Ebd., Nr. 12; S. 375.
463. Papst Pius XII., *Humani generis*, Nr. 21, Zitat von Papst Pius IX.; in: Neuner-Roos, a.a.O., Nr. 461.
464. Harris, Archer, Waltke, Hg., *Theological Wordbook of the Old Testament* (Chicago: Moody, 1980), Bd. II, S. 914-915.
465. Nach protestantischer Sicht ist 2. Mose 20,4-6, „Du sollst dir kein Götterbild machen ..." das zweite Gebot. Die katholische Kirche behandelt dieses Gebot als Teil des ersten Gebots, „Ich bin der Herr, dein Gott ... Du sollst keine anderen Götter haben neben mir" (2. Mose 20,2-3) [2066, 2084-2141].

Die römisch-katholische Einteilung der Gebote schwächt das Verbot des Herstellens von Bildnissen wie zum Beispiel Statuen, Figuren und Ikonen ab. Die Folge ist, daß viele katholische Katechismen 2. Mose 20,4-6 gänzlich ignorieren. Die Katechismen, die diese Verse erwähnen, wie zum Beispiel der *Katechismus der Katholischen Kirche*, erklären, weshalb dieses Verbot nicht für den katholischen Brauch gilt [2129-2132, 2141]:

> Die christliche Bilderverehrung widerspricht nicht dem ersten Gebot, das Götzenbilder verbietet. Denn „die Ehre, die wir einem Bild erweisen, geht über auf das Urbild" (Basi-

lius, Spir. 18,45), und „wer das Bild verehrt, verehrt in ihm die Person des darin Abgebildeten" (2. K. v. Nizäa).

Katechismus der Katholischen Kirche[2132]

Da die ersten beiden Gebote aus 2. Mose 20 im römischen Katholizismus als ein einziges Gebot betrachtet werden, muß die Kirche 2. Mose 20,17 in zwei Gebote aufteilen, damit wieder die Gesamtzahl von zehn Geboten hergestellt ist. 2. Mose 20,17 lautet:

> Du sollst nicht das Haus deines Nächsten begehren. Du sollst nicht begehren die Frau deines Nächsten, noch seinen Knecht, noch seine Magd, weder sein Rind noch seinen Esel, noch irgend etwas, was deinem Nächsten gehört.

Nach römisch-katholischer Zählweise lautet das neunte Gebot, „Du sollst nicht begehren deines Nächsten Frau", und das zehnte Gebot, „Du sollst nicht begehren deines Nächsten Hab und Gut" [2514-2557].

466. McHugh und Callan, a.a.O., S. 375-376.
467. *Nachkonziliare Dokumentation*, Bd. 19, „Allgemeine Einführung in das Römische Meßbuch", a.a.O., Nr. 278, S. 195-197.
468. Papst Pius XII., *Deiparae virginis Mariae*, Nr. 4; siehe auch Papst Pius XII., *Munificentissimus Deus*; in: *Heilslehre der Kirche*, a.a.O., S. 332.
469. Francis X. Murphy, *The Papacy Today* (New York: MacMillan, 1981), S. 69.
470. Papst Pius XII., *Humani generis*, Nr. 21; in: *Heilslehre der Kirche*, a.a.O., S. 265; vgl. Neuner-Roos, a.a.O., Nr. 461.
471. Ebd.
472. Papst Pius XII., *Munificentissimus Deus*, Nr. 44; in: Neuner-Roos, a.a.O., Nr. 487.
473. Ebd., Nr. 48; in: *Heilslehre der Kirche*, a.a.O., S. 347.
474. Zweites Vatikanisches Konzil, „Dogmatische Konstitution über die göttliche Offenbarung", Nr. 4; in: Rahner-Vorgrimler, a.a.O., S. 369.
475. Ebd.
476. Ebd.
477. Ebd., Nr. 7; S. 370.

478. Ebd.
479. Ebd.
480. Ebd., Nr. 1; S. 367.
481. Die Niederschrift der Dogmatischen Konstitution über die göttliche Offenbarung führte zu einer der hitzigsten Debatten des Zweiten Vatikanischen Konzils. Papst Johannes XXIII. mußte letztendlich den Streit schlichten. Für einen Bericht über dieses Ereignis siehe die beiden Bände von Xavier Rynne, *Letters from Vatican City* (New York: Farrar, Straus and Co., 1963), S. 140-173, und *The Third Session* (1965), S. 35-48.
482. Zweites Vatikanisches Konzil, „Dogmatische Konstitution über die göttliche Offenbarung", Nr. 10; in: Rahner-Vorgrimler, a.a.O., S. 372.
483. Ebd., Nr. 9.
484. Ebd.
485. Ebd., Nr. 10.
486. Ebd., Nr. 9.
487. Ebd., Nr. 21; S. 379. Diese Aussage findet sich auch beim Konzil zu Trient: „... daß diese Wahrheit und Ordnung enthalten ist in geschriebenen Büchern und ungeschriebenen Überlieferungen ..." (4. Sitzung, „Annahme der heiligen Schriften und der Überlieferung der Apostel"; in: Neuner-Roos, a.a.O., Nr. 87).
488. Zweites Vatikanisches Konzil, „Dogmatische Konstitution über die göttliche Offenbarung", Nr. 24; in: Rahner-Vorgrimler, a.a.O., S. 380.
489. Deutsche Bischofskonferenz, Hg., *Katholischer Erwachsenen-Katechismus* (Kevelear: Butzon und Becker u.a., 1985), S. 52, Zitat von A. Möhler. Siehe auch Zweites Vatikanisches Konzil, „Dogmatische Konstitution über die göttliche Offenbarung", Nr. 8, und Konzil zu Trient, 4. Sitzung, „Annahme der heiligen Schriften und der Überlieferung der Apostel".
490. Jean Bainvel, *The Catholic Encyclopedia* (New York: Robert Appleton Co., 1912), „Tradition", Bd. 15, S. 9.
491. Zweites Vatikanisches Konzil, „Dogmatische Konstitution über die göttliche Offenbarung", Nr. 8; in: Rahner-Vorgrimler, a.a.O., S. 371.
492. Ebd.
493. *Katholischer Erwachsenen-Katechismus*, a.a.O., S. 52.
494. Zweites Vatikanisches Konzil, „Dogmatische Konstitution über

die göttliche Offenbarung", Nr. 7, Zitat von Irenäus, *Adv. Haer III, 3,1*; in: Rahner-Vorgrimler, a.a.O., S. 370.
495. Zweites Vatikanisches Konzil, „Dogmatische Konstitution über die göttliche Offenbarung", Nr. 8; in: Rahner-Vorgrimler, a.a.O., S. 371.
496. Ebd.
497. Papst Pius XII., *Deiparae virginis Mariae*, Nr. 4; siehe auch Papst Pius XII., *Munificentissimus Deus*; in: *Heilslehre der Kirche*, a.a.O., S. 332.
498. Der Codex Iuris Canonici (deutsch-lateinische Ausgabe, a.a.O.) schreibt:

> Kraft göttlichen und katholischen Glaubens ist all das zu glauben, was im geschriebenen oder im überlieferten Wort Gottes als dem einen der Kirche anvertrauten Glaubensgut enthalten ist und zugleich als von Gott geoffenbart vorgelegt wird, sei es vom feierlichen Lehramt der Kirche, sei es von ihrem ordentlichen und allgemeinen Lehramt; das wird ja auch durch das gemeinsame Festhalten der Gläubigen unter der Führung des heiligen Lehramtes offenkundig gemacht; daher sind alle gehalten, diesen Glaubenswahrheiten entgegenstehende Lehren jedweder Art zu meiden.
>
> Kanon 750

499. Der Codex Iuris Canonici (deutsch-lateinische Ausgabe, a.a.O.) schreibt:

> Häresie nennt man die nach Empfang der Taufe erfolgte beharrliche Leugnung einer kraft göttlichen und katholischen Glaubens zu glaubenden Wahrheit oder einen beharrlichen Zweifel an einer solchen Glaubenswahrheit; Apostasie nennt man die Ablehnung des christlichen Glaubens im ganzen; Schisma nennt man die Verweigerung der Unterordnung unter den Papst oder der Gemeinschaft mit den diesem untergebenen Gliedern der Kirche.
>
> Kanon 751

500. Für eine vollständigere Diskussion biblischer Argumente zur Aufnahme Marias in den Himmel siehe Kapitel 8, *Die Mutter Gottes*.

501. Zweites Vatikanisches Konzil, „Dogmatische Konstitution über die göttliche Offenbarung", Nr. 8; in: Rahner-Vorgrimler, a.a.O., S. 371.
502. Papst Leo XIII., *On the Study of the Sacred Sciptures*, St. Paul Editions, S. 24.
503. W.A. Jurgens, *The Faith of the Early Fathers* (Collegeville, MN: The Liturgial Press, 1970), Bd. 3, S. 359.
504. Zweites Vatikanisches Konzil, „Dogmatische Konstitution über die göttliche Offenbarung", Nr. 8; in: Rahner-Vorgrimler, a.a.O., S. 371.
505. Papst Pius XII., *Munificentissimus Deus*, Nr. 21-22.
506. J. Bainvel, a.a.O., „Tradition", Bd. 15, S. 10.
507. W.A. Jurgens, a.a.O., Bd. 3, S. 359.
508. Papst Pius XII., *Munificentissimus Deus*, Nr. 27-35.
509. Ebd., Nr. 11; in: *Heilslehre der Kirche*, a.a.O., S. 332.
510. Ebd., Nr. 12; S. 332.
511. Ebd., Nr. 15; S. 334.
512. Ebd.
513. Ebd., Nr 19.
514. Ebd., Nr. 16-18.
515. Papst Pius XII., *Mediator Dei*, Nr. 47; in: *Heilslehre der Kirche*, a.a.O., S. 154.
516. Zweites Vatikanisches Konzil, „Dogmatische Konstitution über die göttliche Offenbarung", Nr. 8; in: Rahner-Vorgrimler, a.a.O., S. 371.
517. Zweites Vatikanisches Konzil, „Dogmatische Konstitution über die Kirche", Nr. 12; in: Rahner-Vorgrimler, a.a.O., S. 136.
518. Christopher O'Donnel, O. Carm., Anmerkung des Übersetzers, Austin Flannery, Hg., *Vatican Council II: The Conciliar and Post Conciliar Documents, Study Edition* (North Port, NY: Costello Publishing Company, 1986), S. 363.
519. Zweites Vatikanisches Konzil, „Dogmatische Konstitution über die Kirche", Nr. 12; in: Rahner-Vorgrimler, a.a.O., S. 136.
520. Papst Pius XII., *Deiparae virginis Mariae*, Nr. 4.
521. Michael O'Carrol, C.S.Sp., *Theotokos: A Theological Encyclopedia of the Blessed Virgin Mary* (Wilmington, DE: Michael Glazier, Inc., 1982), S. 56.
522. Papst Pius XII., *Munificentissimus Deus*, Nr. 9; in: *Heilslehre der Kirche*, a.a.O., S. 331.

523. Ebd., Nr 8; S. 331.
524. Ebd., Nr 5; S. 330.
525. Ebd, Nr. 44; S. 345.
526. Zweites Vatikanisches Konzil, „Dogmatische Konstitution über die göttliche Offenbarung", Nr. 7; in: Rahner-Vorgrimler, a.a.O., S. 370.
527. Ebd., Nr 8.
528. J. Bainvel, a.a.O., „Tradition", Bd. 15, S. 9.
529. Zweites Vatikanisches Konzil, „Dogmatische Konstitution über die göttliche Offenbarung", Nr. 9; in: Rahner-Vorgrimler, a.a.O., S. 372.
530. J. Bainvel, a.a.O., „Tradition", Bd., 15, S. 11.
531. Zweites Vatikanisches Konzil, „Dogmatische Konstitution über die göttliche Offenbarung", Nr. 8; in: Rahner-Vorgrimler, a.a.O., S. 371.
532. A. Tanquery, a.a.O., Bd. 1, S. 102.
533. Zweites Vatikanisches Konzil, „Dogmatische Konstitution über die göttliche Offenbarung", Nr. 10; in: Rahner-Vorgrimler, a.a.O., S. 373.
534. Papst Pius XII., *Deiparae virginis Mariae*.
535. John A. Hardon, S. J., *The Catholic Catechism* (Garden City, NY: Doubleday and Company, 1975), S. 161.
536. Nach der Zerstörung Jerusalems im Jahre 70 n.Chr. machten sich die überlebenden Juden, die ihr Volkserbe bedroht sahen, daran, ihre mündliche Überlieferung schriftlich festzuhalten. Etwa 200 n.Chr. war diese Schrift fertiggestellt und ist uns heute als *Mishna* bekannt.
537. Zweites Vatikanisches Konzil, „Dogmatische Konstitution über die göttliche Offenbarung", Nr. 10; in: Rahner-Vorgrimler, a.a.O., S. 372.
538. Zweites Vatikanisches Konzil, „Dekret über den Ökumenismus", Nr. 2.
539. Ebd., Nr. 3.
540. Ebd., Nr. 4.
541. Ebd., in: Rahner-Vorgrimler, a.a.O., S. 234.
542. Zu den ersten evangelikalen Unterzeichnern gehörten Charles Colson (Prison Fellowship), Bill Bright (Campus für Christus), J.I. Packer (Regent College), Pat Robertson (Regent University), Richard Land (Christian Life Commission of the Southern

Baptist Convention), Larry Lewis (Home Mission Board of the Southern Baptist Convention), Os Guinnes (Trinity Forum), Richard Mouw (Fuller Theological Seminary), Jesse Miranda (Assemblies of God), Brian O'Connel (World Evangelical Fellowship), Kent Hill (Eastern Nazarene College), Thomas Oden (Drew University) und Mark Noll (Wheaton College). Das Dokument ist einsehbar in: Wolfgang Bühne, *Die Propheten kommen!* (Bielefeld: CLV, 1994), Anhang.

543. Zweites Vatikanisches Konzil, „Dogmatische Konstitution über die göttliche Offenbarung", Nr. 21; in: Rahner-Vorgrimler, a.a.O., S. 378.
544. Konzil zu Trient, 6. Sitzung, 7. Kapitel; in: Neuner-Roos, a.a.O., Nr. 799.
545. Siehe auch die Parallelberichte in Matthäus 19,13-15 und Markus 10,13-16.
546. A. Tanquery, a.a.O., Bd. 2, S. 221.
547. Zweites Vatikanisches Konzil, „Dogmatische Konstitution über die Kirche", Nr. 7; in: Rahner-Vorgrimler, a.a.O., S. 128.
548. Einige Bibelkommentatoren meinen, Römer 6,3-4 spreche von der christlichen Taufe in den Leib Christi durch die Wirksamkeit des Heiligen Geistes (1. Korinther 12,13).
549. Konzil zu Trient, 6. Sitzung, 4. Kapitel; in: Neuner-Roos, a.a.O., Nr. 794. Die katholische Rheims-Douai Version übersetzt den Vers wie folgt: „Nicht durch Werke der Gerechtigkeit, die wir getan haben, sondern nach seiner Barmherzigkeit rettete er uns, durch die Waschung der Wiedergeburt und Erneuerung des Heiligen Geistes ..."
550. Codex Iuris Canonici, deutsch-lateinisch, a.a.O., Kanons 960, 962 und 963.
551. H.J. Schroeder, Übers., *Canons and Decrees of the Council of Trent* (Rockford, IL: Tan Books and Publishers, 1978), S. 17, Fußnote 4.
552. Für eine offene Diskussion der Apokryphen durch römisch-katholische Gelehrte siehe Raymond E. Brown, Joseph A. Fitzmyer, S.J., Roland E. Murphy, O. Carm., Hg., *The Jerome Biblical Commentary* (Englewood Cliffs, NJ: Prentice Hall, 1968), Bd. 2, S. 523-524.
553. Vergleiche Zweites Vatikanisches Konzil, „Dogmatische Konstitution über die göttliche Offenbarung", Nr. 19.

554. Erstes Vatikanisches Konzil, 3. Sitzung, 2. Kapitel; in: Neuner-Roos, a.a.O., Nr. 95.
555. F.F. Bruce kommentierte:

> Göttliche Autorität bestätigt sich aufgrund ihres Wesens selbst; und eine der schwerwiegendsten Lehren, die die Reformatoren ans Licht brachten, ist die Lehre vom inneren Zeugnis durch den Heiligen Geist, dessen Zeugnis im Herzen des Gläubigen geboren wird und auf den göttlichen Charakter der Heiligen Schrift ausgerichtet ist. In: F.F. Bruce, *The Books and the Parchments* (London: Pickering, Inglis, 1950), S. 111.

Calvin schrieb:

> Dabei also soll es bleiben: wer innerlich vom Heiligen Geist gelehrt ist, der verharrt stets bei der Schrift, und diese trägt ihre Beglaubigung in sich selbst; daher ist es nicht angebracht, sie einer Beweisführung und Vernunftgründen zu unterwerfen. Die Gewißheit aber, die sie uns gewinnt, die erlangen wir durch das Zeugnis des Geistes. Gewiß verschafft sich die Schrift ganz von selbst durch ihre eigene Majestät Ehrfurcht, aber sie ergreift uns erst dann recht und ernstlich, wenn sie durch den Geist in unserem Herzen versiegelt ist. Daß die Schrift von Gott kommt, das glauben wir, weil die Kraft des Geistes uns erleuchtet, nicht aber auf Grund des eigenen Urteils oder desjenigen anderer Leute. Es ist ja gerade, als ob wir Gottes eigene Majestät hier erschauten; und deshalb ist unsere Gewißheit unerschütterlich fest, stärker, als sie uns menschliches Urteil verleihen könnte. So halten wir dafür, daß die Schrift zwar durch den Dienst von Menschen, aber tatsächlich doch aus Gottes eigenem Munde zu uns kommt.
>
> Aus: Johannes Calvin, *Institutio christianae religionis*, 1. Buch, Kapitel 7,5; in: O. Weber (Übers.): *Unterricht in der christlichen Religion* (Neukirchen-Vluyn: Neukirchener Verlag, 1955); S. 26.

556. F.F. Bruce, a.a.O., S. 111.

557. Patrick Johnstone, *Gebet für die Welt* (Neuhausen/Stuttgart: Hänssler, 1994), S. 34.
558. Zweites Vatikanisches Konzil, „Dogmatische Konstitution über die göttliche Offenbarung", Nr. 21 und 24.

Bibelstellenverzeichnis

ALTES TESTAMENT

1. Mose
2,17 [97, 216, 232]
3,4 [97]
3,15 [229, 230, Anmerkung 270 und 289]
3,16 [204]
3,19 [216, 250, 330]
14,13-24 [173]
14,18 [173, 174]
14,18-20 [174]
15,6 [55, 357]
17,1 [248]
17,11 [363]
22,12 [55]
22,16-18 [55]
22,17 [55]
22,18 [55]

2. Mose
7,11 [345]
8,7 [345]
12 [176]
20 [307, Anmerkung 465]
20,2-5 [245]
20,3 [245, 251]
20,4-5 [158, 191, 306, 307, Anmerkung 465]

3. Mose
4,1 – 6,7 [120]
6,14-23 [172]
17,10-14 [148]
17,11 [179, 192]

4. Mose
23,19 [339]

5. Mose
18,10-11 [213]

Esra
9,5-10 [89]
10,11 [89, 133]

Nehemia
1,4-11 [89]

Psalmen
18,31 [265]
32,5 [89]
44,10-14 [Anmerkung 289]
49,8-9 [233]
51,5 [227]
69,8 [250, 227]
69,20 [232]
110,4 [170, 173-175]
131,8 [Anmerkung 289]
148,13 [251]

Sprüche
14,12 [17, 344]
15,8 [172]
30,6 [340, 387]

Prediger
7,20 [215]

Hohelied
3,6 [Anmerkung 289]

4,8 [Anmerkung 289]
6,9 [Anmerkung 289]
8,5 [Anmerkung 289]

1. Samuel
2,2 [265]

2. Könige
21,7 [249]
21,12 [249]

Jesaja
1,18 [93]
6,1-3 [248]
7,14 [205]
22,22 [268]
42,8 [158, 191]
43,25 [133]
44,8 [266]
49,26 [228]
53,4 [232]
53,6 [232]
59,21 [Anmerkung 446]
61,13 [Anmerkung 289]

Jeremia
7,18 [249]
44,17-19 [249]
44,25 [249]

Hesekiel
18,4 [94]

Daniel
9,13-19 [89]

Amos
9,11-12 [298]

Micha
5,2-3 [205]

Habakuk
2,4 [357]

Maleachi
1,11 [170-172]

NEUES TESTAMENT

Matthäus
1,2 [205, 207]
1,18 [204]
1,25 [214, 250]
3,2 [359]
4,4 [388]
5,13 [150]
5,20 [334]
5,21-22 [94]
5,22 [334, Anmerkung 416]
5,23-24 [Anmerkung 92]
5,26 [103]
5,27-30 [94]
5,29 [97]
5,29-30 [97]
7,24-25 [264]
9,11 [335]
9,13 [58]
10,2-4 [271]
10,15 [94]
10,34-39 [349]
11,19 [Anmerkung 388]
11,28 [Anmerkung 388]
12,2 [335]
12,32 [121]

12,38 [334]
12,46 [211]
12,46-50 [207]
12,48-49 [244]
13,10-16 [155]
13,55-56 [207]
15,1 [334]
15,1-9 [335]
15,2 [335, 375]
15,3 [358]
15,6 [357]
16,6 [150]
16,13-18 [263]
16,13-20 [264]
16,18 [262, 267, 275, 287, 334]
16,18-19 [287, Anmerkung 446]
16,19 [262, 268]
18,15-20 [Anmerkung 92]
18,18 [269]
19,13 [356]
19,13-15 [Anmerkung 545]
22,35 [334]
23,2 [334, 335]
23,2-36 [335]
23,8-11 [273]
23,23 [334]
24,13 [102]
25,31-32 [107]
25,31-46 [Anmerkung 112]
26,2 [Anmerkung 208]
26,3 [334]
26,20-30 [146]
26,26 [139, 149, 150, 175]
26,28 [139, 163]
26,29 [149]
26,57 [333]
26,62-65 [333]
27,51 [180]
27,60 [264]

28,8-10 [272]
28,18-20 [Anmerkung 446]
28,19 [356]
28,19-20 [348]
28,20 [275, 276]

Markus
1,15 [359]
2,3 [381]
2,7 [133]
2,16 [334]
3,16-19 [271]
3,20-21 [206]
3,20-35 [206, 207]
3,21 [206]
3,31 [211]
3,31-35 [206]
6,3-4 [207, 211]
7,1-13 [335, 340]
7,2 [336]
7,3 [335, 375]
7,5 [335, 335]
7,6-7 [336]
7,7 [340]
7,7-13 [340]
7,8 [340, 375]
7,8-9 [340]
7,9 [335, 375]
7,13 [335, 375]
10,13-16 [Anmerkung 545]
10,45 [232]
12,27 [248]
14,17-26 [166]
15,21-41 [192]
15,34 [Anmerkung 416]
15,40 [231]
16,9-11 [272]
16,16 [72, 355]
16,20 [Anmerkung 446]

Lukas
1,4 [316]
1,26-35 [209]
1,26 – 2,40 [205, 207]
1,28 [214-216, Anmerkung 289]
1,32 [203]
1,36 [214]
1,38 [204, 205]
1,46-47 [215]
2,19 [329]
2,34-35 [230, 231]
2,41-52 [207]
2,51 [329]
3,22 [246]
5,17 [334]
5,21 [334]
5,31 [129]
5,32 [129]
6,14-16 [271]
8,19 [211]
8,19-21 [207]
10,16 [292, Anmerkung 446]
11,27 [243]
11,28 [243]
11,43 [334]
11,52 [268]
12,47-48 [94]
13,5 [373]
15,15 [270]
18,9-14 [58]
18,16-17 [356]
18,19 [215, 250]
19,26 [342]
22,14-38 [146]
22,19 [140, 162, 163, 170, 171, 175, 176, 187, 191]
22,19-20 [163, 171, 176]
22,20 [150, 175]
22,31-32 [Anmerkung 446]
22,66 [334]
23,43 [38]
24,25 [380]
24,32 [380]
24,46-48 [91]

Johannes
1,12-13 [36, 38]
1,16 [73]
1,18 [250]
1,31 [359]
1,33 [359]
1,42 [Anmerkung 417]
2,1 [208, 247]
2,1-11 [207, 234]
2,3 [234]
2,5 [206]
2,12 [207, 211]
2,19 [155]
3,1 [334]
3,4 [364]
3,5 [357, 359]
3,6 [377]
3,7 [125]
3,16 [10, 70, 357]
4,2 [38, 356]
4,10 [151]
4,10-11 [156]
4,14 [111]
4,19-21 [173]
4,21 [170, 173]
4,24 [151]
6,1-14 [154]
6,22-25 [154]
6,26 [154]
6,27 [154]
6,28 [154]
6,29 [154, 155]
6,30 [154]

6,31 [155]
6,35 [155, 155]
6,40 [111, 155]
6,42 [207]
6,47 [111, 155]
6,48 [150, 155]
6,51 [152, 153, 155]
6,52 [155]
6,53-54 [153]
6,54 [155]
6,55 [152]
6,63 [157]
6,67 [157]
6,68-69 [157]
7,2-10 [211]
7,5 [211]
7,17 [341]
7,26 [334]
7,38-39 [358]
7,48 [334]
8,12 [150]
8,32 [17]
8,44 [345]
9,39-41 [129]
10,9 [150, Anmerkung 387]
10,11 [150]
10,27 [384]
10,28 [111, 116]
10,29 [116]
10,35 [340, 388]
11,25 [150]
13,13 [274, 339]
14,6 [150, 242, Anmerkung 387]
14,13-14 [243, 252]
14,16 [247]
14,16-18 [302]
14,16-26 [Anmerkung 446]
14,18 [302]
14,26 [302, 308]

15,1 [150]
15,8 [114]
15,11 [Anmerkung 385]
15,26-27 [384]
16,7-11 [56]
16,12-14 [384]
16,13 [339, Anmerkung 446]
16,13-15 [303]
16,25 [150]
16,26-27 [242]
17,2 [111]
17,11 [273]
19,11 [94]
19,25 [207, 222]
19,25-27 [207, 231]
19,26-27 [238]
19,27 [235]
19,30 [178, 192]
20,11-18 [272]
20,16 [Anmerkung 416]
20,22-23 [90, 91]
20,23 [91]
20,30-31 [386]
21,1-23 [270]
21,15 [269]
21,15-17 [269, Anmerkung 446]
21,16 [262, 270]
21,17 [269]
21,25 [386]

Apostelgeschichte
1,8 [Anmerkung 446]
1,14 [211, 233]
1,15-26 [Anmerkung 419]
1,21-22 [339]
1,22 [278]
2,14-36 [268]
2,20 [127]
2,37 [360]

2,38 [359, 360]
2,41 [360]
2,42 [170, 282, 296]
3,17 [334]
4,5 [334]
4,8 [334]
4,12 [134, 238, 251, 342]
4,19 [341]
5,17 [334]
5,21 [334]
5,27 [334]
5,29 [341]
5,32 [Anmerkung 446]
6,1-6 [282]
7,1 [334]
8,4-25 [268]
8,21-22 [91]
8,29 [302]
9,1 [334]
9,4 [Anmerkung 326]
9,32 – 10,48 [268]
10,43 [91]
10,44-48 [38, 361]
10,47-48 [91]
10,48 [360]
11,14 [360]
14,23 [187]
14,27 [268]
15,1-5 [274]
15,7 [274]
15,7-11 [274]
15,13-21 [211, 274]
15,15 [298]
15,19 [298]
15,19-21 [274]
15,28 [Anmerkung 446]
15,29 [148]
16,15 [360]
16,30 [97]

16,32 [361]
16,33 [360]
16,34 [360]
17,11 [300, 339-341]
17,12 [300]
17,25-28 [115]
17,30 [56]
18,1-17 [122]
18,2 [279]
18,8 [360, 361]
19,17-20 [349]
20,17 [282]
20,21 [357, 359]
20,28 [270, 282]
22,5 [334]
22,16 [361]
23,2-5 [334]
23,6-8 [334]
26,20 [57]

Römer
1,3 [207]
1,7 [303]
1,16 [38]
1,17 [124]
1,18 – 3,18 [362]
2,6 [113]
2,6-8 [113, 114]
3,10 [215]
3,12 [215]
3,19 – 5,21 [362]
3,21-22 [73]
3,21 – 4,8 [131]
3,22 [34, 74]
3,23 [215, 250]
3,24 [50, 52, 228]
3,25 [28]
3,26 [34, 52]
3,28 [35, 52, 131]

BIBELSTELLENVERZEICHNIS • 435

4,2-3 [55]
4,3 [34, 52]
4,3-8 [73]
4,4 [52]
4,5 [52, 53, 131]
4,25 [181]
5,6 [Anmerkung 289]
5,1 [35, 52]
5,1-2 [72, 132]
5,1-11 [69]
5,8 [74]
5,8-9 [131]
5,9 [74, 117, 132]
5,10 [232]
5,12 [214, 250]
5,17 [111]
6,1-14 [362]
6,1 – 8,39 [362]
6,3-4 [362, Anmerkung 548]
6,9 [179]
6,9-10 [192]
6,10 [182]
6,17 [58]
6,19 [76]
6,23 [94, 111, 113, 132, 133, 216, 232]
8,5-11 [58]
8,14 [302]
8,15 [125]
8,29 [75]
8,30 [117, 131]
8,33 [34, 73, 74]
8,33-35 [117]
9,33 [266]
10,1-2 [14]
10,3 [58]
10,8-13 [342]
10,8-17 [132]
10,13 [251, 361, Anmerkung 391]
11,6 [53, 69, 71, 132]
11,29 [118]
12,1 [186, 191]
14,10-12 [111]
16,1-16 [280]

1. Korinther

1,2 [73, 205]
1,10 – 3,4 [122?]
1,12 [Anmerkung 417]
1,16 [360]
1,17 [38]
2,10-16 [302]
2,12-16 [340]
3,10-15 [122]
3,11 [266]
3,22 [Anmerkung 417]
4,6 [340, 387]
5,1-13 [Anmerkung 92]
5,7 [171, 177, Anmerkung 212]
5,17 [181]
5,20 [181]
9,5 [211, Anmerkung 417]
10,4 [266]
10,16 [151]
10,17 [151]
10,21 [171, 177, 178]
11,2 [376]
11,2-16 [376]
11,17-34 [317]
11,18-27 [151]
11,20 [170]
11,23-25 [191]
11,25 [150]
11,26 [151, 170, 193]
12,14 [315]
12,12-31 [299]
12,13 [250, 363, Anmerkung 548]
12,26 [Anmerkung 326]

12,27 [248]
12,28 [302]
14,26-40 [317]
15,5 [272, Anmerkung 417]
15,17 [181]
15,20 [181]
15,21-26 [Anmerkung 289]
15,54-57 [Anmerkung 289]
16,10 [277]
16,16 [277]

2. Korinther
1,3 [248]
2,7 [Anmerkung 92]
4,3-4 [345]
5,8 [133]
5,10 [111]
5,14 [125]
5,15 [29]
5,16 [244]
5,21 [34, 74, 94, 124, 131, 215]
6,17 [343]
6,17-18 [343]
6,18 [70]
8,23 [277]
9,15 [Anmerkung 384]
10,5-6 [Anmerkung 446]

Galater
1,6 [127]
1,7 [127]
1,8 [297]
1,9 [297]
1,12 [298]
1,14 [375]
1,18 [Anmerkung 417]
1,19 [211]
2,6 [272]
2,7-8 [279]
2,9 [272, Anmerkung 417]
2,9-12 [211]
2,11 [Anmerkung 417]
2,14 [Anmerkung 417]
2,21 [127]
3,10 [128]
3,13 [231]
3,27 [363]
4,4 [207]
4,9-10 [127]
4,21 [127]
5,2 [127]
5,2-4 [127]
5,3 [128]
5,4 [127]
5,16-21 [366]
5,16-26 [76]

Epheser
1,1 [213]
1,1-14 [131]
1,3 [70, 185]
1,3-4 [73]
1,3-14 [34, 74, 192]
1,4 [76, 125]
1,7 [182, 192]
1,7-8 [132, 185]
1,13 [302]
1,13-14 [116]
2,4-7 [69]
2,7 [70]
2,8-9 [132]
2,8-10 [131]
2,9 [129]
2,10 [131]
2,15 [125]
2,18 [242]
2,20 [266, 278]
3,3 [298]

3,12 [242]
4,5 [363]
4,15 [343]
5,26 [278]
5,30 [242]
6,17 [302]

Philipper
2,2 [75]
2,3 [75]
2,4 [75]
2,5 [75]
2,5-11 [75]
2,7 [233]
2,12 [74, 76]
2,12-13 [74]
2,14 [75]
3,5 [375]
3,7-9 [125]
3,7-11 [342]
4,2 [75]
4,18 [186]

Kolosser
1,13-14 [228]
1,17-18 [262]
1,18 [242, 274, 278, 339]
1,20 [169]
1,24 [Anmerkung 326]
2,8 [376]
2,10 [74, 131]
2,11 [363]
2,11-12 [363, 365]
2,13 [133]
4,10 [214]

1. Thessalonicher
1,9-10 [57]
4,1-8 [76]
5,21 [297]
5,23 [278]

2. Thessalonicher
2,3 [344]
2,13 [278]
2,14 [Anmerkung 446]
2,15 [330, 377]
3,6 [377]

1. Timotheus
1,13 [345]
2,4 [115]
2,5 [234, 243, 247, 251]
3,1-7 [282]
3,1-13 [317]
3,8-13 [282]
3,15 [303, 316, 317, Anmerkung 446]
4,1 [345]
5,9-16 [282]
5,19-21 [277]
5,22 [277]
6,20-21 [Anmerkung 446]

2. Timotheus
1,13-14 [Anmerkung 446]
2,2 [275, 277]
2,25-26 [346]
3,13 [345]
3,16 [331, 340]
3,16-17 [217, 340, 382]
3,17 [387]
4,2-5 [277]
4,6 [277]
4,16 [280]

Titus
1,5 [188, 277, 282]
1,5-9 [282, 317]

1,7 [282]
1,9 [302]
2,1 [277]
2,15 [277]
3,4 [364]
3,5 [330, Anmerkung 549]

Hebräer
1,3 [124, 133, 149, 181, 192]
1,13 [247]
2,14-17 [233]
2,17 [180]
3,1 [189]
3,12 [189]
4,10 [77]
4,12 [302, 384]
4,14-16 [242]
4,16 [90, 168, 242]
5,6 [175]
6,4-6 [189]
6,4-8 [Anmerkung 96]
7,3 [174]
7,16 [187]
7,17 [175]
7,25 [Anmerkung 389]
7,27 [182]
8,1-2 [189]
9,11 [180]
9,12 [180, 182]
9,14 [124, 228]
9,15 [232]
9,22 [179, 192]
9,23-24 [189]
9,24 [180]
9,24-28 [192]
10,10 [182, 189]
10,12-13 [181, 191]
10,12-18 [192]
10,15-17 [182]

10,18 [169, 182]
10,19 [242]
10,23 [189]
10,35 [189]
10,36 [189]
10,38 [189]
10,39 [189]
11,1 [18973]
11,6 [419]
11,16 [189]
12,4-11 [92]
12,12 [189]
13,5-6 [Anmerkung 389]
13,15 [186, 191]

Jakobus
1,5 [248]
1,5-8 [341]
1,17 [243, 247]
1,22-25 [341]
2,14 [54, 56]
2,14-26 [54, 56]
4,9 [127]
5,14 [188, Anmerkung 92]
5,15 [Anmerkung 92]
5,16 [Anmerkung 92]

1. Petrus
1,6-9 [365]
1,18-19 [250]
1,19 [233]
2,5 [186]
2,5-10 [191]
2,6-8 [266]
2,9 [186]
2,11-12 [363]
2,13 – 3,7 [365]
2,22 [215, 233]
2,24 [191]

2,25 [Anmerkung 390]
3,8-14 [365]
3,14 [231]
3,14-15 [365]
3,16 [343, 365]
3,17 [365]
3,18 [182, 232, 362]
3,20 [365]
3,21 [364]
5,1 [270]
5,1-4 [270]
5,7 [251]
5,13 [280]

2. Petrus
1,4 [70]
1,20 [381]
1,20-21 [381]
2,1 [344]
2,2-3 [345]
3,14-16 [340]
3,15 [384]
3,16 [382]

1. Johannes
1,9 [90]
2,1 [247]
2,1-2 [133]
2,2 [28, 93, 124]
2,16 [366]
2,27 [303, 339]
3,1-3 [76]
3,5 [215, 246]
3,7-9 [95]
3,7-10 [114]
4,1 [297]
5,11-13 [77, 118]
5,13 [133]
5,14-15 [Anmerkung 96]
5,16 [Anmerkung 96]
5,17 [Anmerkung 96]

Judas
3 [303, 339]
23 [349]
24 [125]

Offenbarung
1,5 [118, 133, 232]
1,6 [186]
1,17-18 [192]
1,18 [179]
2,2 [288]
3,7-8 [268]
5,10 [186]
5,12 [180, 233]
9,1-2 [268]
12 [Anmerkung 289]
12,1 [Anmerkung 271]
15,4 [215, 250]
18,4-5 [342]
20,1-3 [268]
20,6 [186]
20,14-15 [94]
21,6 [111]
21,27 [93]
22,16 [Anmerkung 386]
22,18-19 [387]

Stichwortverzeichnis

A

Abendmahl [139, 140, 142, 146, 148-150, 152, 156, 162, 164, 170, 171, 173, 175-177, 187, 191]

Ablässe [104, 105, 124, 129, 133, 317, 337]

Absolution [86, 88, 369]

Abt [273]

Altarsakrament, allerheiligstes [144, 145]

Anbetung [48, 139, 144, 145, 151, 157, 173, 191, 226, 245, 248, 249, 349]

Antonius, hl. [213]

Apokryphen [118, 121, 371-373, 385, 386]

Apostolische Sukzession [275, 276]

Aquin, Thomas von [21, 30, 104, 112, 210, 212, 326, 327]

Asche auf der Stirn [65]

Augustinus [290, 326, 371]

Autorität (siehe auch *Bischöfe, Lehramt, Papst, Bibel, Überlieferung*) [7, 14, 15, 17, 20, 57, 90, 237, 253, 254, 259, 261, 268-271, 281, 284, 287, 291, 294, 296, 298, 301, 303, 334, 335, 339, 343, 344, 348, 385, 387-389]

Avignon [281]

B

Beharrlichkeit bis zum Ende [101, 110]

Bekenntnis von Sünden [85, 88, 89]

Bernadette, hl. [77]

Beseligende Schau [103]

Bibel [4, 7, 11, 12, 14-18, 21, 33-35, 37, 38, 50, 52, 53, 57, 69, 72, 75, 80, 89, 93-96, 111, 113, 114, 116, 118, 121, 124, 126, 129, 131, 147, 149, 169-174, 177, 179-182, 185, 186, 191, 203-206, 208-211, 213-217, 227, 228, 230-232, 242, 244-248, 250, 254, 261, 262, 268, 269, 273-275, 278, 279, 284, 287, 296, 302-305, 307, 310, 314-319, 322, 323, 329-333, 335, 339-341, 343-345, 347, 348, 351, 355, 357, 360, 361, 364, 371-373, 379, 381-383, 385-388]

Bibel (biblische Sicht) [316, 317, 337, 379-389]

Bibel (katholische Sicht) [303, 313-315, 330-340]

Bildnisse [201, 306, Anmerkung 465]

Bischöfe [7, 14, 15, 20, 21, 209, 254-256, 258-262, 273-285, 287-293, 295, 296, 300-303, 309, 310, 317, 321-327, 329, 334, 337-339, 345, 350, 369, 385, 388]

Buddhisten [115]

Buße [43, 46, 49, 56, 63, 81, 82, 84-86, 88, 91, 93, 103, 105, 106,

116, 125, 126, 129, 131, 168, 182, 201, 346, 369, 373]
Bußsakrament [62, 84-86, 88, 90, 260]
Bußwerke [89, 93, 124, 129, 133]

C
Cafeteria Katholiken [295]
Codex Iuris Canonici [20]

D
deuterokanonische Schriften [385]
Diakone [260, 261, 282, 370]
Diözesen [257, 276, 327]
Dokumente [16, 202, 319, 333]

E
Entrechtfertigung [84, Anmerkung 81]
Ephesus [208, 209, 277, 288]
Erbsünde [26, 28-31, 33, 36, 38, 44, 85, 101, 131, 203, 214, 215, 225, 250, 361, 363, 366, 367]
Erlösung [43, 116, 163, 169, 176-178, 180, 182, 185, 215, 221, 223, 224, 226-229, 231-233, 235, 246, 328]
Errettung (siehe auch *Rechtfertigung*) [7, 13, 15, 17, 23, 24, 28, 35, 37-39, 56, 61, 62, 74-77, 85, 101, 111, 115-117, 123-125, 128, 129, 131, 132, 143, 157, 202, 217, 224, 237, 245, 318, 344, 347, 348, 358, 364, 366, 387]
Eucharistie (siehe auch *Realpräsenz*) [49, 63, 64, 126, 136, 140-145, 147, 148, 152, 154, 157, 161-163, 165, 167-169, 171, 182-186, 227, 292, 301, 350, 367, 369]
ewiges Leben [33, 67, 75, 77, 101, 111-114, 116, 118, 130, 133, 146, 152, 154-156, 160, 355, 357]
ex cathedra [293, 294]

F
Fastenzeit [49]
Fegefeuer [24, 93, 102-105, 107, 110, 111, 118-126, 129, 133, 137, 160, 201, 212, 301, 317, 337, 373, 387]
Firmung [49, 61, 63, 64, 368]
Franz von Assisi, hl. [213]

G
Gegenpäpste [281]
Gegrüßet seist du Maria [227, 237]
Gericht [61, 101-103, 106, 107, 110, 114, 117, 160, 249]
getrennte Brüder [350]
Glaube [15, 18, 21, 27, 35, 36, 38, 42, 51-54, 72, 99, 110, 118, 126, 129, 132, 147, 169, 173, 214, 229, 254, 265, 278, 290, 295, 318, 320, 322, 324-329, 341, 357, 361]
Glaubensbekenntnisse [323, 324]
Gnade [9, 24, 26, 30-32, 36, 38, 42-44, 46, 50-52, 59, 61-73, 77, 81, 84, 85, 88, 90, 91, 100-102, 105-107, 110-115, 117, 122, 123, 127-132, 142, 145, 153, 160, 166, 168, 182, 190, 203, 214-216, 224-227, 236, 239-242, 289, 317, 359, 365, 367, 368, 370, 387]

Götzendienst [157, 244, 245, 248]
Gregor der Große [326]

H

Heilige [14, 15, 27, 29, 59, 60, 64, 77, 86, 88, 91, 99, 100, 103, 113, 116, 138, 143-145, 156, 159, 160, 162, 166-168, 173, 182, 203, 204, 213, 214, 220, 221, 225-227, 237, 246, 258, 267, 273, 292, 296, 299, 300, 302, 303, 305, 314, 315, 318-320, 324, 326, 331, 333, 339, 341, 349, 358, 367]
Heiligung [61, 66-70, 74-76, 106, 278, 362]
heilsame Werke [42]
Himmel [9, 15, 24, 26, 30, 31, 33, 38, 61, 68, 75, 77, 100-103, 107, 110, 111, 113-115, 120, 130, 134, 139, 145, 152, 154, 157, 161, 174, 180, 191, 196, 202, 204, 205, 212, 215, 216, 223, 237, 238, 241, 244, 247, 249-251, 254, 262, 268, 269, 273, 276, 297, 306, 310, 311, 317, 322-324, 327-330, 342, 357, 369]
Himmelfahrt Marias [216, 311, 322-333]
Hinopferung [165, 166, 179]
Hippo [326, 385]
Hostie [60, 61, 138, 139, 143, 144, 157, 160, 161]
Humana vitae [296]

I

Imprimatur [21, 418]
Initiation, Ritus der christlichen (siehe *Katechumenat*) [41, 45, 48, 51, 57, 359, 367]
Inspiration [267, 313, 381, 382]
Irrlehre [52, 128, 209]
Irrlehre der Galater [128]
Irrtum und Wahrheit [131, 191, 250, 339]

J

Johannes Paul II. [213]
Judas, hl [213]

K

Kardinäle [260, 261, 281, 309]
Karthago [385]
Katechismus [5, 16, 18-21, 29, 30, 35, 51, 59, 66, 86, 126, 142, 163, 168, 169, 183, 237, 301, 320, 327, 350]
Katechismus der Katholischen Kirche [5, 16, 18-21, 29, 51, 126, 301, 350]
Katechumenat [45-47, 50, 57, 58]
Kelch [137-139, 150, 159-161, 163, 166, 175-177, 191]
Kirchenlehrer [273, 290, 323, 326]
Kirchenschatz [105, 239, 240]
Kirchenväter [290, 323-326]
Knie [148]
Königin des Himmels und der Erde [7, 196, 219, 223, 225, 226, 244, 247, 251]
Konzil zu Hippo [385]
Konzil zu Ephesus [108, 209]
Konzil zu Karthago [385]
Konzile, ökumenische [19, 319, 324]
Krankensalbung [63, 64, 369]
Kreuzwegstationen [65]

Kreuzzeichen [46, 65, 80, 82, 99, 100, 142, 162, 200, 368]
läßliche Sünde [83, 84, 92]

L

Lateran, Basilika des hl. Johannes [257]
Lehramt der Kirche [291, 295, 300, 304, 305, 307, 311, 332, 333, 382]
Leiden [31, 32, 82, 91, 93, 102, 104, 122, 124-126, 133, 138, 159, 165, 212, 222, 224, 228, 229, 231, 232, 240, 246, 270, 289, 365, Anmerkung 326]
Leo der Große [324]
Liebesreue [Anmerkung 82]
Limbus [30]
Liturgie (siehe auch *Riten*) [14, 18, 20, 36, 57, 64, 68, 126, 140, 157, 159, 169, 185, 186, 260, 261, 285, 319, 321, 328, Anmerkung 7]

M

Mahl des Herrn [170, 171, 177, 178]
Makkabäer, zweites Buch der [118-121, 371, 372]
Makkabäus, Judas [119, 120]
Maria [7, 17, 27, 82, 88, 105, 161, 195, 196, 199-217, 220-251, 272, 307, 309, 311, 312, 324, 328-330, 342, 344, 351]
Marienerscheinungen [200, 201]
Marienverehrung [201, 245, 295, 309, 328, 349]
Melchisedek [160, 173-175]
Meßopfer [104, 133, 136, 137, 163, 166-169, 172, 181, 184, 185, 192, 260, 301, 387]
Messe, hl. (siehe auch *Eucharistie*) [7, 14, 17, 40, 41, 60, 61, 79, 81, 100, 104, 110, 126, 129, 135-140, 142, 143, 146, 151, 152, 157, 159, 163-168, 171-173, 175, 177-179, 181-185, 190-192, 295, 317, 319, 349, 367]
Mittlerin aller Gnaden [196, 224, 227, 244, 251]
Monsignore [197-200, 273, 301]
Monstranz [144]
Mutter Gottes [7, 196, 197, 202, 203, 208, 209, 216, 226, 227, 235, 244, 248]

N

Nihil obstat [21]
Nonnen [260, 329, 346]

O

Offenbarung (siehe auch *Wort Gottes*) [94, 102, 103, 111, 118, 133, 147, 179, 180, 186, 192, 215, 232, 233, 250, 259, 265, 268, 288, 290, 291, 298, 304, 312-315, 318-320, 322, 323, 325, 330-333, 339, 340, 342, 377, 380, 382, 383, 386, 387]
Ökumene [350]
Opfer für Sünde [169, 172, 182, 186]
orthodoxe Kirchen [Anmerkung 409]
Ostkirchen [417, Anmerkung 409]

P

Palmzweige [65]
Papst [7, 15, 16, 19, 20, 117, 126, 163, 185, 190, 196-202, 216, 219, 220, 231, 236, 238, 241, 242, 254, 255, 258-262, 272, 273, 278, 281, 285-291, 293, 294, 296, 299, 300, 302, 303, 305, 309-312, 318, 322-330, 332, 334, 338, 339, 345, 350, 388]
Patrick, hl. [213]
Peterskirche [289, 290, 337, 343, 344]
Petrus [15, 70, 91, 156, 182, 186, 191, 205, 215, 231-233, 236, 250, 251, 256, 257, 259-272, 274, 275, 278-280, 284, 287, 290, 294, 296-298, 300, 311, 317, 331, 339, 340, 343-345, 358-360, 364-366, 381, 384, Anmerkung 414]
Pfarreien [144, 257, 260, 304]
Priester [13, 14, 20, 25-27, 29-31, 36, 37, 41, 46, 49, 59-61, 79-82, 85-87, 89, 90, 92-94, 99, 104, 133, 137-141, 143, 144, 159-164, 166, 167, 169, 170, 172-176, 180-182, 184-188, 192, 259-261, 301, 317, 324, 331, 345, 368, 369, 372, Anmerkung 85]
Priesterweihe [63, 186, 317, 369]
Primat des Papstes (259, 269, 270, 273, 284]

R

Realpräsenz [143, 161, 292, 301, Anmerkung 232]
Rechtfertigung (siehe auch *Errettung*) [7, 24, 32, 34-36, 38, 42-45, 47, 49-59, 64, 67-69, 73, 74, 76, 77, 80, 106, 110, 111, 116, 117, 124, 127-129, 131, 132, 145, 181, 240, 262, 317, 355, 356, 360, 362, 364]
Reformation [10, 11, 337, 373, 379]
Religionen [10, 116, 255, Anmerkung 121]
Reueakt [81, 85, 110]
Riten, Formen der (siehe auch *Liturgie*) [48-50, 57, 260, 368, 369]
Roma locuta est ... [291]
Römisch-katholische Kirche [10, 14-16, 18-20, 28, 31-33, 35, 36, 43, 44, 50, 52, 64, 71, 72, 83, 84, 88, 90, 95, 111, 113, 118, 122, 129, 134, 144, 147, 152, 153, 156, 171, 176, 177, 186, 187, 201, 203, 204, 210, 212, 214, 223, 226, 244-246, 249, 257, 258, 262, 263, 268, 269, 273, 278-281, 296, 297, 299, 301, 303, 306, 317, 319, 326, 331, 337, 341-343, 349, 351, 355, 360, 363, 368, 371, 372, 379, 382, 383, 386-388, Anmerkung 4]
Rosenkranz [81, 100, 162, 227, 317]
Rutschen auf Knieen [93]

S

Sakramentalien [64, 65]
Sakramente [7, 15, 18, 20, 24, 48, 49, 59, 61, 63-65, 67-69, 71-73, 77, 81, 101, 105, 124, 129, 131,

132, 186, 227, 259, 260, 301, 317, 342, 367-369]
Schisma, großes Papstschisma [281]
Selbstkasteiung [93]
Semper eadem [293]
Sensus fidelium [329]
Skapuliere [65, 349]
Sola scriptura [7, 337, 379, 388]
Stellvertreter Christi [260, 262]
Strafe [65, 81, 83, 86, 88, 92-95, 101-103, 110, 113, 117, 124, 125, 129, 132, 133, 167, 227, 232, 317, 366]
Summa theologica [21]
Sünde [27-29, 31, 32, 34, 42, 43, 58, 61, 62, 64, 75, 80-89, 92-97, 105, 113, 119, 120, 124, 129, 132, 133, 157, 160, 167, 169, 172, 180-182, 186, 192, 203, 214-216, 231-233, 239, 246, 250, 330, 347, 348, 360, 363, 366-369, 373]

T
Tabernakel [141, 161, 162]
Taufe [24-38, 42-46, 49, 50, 56, 61-64, 67, 68, 72, 73, 84, 85, 101, 116, 117, 123, 129, 131, 142, 186, 260, 350, 355-357, 359-368, Anmerkung 10, 61, 121]
Theotokos [209]
Todsünde [24, 82-86, 88, 92, 95, 96, 101, 102, 106, 116, 131, 143]
Totus tuus [198]
Tradition (siehe *Überlieferung*) [45, 279, 288, 314, 319, 320]
Transsubstantiation (siehe auch *Realpräsenz*) [146, 147, 317]

Tugenden [32, 43, 66, 68, 202, 207, 212]

U
Überlieferung [7, 18, 103, 168, 181, 208, 210, 216, 254, 290, 307, 309-311, 313-316, 318-323, 325, 328, 330-333, 335-337, 340, 344, 351, 375-382, 386-389]
Unbefleckte Empfängnis [202, 203, 213, 292, 317]
Unfehlbarkeit [254, 275, 281, 289, 290, 293, 294, 296, 297, 301, 342]

V
Vater (als Titel) [273]
Vaterunser [28, 88, 94]
Vatikanstadt [256, 257, 260]
Verdienst [29, 32, 50, 52, 53, 66, 106, 112, 238, 239, Anmerkung 42-43]

W
Weihwasser [65, 349]
Werke [24, 42, 43, 50-56, 62, 66-69, 71, 73, 74, 77, 101, 104-107, 110, 112-115, 124, 125, 127-132, 142, 153, 186, 235, 239, 312, 317, 342, 344, 381, 382, 387]
Wiedergutmachung [87, 88]
Wiederrechtfertigung [7, 24, 87, 368, Anmerkung 81]
Wort Gottes (siehe auch *Offenbarung*) [10, 48, 186, 243, 291, 300, 302, 314, 315, 319, 332, 335, 337, 338, 340, 344, 358, 380, 382, 384, 387, 388]

clv

Dave Hunt

Die Frau und das Tier

Paperback

544 Seiten
DM 24,80
ISBN 3-89397-244-7

Das Buch mit sieben Siegeln – die Offenbarung – enthält viele symbolträchtige Prophezeiungen und Gerichtsbotschaften – unter anderem über das bevorstehende Kommen des Antichristen. Viele davon haben sich schon erfüllt, und eine scheint sich derzeit zu erfüllen – die in Kapitel 17 erwähnte, auf einem Tier reitetende Frau.

Was oder wen symbolisiert diese Frau? Von der Reformationszeit an wurde Sie im Protestantismus als die röm.-kath. Kirche gedeutet. Doch mittlerweile mehren sich die Stimmen, daß diese Sicht überholt sei. Heute reichen sich weltweit Evangelikale (nicht zuletzt auch Billy Graham) und der Vatikan die Hand zur Versöhnung. „Die katholische Kirche hat sich gewandelt", ist der Tenor.

Aber hat Sie das tatsächlich? In diesem Buch porträtiert Dave Hunt die Frau auf dem Tier, ihren Einfluß auf historische und derzeit weltweite Ereignisse und ihren mächtigen Einfluß im Entstehen des zukünftigen antichristlichen Reiches.

clv

W. MacDonald
Kommentar zum NT

Hardcover

Band I, Matthäus – Römer
710 Seiten
DM 39,80
ISBN 3-89397-330-2

Band II, 1. Korinther – Offenbarung
800 Seiten
DM 39,80
ISBN 3-89397-345-1

Als William MacDonald 30 Jahre alt war, gab er Gott ein Versprechen – einen Kommentar zu schreiben, der Vers für Vers das ganze Neue Testament verständlich macht. Der vorliegende Bibelkommentar ist die Einlösung dieses Versprechens und die Frucht eines mehr als vier Jahrzehnte dauernden intensiven Bibelstudiums, einer langjährigen Lehrtätigkeit und eines treuen, konsequenten Dienstes für den Herrn. Es geht dem Autor nicht um die Vermittlung bloßen Wissens, sondern darum, die Person und das Werk des Herrn Jesus groß zu machen, Zusammenhänge der Schrift deutlich werden zu lassen, die Gedanken Gottes verstehen zu helfen und so Auslegung mit Auferbauung zu verbinden.

Der Autor übergeht schwierige Abschnitte nicht einfach, nimmt selber einen festen Standpunkt ein, respektiert jedoch auch andere Interpretationen bibeltreuer Ausleger.

Er zitiert ein breites Spektrum gläubiger Bibelausleger: Augustinus, Luther, Calvin, Bengel, Wesley, Spurgeon, Darby, Delitzsch, Ironside u. a.

Das Ziel dieses Kommentars ist es, einen Weg zum persönlichen, systematischen und fortlaufenden Studium des Wortes Gottes zu zeigen.